本书为国家社科基金项目"基于语料库的汉英省略限制条件的句法语义对比研究"（项目编号：13CYY003）、教育部人文社会科学重点研究基地中国外语与教育研究中心"十三五"主攻方向"服务国家战略的外国语言与外语教育创新研究"的阶段性成果。

北京外国语大学资助学术著作出版

语言学论丛

A Cross-Linguistic Study of Constraints
on English and Chinese Ellipsis

跨语言视角下的英汉省略限制条件研究

张天伟 / 著

北京大学出版社
PEKING UNIVERSITY PRESS

图书在版编目（CIP）数据

跨语言视角下的英汉省略限制条件研究 / 张天伟著 . —北京 ： 北京大学出版社，2020.5

（语言学论丛）

ISBN 978-7-301-22751-0

Ⅰ . ①跨… Ⅱ . ①张… Ⅲ . ①英语—省略（语法）—语法结构—对比研究—汉语 Ⅳ . ① H314.3 ② H146.3

中国版本图书馆 CIP 数据核字 (2020) 第 071035 号

书　　　名	跨语言视角下的英汉省略限制条件研究
	KUA YUYAN SHIJIAO XIA DE YING HAN SHENGLÜE XIANZHI TIAOJIAN YANJIU
著作责任者	张天伟　著
责 任 编 辑	刘文静
标 准 书 号	ISBN 978-7-301-22751-0
出 版 发 行	北京大学出版社
地　　　址	北京市海淀区成府路 205 号　100871
网　　　址	http://www.pup.cn　　新浪微博：@ 北京大学出版社
电 子 信 箱	liuwenjing008@163.com
电　　　话	邮购部 010-62752015　发行部 010-62750672　编辑部 010-62754382
印 刷 者	北京富生印刷厂
经 销 者	新华书店
	720 毫米 ×1020 毫米　16 开本　25.5 印张　660 千字
	2020 年 5 月第 1 版　2020 年 5 月第 1 次印刷
定　　　价	98.00 元

目　录

序一

摆在我们面前的是张天伟博士的《跨语言视角下的英汉省略限制条件研究》一书,该书是在其博士论文《基于形式句法的现代汉语省略限制研究》的基础上修改而成的,可以看作是作者近十年来展开现代汉语省略研究所取得的主要成果。

我们知道,省略现象属于自然语言话语中最为典型的多重接口现象,涉及句法、语义、语用、语音、认知多个层面,研究起来纠缠多、难度大。因而,在语言学史上,早期的省略现象大都是在教科书中被作为语法主干内容之外的零碎来加以补充性讨论的,很难从中透视出省略的实质或真正的机制所在。这种情况自 Halliday & Hasan(1976)有所变化:省略被视作达成语篇连贯的一种积极的衔接手段,开始真正进入到语言研究的当代视野之内。但是,作为一种广泛存在于人类自然语言话语之中的重要现象,认可其正面的积极作用并做出尽可能细致的分类描写,这仅仅是省略研究的第一步,更为重要的是应进一步探讨各种纷繁复杂的省略现象的内在机制!这个方面的工作到目前为止主要是由生成语法学者来做的,而且做得比较成功。

现代汉语(普通话)的省略现象研究,尤其是中国学者的相关研究,在整体上仍然处在为语法研究打补丁的阶段。尽管自21世纪初开始有一些学者因受海外相关研究的启发展开对省略现象的专题探讨,但均未取得令人信服的研究成果。从这个意义上说,基于形式句法对现代汉语的省略现象研究,从整体上来说是一个空白点多且富有挑战的课题集群。基于这一想法,在天伟2009年入学后,我们即商议尽可能地把现代汉语省略的形式句法研究作为其博士论文的选题。当然，这一选择在今天看来其实是一种冒险。这是因为，做好这类课题不仅需要具备较为深厚的形式句法理论基础，还需要较为开阔的语用学、语篇分析等功能主义语言学、认知语言学理论视野，并能在分析过程中把三者有机地结合起来。但是，比较惭愧的是，作为导师，我的当代理论语言学，尤其是生成语法方面的知识储备大都是自学而来的，没有严格意义上的师承，这自然会给天伟的论文指导带来某些意想不到的困难。另外，天伟本、硕阶段都是英语系的毕业生，英文阅读能力及认知语用学方面的分析水平都不错，但唯独没接触过生成语法。这就意味着，我们师徒必须首先补课，尤其是补生成语法方面的课。好在天伟不辱使命，通过三年努力拼搏，不仅打下较为坚实的形式句法理论基础，开拓了学术视野，写出了这一部层次较高且多有局部创新的博士论文。值本书即将出版之际，作为导师我向他表示真诚、热烈的祝贺！

细读天伟的这部著作，我们可以发现三个突出的特点。一个是对西方基于形式句法的省略研究成果进行了较为全面系统的梳理，并有所选择地借鉴到了现代汉语省略的研究过程之中。二是基于形式句法理论对现代汉语省略现象的各种类型、情况都展开了摸排式的考查分析，如谓语省略、截省、DP省略、名词省略和假空缺句等，但最后都能收敛于相应的省略机制探讨。三是新意频出，读来常给人以耳目一新之感。例如：

1. 定指性一致核查是促进体词性词语移位的主要动因，定指的体词性词语需要移位核查，不定指的体词性词语不需要移位核查。在句法上满足"一致"操作，并符合其他省略限制的体词性词语才能省略。

2. 除了成分缺失是一种无论元占据宾语位置的现象外，英、汉语言中宾语位置出现的零形式现象在绝大多数情况下都是宾位显性论元移位后导致的空语类现象；汉语宾位显性论元的移位过程类似于英语中的wh-移位，移位后的显性论元与其留在宾位的语迹或隐性论元是算子与变量的关系；文献所提及的所有典型的宾语省略现象，其宾位语迹都能在句中找到一个同指的显性变量论元或可恢复为显性变量的零形式论元成分。

3. T之前的成分可以省略，T之后的则不能省略；处于T之后的成分若要省略，则必须移位到T之前。省略的移位限制在先，省略的允准限制在后。

我们相信本书中类似的一些观点或结论将对汉语的省略研究带来一定程度的推动作用，其中的部分研究成果对丰富自然语言省略现象的理论研究也会有所裨益。

如果说本书有什么不足的话，那就是摊子铺得有点大，局部挖掘深度还有待加强。相信本书能成为作者以后深化现代汉语省略专题研究的良好起点。是为序。

李大勤

2019年6月6日

序二

张天伟博士的《跨语言视角下的英汉省略限制条件研究》就要在北京大学出版社出版了。他要我为他的专著写个序言。我自己是做自然语言处理研究的，对于省略问题是个门外汉，不过，我一直感到，在自然语言处理重要领域之一的机器翻译中，特别是在把汉语翻译为外语的机器翻译中，省略问题是很重要的。因此，我打算在这个序言里谈一谈自己的粗浅体会。

在汉英机器翻译中首先需要对源语言汉语进行分析，由于汉语句子中经常省略主语，汉语的动词与主语没有一致关系（Agreement），没有主语时整个句子中的动词仍然可以说出来，动词出现的形式与主语的有无基本上没有关系，而英语中动词和主语之间存在严格的一致关系，英语句子中如果没有主语，动词谓语的人称、性、数都不清楚，就不知道究竟采用什么样的动词形态，也就不可以把整个句子说出来，这样机器翻译中作为目标语言的英语生成也就无法进行了。因此，在汉英机器翻译中，如果作为源语言的汉语句子中没有主语，研究者就必须把省略了的主语补出来，以便在翻译为目标语言英语时，英语的动词形态变化有据可依，这是我们在汉英机器翻译时经常要做的工作，也是译前编辑（Pre-Editor）的一项重要内容。

不过，根据我们多年的汉外机器翻译经验，在汉语中，如果句子省略了主语，如何把主语补出来，并不是一件轻而易举的事情。

例如，在"我看见一个老太太坐在地上，泪流满面，很难过"这个句子中，"泪流满面，很难过"这两个小句的主语都省略了，在机器翻译的译前编辑时，必须把主语补出来，我们可以把这两个小句改写成"（她）泪流满面，（她）很难过"，然而，我们似乎也可以改写成"（她）泪流满面，（我）很难过"。后面一个小句"很难过"既可以改写成"（她）很难过"，也可以改写成"（我）很难过"。之所以可以这样改写，是根据我们的常识。因为根据常识："如果一个人泪流满面，就意味着这个人很难过"，所以，可以改写为"（她）很难过"，把省略的主语补足为"她"；可是，根据常识："如果一个人看到别人泪流满面，这个人也会很难过"，所以，也可以改写为"（我）很难过"，把省略的主语补足为"我"。这样，根据上述的常识，"很难过"的主语既可以补足为"她"，也可以补足为"我"，使我们面临两难的尴尬局面。在这样尴尬的局面下，我们必须观察文本前面更多的上下文，才可能做出正确的判断，从而把省略的主语正确地补足出来。这在机器翻译中是一件非常困难的工作。可见，在汉英机器翻译的汉语分析中，如何把省略的主语正确地、合理地补足出来，不仅涉及句法、语义的知识，而且还涉及常识、篇章等知识，是一个很值得探讨的问题。我们有必要深入地研究汉语中省略的各种限制条件，为机器翻译研究提供理论依据，从而推动自然语言处理研究的发展。

当然，英语中的省略问题也有其特点，也需要深入探讨，我在这里就不再赘述了。

本书在跨语言视角下，研究了英汉省略的指称限制条件、移位限制条件、语序限制条件等，探讨了汉语谓语短语内部成分省略与移位间的限制关系、英汉名词性结构省略的指称位移条件，从而对省略结构的生成机制做出了合理的解释。这些研究实例丰富、说理透彻、分析精当。本书的研究，不仅有助于机器翻译，而且有助于词典编纂、语料库建设和语言教学。我认为，这是一件很有价值的工作。

张天伟博士曾获得国家社科基金项目"基于语料库的汉英省略限制条件的句法语义对比研究"及教育部人文社科项目"汉英省略现象的句法语义研究"立项，发表过相关论文多篇。本书是他长期从事省略现象研究的重要成果。在本书出版之际，我对他表示热烈的祝贺。是为序。

冯志伟

2019年5月1日

序三

　　我和张天伟博士认识，是在他来芝加哥大学语言学系做博士后研究的2017至2018年。当时我就很高兴有国内学者专门研究中文（汉语）的省略现象，现在他的学术成果即将出版，我向张博士表达衷心的祝贺！

　　我自己的主要研究方向是心理语言学，因此虽然对省略现象的语言加工机制有所涉猎，但在省略这个问题上并不是专家。省略是个非常复杂的现象，其中包含的纷繁复杂的语言结构并不一定只有一个统一的解释。以前的研究从句法、语义、语用以及语言加工的角度都曾经提出过各种假设，但是这些工作只有一小部分分析了中文语料。中文本身具有非常大的研究潜力，能够为我们进一步了解省略现象提供新的线索。张天伟博士的这本书系统地梳理了中文里的一些省略现象，为今后的工作打下了一个好的基础。从全书架构上来说，基于以往文献里讨论过的几类主要省略结构，本书尝试找到相对应的中文结构，并对这些中文结构的句法生成机制进行了讨论。在把前人的工作拓展到中文的同时，本书也基于中文的特性提出了一些新颖的假设，比方说中文里名词的定指性对省略的影响（第四章）。对于有争议的地方，比方说中文里是否存在空缺句（Gapping）、假空缺句（Pseudogapping），以及伪装式动词短语省略（Verb Stranding VP Ellipsis），或者中文里的名词省略和零形式（Zero Form）以及空语类（Empty Categories）之间的区别与联系，书里都进行了解释和厘清。从方法上来说，本书涉及的语料比较广泛，除了以前学者讨论过的典型语料外，书里也用到很多从文学作品、网络媒体和语料库中筛选出的例子。在传统的语料分析方法之外，本书也尝试运用了实验量化的方法对语料进行可接受度的测试与分析（第十二章）。对多种不同语言的跨语言比较也是本书的一个亮点。

如前文所述，省略是一个涉猎广泛的问题，无论从语言理论和语言现象上来说都有待更深入地挖掘，中文的省略现象更是一个有潜力的研究方向，本书是一个好的开始。期待张天伟博士在将来的工作里对这本书里提出的一些问题进行更深入的拓展。

此为序。

向　明

2020年3月于芝加哥大学

第一章 引 论

1.1 研究对象及范围

1.1.1 研究对象及研究目的

省略及与省略相关现象的研究一直是海内外语言学研究，特别是理论语言学研究的一个重要课题。本书以形式句法理论尤其是生成语法理论的最简方案为理论背景，在充分吸收已有研究成果的基础上探讨现代汉语省略限制条件及其相关问题。

省略作为一种特殊的语言现象，其典型特征是语音和意义的不一致性（A Mismatch Between Sound and Meaning）。这种不一致性主要体现为成分在形式上的缺失并不影响意义的解读。本书研究语料的选取主要是省略现象中的一些省略结构，例如：

（1）a. 张三能开汽车，但是李四不能[]。

　　 b. Some brought roses and others **did** lilies.

　　　 一些人拿来玫瑰花，其他人＿＿＿＿＿百合花。①

　　 c. John likes movies, and Bill＿＿＿＿＿concert.

　　　 约翰喜欢电影，比尔＿＿＿＿＿音乐会。②

　　 d. 超市有很多巧克力，但我只吃过德芙的[]。

---

① 转引自 Aelbrecht（2010：180）。

② 引自 Chao（1987：15）。该句可接受度较低，基本不为普通话所允许，详见第十一章的讨论。

e. 张三前天[]，李四昨天都去理过发了。

f. 张三给李四买了一些东西，但我不知道是什么[]。

g. What tree did you plant, the birch []?

你种的是什么树，是桦树吗？

以上这些用例涉及的省略结构并不完全相同。其中（1a）省略的是谓语，属于谓语省略（VP Ellipsis）；（1b）省略的是动词，且省略位置上插入了助动词did，属于假空缺句（Pseudogapping）；（1c）省略的是动词，属于空缺句（Gapping）；（1d）省略的是名词；（1e）是并列结构省略；（1f）省略的是一个小句，属于截省（Sluicing）；（1g）是疑问分裂句中（Split Questions）的省略。例（1a-g）说明，省略的结构十分复杂，其中涉及句法、语义、语用、语篇和认知等多角度、多层面上的因素，或者说是各种因素综合作用的结果。只不过，不同性质的因素，其作用的大小、方式和范围有所不同罢了。当然，各种因素发挥作用的整体倾向可概括为：句法是基础、语义是桥梁、语用是动因。①

本书拟在对现代汉语的主要省略结构进行描写的前提下，基于焦点投射的分析模式，探讨现代汉语谓语省略、截省、限定词短语省略和假空缺句等结构模式及其生成机制。据此，我们尝试性地提出并探讨制约省略发生的指称限制、移位限制、允准限制、给定限制和语序限制等省略限制条件假设。我们试图将这些省略限制假设应用到汉语主要省略结构的生成机制分析之中，以检验其所发挥的普遍效力，目的是尽可能深入地揭示出隐藏在各种省略现象，尤其是省略结构背后的句法语义限制条件。

基于英语、荷兰语等西方语言省略现象的研究已在句法、语义限制条件探索方面取得了较大的进展，提出了诸如"省略给定限制条件""允准限制条件"等制约省略结构生成的句法或语义条件。不过，类似的研究尚未在汉语中得以全面展开。因此，我们的研究首先就是将"省略给定限制条件""允准限

---

① 参见李大勤（2003a）对"句法是基础、语义是桥梁、语用是动因"的解释和论证。

制条件"应用于现代汉语各种省略现象的具体分析中，而后在充分考虑汉语语法特点并力求对相关省略现象做出尽可能充分解释的前提下考察制约现代汉语省略的其他限制条件，包括省略的指称限制、省略的移位限制、省略的语序限制条件等。最后，我们在综合考虑各种省略限制条件的基础上就现代汉语各种省略结构做出前后一致的描写分析及尽可能充分而又有效的解释。此外，我们还对汉语省略的相关现象，如"宾语省略""伪装式动词短语省略"等进行了分析和探讨。

1.1.2 常见的省略结构 ①

目前国际学术界对省略结构研究的主要研究对象语言是英语，其他研究比较多的语言分别是荷兰语、法语和俄语。本节的主要目的是介绍一些常见的省略结构。语料的选择主要以汉语、英语为主，荷兰语和法语为辅助，并尽可能做一些英汉对比分析，用例选取多以典型的且在以往研究中出现过的例子为主，目的是总结、确认并展示主要的省略结构类型，以便于向国内学者介绍国外省略结构语料的研究现状。

以下是我们从文献的用例中归纳出来的主要省略结构类型及常见用例：

（一）名词短语省略（NP Ellipsis）&名词省略（N Ellipsis）

（2）Je prends la fleur rouge.Toi, prends [la_____ jaune].

   I take the flower red. You, take the yellow. (Fem.sg.)

   "I take the red flower. You take the yellow one."

（3）John bought a big car and Mary bought a small []. ②

（4）去年上映了很多大片，但我只看过姜文那部[]。

---

① 本小节的部分内容发表在：《外语电化教学》2013 年第 3 期 "省略结构辨析及其对外语教学与研究的启示"（作者：张天伟）。

② （2）法语例子、（3）引自 Corver & van Koppen（2009）。

（二）并列删除结构

（5）他喜欢这本书（还是）他不喜欢这本书？

　　他喜欢不喜欢这本书？

　　他喜欢这本书不喜欢？

　　他喜不喜欢这本书？

（6）张三送李四一本书，[]赵五一束花。①

（7）小陈昨天[]、老赵今儿早上都去探望过病人了。

（8）他们从苏州买了蚕丝被，[]南京买了咸水鸭。②

（三）空缺句（Gapping）

（9）John likes movies, and [Bill__concerts].

　　约翰喜欢电影，比尔_音乐会。

　　（约翰喜欢电影，比尔喜欢音乐会。）

（10）John is fond of them, and they__of him.

（11）John loves sweets, and the children__too.③

（12）张三喝了两罐雪碧，李四[]三罐可乐。

（13）我买了这个吉他，她[]那个琵琶。

（14）警察劝张三戒毒，[]李四戒赌。

（15）老师送了张三一本书，[]李四一支笔。

（四）剥落句（Stripping）

（16）John gave chocolates to Mary, and [Fred__] too.

　　约翰给玛丽巧克力，弗雷德也__。

　　（约翰给玛丽巧克力，弗雷德也给玛丽巧克力。）

（17）John gave chocolate to Mary, and [__flowers__] too.

　　约翰给玛丽巧克力，并且_花_也。

---

① （5）、（6）引自刘丽萍（2006：15-16）。
② （7）、（8）引自李亚非（2009：289-298）。
③ （9）、（10）、（11）引自 Chao（1987：15）。

（约翰给玛丽巧克力，并且也给玛丽花。）①

（五）谓语省略（动词短语省略）（VP Ellipsis）

（18）Tim likes swimming, but Paul doesn't＿＿＿＿.

（19）a. 张三读了那篇文章，李四也读了。

b. 张三喜欢这本书，李四也喜欢[]。

（20）张三没喝酒，李四也是。

（21）张三喝酒了，李四没有[]。

（22）张三会唱歌，李四也会[]。

（23）张三的妈妈做了件新衣服，李四也做了[]。

汉语中的谓语省略大多以"是""否定""情态动词"和"独立动词"的形式出现。

（六）截省（Sluicing）

（24）Policeman would like to help but he doesn't know how [].

警察想要帮助他，但他不知道怎么帮。

（25）Anne invited someone, but I don't know who [].

安妮邀请了一些人，但是我不知道谁。②

（26）张三总是迟到，可我不知道为什么[]。

（27）张三喜欢一本书，但是我不知道（是）哪一本[]？

（七）假空缺句（Pseudogapping）

（28）If you don't believe me, you will ＿the weatherman.

如果你不相信我，你会＿气象员。

（如果你不相信我，你会相信气象员。）

（29）I rolled up a newspaper, and Lynn did ＿ a magazine.

我卷起一份报纸，Lynn＿一本杂志。

① （16）、（17）转引自刘丽萍（2006：16）。

② 引自 Merchant（2001：40）。

（我卷起一份报纸，Lynn卷起一本杂志。）①

（八）片段话语（Fragments）

（30）Abby和Ben在一个聚会上。Abby问Ben关于他们两个人共同的朋友
Beth将要约会谁。Abby问"Beth要带谁来？"Ben回答："Alex"。

（31）Abby看见了一个不熟悉的人和Beth在一起，所以她不解地望着
Ben，Ben说："她在公园里遇到的一个人。"②

片语多出现在口语中，如（30）中的"Alex"可看作是"Beth要带Alex
来"的省略。片语比较复杂，可以是词、词组或句子，多出现在口语交际中。

（九）光杆论元省略（Bare Argument Ellipsis）

（32）a. A: Harriet has been drinking something.

B: Yeah, scotch.

b. A: When is Robin coming?

B: On Tuesday. ③

我们认为光杆论元省略是剥落句中的一种。剥落句的典型特征是在省略结
构中，除了论元以外其他成分全部省略。

（十）荷兰语的情态补语省略（Dutch Modal Complement Ellipsis）

（33）Je mag langskomen vanavond, maar je moet niet
[langskomen vanavond].

You are. allowed. to pass. by tonight but You must not
[pass. by tonight]

You can drop by tonight, but you don't have to. ④

---

① （28）、（29）转引自刘丽萍（2006：16-17）。

② （30）、（31）转引自刘丽萍（2006：17）。

③ 引自 Culicover（2009：438）。

④ 引自 Aelbrecht（2010：46）。

（十一）荷兰语混合省略结构（Spading）

（34）Jef eid iemand gezien, mo ik weet nie wou da.

      Jeff has someone seen   but I know not who that$_{dem}$

      Jeff saw someone, but I don't know who. [1]

Spading是截省中的一种特殊现象，指截省句中的wh疑问词和指示代词一起共现的情况，如荷兰语例子（34）中的wou 和da 在截省结构中共现。

（十二）附带省略结构（Swiping）

（35）Rab taught a class today, but I don't know what about. [2]

Swiping也是截省中的另一种特殊现象，指截省句中的wh疑问词和介词一起共现的情况，如（35）中的what 和about 在截省结构中共现。

通过对主要省略结构的列举和分析，我们发现，上述省略结构基本上可以归入三个大类：限制性短语省略、动词性省略和小句省略（截省通常被认为是IP省略）。汉语中的省略结构主要有名词性省略、谓语省略、截省和片语等。至于汉语中有没有空缺句和假空缺句，目前还有争议。对这一问题，我们将在第十一和十二章做进一步探讨。

1.1.3　省略及相关概念的界定 [3]

省略是有语义内容且应有形式表现而实际上缺失了形式表现的一种语言现象。《现代汉语词典》（2016年第七版：1173）对省略的定义是："在一定条件下省去一个或几个句子成分，如祈使句中常常省去主语工'你（们）'或'咱们'，答语中常常省去跟问话中相同的词或词组。"《麦克米伦高阶英汉双解词典》（2005：658）对省略的定义是"the practice of leaving a word or words out of a sentence when they are not necessary for understanding it"。从上述

两个代表性的词典定义，我们可以看出，省略的一般特点是：语音和意义不一致，虽然在形式上有缺失，不过并不影响对意义的解读。

省略普遍存在于自然语言运用之中，对话语和语篇的构成、理解产生重要的影响。长期以来，国内外众多学者从不同角度对各种省略现象展开了程度不等、范围不一的研究，取得了一系列令人瞩目的研究成果①。然而，在以往的研究中，"省略"却经常与诸如"零形式"（Zero Form）、"成分缺失"（Missing Object）、"空语类"（Empty Category）等一些相近的概念相混淆；此外，省略与空位、空语类等一些概念的关系不够明晰，这在一定程度上间接地影响到我们对省略结构或现象的分析探讨。以下，我们结合英语和汉语语料，对文献中论及的一些典型"省略"现象做初步分析，在廓清概念的基础上探讨他们之间的区别与联系。

1.1.3.1 "空语类"与"省略"的关系

Chomsky将自然语言中的语类分为空、实两大类。空语类指的是在语言结构中没有语符列作为表现形式，但在句法与语义方面起作用的结构成分（韩景泉 1997）。简言之，空语类就是没有显性的语音表达形式但有句法—语义地位的结构成分类。Chomsky（1981，1982）根据句法表现特征把空语类分为四种：NP语迹、变量（Variable）、大指代（PRO）、小指代（pro）。

NP语迹是由移位产生的，多出现在被动句或提升结构中。如（36）中的NP The problem、Tom均被移位到句子的主语位置，并在其初始位置留下语迹：

（36）a. The problem$_i$ was solved [$_{NPei}$].

b. Tom$_i$ seems to[$_{NPei}$] have solved the problem.

变量也是由移位产生，是从论元A位置移至非论元A'位置的成分所留下的语迹。与NP语迹不同，变量必须带格标记才能将格传给移进标句词COMP位置的名词词组，因为它们在句标位置无从取得格。变量与指称语一样具有[-照应性（anaphoric）、-指代性（pronominal）]特征，因而受约束原则定则（三）的制

---

① 具体情况请参见本章第一节对相关研究成果的综述。

约，即必须彻底自由，其先行词占据非论元（A'）、非题元（θ'）位置。在英语中，关系分句里被关系词所替代的词语、wh疑问句中的wh疑问词以及主题句中被主题化的词语所留下的语迹都是变量（韩景泉1997），如（37）：

（37）a. What$_i$ do you bring[$_{NPei}$] ?

b. The paper which$_i$ I wrote[$_{NPei}$] was published.

c. Tom$_i$, Jean talks with[$_{NPei}$].

PRO是指基础生成于某一结构位置、有语义内容但不能有形式体现的空语类。在约束理论中，用特征赋值[+/-照应性]和[+/-指代性]来表示不同类的DP，而PRO就是具有[+照应性、+指代性]特征的空成分。先行词与PRO的关系不是真正的约束关系，而是一种控制关系，PRO典型出现在非定式句的主语位置，并且是非格标记位置。如：

（38）a. The UN$_i$ tries [$_{CP}$C[$_{IP}$PRO$_i$ to help the Haitian Refugees]].

b. 联合国$_i$试图[$_{CP}$C[$_{IP}$PRO$_i$帮助海地难民]]。

小指代pro一般只出现在动词形态丰富的语言中，如意大利语等。

综上所述，各种类型的空语类的共同特征是它们只涉及句法层面，特别是与句法位置密切相连；从词性上讲，它们大都是名词性的；其先行词无论有没有显性的语言形式，从语义上看都是指称性的（刘丽萍2006：14）。

空语类与省略的共同点是它们都有一定的句法位置，都具有意义但却没有显性的词语表现形式，因而都可以纳入到"零形式"[①]这个概念的外延之内。然而二者在句法性质上有明显的差异，不容混淆。

首先，省略一定有先行语且可以找回，或者说，省略可以根据其先行语恢复为显性词语表达，其语迹都能在句中找到一个同指的显性变量论元或可恢复为显性变量的零形式论元成分；但空语类不一定有先行语，即使有也不能找回。比如，pro就没有必要有先行语，因为此处根本就没有移位发生，也谈不上

---

① 下节将对零形式进行深入探讨。

根据上文加以省略。此外，泛指性的PRO也谈不上先行语的问题。例如：

（39）张三会很快做出决定，李四也会。（刘丽萍2006：14）

（40）张三会很快做出决定，李四也会[很快做出决定]。

例（39）是省略，它的生成可能是通过PF删除或LF复制两种途径造成的，但可根据其先行语和具体的语法规则恢复为完整的句子（40）。但空语类却不一定有先行语，即使有也不能找回。例如：

（41）这本书$_i$，我不看e_i。

（42）*这本书，我不看这本书。

（43）The UN$_i$ tries [$_{CP}$C[$_{IP}$PRO$_i$to help the Haitian Refugees]].

（44）a. 联合国$_i$试图[$_{CP}$C[$_{IP}$PRO$_i$帮助海地难民]]。

      b. *联合国$_i$试图[$_{CP}$C[IP联合国$_i$帮助海地难民]]。

例（41）、（43）和（44a）中空语类不能找回其先行语，变为（42）和（44b）。

其次，从句法生成的途径来看，空语类的生成可能是基础生成的（PRO），也可能是移位造成的（NP语迹和变量）。而现有研究认为省略的生成途径主要有两种：LF复制和PF删除。我们认为空语类的生成倾向于在显性句法操作之前就已经完成，而省略主要是在语音层面或逻辑层面上操作的。

再次，省略从包含的词类、范围和结构等方面来看要比空语类复杂得多。空语类可以表现NP语迹、变量、PRO、pro，而省略结构中空缺的部分可能是一个词汇语类，如空论元（Null Arguments）、动词等，也可能是一个完整短语或部分短语形式，如谓语省略、截省、剥落、片段结构、小句省略等结构中的成分；空语类并不涉及句子结构，而省略研究还包括比词汇和短语更大的语法单位——句子结构，如并列结构等。

最后，空语类涉及的是句法层面及其相关的语义问题，特别是空语类生成过程中的句法位置。而省略不仅涉及句法问题，还要涉及语义、语用、语篇和认知等多个层面。在语义和认知层面，省略可以从理想的认知模式（ICM）、认知转喻、事态场境等角度去解读；在语用和语篇层面，省略的解读还要涉及语境、信息结构中的话题和焦点等因素。

1.1.3.2 "空位""零形式"和"省略"的关系

"空位"就是一个结构位置没有填入任何结构成分，因此也就谈不上是否存在"零形式"，而"缺省"指的是有成分但没有显性词语表现形式，因此总是导致"零形式"现象出现，就如同真空下的瓶子和装有空气的瓶子。尽管"空位"与"缺省"之间在听觉或视觉上没有差别，但却存在着有无成分的差别（李大勤 2003a：22-23）。这里提到的"缺省"即为"零形式"。"空位"和"零形式"的共性前提是：在结构中有一个句法位置的存在。以往对于零形式的研究，大都是从句法—语义关系角度来探讨一个结构位置上是否存在零形式，这往往模糊空位与零形式之间的差别。

"空位"与"零形式"相对，而空语类属于零形式[①]的一种。因此，"空位"和"空语类"分属于不同层次的概念。一个结构的句法位置上存在隐性论元，可能是语迹，也可能是PRO或pro。而空位则是某一结构位置上没有填入任何结构成分，两者之间是有本质区别的。

"省略"是"零形式"的另一种情况，是可以根据语境信息恢复为一定词语形式的零形式。例如：

（45）a. 这个菜 我 一口 都没吃。（下画线部分为可省略成分）

　　　 b. 我 一口 都没吃。

　　　 c. 一口 都没吃。

　　　 d. 没吃。

此外，这里有必要明确一下空位出现的几种情况。一般来说，空位出现的情况主要有以下三种："基于语篇生成的空位""不及物动词之后"和"成分缺失"。后两种情况，我们在下文中将继续探讨，这里首先介绍一下基于语篇生成的空位。

---

① 零形式又分为两种情况：一种是省略，另一种是空语类。

对英语和汉语这样的SVO型语言来说，特别是在汉语句子的构造过程中，句法是基础，语义（关系）是桥梁，语用因素才是决定汉语复杂多变的句子赖以生成的根本动因①。因此，在句子结构分析方面应该特别强化对句子进行语义、语用和语篇等综合层面的分析。我们依据李大勤（2003a）对于"Vs前多项NP句"及汉语句子的语用构型分析中所提出的句法分析模型对下述例句进行分析。

这种模型的表达式为：/NPt | NPc1…NPcn || NPs NPf Vs NPd NPo。/（0 ≤ n ≤ 3）（李大勤 2003a）。依据这个模型，可以把一个汉语句子的结构模式分析如下：话题（Topic）+主题（Theme）+主语（Subject）+谓语动词（Verb）+宾语1（Object1）+宾语2（Object2）。其中话题属于句法之外的语篇和语用问题，是在评述之前生成的，而评述部分是围绕话题展开的；受事性成分一般位于主题位置，而施事性成分一般位于主语位置；宾语部分根据其复杂程度，可以分为第一宾语和第二宾语。

根据上述模型对于"零形式"和"空位"的分析如下例所示：

（46）a. 这本书我没看过。 （李大勤 2003a：24）

　　　这本书$_i$（话题Topic）＿$\emptyset_i$＿（主题Theme）＿我＿（主语subject）没看过（谓语动词Verb）＿t_i＿（宾语Object）。

　　b. 我这本书没看过。

　　　我$_i$（话题Topic）＿这本书$_j$＿（主题Theme）＿$\emptyset_i$＿（主语subject）没看过（谓语动词Verb）＿t_j＿（宾语Object）。

　　c. 我没看过这本书。

　　　我$_i$（话题Topic）＿$\emptyset_j$＿（主题Theme）＿$\emptyset_i$＿（主语subject）没看过（谓语动词Verb）＿这本书$_j$＿（宾语Object）。

（47）妈妈做了一件新衣服。 （李大勤 2003a：165-167）

　　a. 妈妈$_i$（话题Topic）＿$\emptyset_i$＿（主题Theme）＿＿＿（主语subject）

---

① 参见李大勤（2003a）的论证。

做了件新衣服（谓语动词短语VP）。

b. 妈妈$_i$（话题Topic）＿＿＿＿（主题Theme）＿∅$_i$＿（主语 subject）做了件新衣服（谓语动词短语VP）。

c. 妈妈（话题Topic）＿＿＿＿（主题Theme）＿＿＿＿（主语subject）做了件新衣服（谓语动词短语VP）。

d. 妈妈$_i$（话题Topic）＿∅$_i$＿（主题Theme）＿∅$_i$＿（主语 subject）做了件新衣服（谓语动词短语VP）。

在例（46a）中，话题是基础生成的，宾语位置上的"这本书"移到主题位置，由于主题位置的"这本书"与话题位置上的"这本书"同指，根据"同形同指，在后删除"的原则，主题的位置表现为零形式，这个位置上有成分，只不过这个成分没有语音表现形式，（46a）的分析是建立在移位的基础上。同理可以分析（46b、c）。（47）中既有零形式又有空位，其中空位是基于语篇生成的，我们认为这种生成方式是完全可能的。对（47）的理解有四种，分别为：妈妈让别人为自己做了件新衣服；妈妈自己给别人做了件新衣服；妈妈让别人（裁缝）给别人（孩子）做了件新衣服；妈妈自己给自己做了件新衣服。以（47a）为例，其意义理解为"一件新衣服"必须是属于"妈妈"的，该句主题位置为零形式，主语位置为"空位"。因为主题位置的"妈妈"与话题位置的"妈妈"同指，根据"同形同指，在后删除"的原则被删除，所以主题位置表现为"零形式"，而主语位置的空位是基于语篇基础生成的。同理可以分析（47b、c、d）。

1.1.3.3 "成分缺失"与"省略"的关系

成分缺失指的是部分及物动词当作不及物动词使用的现象。当一个及物动词用作不及物动词时，尽管理论上讲该及物动词的宾语位置仍然存在，但却不能由受事类论元占据。从这个意义上说，成分缺失其实就是一种无论元占据宾语位置的现象。质言之，无论元占据的位置是"空位"。Goldberg（2001：506）认为成分缺失的性质是非明确性的（Non-Specific），并且可以从语境中推导出来。成分缺失描述的可能是反复性行为（Iterative Action），也可能是通用行为（generic action）。例如：

（48）The chef-in-training chopped and diced all afternoon.（iterative action）

（49）Pat gave and gave, but Chris just took and took.（iterative action）

（50）Tigers only kill at night.（generic action）

（51）The singer always aimed to please.（generic action）[①]

缺失的成分既不可能是焦点，也不可能是话题。因为英语中的自然焦点是不能省略的。学界一般认为，成分缺失句中要表达的焦点是用动词所表达的行为（Activity Expressed by Verb）（Erteschik-shir 2007）。

总之，成分缺失属于"空位"，而省略属于"零形式"。

1.1.3.4 "隐含"与"省略"的关系

"隐含"是吕叔湘（1979：59）提出来的，他认为，"隐含这个概念很有用，隐含不同于省略，必须可以添补才叫做省略。"吕先生还以是否能在句法结构里恢复原位为标准，区分了"省略"和"隐含"。例如：在"他要求参加"和"他要求放他走"中，可以说"参加"前边隐含着"他"，"放"前边隐含着"别人"，但是不能说省略了"他"和"别人"，因为实际上这两个词不可能出现（吕叔湘 1979：59）。李大勤（2003a：23）区分了"空位""零形式""省略"和"隐含"等概念，认为"隐含指结构位置上有语义内容但不能有形式表现，省略也是有语义内容，但可以有形式表现而实际上没有形式表现，只有省略导致的零形式可以恢复为有形的词语形式"。此外，范开泰（1990）、荣晶（1989）、张国宪（1993）、黄南松（1995）、邢欣（2004）都对隐含进行了探讨。我们认为，"隐含"就是空语类，与省略有着本质的区别。上节已经对此问题进行了探讨，这里不再赘述。

1.1.3.5 "省略现象""语义省略"和"省略结构"的关系

通过以上分析，我们认为有必要理清"省略现象""语义省略"和"省略结构"的关系。省略现象涵盖的范围最大，包括语用省略、语义省略和结构省

---

① 转引自 Erteschik-shir（2007：203）。

略（句法省略）等；语义省略包括省略结构的语义省略，也包括非省略结构的语义省略，如言语交际中的语义省略等；而各种省略结构肯定都具有语义省略的解读。其关系如图1.1所示：

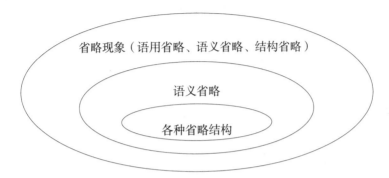

图1.1 省略现象、语义省略和省略结构关系

综上所述，与省略相近、相关的概念之间的关系，如图1.2所示：

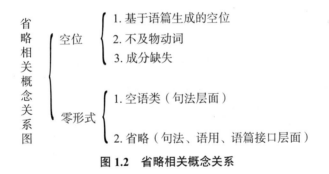

图1.2 省略相关概念关系

总之，本节结合英语和汉语语料，重点探讨了"零形式""成分缺失""空语类""空位"和"隐含"等与省略相关或相近的一些概念，旨在廓清概念的基础上探讨上述概念间的区别与联系，以便明晰本书的研究对象，为后续的研究做进一步铺垫。

1.2 研究方法和语料来源

本书所使用的研究方法主要是假设—演绎法，目的是在对省略现象展开必要描写的基础上，强化对这一语言现象的解释性研究。朱晓农（2008：259-

269）曾对句法研究中的假设—演绎法进行过个案分析和深入探讨，认为使用这种方法来研究语言将使一切模棱两可、含糊其辞无藏身之处，从而使语言学走上科学而非史学的精密化、数学化道路；使用这种方法将迫使我们做出理论假设，并进一步接受语料的检验，从而使语言研究走向科学发展的道路。

另外，本书的研究总体上属于定性研究（Qualitative Research），这种研究是一种面向过程的动态观察（桂诗春、宁春岩 1997：100）。本研究在以演绎法为主要研究方法的同时，还兼顾了定量研究与定性研究相结合。在用例的微观分析方面将兼顾演绎法和内省法，在宏观探讨上则倾向于使用语言对比分析法。本研究在语料的提取和处理上，采取的是自然观察法和语料库提取法。

本书的语料大都来自于现代汉语和英语的文学作品、报刊广播等媒体、教材、词典等，其中有些用例是从语料库或因特网上获取的，也有一些是其他学者研究过的典型语料。整个语料来源广泛、可信度高，基本上反映了省略现象在各个领域使用的基本面貌。在语料选取过程中，我们特别对《2010年中国中篇小说精选》（长江文艺出版社，2011年版）、《21世纪年度小说选：2010中篇小说》（人民文学出版社，2011年版）、近几年《新华文摘》的文艺作品栏目的中篇小说、《人民日报》、北京语言大学出版社的对外汉语教学系列教材和外语教学与研究出版社出版的《现代大学英语》精读1—4册中的课文进行了标注。此外，我们还从北京大学现代汉语语料库、中国传媒大学传媒语言文本语料库中选取了一些相关的语料。

1.3 　本书研究的意义①

本书以形式句法为基础，拟对现代汉语谓语省略、名词省略、截省、假空缺句等省略结构的限制条件进行句法、语义研究，试图通过对这些省略结构的细致分析来揭示汉语省略结构的句法生成机制，并从中概括出隐藏在具体省略现象背后的如下限制条件：省略的指称限制、省略的给定限制、省略的移位限

① 本小节的部分内容发表在：《外语电化教学》2013 年第 3 期 "省略结构辨析及其对外语教学与研究的启示"（作者：张天伟）。

制、省略的语序限制和省略的允准限制等条件。

1.3.1 理论意义

本研究从形式句法视角研究现代汉语省略现象。一方面，把生成语法理论尤其是最简方案引入到汉语省略研究之中，为解释汉语省略现象的句法基础提供一个理论框架。这不仅有利于突破传统汉语省略研究的局限，也可为立足于当代语言学展开汉语省略研究提供一个新的视角。另一方面，把最简方案的原则和方法应用到汉语省略研究，可以验证最简方案对汉语省略现象的解释力，从而彰显最简方案的普遍语法原则的本质，拓展最简方案的应用和解释范围，在科学地推进汉语省略结构研究的同时进一步深化我们对汉语省略现象的认识。这是本研究的理论意义之一。同时，本研究在讨论过程中将涉及汉语普通话与其他语言或方言语料的对比分析，相信分析结果及由此概括出来的研究成果能够有效地推动英汉省略结构的对比研究、口语和书面语省略结构的对比研究以及汉语方言和普通话省略的对比研究等。而通过对比，我们可以寻找不同语言或方言在省略参数设置上的差异，并在把握各种差异原因的基础上逐步逼近人类语言省略现象背后的普遍原则。这是本研究的理论意义之二。

1.3.2 实践意义

1.3.2.1 有益于语言教学

省略结构的形式句法研究，对于指导语言教学实践有重要的意义。在母语和第二语言教学实践中，很多教材中都涉及省略现象乃至各种具体的省略结构，学生们容易混淆；有些省略现象，学生们虽然能够理解，但在句法上却不易辨别。本研究通过对现代汉语省略结构的细致描写和深入探讨以及对英汉省略结构的对比描写和分析，让学生们在掌握两种语言中省略结构差异的同时，了解造成这些差异的原因，并最终掌握省略的规律。在省略结构句法生成机制研究的基础上，将省略研究延伸到语义、语篇、语用和认知层面，这对教师和学生们阅读、写作和翻译的教学和学习都具有重要的意义。比如在阅读和翻译教学实践中，对于省略结构的空位语义信息，我们可以让学生们通过理解省略结构的句法生成机制，了解造成省略的句法和语义原因，从而采用补充和增加的理解方式进行篇章阅读或采用增译或补译的方法进行翻译。比如：

（52）[①] a. 清明时节雨纷纷，路上行人欲断魂。

　　（　）借问酒家何处有？牧童遥指杏花村。

（杜牧［唐］《清明》）

b. The rain falls thick and fast on All Souls' Day,

The men and women sadly move along the way.

They ask where wineshops can be found or where to rest,

And there the herdboy's fingers Almond-Town suggest.

蔡廷干译

c. It drizzles endless during the rainy season in spring,

Travelers along the road look gloomy and miserable.

When I ask a shepherd boy where I can find a tavern,

He points at a distant hamlet nestling amidst apricot blossoms.

杨宪益、戴乃迭译

在源语中，该诗第三句的语义空位为"有人/我"，属于主语省略，同时也是语义省略。当转换成目的语（Target Language）英语时，一般采取补译法，如蔡廷干和杨宪益等的译文。因此，在省略的翻译教学中，针对不同的省略结构，采用相应的翻译方法，对学生翻译技巧的习得是非常重要的。

省略的句法、语义研究对对外汉语教学实践也有重要的应用价值。比如，魏廷冀（2010：104）在英汉谓语省略对比研究的基础上，探讨了在对外汉语教学中如何进行"谓语省略"教学。他认为在对外汉语教学中，应该提醒学生，不管是汉语谓语省略句还是英语谓语省略句，都是一种由焦点来呈现对比、同一或者反向意见的句式，故在练习时，可利用重音，达到聚焦、吸引听者注意

---

① （引自 http://www.putclub.com/html/ability/translation/translation/training/2010/0410/13609.html ）（2020年 2 月 20 日检索）。

力的目的；汉语谓语省略句"也/却-助动词"可以融入汉语"能愿动词"教学单元的句型练习中，通过一般句和谓语省略句的替换练习，有助于学习能愿动词在汉语谓语省略句中的使用。

1.3.2.2 自然语言信息处理

自然语言信息处理中的语法问题一直是汉语语法应用研究中的一项富有挑战性的课题。就汉语省略结构而言，各种省略结构的句法允准条件、省略结构的语义理解问题、省略结构在一定语境下的语用交际问题、省略结构在语篇中的衔接与连贯问题，都要涉及汉语省略结构的句法基础。但是我们现在对汉语省略结构的认识程度和研究深度是极为有限的，远远不能满足自然语言信息处理的需要。比如：

（53）张三看了本书，李四也看了。

（54）Tom gives Mary an apple, and banana too.

按照现有的研究成果，计算机对（53）的分析和理解是非常有限的，因为李四可能看了和张三同样的一本书，也可能看了一本别的书。而（54）属于英语剥落句，对其的计算分析和理解，目前计算机是不能处理的。由此可见，局限于现有的研究模式和分析思路是很难对省略的中文信息处理研究有所突破的，省略的句法结构和省略限制对于省略的自然语言处理至关重要，因此更新研究观念，深入探索省略的句法生成机制和省略限制条件是解决现有问题的必经之路。

1.3.2.3 涵盖省略用法的词典编纂和语料库建设

我们认为词典的编纂，应该分为释义词典和用法词典两类。省略结构的用法十分复杂，一本涵盖省略用法的词典对于语言学习者来说非常必要，有助于他们更好地认知和习得省略结构。但目前并没有这样的词典。语料库语言学从语言学理论和方法的角度研究自然语言文本数据的采集、存储、加工和统计分析，目的是依据语料库提供的客观语言证据来从事计算语言学理论和实践研究及指导自然语言信息处理系统的开发。建立涵盖省略结构的学习者语料库对于语料库语言学的研究具有重要的意义，同时也会从定量研究的角度进一步深化对汉语省略现象的挖掘，弥补省略结构以内省和演绎为基础的定性研究方法的不足。

1.4 以往研究的问题

目前的省略研究还存在着一些问题，具体表现在：

（一）汉语学界对省略的研究大多仍局限于传统的分析思路，未能清晰界定省略及其相关概念，一些本不属于省略的语言现象也被纳入到省略的研究范围之内了。此外，现有的不少研究，其主观性和随意性也比较大，缺乏系统的理论背景的支撑。

（二）现有研究中，尚未见到对省略限制条件进行的专题研究。省略到底有哪些限制条件？不同的限制条件是如何制约省略发生的？不同的限制条件间有哪些联系？这些问题都需要进一步研究。

（三）目前汉语省略的研究往往从外部条件进行探讨，忽略了省略的句法允准基础。在基于形式句法的省略研究中，限制省略的两个主要条件是还原（Recoverability）和允准（Licensing）。所谓"还原"，指的是丢失成分的意义可以从语境中重新找回。Merchant（2001）提出的e-GIVENness观念就是实施"还原"的操作方式之一。所谓"允准"，是指并非所有的句法构型都允许省略，任何省略都受制于特定的句法环境。在这两个条件中，允准条件显得尤为重要，它决定着特定的句法结构成分在什么样的句法环境下可以省略，在哪些句法环境下不能省略。Aelbrecht（2010）对省略的句法允准条件进行了全面探讨，并提出了自己的允准理论。该理论对荷兰语情态补语省略（Model Complement Ellipsis，简称MCE）和多种英语省略结构的提取问题有很强的解释力。汉语省略需要哪些句法条件？允准理论是否能够解释不同的汉语省略结构？汉语中哪些成分在提取之前省略，哪些成分在提取之后省略？如果Aelbrecht的允准理论不适用于汉语研究，那么汉语省略结构的句法允准需要哪些条件？这些问题都需要进一步分析。

（四）现阶段汉语省略研究大多是局部研究，研究思路和研究手段都相对单一，缺乏对省略研究的综合性思考，尤其忽视了对衔接、连贯、话题、焦点、预设等语篇、语用、认知等方面因素的考虑，因而也就难以就现代汉语省略现象展开全方位、多角度的探讨。

（五）英语中常见的省略结构主要有空缺句、谓语省略、截省、剥落句、片段结构、DP省略、NP省略、假空缺句和并列结构省略等。汉语到底有哪些省略结构？目前此方面的研究还没有细化，只是零散地出现在个别的研究中。

（六）目前的汉语省略研究因对省略的本质把握不够，相应的描写分析就难以提炼出严格的规则或明晰的限制条件。这就严重影响了语言教学及自然语言的信息处理过程中对相关现象的解释力度和处理效用。

针对上述问题，本研究旨在汲取前人研究成果的基础上，尝试通过语料来鉴别省略现象，并立足于形式句法的理论视角来探讨汉语省略的句法生成机制，试图借此进一步发展、完善前人的省略研究，并形成新的省略理论系统。

省略是一个开放性的研究课题，它的表达富有弹性，千变万化，在语言系统中，它与回指、指称、零形回指等其他语言现象相互联系，也与篇章、语用、认知科学和计算科学等相互关联，因此省略的研究具有重要的语言学价值和意义。此外，本研究还对语言教学、自然语言信息处理、词典编纂和语料库建设等应用领域具有重要的实践意义。

1.5　本书的结构安排

全书共分十五章。第一章是引论，总体介绍本书的研究方法、语料来源、研究意义、结构安排等；第二章是中外省略研究综述；第三章是现代汉语省略限制研究的理论框架。第四至九章是本书的重点，聚焦于省略的各种限制条件及其互动关系研究。第四章是省略的指称限制条件研究；第五章是省略的移位限制和允准限制条件研究；第六章是省略的给定限制条件研究；第七章以名词性结构为例，探讨了省略的指称和移位条件的互动研究；第八章结合日语语料，从跨语言视角出发对省略的语序限制条件进行了对比研究；第九章在跨语言视角下，对汉语谓词短语成分省略的话题化移位限制条件进行研究。第十至十四章是对省略限制条件及其相关省略现象的应用研究。第十章对现代汉语"伪装式动词短语省略"现象进行了研究；第十一章是现代汉语假空缺句及其限制条件研究；第十二章是基于信息结构理论的现代汉语空缺句研究；第十三章对自然焦点与现代汉语宾语省略的本质问题进行了探讨；第十四章以英、汉、日三种省略结构为例，讨论了省略结构和语言信息结构的互动关系。第十五章是结论和今后的研究方向，总结全书，得出初步结论，同时对今后的进一步研究方向提出了观点并做出展望。

第二章　中外省略研究综述

省略研究是海外语言学界不同流派学者，尤其是生成语法学较为关注的一个重要研究课题，到目前为止已经积累了相当丰富的外文文献。而在汉语语法研究尤其是大陆语法学界，尽管专题探讨省略的文献并不很多，但经过自《马氏文通》面世以来一百多年的努力，也取得了不少研究成果。本章我们打算就其中一些与本书直接相关的国内外研究成果做一简单的述评，旨在明晰省略研究现状，理清省略研究的基本思路。

2.1　国外省略研究综述

在西方语言学界，省略研究是一个古老而热门的研究课题，特别是关于省略形成的原因和理解机制的讨论一直是学界研究的重点课题之一。省略的研究角度涉及句法、语义、语用、语篇乃至认知等不同方面，要对这一领域进行全面综述，对我们来说既不可能也没必要。因此，下面我们将按不同的语言学流派，选择其中一些具有代表性的研究进行概述。

2.1.1　形式句法研究 [①]

基于形式句法的省略研究，是国外省略研究的主流，其主要理论基础是管辖约束理论和最简方案。就我们所见，目前国外立足于该角度所展开的省略研究主要有三种路径（Aelbrecht 2010：3-10），即：无结构研究路向、有结构研

[①] 本小节的部分内容发表在：《外语研究》2011 年第 6 期"省略的定义和研究路径：理论与应用"（作者：张天伟）。

究路向之一、有结构研究路向之二。

所谓的"结构"有无，指的是在省略研究中是否承认省略部位（Ellipsis Site）存在无语音形式的句法结构。无结构路向研究否认省略部位内存在着句法结构，即在我们说出来的句子中，句法与音系是完全匹配的，既不存在被删除的部分（No Deleted Parts），也不存在任何意义上的空成分（No Null Elements）。有结构路向之一的研究者认为，在省略句的省略部位上存在着词汇性的空代词，这样的空代词类似于显性代词，可以通过纯语义的手段来加以解释。而该研究路向的另一部分学者则认为，可以通过在LF层面把先行词复制到省略部位来为空代词提供恰当的解释。有结构路向之二的学者则主张把句法和语义匹配起来，认为省略部位像非省略成分一样，具有完整的句法结构。省略部位与非省略部位的区别就在于前者的部分结构在PF层面上没有语音表达，但其语义却可以通过PF删除理论来加以解释。我们认为目前国外的省略研究主要是基于形式句法的省略研究，除了句法因素以外，省略研究还要涉及信息结构、语义、语用、认知等因素。上述省略的不同研究路径之间的关系可如图2.1所示：

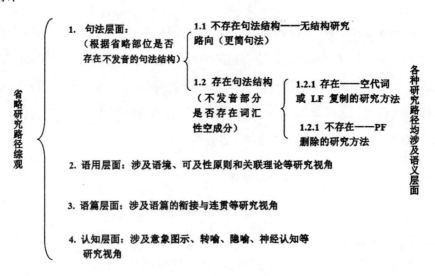

图 2.1　省略研究路径关系

我们认为在图2.1中所示的省略的各种研究路径中，意义始终贯穿于其中。下面我们重点对基于句法的省略研究展开论述，旨在对当前国外主流的省略研究路径做一较为客观的梳理、介绍和应用探讨。

2.1.1.1 无结构研究路向

2.1.1.1.1 光杆论元省略

省略研究的无结构路向否认省略部位内存在句法结构，认为在省略结构中，除了语音表现形式的句法结构外，不存在其他任何多余的句法结构，即在我们说出来的句子中，句法与音系是完全匹配的，既不存在被删除的部分，也不存在任何意义上的空成分。这种研究路向在简化句法结构的同时，需要更多的句法—语义界面来解释，其主要理论以Culicover & Jackendoff（2005：233-300，2018）的更简句法（Simpler Syntax）为代表。更简句法是一种解释性理论，与传统的生成语义学相对应，力图通过最简单的句法结构去调节音系与意义之间的关系。更简句法试图证明当下主流生成语法通过句法运算来处理的一些问题实际上往往是语义或语用问题。如果把这类问题从句法中剔除出去，句法结构就自然变得简单很多（胡建华 2010：15）。更简句法对主流生成语法的质疑中，很重要的论据之一就是对省略的解释。更简句法以光杆论元省略（Bare Argument Ellipsis，简称BAE）为例，指出了省略研究除了句法因素以外，还需要考虑句法与语义、语用和认知的接口因素，并由此提出了间接允准机制。

在不同的语言中，省略结构有所不同，但一般常见的有：截省、谓语省略、假空缺句、空缺句、剥落句、片段结构、名词省略和并列删除结构等。光杆论元省略是剥落句中的一种。剥落句的典型特征是在省略结构中，除了论元以外，其他成分全部省略。例如：

（1）Tom gives flowers to Mary, and John too.

光杆论元省略是一种特殊的现象，一般出现在上下文的语境中，在答语中，除论元外的其他成分全部省略。以（2）为例：

（2）a. A: Harriet has been drinking something.

B: Yeah, scotch.

b. A: When is Robin coming?

B: On Tuesday.　　　　　　　　　　　　（Culicover 2009：438）

在主流的生成语法研究中，学者们主要依据结构一致性假设（Structural Uniformity Hypothesis）思路及PF删除理论来解释BAE。所谓的"结构一致性假设"指的是下文中省略的信息在结构上与上文一致，即：片段结构中有完整的句法结构，只不过在句法操作过程中符合省略的允准（Licensing）条件，从而被删除，最终以光杆论元形式出现。更简句法也承认BAE的解读离不开句法。比如，在德语语篇中，下文中的光杆论元必须和先行句的格标记（Case-Marking）保持一致：

（3）a. A: Wem　　　folgt　　Hans?

who.DAT　follows　Hans

"Who is Hans following?"

B: Dem　　　Lehrer.

the.DAT　teacher

"The teacher."

b. A: Wen　　　sucht Hans?

who.ACC seeks Hans?

"Who is Hans looking for."

B: Den　　　Lehrer

The.ACC　teacher

"The teacher."　　　　　　　　　（转引自Culicover 2009：447）

Merchant（2003：55-77）在朝鲜语、希腊语、希伯来语、俄语和乌尔都语中也找到了类似的例子。同样的例子在英语中也存在，如以下（4）中介词的选取和约束关系的确立都说明了句法在省略结构中的作用：

（4）a. A: I heard Harriet has been flirting again.

　　　B: i.Yeah, with Ozzie.

　　　　ii. * Yeah, Ozzie.

　　b. A: John is very proud.

　　　B: Yeah, of/*in his stamp collection.

　　c. A: John has a lot of pride.

　　　B: Yeah, in/* of his stamp collection.　　　　（Culicover 2009：447）

　　例（4）也同时表明，省略结构可以从先行句中推导出来。但是，也有很多例子显示，省略结构中找不到可以从中推导的先行句（胡建华 2010：18）。例如：

（5）a. Hello! Ouch! Wow!

　　b. Off with his head!

　　c. A good talker, your friend Bill.　　　　（转引自胡建华 2010：18）

　　在例（5）中，各话语片段均不含动词，没有时态，根本无法找出其省略前的底层句。这类结构如果不用作直接宾语，也根本无法作为内嵌结构来使用。例如：

（6）*Fred unfortunately doesn't realize that hello/off with his head/a good talker, your friend Bill.　　　　（转引自胡建华 2010：18）

　　更简句法还对如下这类现象进行了探讨：有些省略结构本身是合法的，但与之对应的假定性完整结构却因为其相关成分在移位中违反了孤岛（Island）条件而被标记为不合语法。在更简句法看来，这类现象的存在说明省略结构并非是由一个相应的完整结构派生而来的。例如：

（7）A: Harriet drinks scotch that comes from a very special part of Scotland.

　　B: Where? [*Where does Harriet drinks scotch that is from?]

　　　　　　　　　　　　　　　　　　　（转引自胡建华 2010：18）

　　由此可见，更简句法在承认对BAE解释要以句法为基础的同时，也认为仅仅依赖句法关系来解释省略结构是不够的；同时，纯句法解释也解决不了一些相关的省略现象，因此还需要考虑与先行词相关的句法、语义、语篇语用和认知界面上的因素，才能够加以有效的处理。例如（8a-c）：

（8）a. A: I hear that Harriet has been drinking something.

　　　　B: Yeah, scotch.

　　　b. A: Ozzie mistakenly believes that Harriet has been drinking again.

　　　　B: Yeah, scotch.

　　　c. A: Ozzie doubts that Harriet has been drinking again.

　　　　* B:Yeah, scotch.　　　　　　　　　　　　　（Culicover 2009：442）

　　在（8a-c）中，A的陈述都有相同的句法结构，因而相对于B的解读来说，这些陈述在显性句法表达上都没有差别。（8c）中B之所以不可接受，是因为B的答语与A没有语义相关性，也就是说，（8）中B的解读，不仅仅要对应A的句法结构，还要涉及A的语义内容。可见，句法并不是省略解读的唯一方式。换言之，句法、语义、语用和认知的交叉界面决定了省略结构的解读。也正是基于此，更简句法提出了间接允准机制。

　　2.1.1.1.2 间接允准机制

　　更简句法认为，片段结构本身就是一个完整的句法结构，是一个无依赖结构（Orphan），而不是作为更大句法结构的一部分。对这种片段结构的解释是建立在间接允准（Indirect Licensing，IL）机制的基础上的。间接允准机制是一种涉及句法、语义、语用和认知之交叉界面的解读机制，具有认知加工的性质。这一机制依靠激活记忆中与某些词语相关联的意义来允准省略结构的相应解读，先行句中间接允准光杆论元的成分甚至可以不出现在语言结构中（胡建华 2010：18-19）。

　　IL主要有三种类型：匹配（Matching）（无依赖结构和先行句中的目标词相对应）、萌生操作（Sprouting）（即无依赖结构作为从句中的补充物拼读出隐性论元和附加语）、无依赖结构与语迹相对应。IL主要是建立在匹配的基础上，即在句法层面和语义层面上光杆论元与先行句中目标词的对应关系。IL的解释一般分为三步：首先找出光杆论元对应先行句中的目标词，并建立两者间的匹配关系；然后建立光杆论元和目标词的概念结构（Conceptual Structure）表达式；最后构建BAE解读的表达式。匹配的过程中还要涉及语篇因素，如对比焦点等。Culicover（2009：449-450）还把对BAE解读拓展到截省、谓语省略（动词短语省略）、动词短语照应（VP Anaphora[①]）和空缺句中，认为截省是BAE的疑问变体。

下面我们尝试应用IL对汉语谓语省略做初步的分析。先看例子：

（9）张三不会做饭，但是李四会＿＿＿＿＿。

在例（9）中，"李四"与"张三"相匹配，"会"与"不会"相匹配，这种匹配是建立在先行句与后续句具有相同的句法结构和彼此相对比的句法位置之上的，进而在概念结构层面上构建对片段结构（省略部分）的解读。如图2.2和图2.3所示：

先行词（Antecedent）： 不(会(做(施事（Agent）：张三，主题（Theme）：饭)))
        │   │
替换（Substitute）：   会   李四
省略部分概念结构(CS)： 会(做(施事（Agent）：李四，主题（Theme）：饭))

图 2.2　省略的间接允准机制 1（改自 Culicover 2009：458）

[①] 谓语短语照应通常以 do X 的形式出现，例如 do so，do the same，do the same thing，do that，do otherwise，do it，do something else，do likewise 等等（Culicover 2009：454）。

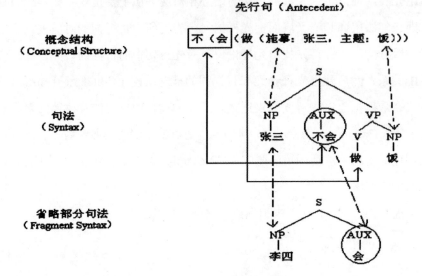

图 2.3   省略的间接允准机制 2（改自 Culicover 2009：457）

在 IL 看来，省略部位没有任何结构，因而省略的句法研究是可以延伸到句法、语义、语篇、语用和认知的交叉界面进行研究的。这既拓展了省略的研究领域，也为省略研究提供了一条不同于主流理论的解释思路，体现了解释语义学和概念语义学在研究方法上的独特风格。

我们认为，IL 与有结构研究路向的出发点是不一样的，它们对省略所做的解释，立足的是不同角度，着眼的是同一个问题的不同层面。有结构研究路向认为，省略部位存在句法结构，而对省略部位存在空成分做出假设是完全可能的，只不过有些成分在移位和推导过程中被删除了，而删除导致空成分的出现。由于这种研究路向对一些 BAE 现象也可以有效地解释，因此，在我们看来，有结构研究路向和无结构研究路向对省略的研究并不矛盾，只是其侧重点和角度有所不同而已。

2.1.1.2 有结构研究路向之一

有结构路向之一的研究者认为对省略结构的研究主要有两种思路。一种是空代词研究路径，另一种是 LF 复制研究路径。

2.1.1.2.1 空代词研究路径

空代词路径研究者认为，省略句的省略部位上存在着词汇性的空代词，这样的空代词类似于显性代词，可以将其视为论元，并通过纯语义的手段来加以解释。如例（10）和相应的图2.4所示：

（10）a. 有人说谎，但我不知道是谁。

　　　 b. 但我不<u>知道是谁</u>。（下画线部分分析如下图）

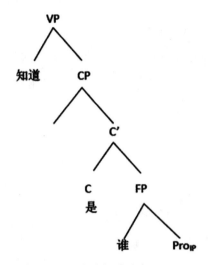

图 2.4　省略的空代词研究路径（改自 Aelbrecht 2010：6）

这种空代词解释思路的优势之一是：空代词可以指代处于分离状态的先行词，从而在语义上解释谓语省略现象。例如：

（11）a. 张三$_i$告诉李四$_j$，他们$_{i+j}$可以一起离开。

　　　 b. I can walk and I can chew gum. Gerry can too, but not at the same

　　　　 time.　　　　　　　　　　　　　　（[11b] 转引自Aelbrecht 2010：6）

该思路的优势之二是：在某些情况下，省略可以指代非语言性质的"先行词"，类似代词，但表现为词汇性的空代词。例如：

（12）[指着新买的衣服]

　　　 你不应该买。

2.1.1.2.2 LF复制研究路径

有结构路向的第二种研究思路则认为，可以通过在LF层面把先行词复制到省略部位来为空代词提供恰当的解释。这种思路是该路向的主要研究思路，主要以Chung，Ladusaw & McCloskey（1995）的IP循环理论为代表。该理论来源于管辖和约束理论框架，它建立在LF层面之上，以截省句为解释对象。这一理论认为，截省句在D结构中包括一个空的TP，语音上的空TP通过循环复制（Recycling）先行词TP的内容，在LF层面上被完全解释。这个过程需要循环复制、萌生操作、共标（Coindexation）和合并（Merger）等操作方式。LF复制的基本前提是省略部分和先行句之间存在等同关系，中心思想是截省结构所构造出的逻辑式必须为疑问算子提供一个可以约束的自由变量。刘丽萍（2006：60-112）运用这一理论对汉语的截省句进行了详细的分类和论证，试图将截省句中空缺的部分借助前面的先行语在LF层面予以恢复和重建。刘文将汉语的截省句分为两大类：一类是关联语是隐性的情况，另一类是关联语是显性的情况；而后该文对前者增加了萌生操作，对后者的处理采用了合并操作的方法。详细情况请参考刘文，我们这里不再展开论述。

LF复制在截省句处理上具有较强的解释力；但是对于先行词包括省略部位（Antecedent-Contained Deletion，简称ACD）现象处理起来就显得捉襟见肘了，ACD现象可以通过PF删除理论来解读[①]。

2.1.1.3 有结构研究路向之二——PF删除路径

第二种有结构研究路向是PF删除路径。该研究路径认为省略部位的句法与语义完全匹配。省略部位像非省略成分一样，都具有完整的句法结构。省略部位与非省略部位的区别就在于前者的部分结构在PF层面上没有语音表达，但其语义却可以通过PF删除理论来加以解释。例如（13）和图2.5：

（13）a. 有人说谎，但我不知道是谁。

　　　 b. 但我不知道是谁。（下画线部分分析如下图）

---

① 参见 Aelbrecht（2010：6）的分析。

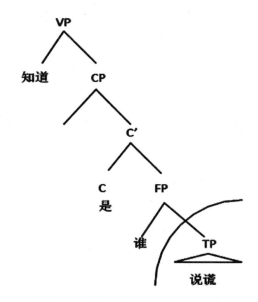

图 2.5 省略的 PF 删除（改自 Aelbrecht 2010：7）

　　Merchant（2001、2004）结合英语、希腊语和德语语料，从介词滞留（Stranding）、形态格标记和省略部位的提取（Extraction）问题这三个方面探讨了PF删除理论在解释截省问题中的有效性。Merchant指出，如果省略部分没有完整的结构，就很难解释介词滞留和提取等语法现象。PF删除路径解释的关键在于限制省略的两个条件：还原和允准。所谓"还原"，指的是丢失成分的意义可以从语境中重新找回。Merchant（2001）提出的e-GIVENness 观念就是实施"还原"操作的方式之一。所谓"允准"，是指并非所有的句法构型都允许省略，任何省略都受制于特定的句法环境。在这两个条件中允准条件显得尤为重要，涉及在什么样的句法环境下可以省略及在哪些句法环境下不能省略的问题。Aelbrecht（2010）对省略的句法允准条件进行了全面探讨并提出了允准理论。该理论认为允准核心和省略部位并不需要处于核心—补足语关系，省略的允准是通过省略特征和省略允准核心的一致关系（Agree Relation）实现的；省略发生在派生过程中，与语段既相互区别又相互联系，省略与语段是一种互动关系。该理论对荷兰语MCE和多种英语省略结构的提取问题有很强的解释力。那么，在汉语省略结构中需要哪些句法条件？允准理论是否能够解释不同的汉语省略结构？汉语中哪些成分在提取之前省略，哪些成分在提取之后省略？对于这些问题，我们将在后文作专题探讨。

除了Merchant（2001，2004）、Aelbrecht（2010）之外，目前国外基于形式句法的省略研究还有以下一些重要文献值得关注：Chao（1987）《省略》（*On Ellipsis*）；Lobeck（1995）《省略：功能核心，允准和识别》（*Ellipsis: Functional Heads，Licensing and Identification*）；Chung，Ladusaw & McCloskey（1995）《截省和逻辑形式》（*Sluicing and Logical Form*）。Chao（1987）和Lobeck（1995）的研究是以管辖—约束理论为框架展开的，而Merchant（2001，2004）、Chung *et al.*（1995）和Aelbrecht（2010）等则是在最简方案框架的基础上展开研究的。此外，还有一些成果代表了国外省略研究的最新发展趋势，主要有：牛津比较句法研究系列丛书中的Kayne（2005）《移位和沉默》（*Movement and Silence*）、van Craenenbroeck（2010）《省略的句法：来自荷兰语方言的证据》（*The Syntax of Ellipsis: Evidence from Dutch Dialects*）、Gergel（2009）《情态和省略：来自共时和历时的证据》（*Modality and Ellipsis:Diachronic and Synchronic Evidence*）、Repp（2009）《空缺句中的否定》（*Negation in Gapping*）、Johnson（2008）主编的论文集《省略中的话题》（*Topics in Ellipsis*）、McShane（2005）《省略的理论》（*A Theory of Ellipsis*）、Lechner（2004）《比较句中的省略》（*Ellipsis in Comparatives*）等。除了上述对省略本体研究的理论探讨性著作外，还有基于生成语法理论对省略的应用研究，如Santos *et al.*（2009）《最简回答：欧洲葡萄牙语习得中的省略、句法和语篇》（*Minimal Answers：Ellipsis, Syntax and Discourse in the Acquisition of European Portuguese*）等。

省略是国外理论语言学，特别是形式句法研究的重要话题。国外这方面的文献非常多，本书在后续章节的个案分析中，还将做专题性介绍，这里我们不再一一述评。值得一提的是van Craenenbroeck & Temmerman（2018）编写的《牛津省略手册》（*The Oxford Handbook of Ellipsis*），该文献对省略现象进行了全面、系统的研究。该书主要分为四个部分：第一部分是省略的理论

研究，包括转换生成语法、依存语法、更简句法、心理语言学、疑问语义学
（Inquisitive Semantics）、计算语言学等不同理论视角下对省略的研究；第二部
分将省略作为一种诊断工具（Diagnostic Tool），应用到省略现象的分析中，包
括移位和岛条件、语码转换等；第三部分聚焦于具体的省略结构的分析中，包
括截省、动词省略、片语、比较句等；第四部分对十一种语言或语言变体进行
了分析，如芬兰手语、匈牙利语、印度尼西亚语、斯瓦希里语等。

2.1.2 功能语法研究

功能语法学派对省略的研究主要以Halliday & Hasan（1976）的《英语的衔
接》（*Cohesion in English*）为代表。该书中文版已由张德禄等（2007）翻译，
并由外语教学与研究出版社出版。Halliday & Hasan（1976）认为，省略、替代
和指称既相互区别又紧密联系，其中省略是替代的一种特殊形式，可称为"零
替代"（Zero Substitution），指的是结构上某个应该出现的成分却没有被明确
表达出来，其本质特征是处于底层的选项在结构中被删除了。省略同替代、指
称一样具有衔接功能，都是预设形式，是通过指向一个已知事物来认识另一事
物的手段。Halliday & Hasan（1976）还把省略分为名词性省略、动词性省略和
小句省略三种情况。

在功能语法大的框架下对省略进行交叉界面研究的另一代表作是Winkler &
Kerstin（2003）主编的论文集《界面：推导中和解释中的省略结构》（*The
Interfaces：Deriving and Interpreting Omitted Structures*）。该书从句法、语义和
语篇界面对省略展开研究，其中有几篇文章专题探讨了省略与话题、焦点和篇
章结构的关系问题。

2.1.3 认知及其相关研究

如上所述，国外对省略研究的主要视角是形式句法，基本上是从间接允
准机制、空代词或LF复制和PF删除等三个路径展开研究的，涉及的省略结构
有：动词省略、谓语省略、截省、剥落句、片段结构、名词省略、空缺句、假
空缺句和并列结构省略等。除了Culicover & Jackendoff（2005：233-300）在更

简句法中提出的解释光杆论元省略的间接允准机制外，国外语言学界从认知角度对省略的研究还比较少，更简句法中的间接允准机制研究也不是对省略的纯认知语义研究，而是对省略的句法—语义—认知的界面研究。Goldberg & Perek（2018）分析了构式语法中的省略，认为省略构式的共享交际动因（Shared Communicative Motivation）导致跨语言相似性和一定的功能限制。省略是被构式系统所允准的。构式涵盖了一些对形式和功能的限制，包括语义、语篇环境、语域、体裁和方言等。省略还原性不是仅复制和删除省略部位的句法结构，而是负载着一定的认知过程，指信息可以从先行词的记忆语迹（Memory Trace）中还原。

语用与认知的交叉研究也是当前国外省略研究的热点之一。该方向侧重研究在一定的语境下特别是在言语交际过程中省略的意义理解问题。比如，Vennemann（1973）认为省略是在一定语境下语义结构的零形式（转引自陈伟英 2009：15）。Petra（2003）从话题和焦点等视角阐述了省略解读的语用问题。

语用与认知交叉研究的另一视角是认知语用学理论。作为认知语言学与语用学的交叉而形成的一种语用学理论，其主要代表是Sperber & Wilson（1986/2001）的关联理论（Relevance Theory）。就我们所见，即使在国外，也鲜有学者立足于关联理论去解释交际中的话语省略现象，但我们认为，立足于认知语用学尤其是关联理论来阐释诸如词汇语用、语用充实下的省略意义理解问题，可能是今后此方向研究的热点所在。

此外，Kann，Wijnen & Swaab（2004）从神经认知机制角度，采用ERP（Event Related Potentials［事件相关电位］）手段探讨了空缺句的理解问题，即通过在线句子加工来确定何时识别省略并找回省略的信息等。实验结果表明，平行结构中缺失信息的找回受到句法延续性作用的影响，同时该实验也证实了其中所涉过程不同于学界曾就wh问句和其他空语类结构所做的猜想（转引自陈伟英 2009：15-16）。我们相信，基于ERP的定量研究，不仅有利于改进以往基于演绎和内省法为主导的省略研究，也可以为省略理解的研究提供新的方法和路径。

省略的心理语言学研究也是国外省略研究的重要内容。Phillips & Parker（2014）述评了用心理语言学实验的方法对省略进行的研究。该综述主要围绕三个问题展开，一是先行词和省略部位的一致限制是否适用于句法或语义表达？二是省略部位是否包括先行词的句法结构，该结构在语音形式上表现为语音缺省？亦或省略部位包括一个缺少内部结构的空代词？三是如果省略部位存在不发音的结构，该结构是全部参与句法加工过程，还是在某些句法表征（Syntactic Representation）层面空缺。心理语言学实验研究能够解释前两个问题，但是对第三个问题还有待于进一步探究。Frazier（2018）在《牛津省略手册》（*The Oxford Handbook of Ellipsis*）中评述了省略和心理语言学的最新进展。实证研究主要围绕省略部位是否存在句法结构的问题展开，聚焦省略的还原条件和允准条件。

2.2　国内省略研究综述

2.2.1　汉语省略研究的传统和主流观点

在国内语言学界，自马建忠（1898）开创汉语语法研究以来，黎锦熙（1924）等早期学者都曾关注省略现象并对其进行探讨。但这些探讨主要基于研究者的经验和直觉，对现象的分析也局限于相关现象的描述，未做进一步的解释和分析。如马建忠（1898：393）分析了省略的原因：对话、承上、命令或避重名，指出存现句和其他非主谓句没有省略起词（主语），属于完整的句子。黎锦熙（1924）探讨了句子主要成分的省略，认为句子的主语、述语和述语所带的宾语或补足语都可算是主要成分，其省略有以下几种情况：对话时的省略、自述时的省略、承前的省略、"的"字的特别用法下的省略、量词的特别用法下的省略、平比句中的省略。

而后，赵元任（1968/1979）、吕叔湘（1979）、朱德熙（1982）、王力（1985）、廖秋忠（1984）、陈平（1987）、荣晶（1989）、范开泰（1990）、张国宪（1993）、黄南松（1995，1996，1997）、王维贤（1997）等一批学者开始尝试深化对省略及其相关问题的探讨，研究的态势也向全方位、多角度拓展。比如，吕叔湘（1979：67-68）就提出了界定省略和隐含的两个条件：第一，如果一句话离开上下文或者说话的环境意思就不清楚，必须填补一定的词语意思才清楚；第二，经过填补的话是实际上可以有的，并且填补的词语只有一种可能。这样才能说是省略了这个词语。此外，吕先生还认为"隐含"这个概念很有用，"隐含"不同于"省略"，必须要可以添补才能叫做省略。赵元任（1968/1979）主要从结构主义视角研究零句[①]。朱德熙（1982：220-221）认为省略是指结构上必不可少的成分在一定的语法条件下没有出现，从原则上说，省略的成分应该是可以补出来的。王力（1985：310-316）认为凡比平常句子形式缺少某部分者，叫做省略法。省略是一种特殊的表达方式，它的表达"非但简洁，而且顺口，切勿认为省略是一种缺点"。省略多由承接法而来，此外还有习惯性省略，包括替代法和称数法两种。陈平（1987）的研究立足于功能主义视角；张国宪（1993）则对隐含问题进行了专题探讨。屈承熹（1998/2006）探讨了与名词短语省略相关的话题链和零形回指等问题。在这些文献中，尤其值得注意的是，王维贤（1997）的研究成果在汉语省略研究中具有重要的地位。王先生首次把省略分为语义省略、句法省略和语用省略三类，并立足于三个平面理论对省略现象展开了较为全面和系统的探讨，体现了省略研究由静态向动态的转向。但总体来说，这些研究都没能跳出省略研究的传统思路。

　　中国学者对省略的研究在20世纪90年代后开始进入一个新的时期，其特点是开始吸收当代语言学研究的一些新的理论成果，在研究视角上有较大程度的进展。沈阳（1994）、胡壮麟（1994）、李大勤（2003a）、邢欣（2004）、姜望琪（2004）等学者的研究是其中的代表。胡壮麟（1994）和姜望琪（2004）从功能语法角度论证了省略对语篇的衔接和连贯的解释作用；杜道流（2000）从言语交际等角度对省略展开了研究。李大勤（2003a：22-23）结合形式句法理论，解释了"空位""缺省"（零形式）和"省略"的区别和联系，对于廓

---

① 赵元任先生（1968/1979：41-44）认为汉语中没有省略，并提出了零句的概念。汉语从句子结构上分为零句和整句，零句没有主谓形式，并表现为动词性词语和名词性词语，叹词是最地道的零句。零句可细分为：动词性词语作为陈述句，动词性词语作为命令句，动词性词语作为问话和答话，名词性词语作为谓语、标题，用物名作命令句、呼语和叹词。我们认为赵先生把对省略的理解融入零句的观念中。

清与省略相近和相关的一些概念，具有重要意义；邢欣（2004）从生成语法角度探索了与空语类相关的省略问题。这些当代语言学的研究思路对省略研究的发展起到了重要的推动作用。

　　总之，到目前为止，汉语语法学界已经对省略的类型、产生原因及与隐含等和省略相关及相近的概念间的区别和联系等问题做了相当深入的思考，积累了众多的文献，这些都为我们展开进一步的研究奠定了较为坚实的基础。

2.2.2　省略研究的认知视角

　　中国对省略的认知研究是随着国内认知语言学研究热潮的兴起而逐渐延伸到省略领域的。我们曾在中国知网上以"篇名"为检索项，以"省略"和"认知"为检索词，以"1979-2019"为时间跨度进行跨库检索，共检索出期刊论文30篇，博士学位论文1篇，硕士学位论文10篇，其中大多数文献是2008年以后出现的。从这些文献可以看出，中国认知语言学界进行省略研究大多以范畴化与非范畴化理论、图形—背景（Figure-Ground）理论、理想认知模式（ICM）理论、可及性理论、关联理论等为主要背景，且都涉及经济原则、省力原则等为语言学界广泛接受的一些原则观念。比如，夏日光（2010：103-105）认为省略就是人们把注意力和视觉焦点放在信息上，把已知信息或旧信息予以省略，突显新信息；而按照图形—背景理论，新信息是图形，得以突显，旧信息是背景，予以省略；省略的本质是一种信息的突显，是一种语义空位。陈伟英（2009）借助认知语用交际观，引入经济原则、省力原则及可及性理论作为主语省略实证研究的理论背景，自行设计了主语、话题、提及、干预、距离和推进等六个参数，对汉语主语省略进行了较为深入的考察分析。李欢（2008）依据显著性理论和概念转喻理论对宾语省略进行认知分析，并把宾语省略分为隐形宾语、空位宾语和代体宾语三类。吴迪龙、赵艳（2010）借助ICM理论中的四大认知模型对语义省略进行了解释。

　　张天伟、卢卫中（2012）认为概念转喻是识解省略现象的认知机制之一，从与概念转喻框架密切相关的认知参照点、隐转喻、事态场境和脚本理论等视角阐释了省略现象的认知转喻机制，并在区分语用层面和语篇层面的基础上对省略现象进行了认知语义解读。齐沪扬（2010）从认知角度解释了带处所宾语的"把"字句，即"把+O+VR+L"句式中处所宾语的省略和移位。

由以上综述可见，目前中国学者对省略的认知研究正呈百花齐放的多角度研究态势，不仅在相当程度上突破了省略研究的传统思路，也提出了一系列值得我们进一步思考的课题，比如省略与认知的关系、省略在语篇的构成和理解中的作用等等。然而，省略的认知研究在偏重意义解读的同时，有忽略省略的句法属性之倾向，因而也难以在本质上深刻把握这种语音表达和意义理解的不对称现象。此外，省略与"空语类""零形式""成分缺失""空位""隐含"等概念是既相互区别与又相互联系的关系，若在展开省略的认知研究过程中不加区别，会造成理论探讨和解释上的混乱。

2.3　基于形式句法的汉语省略研究

目前，基于形式句法角度研究汉语省略结构和省略现象的学者还不多。就我们目前所见，值得关注的主要文献有：Wang（2002）、Wu（2002a、b、c）、Wang & Wu（2006）、Li（2002）、李艳惠（2005）、Wei（2004，2006，2010，2011）、刘丽萍（2006）、傅玉（2010）等。此外，还有多篇相关的博士论文，如 Li（2002）的《汉语的省略结构》、Wei（2004）的《汉语中的述谓结构和截省》、刘丽萍（2006）的《汉语截省句》等；相关的硕士论文也有多篇，如Su（2006）的《汉语的动词组删略——以微言主义分析》、Wang（2002）的《汉语截省现象》、Wu（2002c）的《汉语的谓语删略和空缺》和魏子淇（2011）《汉语截省句中"是"字隐现问题的研究》等。上述研究主要聚焦于汉语的不同省略结构研究和省略句法生成的解释机制，现将以上文献的主要内容和成果分类简介如下：

2.3.1　谓语省略研究概述

谓语省略是基于形式句法的省略研究的重要内容之一，国外已有大量对英语谓语省略及其相关问题进行研究的文献，然而对现代汉语谓语省略进行的研究无论国内还是国外均不多见。本节在简述英语谓语省略研究的基础上，试图从谓语省略的类型、研究方法、句法生成机制及其相关问题（"是"的性质问题、谓语省略中是否包含状语短语问题、空位宾语、"也"的性质）等几方面对已有现代汉语谓语省略的研究做一梳理。目前，汉语谓语省略研究大都受到英语谓语省略研究的影响，因此我们首先对英语谓语省略研究做一个简单的梳理。

2.3.1.1 汉语谓语省略的研究背景——受英语谓语省略研究启发

谓语省略和截省是各种省略结构研究中最常见的两种类型。英语谓语省略研究主要聚焦于英语谓语省略的句法属性、特点和分类，有代词出现时的谓语省略部位的语义解读和谓语省略的允准机制。在英语中常见的谓语省略有以 have、be、不定式标记语 to、情态动词等为标记的助动词系列和以 do 为代表的虚助词（dummy do）系列。如（14）所示：

(14) a. Jasmin can draw an elephant, but Ryan **can't** [draw an elephant]①.

b. I have never travelled to America. **Have** you [ever travelled to America]?

c. Uriel was drinking coffee and Aviad **was** [drinking coffee] too.

d. I hadn't been thinking about that.-Well, you **should** have been [thinking about that]!

e. Bettina couldn't make it, but she really wanted **to** [make it].

f. Ed doesn't like cats and dogs, but Chris **does** [like cats and dogs].

（Aelbrecht 2010：166-167）

Ross（1967）、Wasow（1972）、Hankamer & Sag（1976）、Jackendoff（1977）、Sag & Hankamer（1984）、Chao（1987）、Lobeck（1995）、Merchant（2001）、Johnson（2008）、Kayne（2005）、Aelbrecht（2008）和Aelbrecht & Harwood （2018）等，都先后对英语谓语省略的句法属性和句法生成机制进行过探讨。Su（2006：7-8）在前人研究的基础上把英语谓语省略的句法属性综述如下：

---

① 方括号内为省略部位。

a. 至少包括一个[动词+补足语]的成分。

b. 可以违反岛限制条件。

c. 可能出现在并列句中，也可能出现在不包含先行词的从句中。

d. 可以跨越句子间的界限（Boundaries）。

e. 遵守回指照应限制①。

f. 可以有一个语用先行词或非显性先行词。

以下的（15a-f）作为支撑语料，一一对应上述属性（a-f），用以说明英语谓语省略的句法属性。例如：

（15）a. Jake ate a hamburger, but Bill didn't [$_{VP}$e].

b. The man who thinks swimming is safe discusses this issue with [$_{NP}$a woman who doesn't [$_{VP}$e]].

c. Although Jake couldn't [$_{VP}$e], Bill is able to do it.

d. Jake left for Taiwan. Yes, and Bill did [$_{VP}$e] too.

e. Although Jake's brother couldn't [$_{VP}$e], Bill's brother is willing to do it.

f. I can [$_{VP}$e] too. [假设说话人看见某人打乒乓球，然后随声说道]

英语谓语省略研究中的另一个重点是语义解读。当有代词出现的时候，英语的谓语省略有严格解读（Strict Reading）和宽泛解读（Sloppy Reading）之分。例如：

（16）Tom gives his books to Mary, and Paul does too.

对（16）的语义理解，可以有两种，分别为（17a）、（17b）：

（17）a. Tom gives his books to Mary, and Paul gives Tom's books to Mary too.

（严格解读）

---

① 回指照应限制（Backwards Anaphora Constraint）认为省略部位能够提前，但是不成分统制其先行词（转引自 Su 2006：8）。

b. Tom gives his books to Mary, and Paul gives Paul's books to Mary too.

（宽泛解读）

对（17）的语义解读，主要依据Partee H.（1973）、Sag（1976）提出的 VP–Rule为基础，将 λ 表达式的逻辑形式分析方法引入其中。其分析过程如（18）所示：

（18）a. λ x[x gives his books to Mary] （严格解读）

　　　b. λ x[x gives x books to Mary] （宽泛解读）

当his表指称用法时，空谓语可以理解为（18a）的形式，产生严格解读；当空谓语的先行语为（18b）时，此时x为变项，受第二句中主语Paul的约束，产生宽泛解读。

省略的句法允准问题是英语谓语省略研究的重点。Saito & Murasugi（1990）在Zagona（1982）研究的基础上分析了谓语省略和名词短语省略，认为省略部位必须被一个功能语类允准，同时要满足管辖条件，即满足核心-补足语关系时，省略才能够发生。后来，随着生成语法理论的发展，省略的允准条件也不断发生变化，Chomsky（1995）规定特征核查需要标示语—核心或核心—核心的构型。据此，Lobeck（1995，1999）认为省略部位必须被一个功能核心允准，省略才能够发生。在英语谓语省略中，允准核心T的补足语是一个空语类，为了满足标示语和核心的一致关系，补足语移位到核心的标示语位置，在特征核查的操作下，谓语部分被省略（转引自Su 2006：14）。如图2.6所示：

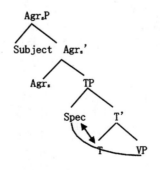

图 2.6　英语谓语省略分析（转引自 Su 2006：14）

在图2.6中，被删除的谓语是一个空语类，移位到Spec-TP并与允准核心T相互核查，满足标示语和核心的一致关系，由此省略得以发生。Merchant（2001）认为，省略允准条件是建立在核心（允准核心）—核心（被删除短语的核心）关系上的，并以此为基础上来进行特征核查。Aelbrecht（2010）依据省略允准理论对谓语省略进行了分析，认为省略被允准是通过省略特征（E-Feature）和省略允准核心（Licensing Head，即允准词 [Licensor]）的一致这种句法操作关系（Agree Relation）来实现的。

2.3.1.2 现代汉语谓语省略的类型

英语谓语省略的主要类型有以have、be、不定式标记语to、情态动词等为标记的助动词系列和以do为代表的虚助词（dummy do）系列。受此影响，一些学者也对汉语谓语省略研究做了类似的分类。例如，Wu（2002a）将现代汉语谓语省略分类如表2.1所示：

表 2.1　现代汉语谓语省略类型（改自 Wu 2002a：8；Su 2006：35）

省略类型	举例	特征	省略部位	手段
"是"-支持结构	张三看见了他的妈妈，李四也**是**。	与英语中的 do 支持结构不同，"是"支持结构被看作为一种 pro-VP 形式，其句法位置高于 INFL	IP	以焦点投射为基础的分析模式
否定	张三看见了他的妈妈，李四**没有**。	在否定词中，汉语谓语省略只适用于"没有"	NegP	
情态动词	张三**会（可以）**说法语，李四也**会（可以）**。	汉语谓语省略只适用于"道义的"（deontic）的情态，而不是"认识的"（epistemic）的情态。	ModalP	
动词	张三看见了他的妈妈，李四也**看见了**。	在省略过程中，动词在焦点短语的核心被复制，留下一个空 VP	VP	

Li（2002）主要研究了两种现代汉语谓语省略类型，如表2.2所示：

表 2.2 Li（2002）对现代汉语谓语省略的分类

省略类型	举例	特征	删除部位	手段
动词（空位宾语句，Null Object Construction）	张三喜欢他的老师，李四也喜欢。	空位宾语句来自于谓语省略，本质是 V- to- v 的移位。	VP	在 vP 结构内 V- to- v 的移位
也是结构	张三喜欢他的老师，李四也是。	vP 省略	vP	

李艳惠（2005）对汉语谓语省略进行了细致的分析，并将汉语谓语省略的类型总结如下表2.3所示：

表 2.3 李艳惠（2005）对现代汉语谓语省略的分析

省略类型	举例	特征	删除部位	手段
助动词结构	1. 张三很喜欢你给他的礼物，李四也会。 2.张三认真地做功课，李四也能。	主语+助动词+谓语动词短语（省略部位包括副词[状语]）	VP	句法中核心（head）的选择限制决定的，根据选择性质和语境信息可以在逻辑层面上对空语类对出解释。
"是"字结构	1. 张三很喜欢你给他的礼物，李四也是。 2. 张三认真地做功课,李四也是。	主语+是+屈折短语（IP）（省略部位包括副词[状语]）	IP	
动词结构	1. 张三很喜欢你给他的礼物，李四也很喜欢。 2. 张三认真地做功课,李四也做了。	主语+动词+宾语（省略部位不包括副词[状语]）	VP	

　　Wei（2010）将汉语谓语省略分为五类，如表2.4所示：

表 2.4　Wei（2010）对现代汉语谓语省略的分类

省略类型	举例	特征	删除部位	手段
也是	张三吃苹果，李四也是。	"是"的位置比否定高，表示强调标记，不同于作为系动词的"是"。	NegP 或 VP	以焦点投射为基础的分析模式，并细化为 YeP、QueP 和 PolP 等功能投射。
也+（否定）+助动词	张三会去美国，李四也会。	没有提及	NegP 或 VP	
也+（否定）+动词	张三吃苹果，李四也吃。	没有提及	NegP 或 VP	
却+（否定）+助动词	张三要去美国，但是李四却不要。	"却"可以省略。	NegP 或 VP	
却+（否定）+动词	1. 张三没吃苹果，但是李四却吃了。 2. *张三没吃苹果，但是李四（却）是。	没有提及	NegP 或 VP	

　　除了上述研究外，傅玉（2010：254）将汉语谓语省略分为两种形式：对于助动词、系动词以及否定词"不""没"所替代的省略，解读时必须包含状语短语成分；而对于"动词重述"省略，解读时则必须把状语短语成分排除在外。

2.3.1.3 现代汉语谓语省略研究的主要思路

　　现代汉语谓语省略研究主要有三种思路：移位分析法（动词提升分析法）、空宾语分析法（Null Object Analysis）和核心（Head）的选择限制分析法。

2.3.1.3.1 移位分析法（动词提升分析法）

　　动词提升分析法主要以Huang（1988a、b，1991）为代表，Huang所说的谓语省略句如（19）所示：

（19）a. 张三看见了他的妈妈，李四也看见了。（[19]、[20]转引自Wei 2010：82）

　　　b. 李四也[$_{INFL}$[$_V$看见-了][$_{VP}$ tv[$_{NP}$ ec]]]

（20）John saw his mother, Bill[$_{INFL}$ did[$_{VP}$ ec]] too.

在（19）中，第二小句的动词"看见"从V的位置提升至INFL，扮演类似（20）的Do-支持角色，经过谓语省略后，产生了空位宾语结构（Null Object Construction），Huang称这种动词重述结构为"伪装式谓语省略"或称之为"伪装式动词短语省略"（VP-Ellipsis in Disguise）。Wei（2010）认为这种分析的优点是：可以轻易地利用Sag（1976）和Williams（1977）的VP-Rule原则来解释（19）中存在的两种语义解读（严格的和宽泛的）及其局部效应。[①]Li（2002）认为，所谓的V-to-Infl 移位，其实是V-to-v 移位；而空位宾语句来源于谓语省略，"也是"句来源于vP省略。分别如（21'a）、（21'b）所示：

（21）张三喜欢他的老师。（[21]引自Wei 2010：82）

（21'）a. 李四也[$_{V-v}$喜欢[$_{VP}$ tv[$_{NP}$ ec]]]

　　　 b. 李四也[$_{INFL}$ 是[$_{VP}$ e]]

Wu（2002c）认为，汉语谓语省略的核心是焦点投射造成的，先是由V、Neg、Modal移到焦点位置或把"是"插入到焦点位置，而后再执行焦点投射，最后再进行相应的删除操作。Wei（2010）也立足于移位分析把谓语省略结构的分析建立在焦点投射的基础之上，提出了谓语省略句中的三种焦点投射："也"投射、"却"投射和极性投射。在本书的第四章中，我们将对Wu（2002c）和Wei（2010）的分析展开具体探讨。

2.3.1.3.2 空代词分析法（Null Object Analysis）

主张空代词分析法的学者（Chao 1987；Lobeck 1995）认为，英语谓语省略句之后有一个结构简单的空代词，可以通过允准和识别（Identification）等

---

① 我们认为，（19）中的动词提升的本质是移位，与（20）中的 Do- 支撑还是有区别的，（20）中 Do- 支持的本质是插入。

句法机制来解释省略的生成机制问题；也有的学者（Lopez 1995；Hardt 1993，1999）从语义角度来解释空代词的属性。借鉴空代词分析法来研究汉语省略的学者主要有Pan（1998）、Xu（2003a）和Ai（2005a）等。Pan（1998）认为，只有V-to-Infl移位时，才有谓语省略；没有就用空代词分析法。但是，对于动词提升的具体机制，Pan没有解释。Xu（2003a）认为，汉语的空位宾语句（Null Object Construction）并非是动词提升的结果，而只是个空的宾语（转引自魏廷冀 2010：85）。Xu注意到空位宾语句与真正的谓语省略句（以"是"字句为代表）在副词省略和照应语省略上的不同。对比（22）和（23）：

（22）约翰每天刷三遍牙，彼得也是。

（23）约翰每天刷三遍牙，彼得也刷。

（Xu 2003a）

例（22）中省略的成分是"每天刷三遍牙"，其解读中必须包含状语成分；而例（23）中省略的成分是"三遍牙"，其解读就不包含状语成分。李艳惠（2005：7）也对类似（22）和（23）两种句子进行了研究，提出：当第二个分句为动词重述结构时，非宾语短语，如动词前状语成分和动词后那些表示持续、频率、结果、程度、目的等状语成分，都不能被包含在缺失的成分中；而对于含有助动词、系动词和"是"的省略句来说，其解读必须包含状语短语成分。我们认为Xu（2003a）对空位宾语句和谓语省略句的区分是有一定启发意义的，但因对空位宾语中"空位"的定性有所忽略，也就难以对空位宾语句中或严格或宽泛的语义解读机制做出应有的解释。

Ai（2005a）将空代词分析方法延伸到谓语省略中的"是"字句和助动词结构中，认为变项、空的描述短语（Null Epithet）和谓语省略，都可能是空位宾语句，而相关的因素主要是语用控制之强弱及宾语的属性；"是"字句是一种深层照应结构，PF-删除和LF-复制都是解释谓语省略的可行方式（转引自 Wei 2010：85）。

2.3.1.3.3 核心（Head）的选择限制分析法

核心（Head）的选择限制分析法以李艳惠（2005：3）的观点为代表。李

（2005）认为，省略成分是由句法中核心的选择限制来决定的，换言之，是核心的子语类化（Sub-Categorization）特征决定的。核心的词汇性特性决定了是否须有空号出现以及该空号如何解释。该方法的特点是依赖词汇特性，而不像删除法那样是根据语境删除句中已经出现的某些成分。应该说，这一方法对谓语省略语料的分析是有一定解释力的，但是对谓语省略之外的某些语料缺乏足够的解释力。例如，该方法依据约束原则的第二条和概化的控制原则（Generalized Control Rule [Huang 1989]），排除了空代词分析的可能性；也从孤岛条件的失效否定了变项分析的可能性。但是，正如魏廷冀（2010：86）所指出的那样，"也"字句遵守孤岛条件限制，而该分析方法却无法做出有效的解释。

2.3.1.4 现代汉语谓语省略研究的不足

由以上简述可见，现有的汉语谓语省略句研究还存在一些争议或不足。

第一，空位宾语句是否属于谓语省略？空位宾语句的本质是什么？空位宾语句中是否真正存在空位？汉语中有没有真正意义上的"宾语省略"？如此等等都有待我们做出进一步的思考。就拿上述最后一个问题来说，长期盛行于学界的"宾语省略"假说，很有可能是一种假象。因为，除了成分缺失是一种无论元占据宾语位置的现象外，英、汉语言中宾语位置出现的零形式现象在绝大多数情况下都是宾位显性论元移位后导致的空语类现象。有关这一看法的细节及对相关问题的探讨，请参见本书第十三章。

第二，谓语省略句中与"是"相关的问题探讨也存在着一定盲点。

以"是"字支撑的省略句在汉语谓语省略中占有重要地位，那么"是"的句法性质是什么？傅玉（2010）认为，汉语中存在两种"是"：系词"是"和虚助词"是"。其中虚助词"是"一般存在于并列结构中，位于C_{Focus}位置，能够允准先行语位置上的话题焦点。我们认为"是"的句法性质还需要进一步细化。此外，魏子淇（2011）探讨了汉语截省句中"是"字隐现问题研究，那么在汉语谓语省略句中是否也相应地存在着"是"字隐现问题？

第三，Wei（2010）注意到"也""却"和"极性投射"在焦点投射中的作用，但是该焦点投射的运作机制是什么？"也"和"却"的性质是什么？造成"却"字隐现问题的原因是什么？诸如此类的问题也需要做出确切的回答。例如：

（24）张三吃了个苹果，李四（却）没有。

在本书第四章中，我们将对谓语省略结构中的焦点投射的运作机制做进一步的探讨。

第四，英语中的空缺句（Gapping）与谓语省略关系密切，而汉语中是否存在动词省略却没有定论。一般认为汉语中不存在类似于英语的空缺句。请比较：

（25）a. Zhang San Likes Semantics, and Li Si Pragmatics.

b. 张三喜欢语义学，*李四语用学。

不过，Li（1988）和Paul（1999）都认为汉语中存在空缺句（动词省略）句，例如：

（26）张三吃了三个苹果，李四四个桔子。

（27）他来过五次，我一次。

Wu（2002b）结合语料，对Li（1988）和Paul（1999）的例子进行了反驳，认为他们的例子不是真正意义上的动词省略，而是一种话题—述题（评述）结构（Topic-Comment Constructions）。换言之，在Wu（2002b）看来，汉语中不存在像英语一样的空缺句。我们将在第十一、十二章中，对此问题做进一步的探讨。

第五，如何看待谓语省略中包含状语短语这一问题也有较大的争议。Xu（2003a）和李艳惠（2005）对相关问题进行了分类和研究，但目前研究还不深入，需要进一步细化。

2.3.2　现代汉语截省句研究简述

2.3.2.1 截省句的研究路径

目前，国内外省略结构研究中受关注最多的两种省略结构，一个是谓语省略，一个是截省。汉语截省句的研究主要以Wang（2002）、Wang & Wu（2006）、Wei（2004）和刘丽萍（2006）为代表。其中Wang（2002）和Wang & Wu（2006）采取的是PF删除的研究路径，而Wei（2004）、刘丽萍（2006）分别采用的是空代词、LF复制的研究路径。

Wang（2002）和Wang & Wu（2006）受Kim（1997）和Hiraiwa & Ishihara（2001）对日语截省句研究的影响，认为汉语截省句是基于焦点投射并经过移位后形成的。汉语截省句中的疑问词由基础生成的位置移位到焦点短语（FocusP）的标示语位置，其中FocusP位于CP和IP之间。显然，汉语的疑问词不可能像英语这类允许疑问词移位的语言那样受[+Q]的EPP特征的驱动而产生移位，但可以受焦点的驱动而产生移位（转引自刘丽萍：2006）。例如：

（28）a. 我吃猪肉，但是不吃牛肉。

　　　b. 我猪肉$_i$吃t_i，但是牛肉$_j$不吃t_j。（Wang 2002：13）

Wang文认为，（28b）的移位是焦点移位，移位后的成分是全句的焦点，具有对比焦点的意义。同理，在Wang看来，汉语疑问词也可以有显性的焦点移位。例如：

（29）a. 张三最想遇到谁？

　　　b. 谁$_i$，张三最想遇到t_i？

据此，Wang认为汉语截省句是由疑问词焦点移位后在语音层面删除后面的IP所生成的。在句法上焦点核心F允准了IP省略；在形态上，汉语的疑问词与英语的wh短语不同，并不是可移位的算子；在语义上，截省结构的焦点总是落在疑问词上。例如：

（30）张三遇见了某个人，可是我不知道[$_{CP}$是 $_{FocP}$[谁$_i$FocP [$_{IP}$张三遇见了 i]]]。（Wang & Wu 2006：376）

借鉴英语省略研究中的Do-支撑说，Wang & Wu（2006）引入了"是-支撑"分析法。他们认为，"是-支撑"是为了给没有格的论元赋格。当"是"作为焦点标记时，其移位路径由Focus核心位置移位到C核心位置。

刘丽萍（2006）曾对Wang（2002）和Wang & Wu（2006）的PF删除路径研究提出了质疑。比如，Wang & Wu（2006）认为，汉语是不允准介词滞留的语言，介词要跟疑问词移到焦点的位置，所以介词要在截省句中强制性出现。例如：

（31）a. 李四跟人去玩，可是我不知道是*（跟）谁。

　　　b. 李四对人发了脾气，可是我不知道是*（对）谁。

刘丽萍则认为，如果把（31）中"人"换为"某个人"，介词就不一定要随迁。例如：

（32）a. 李四跟某个人去玩，可是我不知道是谁。

　　　b. 李四对某个人发了脾气，可是我不知道是谁。

我们认为例（32）[①]的情况和（31）里一样，介词"跟"和"对"需要跟疑问词移位。刘的例子不足以说明Wang & Wu的观点存在问题。

刘丽萍（2006）还对Wang提出的"是"是焦点标记的看法提出了质疑，认为"是"是否是焦点标记，和"是"字的隐现问题关系密切。魏子淇（2011）也探讨了汉语截省句中"是"字隐现问题，认为在汉语截省主句的否定结构中，如果疑问词处于否定词的统制辖域内，则其疑问特征和焦点特征均被抑制；而在汉语截省句主句的肯定结构中，疑问词的疑问特征被抑制，焦点特征仍处于激活状态。魏文的这一结论证明了"是"在汉语截省句结构中是充当焦点标记作用的。此外汤廷池（1981）认为疑问词问句必须以疑问词为焦点成分，因此"是"不但为焦点标记，而且还必须出现于疑问词的前面。

---

① 我们找了十多位说普通话的人来判断（32）的语料，超过65%的人认为（32）中加上介词"跟"和"对"更易接受。

基于以上两点，我们认为刘丽萍（2006）对PF删除研究路径质疑的理据需要进一步商榷。本书第四章的第三节将对这一问题展开详细的讨论。

Wei（2004）的研究采用的是空代词的路径，认为汉语截省句不存在疑问词移位，而是一种由名词性脱落代词（Nominal Pro）和事件脱落代词（Event Pro）加上一个强制性的或非强制性的"是"疑问词或疑问短语后基础生成的结构；汉语的截省结构只有借助谓语化才可以存在，从而解释了"是"的隐现问题[①]。"是"在非谓语性的疑问词前强制性出现，是为了实现截省句的谓语化，此时的"是"是一个系动词；"是"在谓语性的疑问词前出现，是为了增加疑问词的焦点意义，此时的"是"是一个焦点标记。

刘丽萍（2006）也采用LF复制的研究路径，但与Wei（2004）不同的是，她运用CLM（Chung, Ladusaw & McCloskey 1995）的IP循环理论对汉语的截省句进行了详细的分类和论证，试图将截省句空缺的部分在LF层面借助前面的先行语进行恢复和重建。她将汉语的截省句分为两大类：一类是关联语是隐性的情况，另一类是关联语是显性的情况；在此基础上，刘文对前者增加了萌生（Sprouting）操作，对后者的处理采用了合并操作的方法。刘文最后还讨论了汉语两类截省句的语用一致性问题。

究竟应采纳何种研究路径才能对省略结构及相关现象做出更为有效的解释，在这一问题上，国内外学界目前还没有定论。我们认为各种研究路径各有其优缺点，不过我们在本书所做的探讨主要基于的是PF删除的研究路径。

2.3.2.2 汉语截省句研究的不足

现有的汉语截省句研究，还存在一些有待进一步思考的问题。比如：

第一，汉语截省句的移位机制是什么？截省句的允准机制是什么？移位机制与允准机制是如何相互作用的？汉语截省句的允准核心是什么？省略部位是什么？在现有的文献中，类似的研究都没有明确的答案，已有的一些观点也需要做进一步修补才能对各种省略结构及相关现象做出前后一致的分析或解释。

第二，汉语截省句中的"是"字问题值得进一步研究。首先"是"字隐现

---

① 参见 Wei（2004）和刘丽萍（2006：55）对此问题的解释和讨论。

问题的出现规律有待揭示；其次，在这类句子中，"是"除了焦点标记以外还有无其他作用？再次，"是"句法性质的确定与"是"的句法位置之间有无直接的关系？有关问题我们将在本书第四章和第十一章中加以探讨。

2.3.3 名词省略研究简述

目前，根据我们所收集的资料，还没有发现基于形式句法的汉语名词省略研究。相对汉语而言，国外基于形式句法的名词省略研究的成果文献较多，[①]对汉语名词省略研究有一定的借鉴意义。相关的研究主要沿着两个路径展开。第一个路径以Lobeck（1995）和Kester（1996）为代表，认为名词短语省略取决于省略剩余部分（the Remnant of Ellipsis）中是否存在一致关系（Agreement）。以荷兰语为例：

（33）Ik heb een groen-e fiets en jij een rooi-e[]. （Corver & van Koppen 2009：3）

I have a green-INFL bike and you a red-INFl

我有一个绿色的自行车，你有一个红色的。

（34）*Ik heb een wit konijn en jij **een zwart**[]. （Corver & van Koppen 2009：4）

I have a white rabbit and you a black-¢

我有一只白色的兔子，你有一只黑色的。

Satio & Murasugi（1990）在DP假说下分析了名词短语省略。他们认为NPE是由某个功能核心所允准的，当允准条件和允准构型满足管辖条件，即满足核心-补足语的关系后，功能核心的补足语可以被删除。Lobeck（1995）受Satio and Murasugi（1990）的影响，认为NPE是被带有强一致关系特征的功能核心所允准的。Kester（1996）在Lobeck（1995）研究的基础上，认为被省略的名词部

---

① 但与谓语省略和截省相比较，国外学者在名词短语省略（Noun Phrase Ellipsis，简称为 NPE）方面的研究成果还是相对较少。主要有 Saito & Murasugi（1990）；Lobeck（1991, 1995）；Kester（1992, 1996）；Bernstein（1993）；Panagiotidis（2003）；Corver & van Koppen（2009, 2011）等。

位是由形容词的屈折（Inflection）形态所允准的。在（33）和（34）中，Kester
认为其中被省略的名词部位为pro所占据，而pro必须被允准并得到解读；pro的
语义是通过其与先行词（Fiets/Konijn）的同一（Identity）关系来加以解读的，
pro的允准是通过"强"一致关系（Strong Agreement）[①]进行的，而"强"一致
关系表现为显性的形容词屈折。由于（33）中形容词rooi-e有显性的屈折形态
e，可以允准省略部位的名词，因此（33）中的名词是可以省略的；而（34）中
形容词没有显性的屈折形态，因而其中的名词是不可省略的（转引自Corver &
van Koppen 2009：4）。

　　国外学者对名词短语省略研究的第二个路径以Corver & van Koppen
（2009，2011）为代表。他们指出，名词短语省略后的剩余部分有时没有屈折
形态，但是名词短语省略却发生了，因此名词短语省略不是被一致关系所允准
的，而是被焦点投射所允准的。Corver & van Koppen（2009：5）以标准荷兰语
和荷兰语北方方言中的wat voor结构为例对此做了论证。例如：

（35）**Wat voor schoenen** heb jij gekpcht?（标准荷兰语）

　　　What for　shoes　have you bought

　　　你买了什么样的鞋子？

（36）Over schoenen gesproken...（谈论鞋子）（荷兰语北方方言）

　　　Wat　voor [] 　heb　jij　（er）　　　　gekocht?

　　　What for　　have you　（R-pron）　bought

　　　你买了什么样的（鞋子）？

　　在例（36）中，wat voor中没有形容词的屈折形态，但是名词却可以被省
略。由此可见，名词短语省略并不一定就是由一致关系所允准的。

　　Corver & van Koppen（2009）还以弗里斯兰语（Frisian）和南非荷兰语
（Afrikaans）等荷兰语方言为语料，分析了名词短语省略和焦点的关系，认
为名词短语省略是被焦点投射所允准的：DP中包含对比焦点投射，焦点投

---

① Lobeck（1995）曾以一个章节的篇幅探讨了"强"一致关系及其与省略的关系。

射则把名词短语省略的剩余部分吸引到标示语的位置，而焦点投射的补足语
（Complement）部分则在PF层面被删除。例如：

（37）Over konijnen gesproken...（谈论兔子）（荷兰语口语）（Corver &
van Koppen 2009：26）

Ik heb gisteren een zwart-e [] zien lopen.

I have yesterday a black-e see walk

我昨天看见个黑色的。

（38）Over jongens gesproken, dat is ook...（谈论孩子们，即 [that is]）（弗
里斯兰语）（Corver & van Koppen 2009：26）

in saai-en []

a boring-en

一个令人讨厌的

以上（37）和（38）的推导过程如图2.7所示：

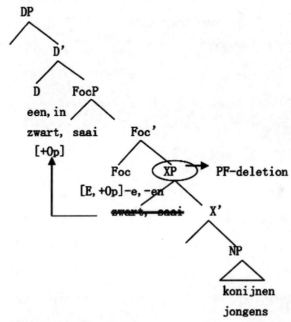

图2.7 荷兰语名词短语省略分析（Corver & van Koppen 2009：26）

在图2.7中，形容词带有对比焦点，焦点核心既具有省略特征（E-Feature），也具有算子[+Op]特征。具有算子特征的形容词移位到FocP的标示语位置去核查焦点核心的算子特征。在荷兰语口语中FocP的核心是前缀e，在弗里斯兰语中FocP的核心是词缀en。在PF层面，具有省略特征的核心Focus的补足语部分可以被省略。

Corver & van Koppen（2011）则从微观比较的视角，结合多种语料，对带有形容词剩余部位的名词短语省略进行了分析。

2.3.4　基于语段理论的汉语省略研究概况

目前，基于语段理论对汉语省略研究的文献还不多。傅玉（2010）根据语段理论，提出了"排比条件"，试图利用PF删除路径来解释汉语谓语省略所体现的不同于英语的句法特性。傅玉（2010）所提出的"排比条件"是指：在并列结构中，某句法结构的语音式删除在对应的"目标"上发生；其中，"目标"指语义内容一致的句法成分，为语义对应的最小核心语类。最小的核心语类则指IP和VP。我们认为，傅文的观点尽管有一定的解释力，但由于省略的句法生成机制是比较复杂的，其"排比条件"并不能有效地解释另外一些问题。比如：省略的移位条件是什么？省略的允准条件是什么？什么情况下省略部位是IP？什么情况下省略部位是VP？省略部位可能是vP吗？"排比条件"中"对应目标"的本质是什么？"排比条件"是否适用于并列结构以外的结构？这些问题显然要在"排比条件"之外才能找到答案。

国外基于语段理论展开的省略研究最早是Gengel（2007a、b）进行的。Gengel认为，省略是拼读（Spell-Out）的一部分；因为不发音的原因，省略是省略核心把它的语段域（Phasal Domain）放在PF层面处理的结果；省略在推导过程中发生，平行于语段域循环性拼读（Cyclic Spell-Out）。根据PIC，只有当省略发生时，省略部位内的短语才可及。然而，因为省略允准词就是语段核心，一些成分可以移位到边界位置，优先于省略或与省略同时发生。Gengel的假设为省略的提取（Extraction）问题奠定了理论基础。Aelbrecht（2010：111-

123）在Gengel（2007 a、b）的基础上，首先从四个方面分析了省略与语段存在着的显著差别，而后又立足于是否插入语段核心（Intervening Phase Head）对省略与语段之间的互动关系进行了阐释。Aelbrecht认为，在省略部位和允准词之间插入语段核心，目的是为进行下一步的句法操作提供一个安全出口（Escape Hatch）；如果两者间不存在语段核心，省略部位内的成分提取就会受到更为严格的限制。在我们看来，Gengel（2007a、b）和Aelbrecht（2010）的研究，对基于语段理论的汉语省略研究带来一定启示。

2.4 省略作为一种句法诊断工具的研究

省略的重要功能之一是作为一种句法诊断工具（Ellipsis as a Diagnostic Tool），如通过移位、岛条件、分析策略（Parsing Strategy）等来分析省略的允准机制等。省略现象没有语音形式，但存在意义，打破了语音、语义、句法结构之间的对应关系，是理论语言学家研究的焦点之一（Merchant 2018），也是探索语音、语义、句法结构以及信息结构间关系的重要切入点。

Ross（1967）第一次对英语省略现象进行了较为系统的分类。按省略部位的不同，英语中的省略可以分为谓语省略（动词短语省略，Verb Phrase Ellipsis）、截省句、剥落句、动词空缺、假动词空缺、名词短语省略等。不少学者对英语中不同省略结构及其出现的句法语义条件做了研究（Ross 1967；Sag 1976；Lobeck 1995；2005；Johnson 2001，2008；Merchant 2001，2008，2018）。

在管辖与约束理论（Government and Binding Theory）框架下，Chao（1987）、Lobeck（1995）、Zagona（1988a、b）等学者认为省略是空语类（Empty Category），其特征与代词相似，省略部位内部无隐藏的句法结构。Lobeck认为当且仅当一个成分是某种功能范畴的补足语时才能省略，提出省略的句法允准条件是中心语—补足语（Complement）关系。

随着省略研究的深入，不少学者发现省略的一些特征与空语类相矛盾，通过一系列检验措施，来说明省略部位不同于空语类，前者具有内部句法结构（internal syntactic structure），而后者则不存在句法结构（Merchant 2001；Kennedy 2003；Aelbrecht 2010；Aelbrecht & Haegeman 2012）。Merchant（2001）从语义出发提出省略给定限制条件（e-Givenness Condition），认为当且仅当某一成分满足给定限制时，才可以删除。

用来检验省略部位是否存在内部句法结构的方法主要包括5种：宽泛解读（Sloppy Reading）、能否从省略部位提取成分（Extraction from the Ellipsis Site）、能否为代指性成分提供先行词（Providing an Antecedent for Pronominal Constituents）、是否遵守孤岛效应（Island Effect）、是否要求语言形式的先行词。

Ross（1967, 1969）发现，在英语中，当省略部位含有代词时，省略部位有两种解读：严格解读（Strict Reading）和宽泛解读（Slopping Reading），宽泛解读遵守局部效应（Locality Effect）。而空代词（Pro-Form），与一般代词性质相同，只有严格解读。如（39）所示：

（39）a. John$_1$ beat his$_1$ child, and Mary saw Bill$_2$ did [$_{vP}$ beat his child] too.

b. John$_1$ beat his$_1$ child, and Mary saw Bill$_2$ did it too.

例（39a）中，第二分句有两种解释：严格解读为Bill打了John的孩子，宽泛解读为Bill打了自己的孩子，但由于局部效应，Bill不可能打了John的孩子。（39b）第二分句中，代词it指代beat his child，在这种情况下，只有严格解读，没有宽泛解读，即：Bill打的只能是John的孩子，或者其他某个人的孩子（但必须与John打的是同一个孩子），不可能是Bill自己的孩子。

Sag（1976）、Williams（1977）、Reinhart（1983）和May（1985）认为，省略部位宽泛解读的语义还原是由省略部位与先行结构之间的平行关系造成的，如（40）所示。

（40）a. X beat X's child and Z saw Y beat *X's child*.（严格解读）

b. X beat X's child and Z saw Y beat *Y's parents*.（宽泛解读）

　　宽泛解读因此被认为是省略的重要标志。如Goldberg（2005）、Algryani（2012）、Gribanova（2013）等学者认为，若空代词，其所指应与显性代词一样，不具有内部句法结构，所以不具有宽泛解读，只能与先行结构中的对应成分一致，如（40b）所示。

　　其次，Grinder & Postal（1971）和Hankamer & Sag（1976）发现，具有隐形句法结构的省略部位能为句中其他代词提供先行词，内部无结构的代词则不能包含其他代词的先行词，如（41）所示。

（41）a. *Jack didn't cut Betty with a *knife*$_i$, and *it*$_i$ was rusty.

　　　b. Jack didn't cut Betty with a knife but Bill did, and *it* was rusty.

　　　c.*Jack didn't cut Betty with a knife – Bill did it, and *it* was rusty.

(Hankamer & Sag 1976：30)

　　（41a）说明，在否定句中，不定指体词短语a knife不能作为代词it的先行词。所以，（41b）中it的先行词一定包含在被省去的动词*cut Betty with a knife*中。（41c）中，第一个it指代*cut Betty with a knife*，但却不能为后面分句主语it提供先行词。

　　再次，能否从省略部位中提取某一成分也是检验是否存在内部句法结构的一个重要依据（如Merchant 2001，2008，2018；Aelbrecht 2010；Aelbrecht & Haegeman 2012）。假设内部存在句法结构，应该可以从中提取某些特定成分；假设内部不存在句法结构，那么就无法从中提取任何成分，如（42）-（43）。

（42）I know which books she read, and *which*$_i$ she didn't [read t_i]. （Merchant 2008：29b）

（43）a. John knows which books Mary likes, and Peter knows it too.

　　　b. *John knows which books$_i$ Mary likes t_i, and *which*$_j$ Peter knows it too.

　　例（42）目标句中的疑问代词*which*被包含在省去的动词短语中，是在省略发生前从被省略的动词短语中提取出来的，这说明省略部位内部存在句法结构。例（43）中的代词*it*指代"*which books Mary likes*"，代词内部不存在句法结构，因此从中提取疑问代词which是不合语法的，所以（43b）不正确。

疑问词移位的强制性使成分提取成为英语中有效的检验手段，但像汉语等原位疑问词语言（wh-in-situ language），没有类似于英语的强制性疑问词移位，成分提取检验起来相对困难。

此外，孤岛效应也经常用来作为区别省略与空代词的手段。Ross（1967）、Chung *et al.*（1995）、Merchant（2001）等学者发现，截省句可以出现在孤岛中，Fox & Lasnik（2003）和Gribanova（2013）等人认为动词省略结构也可以出现在孤岛中，而空代词则不可以出现在孤岛中。

最后，Hankamer & Sag（1976）指出，省略成分在上下文中必须有语言形式的先行词（Linguistic Antecedent），而空代词则不需要先行词，只要会话双方知道其所代指的内容，空代词便可以出现，如（44）-（45）所示。

（44）a. [Hankamer attempts to stuff a 9-inch ball through a 6-inch hoop]

　　　Sag: *It's not clear that you'll be able to.

　　 b. [Same context]

　　　 Sag: It's not clear that you'll be able to do it.

　　　（Hankamer & sag 1976：3-4）

（45）Hankamer: I'm going to stuff this ball through this hoop.

　　　Sag: It's not clear that you'll be able to.

　　　（Hankamer & sag 1976：5）

（44a）上下文中没有语言形式的先行词出现，所以动词省略的出现导致了句子的不合法。（44b）表明，在相同语境下，代词it完全合法。在（45）中，有先行词"stuff this ball through this hoop"出现，所以动词短语省略完全合法。

上述关于省略的理论多是根据英语中的省略现象提出的，近年来有不少学者结合这些理论对不同语言中的省略结构做了探究，如Li（2002）和Ai（2006）对现代汉语、Algryani（2012）对利比亚阿拉伯语（Libyan Arabic）、Gribanova（2013）对俄语中的动词短语的研究，这些研究丰富了现在的省略理论，但是关于省略产生的机制还有待于深入探究。

2.5 结语

综上所述，省略是国内外理论语言学研究的重要内容，涉及句法、语义、语篇、语用、认知等不同维度。有鉴于此，首先，本章按不同的语言学流派，分别从形式句法研究、功能语法研究和认知及其相关研究等视角对一些具有代表性的国外省略研究进行了概述。然后，我们从传统研究和认知研究两个方面对国内省略研究进行了概述。最后，我们重点介绍了基于形式句法的现代汉语省略研究的现状，分析了现有研究的不足，在综述过程中主要以谓语省略、截省、名词省略和基于语段理论的汉语研究为主要对象。此外，我们还介绍了省略的跨语言视角研究，特别是如何检验省略结构中是否存在内部句法结构等。通过分析，我们发现，现有的基于形式句法的汉语省略研究大都是受国外省略研究（以英语省略研究为主）的启发和影响；研究的主要框架是管辖约束理论和最简方案理论；研究对象主要是谓语省略和截省，而对假空缺句和片语等其他的汉语省略结构的研究还很少，甚至没有涉及；研究的路径以PF删除为主，以LF复制为辅；专注于该课题研究的学者则主要分布在美国、中国等地。

通过本章的综述，我们意识到今后的现代汉语省略研究必须在更为广阔的理论背景下，汲取各家理论学说之长，对各种省略结构的构造模式和生成机制做出新的既符合普通语言学一般原则和语言共性的探讨，也要在探讨的过程中将着眼点放置到充分观察、描写和解释汉语省略本身的语法事实上来。最后还要说明的是，我们对中外省略研究现状所做的评论，目的在于说明以下两点：一、对省略及其相关问题的研究中，中外不同流派的学者都做出了各自应有的贡献。如果没有这些研究成果的存在，本研究也就失去了赖以进行的理论基础。二、在综述过程中，我们所发现的以往研究所存在的不足，恰恰成为我们做进一步研究探讨的动力。据此，我们试图在充分吸收已有研究成果的基础上探讨现代汉语省略限制条件及其相关问题，旨在将这些省略限制条件假设应用到汉语主要省略结构的生成机制分析之中，以检验这些省略限制假设所发挥的普遍效力，目的是尽可能深入地揭示出隐藏在各种省略现象，尤其是其中省略结构背后的句法和语义限制条件。

第三章　现代汉语省略限制条件研究的理论框架

本章对现代汉语省略限制条件研究的语段理论、特征核查理论、允准理论等主要理论进行了梳理，特别基于Aelbrecht（2010）的《省略的句法允准》（*The Syntactic Licensing of Ellipsis*）一书，对允准理论的核心思想、技术细节和应用分析做了介绍和述评。

3.1　语段理论

"语段"（Phase）是Chomsky（2000）首次提出的一个概念。Chomsky（2001，2004，2007，2008）先后对只有CP和v*P才能作为语段的观点进行了论证，认为句法的推导应该分阶段进行，并严格遵守"语段不可渗透条件"（Phase Impenetrability Condition）。邓思颖（2009）从语义、句法、音韵三个层面对语段的基本特点进行了解释。他认为在语义特点方面，作为语段的短语是一个命题，包括完整的小句和有完整论元结构的动词短语。完整小句包含时态和语力，在句法上显示为标句词短语；完整的论元结构拥有外部论元，在句法上表现为轻动词短语。在句法特点方面，作为语段的短语核心具有表示一致关系的特征，可以跟别的成分构成一致关系或者拥有指派格的能力。核心还可以拥有所谓的"边界特征"（Edge Feature），其作用是作为诱发移位的动因，以确保核心的左边（即边界位置）有一个成分。在音韵方面，作为语段的短语可以进行移位，在音韵部分内独立运用。

依据语段理论，小句一般由两个语段构成，即CP和v*P。值得注意的是v*P和vP的区别，拥有完整论元结构的轻动词短语为v*P，而不具备完整论元结构的轻动词短语为vP。语段的定义要求只有完整的小句和有完整论元结构的动词短语才可以作为语段，因此v*P是语段，而vP不是语段。换言之，由及物动词构成的v*P才是语段；而由系动词、非宾格动词和被动句谓语构成的vP不是语段。邓思颖认为包含CP和v*P的小句的基本投射如图3.1所示：

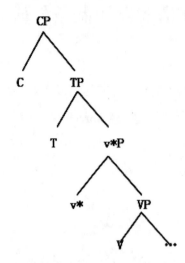

图 3.1　含 CP 和 v*p 的小句基本投射（邓思颖 2009：208）

Chomsky（2008）提出，语段核心可以把自己的语义不可解读特征传递给下面的核心，而距离语段核心C和v*最近的核心短语是TP和VP，因此T可以从C那里继承不可解读特征，V可以从v*那里继承不可解读特征。因为具有不可解读特征的核心可以作为探针（Probe）在语段内寻求相匹配的目标（Goal），并在句法表达式移交到界面之前，通过一致操作，给语义不可解读特征赋值，所以一个语段就可能同时具有多个探针（温宾利、田启林 2011：334）。值得注意的是T和C都可以作为诱发移位的动因，但是两者移位的性质有本质差别，反映了论元移位和非论元移位的不同。邓思颖（2009）认为C的边界特征能够吸引一个成分到C的边界位置，形成非论元位置，其移位诱因是边界特征。而T的一致关系特征并非固有的特征，是从C继承来的。T的一致关系特征能够吸引一个成分到T的标示语位置，获得主格，形成论元位置。

基于语段的句法推导有一个重要条件限制，即"语段不可渗透条件"。 所谓的"语段不可渗透条件"是指，"语段核心域对于语段外的操作都不可及（Unaccessible），只有核心和其边界位置的成分才对操作可及"①。换言之，只有语段核心和语段边界位置的成分才可以受下一个语段的影响，参与到下一步的句法推导过程之中，而位于补足语位置的成分不能参与下一步的句法推导。"语段不可渗透条件"保证了语段的推导严格按照层级性（Cyclic）的方式进行，即语段的推导必须分阶段进行，分步推导，不能跨越。

3.2 特征核查理论

基于语段理论的句法推导其立足点是特征核查理论。特征是形式句法研究中最基本、也是最重要的操作单位。特征分为语音特征、语义特征和句法特征三个大类别。在每个大类别里又有一些小类别，如人称特征、性特征、数特征、格特征、定指特征和不定指特征等。特征之所以重要，是因为它反映了句法研究的基本属性。打个比方，如果我们喜欢某个东西，不是喜欢这个东西本身，而是喜欢这个东西的某些特征。Chomsky（1995，2000）将特征分为可解读特征（+Interpretable）和不可解读特征（-Interpretable）。二者的区别在于它们在语义上是否能够被PF和LF界面所识别。Chomsky（1995，2000）认为代词的人称和数特征是可解读特征，助动词的人称和数特征是不可解读特征。后来，Chomsky（2001）认为可解读特征和不可解读特征与词库里是否取值关系密切：在词库里已取值的特征都是在LF层面上可解读的特征，在词库里未取值的特征都是在LF层面不可解读的特征（转引自徐烈炯 2009a：330）。作为自然之物的句法系统有天然的办法把不可解读的特征处理掉（宁春岩 2011：170）。特征核查理论的本质就是通过"核查"的手段在句法生成的过程中删除不可解读的特征。特征核查理论包括特征取值和特征删除，"一致"这一句法操作是特征核查的基础。如图3.2和图3.3所示：

---

① Hornstein （2005：367）: In a phase α with head H, the domain of H is not accessible to operations outside α ,only H and it edge are accessible to such operations.

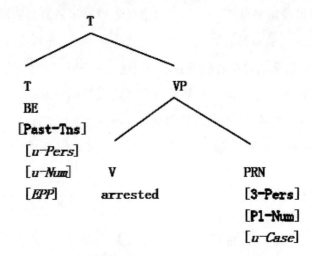

图 3.2 特征取值（Radford 2009：289）

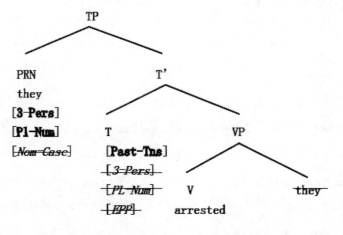

图 3.3 特征删除（Radford 2009：289）

图3.2和图3.3中已取值的特征用黑体，未取值的特征用斜体，u表示尚未取值。根据Radford（2009，2016）的探讨，在一致句法操作下，图3.2中未取值的BE探测到与它具有一致操作的关系代词有人称和数特征，而且已经取值，可以复制过来，满足一致关系中Φ特征的赋值要求①；目标they被赋予主格，因为其

---

① Radford（2009：285）：When a Probe（like T）agrees with a goal in its local domain, the unvalued（person/number）Φ features on the probe will be valued.

满足一致关系中格特征的赋值要求[①]。T的EPP特征激发了they移位到Spec-TP的位置，当这一移位进行时，特征删除[②]的句法操作也同时进行，以删除所有不可解读的特征。具体情况如图3.3所示。

3.3　允准理论[③]

3.3.1　允准

先行词与省略部位之间存在语义关系是省略不可或缺的一个条件，但是在有些情况下，仅仅有语义条件是不够的，句法环境可能起到更为重要的作用。例如：

（1）I bought the red dress and Alice bought the blue *（dress）.（Aelbrecht 2010：13）

（2）a. * Max having arrived, but Morgan not having, so we decided to wait.

b. Max had arrived, but Morgan hadn't, so we decided to wait.（Aelbrecht 2010：13）

在（1）中，dress在句子的语境内语义上可以根据其凸显的先行词来满足省略给定条件，但是不能省略。（2a）不可以省略，而（2b）可以省略，尽管（2a）和（2b）都符合省略给定条件，但只有出现在定式句中的谓语短语才能被省略。即使是语义上相同的谓语短语，虽然都符合省略给定条件，但在不同的语言中，省略情况也大相径庭。Aelbrecht（2010：14）比较了（3a-d），我们补充了（3e-f）：

---

① Radford（2009：285）：When a Probe（like T）agrees with a goal in its local domain, the unvalued case feature will be valued.

② Radford（2009：288）：An uninterpretable feature is deleted immediately any operation it is involved in applies, and is therefore invisible in the syntactic and semantic components.

③ 本节的部分内容发表在：《北京第二外国语学院学报》2012年第6期"允准理论：省略句法研究的新进展"（作者：张天伟）。

（3） a. Monika has paid already, but Alice hasn't.

b.* Jelle heeft al   betaald, maar Johan heft nog niet. （荷兰语）

Jelle has already paid but Johan has still not.

c.*Aurélie a déjà payé, mais Jonathan n'a pas encore. （法语）

Aurélie has already paid but Jonathan NE.has not yet.

d. * Antonio ha già   pagato, ma Stefano non ha ancora. （意大利语）

Antonio has already paid   but Stefano not has yet.

e. 张三已经付了钱，但是李四没*（有）。

f. 张三已经付了钱，但是李四没*（付）。

在（3a-d）中，我们发现，各例中相关的谓语短语，尽管其语义相同，也都符合省略给定条件，但只有英语的谓语短语可以省略。这是因为，英语中定式助动词has的存在为谓语短语的省略提供了句法上的允准条件；而（3e-f）这样的汉语用例中，省略句与非省略句尽管已经满足同样的语义条件，但还需要满足相应的句法条件才能省略：要么是加上"有"后的谓语短语省略，要么是加上动词后的名词省略。由此可见，句法环境对于省略确实起到了重要的限制作用。这样，问题的实质就转变为：什么样的句法环境或句法限制条件才能允准省略。为此，Aelbrecht（2010）以荷兰语情态补语省略（Modal Complement Ellipsis，以下简称MCE）为切入点提出了自己的省略允准理论。

3.3.2   允准理论[①]

所谓"允准"，指的是并非所有的句法构型都允许省略，任何省略都受制于特定的句法环境。Aelbrecht（2010）提出的省略允准理论主要包括以下两个方面的内容：

省略被允准是通过省略特征（E-feature）和省略允准核心（Licensing

---

① 本节的部分内容发表在：《现代外语》2011 年第四期 "《省略的句法允准》述评"（作者：张天伟、李大勤）。

Head，即允准词 [Licensor]）的一致关系（Agree Relation）来实现的。

　　允准核心一旦被合并，省略就发生在推导中，此时省略部位不仅对于任何进一步的句法操作是不可及的，该部位在PF层面上的词汇插入也被阻止了。

3.3.2.1 通过一致关系的允准

　　省略被允准是通过省略特征和省略允准核心的一致关系来实现的。在评述 Merchant（2001）省略允准观点后，Aelbrecht（2010：100）在分析荷兰语的 MCE语料基础上，提出了如下看法：（1）每种语言都为列举在词库中的每种省略现象准备了一个省略特征，即[E]特征；（2）[E]特征非强制性地出现在能够选择省略部位的核心成分之上；（3）[E]具有不可解读（Uninterpretable）的特征，即[uF]，这种不可解读的特征恰好对应于"允准特定省略结构之核心"（允准词）的语类特征；（4）不可解读的特征通过与允准词（Licensor）之间的一致关系得到核查并激活其[E]特征，从而激发该核心的补足语删略，并将被删略的补足语发送到PF部分做相应的音系处理（不发音）。如图3.4所示：

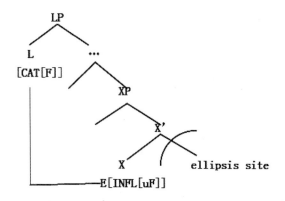

图 3.4　允准分析（Aelbrecht 2010：100，图中，L 是允准词或允准核心，
LP 为允准核心的最大投射）

3.3.2.1.1 一致关系

根据最简方案的研究框架，一致关系（Agree Relation）是语言运算系统中的一种句法运算方法，主要是为了解决句法运算过程中的取值问题。徐烈炯（2009a：328）对一致（Agree）关系定义如下：

使 α 与 β 一致，当且仅当：

a. α 与 β 相配；

b. β 在 α 域内；

c. α 与 β 均待用；

d. 没有 γ 介于 α 与 β 之间。

我们应用一致操作对图3.4中的省略允准条件解读如下：α 代表允准词，β 代表附加省略特征的核心。a. 要求允准词和附加省略特征的核心在取值方面相匹配。根据最简方案后期的特征理论假设：词项的有些特征在词库里已经取值（Valued），而有些特征在词库里尚未取值（Unvalued），尚未取值的特征进入句法运算系统以后才能取值（徐烈炯 2009a：328）。所以允准词和附加省略特征的核心在取值方面相匹配是指：允准词和附加省略特征的核心（以下简称核心）具有相同的形态特征[F]，而且取相同的值；或者其中允准词的特征[F]已经取值而核心的特征[F]尚未取值或具有不可解读的特征。当允准词和核心的特征[F]均已取值，且取不同的值时，两者不相配。

b. 是对允准词和核心所处结构位置的要求，核心在允准词域内，指允准词统制核心。我们认为统制观念是一致关系中的关键问题，统制以层次结构（Hierarchical Structure）的高低为基础，是管辖和约束理论中重要的概念。当α 与 β 互不从属，且 β 从属于 α 所属的第一个有分叉的节点时，α 统制 β 及其姐妹节点。Hornstein（2005）对统制定义为：

α 成分统制 β，当且仅当

（ⅰ）α 是 β 的姐妹节点（sister）；

（ⅱ）α 是 γ 的姐妹节点，γ 支配 β。

c. 指允准词和核心有LF层面上不可解读的特征。生成语法的原则和参数理论中有两大概括性的语法原则，一个是完全解读原则（Principle of Full Interpretation），一个是允准原则（Principle of Licensing）。完全解读原则认为PF结构和LF结构中每一个成分均须做出适当的解读。这条原则要求在LF层面所有的特征最终都要得到解读，所以要把不可解读的特征在进入LF层面以前取消，取消这类特征的操作称为特征删除（Feature Deletion）（徐烈炯 2009a：331）。Chomsky（1995，2000）认为特征有可解读与不可解读之分，代词的人称和数特征是可解读特征，助动词的人称和数特征是不可解读特征。后来Chomsky（2001）采用另一个两分法，区分词库里已取值的特征和词库里未取值的特征，并且认为是否取值与可否解读两对问题有对应关系：在词库里已取值的特征都是在LF层面可解读的特征，在词库里未取值的特征都是在LF层面不可解读的特征（转引自徐烈炯 2009a：330）。Hornstein（2005：286-328）专章（第九章）探讨了特征解读和特征核查问题。核查只能删除不可解读的特征。不可解读特征不能进入一个以上的核查关系，而可解读特征可以进入多个核查关系中。因为不可解读特征在核查后被删除，而可解读特征不受核查关系的影响。因此，可解读特征可以自由进入多个核查关系中，而不可解读特征在进入一个单一的核查关系后就被删除了。Hornstein（2005：317）认为一致关系起着双重功能，它是运算系统的一个新的操作。根据特征匹配的恰当构形，一致关系把值（Values）指派给由于形态原因未赋值的特征，同时在LF删除不可解读的特征。因此一致关系既解决了不可解读特征的核查问题，也解决了移位允准的特征核查问题。根据完全解读原则、最后一招及一致关系，不可解读的特征在进入LF之前，要进行特征删除，否则其推导式在LF中就要崩溃（Crash）。所以省略特征具有的不可解读的特征通过与允准词之间的一致关系得到核查并激活其[E]特征，从而激发该核心的补足语删略，并将被删略的补足语发送到PF部分做相应的音系处理。

d. 指允准词和核心同处于局部范围内最靠近的位置，可能是标示语（Specifier）与中心语的位置，也可能是中心语和其补足语的位置等。

省略允准的一致关系也要受到局部性限制（Locality Restriction）条件的制约，Aelbrecht（2010）认为省略中的一致关系受到局部性的限制，即相关的句法操作应服膺于Chomsky（2000，2001）提出的"语段不可渗透条件"（Phase Impenetrability Condition）。换言之，根情态核查其补足语TP之核心T的省略特征，而任何低于该位置的T核心均不在根情态的核查范围之内。总之，允准词只能在同一个语段域建立起省略特征的一致关系，任何跨越一个语段核心的省略特征核查都是违背局部性限制的。

3.3.2.1.2 省略允准核心

省略是通过某一特定的允准核心，即允准词而被允准的。以英语谓语省略为例，一般认为英语谓语省略中的允准词是带有定式助动词或不定式标记to的屈折核心T（转引自Aelbrecht：2010：88），如（4）：

（4）a. Tom isn't eating pork, but I think that Frank is [~~eating pork~~].

b. Tom doesn't eat pork, but I think that Frank [~~eats pork~~].

c. Tom doesn't eat pork, but I think that Frank does.

例（4）是典型的英语谓语省略句，（4a）以T下的助动词is作为允准词；而在（4b）中没有助动词填入T位置，定式动词仍然在vP里，因而该例不是谓语省略句；在（4c）中，虽然在T位置上没有体和时态助动词填入，但通过求助于"do-支撑"（do-support）将do插入到T位置，进而允准谓语省略。Merchant（2001：39-82）认为，英语截省结构的允准核心（允准词）是带有疑问特征的疑问核心C[wh, Q]，而核心在词库中具有句法、音系和语义层面的省略特征，核心的省略特征与允准词C[wh, Q]的特征相一致，从而激发核心补足语TP的省略。例如：

（5）Addie was reading something, but I don't know what. [1]

---

[1] 转引自 Aelbrecht（2010：91）。

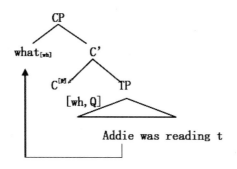

图 3.5　允准案例分析（转引自 Aelbrecht 2010：91）

Aelbrecht（2010：91）认为，目前对省略允准核心的研究，大都认为允准核心和省略部位处于核心—补足语关系之下，但是省略允准并不总需要允准词和省略部位满足这一关系要求；允准词和省略部位在位置上也不是非相连接不可，两者只要处于一种局部关系就足够了。Aelbrecht以荷兰语MCE语料为例证明，在允准词和省略部位之间可出现时间副词短语，此时的允准词和省略部位显然仅仅是一种一致关系，而非核心—补足语关系。van Craenenbroeck（2010）也结合荷兰语方言语料并应用CP分解假说探讨了省略的句法结构，认为允准词和省略部位中间可能有介词等成分，自然也不可能是核心—补足语关系。下面我们以"附带"（Swiping）这一英语截省结构中的特殊类型为例来加以说明：

（6）Astrid was talking, but I don't know who with.[①]

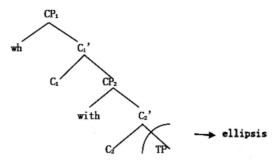

图 3.6　允准案例分析（改自 Aelbrecht 2010：94）

---

① 引自 Aelbrecht（2010：94）。

在例（6）中，滞留介词with处于Spec-CP$_2$位置，使得允准核心C$_1$和省略部位并不处于核心——补足语关系。van Craenenbroeck（2010）的研究也支持了Aelbrecht的观点，即省略的允准是通过一致操作关系实现的。

3.3.2.1.3 修补后的省略特征

Merchant（2001）从句法、音系和语义三个层面对省略特征进行了刻画，Aelbrecht（2010：95-99）对省略特征进行了修补分析，她认为省略特征包含语类特征（Categorial Features）、屈折特征（Inflectional Features）和选择特征（Selectional Features）。语类特征刻画（Specify）一个词项的语类归属；屈折特征是不可解读的，必须根据另一个核心的语类特征而被核查；选择性特征包括核心选择什么样的语类作为补足语。我们认为，语类特征和屈折特征是一种形态特征，而选择特征是一种句法—语义特征。很多核心都具有一定的选择标准，包括句法、语义特征。例如laugh在句法上需要一个DP论元；而在语义的要求上，laugh又要与human有关，当然human也是一个DP，因此我们认为选择性特征的本质是句法特征中包括语义特征。

3.3.2.2 推导过程中的省略

省略的发生可能有两种情况，一种发生在省略推导结束后，一种发生在省略推导过程中。允准理论（Aelbrecht 2010：105-111）认为省略发生在推导的过程中，而不是在推导完成之后。在推导过程中，一旦允准核心被合并，省略特征即得到核查。而对进一步的狭义句法操作而言，省略特征一旦得到核查，省略部位就变得不可及（Unaccessible），进一步的词项插入也就被阻止了。因此，从省略部位提取成分只可能发生在省略之前，即被提取（Extraction）的成分要在省略部位和允准词之间寻找一个着陆点，提取才能够实现。

允准理论认为，推导过程中的省略主要分为三个步骤：第一步是带有不可解读屈折省略特征的核心和其他语类的合并；第二步是允准词合并到结构中，与带有省略特征的核心建立一致关系，省略特征得到核查，省略发生，省略部位被删除，阻止了其他词项对省略部位的插入和进一步的句法操作；第三步是结构被删除后，结构中其他部分的推导。推导步骤如图3.7-3.9所示（转引自

Aelbrecht 2010：105-106）：

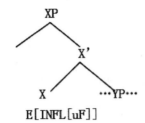

图 3.7　步骤一：省略待征合并

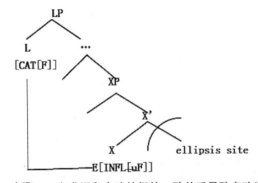

图 3.8　步骤二：允准词和省略特征的一致关系导致省略发生

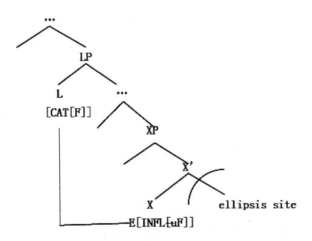

图 3.9　步骤三：省略完成后的其他推导过程

此外，允准理论还探讨了推导过程中省略的发生与循环拼读（Cyclic Spell-out）或语段之间的联系问题。Gengel（2007a）认为，省略与语段联系密切，省略允准词即是语段核心。针对这一看法，Aelbrecht（2010：112-123）首先从四个方面分析了省略与语段存在着的显著差别，而后又立足于有无嵌入语段核心（Intervening Phase Head）对省略与语段之间的互动关系进行了阐释。作者认为，在省略部位和允准词之间嵌入语段核心，目的是为进行下一步的句法操作提供一个安全出口（Escape Hatch）；如果两者间不存在语段核心，省略部位内的成分提取就会受到更为严格的限制。

3.3.3 允准理论应用

Aelbrecht（2010）的研究表明，允准理论对荷兰语MCE具有很强的解读力。同样，Aelbrecht（2010）还将允准理论应用到英语的截省、谓语省略、假空缺句（Pseudogapping）和英语do结构的分析之中，目的是将基于荷兰语MCE提出的省略允准理论提升为一种可以涵盖不同省略现象的一般性理论。

英语截省结构有两个要点，即其省略的允准核心是具有疑问特征的C核心，其省略部位则是TP。与荷兰语MCE不同的是，英语截省不仅允许提取主语，还可以从省略部位提取其他成分；这是因为在英语截省中，允准词与省略部位之间存在语段边界（Phase Edge）这个位置，为其他成分的提取提供了安全出口。

首先，英语的谓语省略只能被T核心允准，即允准词是T，需要被占据T位置的定式助词（have，be，do）、情态动词或不定式标记语to所允准；而且，不论这些词是基础生成的还是移位生成的，它们都具有T特征。其次，英语谓语省略的部位是vP，即以删略vP为目标，而不是以VP为目标。第三，谓语省略是由语态（Voice）上的省略特征所允准的，而语态上的省略特征则是通过一致关系为核心T所核查，并留下没有被核查的体和被动助词核心。此外，Aelbrecht（2010）还运用省略允准理论解读了谓语省略提取现象：（1）小句内的语段核心是轻动词，而不是语态；（2）位于Spec-VoiceP位置的语段边界吸引某一句法成分外移出省略部位，以便于执行下一步的句法操作；（3）由于语段边界在省略部位外部，并且低于允准核心T，即处于省略部位与允准词之间，因此省略并不影响提取。这样一来，谓语省略句中的成分提取就和非省略句的提取没有什么区别了。

假空缺句的核心是定式T，省略部位是vP。因此，如同谓语省略一样，假空缺句的语态核心承载着省略特征。传统的假空缺句研究认为，省略部位之外的移位残余成分（Remnant Constitute）是由重名词词组漂移（Heavy NP Shift）或宾语漂移（Object Shift）造成的。Aelbrecht则依据Gengel（2007b）的观点，提出假空缺句是由焦点移位造成的。也就是说，存在一个位于VP之上的小句内部焦点投射，以便把假空缺句的残余成分外移到标示语的位置，其结果就是移到小句内部焦点位置的残余成分形成对动词短语的支配关系。可见，与MCE不同的是，由于在省略部位和允准核心之间插入了"语态"这一语段核心，假空缺句对提取也没有限制。

英语do结构中的允准核心是do本身，省略部位不包括体核心；删略部位则是VP，即主动词和内论元，但不删除v核心。轻动词v作为核心则词汇化为带有省略特征的do，所以一旦do词汇化为轻动词后，省略必然要发生。英语do结构的成分提取与荷兰语的情况是一样的：宾语不可以提取，而主语可以提取。原因在于语态是小句内的语段核心，在省略部位和允准词之间没有一个位置可以作为宾语的出口，因此宾语必然要连同整个补足语一起被删略掉。而主语要么基础生成于不在省略部位的Spec-VP位置，要么先于省略移到这个位置之上。

总之，省略允准理论之所以能够解读MCE和do结构或截省和谓语省略在提取方面存在的差异，其关键在于该理论提出的如下观念：省略不是通过核心—补足语关系被允准，而是通过一致关系被允准。

3.3.4　评论

各种省略结构是国外句法、语义、语用和认知等界面研究的重要课题，特别是从形式句法的角度对省略结构的研究。但是关于省略允准机制的研究并不多，Lobeck（1995）在管辖和约束理论框架下探讨了省略的允准特点，而Aelbrecht（2010）在最简方案的框架下对省略允准机制进行了全新和较为全面的阐释。允准理论既对现有省略研究提出了挑战，又为今后的相关研究提供了新的思路。允准理论的主要观点简明，其对荷兰语MCE和多种英语省略结构的分析，彰显了较强的解读力。

任何一种新的语言学理论都要经历从起步到逐渐走向成熟的过程，必然要接受理论和经验上的挑战。但是允准理论作为一种新的省略句法理论，肯定有不足之处，需要进一步的修补、发展和完善。Thoms（2011）质疑了该理论提出的一致关系、允准核心等问题，并认为该理论不能解读英语谓语省略中的虚位（Expletive）和附连成分（Associate）等，他认为可以在英语谓语省略中建立虚位和附连成分的一致关系，但英语谓语省略和荷兰语不一样，虚位仍然包括在省略部位内，如（7）中的there：

（7）Rab said there would be punch, and there was [punch and pie].

Thoms认为允准理论对一致关系的理解和解读是有争议的，移位和一致是同样的操作，移位需要附加的EPP特征来探测（Probe），如果省略部位中的移位被禁止了，一致关系也应该被禁止。我们认为推导过程中的省略不仅仅涉及一致关系，也要涉及移位关系，不可解读特征的删除必然要涉及移位关系。Hornstein（2005：293）也认为语言官能（Faculty）必须使用某种机制删除不可解读的特征，否则LF不能读出由运算系统形成的实体（Object）。这里就要移位来挽救：正是通过移位操作，不可解读的特征才被删除。从这个角度出发，由移位允准的核查操作实际上就是删除不可解读的形式特征。此外，如果每个操作必须被允准，那么移位必须遵循最后一招（Last Resort）条件，如下：

最后一招（Last Resort）

只有当移位操作允许消除不可解读的形式特征的时候，移位操作才能被允准。

允准理论认为特征的删除是一致关系造成的，移位要么在一致关系之前，要么在省略发生之后。我们认为此观点值得商榷，忽视移位操作、一致关系与移位操作的相互关系，是允准理论的缺陷之一。Thoms（2010a）从移位操作的视角解读了动词漂移（Verb Floating）和英语谓语省略的允准机制，这是对允准理论的一个挑战。

从语言共性论的视角看，世界上各种语言的省略结构可以说基本上从属于三类：名词性省略、动词性省略和小句省略（截省通常被认为是IP省略）。允准理论对动词性省略类和小句省略类的结构有较强的解读力，但是对名词短语省略（Noun Phrase Ellipsis）的解读却捉襟见肘，甚至Aelbrecht（2010：13）本人也怀疑允准理论对名词短语的解读力，并将其作为后续研究的重点之一，名词短语省略的允准核心是什么？允准机制是如何操作的？这些都将是允准理论后续研究要解决的课题。关于NPE，我们曾和Aelbrecht进行过探讨。NPE要比其他省略结构复杂得多，在不同的语言中，NPE的允准核心是不同的，可能是数词或复数指示代词，但不可能是形容词或单数指示代词。Aelbrecht认为在荷兰语中，NPE的允准核心是形容词或单复数指示代词，而不是数词。NPE的允准机制因语言不同而不同，需要进一步的深入研究，这是允准理论面临的另一个挑战。

汉语中的省略结构都有哪些？汉语的省略结构与其他语言的省略结构相比有哪些异同？汉语中有没有特有的省略结构？汉语不同省略结构的允准核心是什么？基于现有的研究，汉语中的省略结构主要有名词省略、谓语省略、截省和片语等，汉语中有没有空缺句和假空缺句，目前还有争议（Wu 2002b，c；李艳惠 2005）。允准理论为探讨汉语省略结构的句法允准机制提供了一个新思路和启示，反过来，汉语的省略结构是否能对允准理论提供修复和补充。对此问题，我们将在第四、五章中继续探讨，同时我们也期待汉语省略结构的允准机制研究能得出有价值的答案。

3.4　结语

本章的目的在于构建现代汉语省略限制研究的理论框架。首先，本章阐释了语段理论和特征核查理论，旨在为后文探讨各种省略结构的句法生成机制奠定理论基础。而后，本章重点介绍和评论了省略允准理论，以期为后文省略允准假设的提出做好理论铺垫。

第四章　省略的指称限制条件研究[*]

本章通过分析体词性词语和省略结构中的定指性问题以及现代汉语DP省略的句法生成机制来揭示省略的指称限制规律，提出省略的指称限制假设。本章基于汉语语料，试图对该假设进行验证和分析。该假设认为：只有表定指的体词性词语才能省略，而表不定指的体词性词语不能省略；定指性一致核查是促进体词性词语移位的主要动因；在句法上满足定指性"一致"操作并符合其他省略限制条件的体词性词语才能省略。

4.1　体词性词语的定指性问题

4.1.1　与定指性相关的指称分类

从语言学的角度看，体词性词语可以是"指称性的"（Referential）的，也可以是"非指称性的"（Non-Referential）。指称性的体词性词语指涉某种实体，而被指称的实体既可能是客观存在的，也可能仅仅是概念上的；既可能是真实的，也可能是虚设的；既可能是单数的，也可能是复数的（Li & Thompson 1981：126-132）。指称性的体词性词语还可以进一步分为"定指"（Definite）和"不定指"（Indefinite）两类。根据Li & Thompson（1981：130），"定指"和"不定指"的体词性词语，其相同之处是都具有指称性，而差异则在于说话人相信定指体词性词语的所指应该是听话人已知的事物，而不定指体词性词语的所指应该是听话人未知的事物。例如：

---

* 本章的部分内容发表在：《外语学刊》2014 年第 5 期"现代汉语省略的指称限制条件研究"（作者：张天伟）。

（1）张三喜欢<u>一本书</u>。

（2）张三喜欢<u>这本书</u>。

例（1）中的"一本书"是不定指的，说这句话的人相信"一本书"对听话人而言应该是未知的某本书；而（2）中的"这本书"则是定指的，即说（2）的人相信"这本书"对听话人而言应该是已知的一本书。

Li & Thompson（1981：127-129）认为，非指称的体词性词语往往有类指（Generic）的用法[①]，表达一定的类别或性质（Quality）。例如：

（3）张三喜欢<u>书</u>。

（4）张三是<u>老师</u>。

例（3）中的"书"指称一种类别，而不是指称某一类中的具体某个实体，这种指称被称为类指，即把所指对象当成一个整体类别去指称。其中"书"不指称某一具体的书，而是指由所有的"成本出版物"构成的类别。例（4）中的"老师"指的是性质。按照Li & Thompson（1981）的观点，非指称性的体词性词语往往是一种"光杆名词"，不像指称性词语那样一般含有数词、量词（Classifier）和指示语（Demonstrative）等成分。Li & Thompson（1981）对指称性、非指称性以及定指、不定指的体词性词语之间的关系的讨论可概括如下：

图 4.1　体词性词语分类（Li & Thompson 1981：129）

除了Li & Thompson（1981）外，赵元任（1968/1979）、朱德熙（1982）、李临定（1985）、王还（1987）、范继淹（1985）、陈平（1987）、范开泰

---

①　我们不同意 Li & Thompson（1981）关于"类指是非指称性"的观点。在我们看来，类指不但具有指称性特征，而且表达定指意义，具体探讨可参见本章 4.1.2 小节。

（1992）、曹逢甫（1995）、徐烈炯（1995，2009b）、张伯江（1997）、Li
（1997，1999）、杨成凯（2003）、刘顺（2003）、张谊生（2003）、王红旗
（2004）、姜红（2008）、何元建（2011）和石定栩（2011）等学者，都先后
对体词性词语的指称问题有所论述。比如，陈平（1987）对指称的分类，如下
图所示：

图 4.2 陈平（1987）的指称分类

刘顺（2003：250-271）在前人研究的基础上，对体词性词语的指称关系进
行了再分类，其指称分类如图4.3所示：

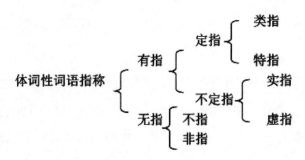

图 4.3 刘顺（2003）的指称分类

我们同意刘文对类指的看法，基于类指所指对象是一类事物这一事实而把
类指纳入到定指的范畴之内。例如：

（5）书籍是人类进步的阶梯。

例（5）中的"书籍"所指对象是一类事物，属于类指成分，因而是表定指
的指称语。

此外，何元建（2011）、徐烈炯（1995）、张伯江（1997）、杨成凯
（2003）、张谊生（2003）、王红旗（2001，2004）和姜红（2008）都先后对

体词性词语的指称分类问题进行过探讨。但是无论如何划分，不同指称类型的基本定义并没受到本质的影响。这里，我们主要关注与定指相关的指称分类问题。

在英语等有形态屈折变化的语言中，定指成分一般通过定冠词、指示代词等来识别，不定指成分则通过不定冠词来识别；而在像汉语这类不大使用形态变化的语言中，往往需要根据听话人是否可以识别体词性词语所联系的实体来区分定指成分和不定指成分。定指可以进一步分为类指和特指，不定指可以进一步分为实指和虚指。以下图4.4即是我们综合现有研究成果而归纳出来的与定指相关的指称分类系统：

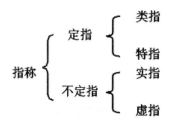

图 4.4　与定指有关的指称分类

在下文的讨论中，如不做特殊说明，我们将以这个系统作为术语使用和概念界定的基础。另外，为叙述的方便，以下我们借鉴形式句法有关体词性成分的相关研究成果，将指称性的体词性词语简称为DP。

4.1.2　DP的词汇形式与定指性问题

陈平（1987）给出了汉语中与体词性词语指称性质相关的七种主要词汇形式：专有名词、人称代词、"这/那"+（量词）+名词、光杆名词、数词+（量词）+名词、"一"+（量词）+名词和量词+名词。以下，我们将以陈平先生探讨的词汇形式为基础，讨论DP的词汇形式与定指性的关系问题。

4.1.2.1 专有名词的定指性问题

一般来说，专有名词总是指向世界上一个独一无二的实体，这个实体是说话人和听话人都可以识别的，因而专有名词在句中大都属于定指性成分，其句法特点表现为一般情况下不受数量词修饰。例如：

（6）姚明是中国人民的骄傲，也是美国人民的宠儿。

（7）承德这座城市当中有一条母亲河，叫"武烈河"。

例（6）中的"姚明"是专有名词充任的定指性DP，听话人很容易识别其所指：现实生活中独一无二的中国籍、世界级球星。例（7）中的"武烈河"也是专有名词，指向世界上独一无二的一条河。

值得注意的是，朱德熙（1982：42）曾举例说明专有名词可以跟数词和量词连用，例如：

（8）有两个李逵，一个是真李逵，一个是假李逵。

（9）中国要是有两条长江，情形就不同了。

以上两个例子中的专有名词表达的是不定指的意义，这似乎与我们对专有名词属于定指性DP的认定是矛盾的。然而，事实上，这两个例子中的专有名词被用作了普通名词，而普通名词用以表示不定指当然就是一种正常的现象了。邓思颖（2010：80）曾分析道，（8）中的"李逵"并不是指向《水浒传》里面独一无二的李逵，而是具有李逵性格特征的同一类人，是用作不定指的DP；同理，（9）中的"两条长江"也是不定指的DP。因此，在我们看来，只要专有名词在句中指向世界上一个独一无二的实体，则该专有名词充当的肯定是定指的DP。

4.1.2.2 人称代词的定指性问题

人称代词是体词性代词，在语法功能上和名词相似，在句中一般做主语、宾语和定语等。现代汉语中常见的人称代词有：我、你、他、我们、你们、他们、咱们、自己、别人、人家、大家和大伙等。一般来说，人称代词与专有名词一样，其所指代的对象是确定的个体，听话人在一定的句法环境中，能够区别其所指代的实体，属于定指的DP。例如：

（10）你们是山西人，我们是东北人，咱们都是北方人。（朱德熙 1982：

42）

（11）这种理论并没有流行很久，到19世纪末，<u>它</u>已经消失殆尽了。（朱德熙 1982：42）

例（10）中的"你们""我们"和"咱们"对于听话人而言，是能够识别的客体，属于定指的DP；例（11）中人称代词"它"在该句的句法环境中所指实体为"这种理论"，听话人也能够顺利加以识别，自然属于定指的DP。

4.1.2.3 "这/那"+（量词）+名词的定指性问题

指示代词"这"和"那"是典型的DP。指示代词一般以说话人为参照点，近指用"这"，远指用"那"。指示代词还可以和量词、名词一起构成"指量名"短语"'这/那'+量词+名词"，其指称对象，在一定的句法环境中，是可以被听话人所识别的，自然也属于定指性的DP。例如：

（12）品味<u>这本书</u>，生活中的道理，似耕牛转嚼，回味无穷。

例（12）中的"这本书"指称现实语境中独一无二的实体，即作为品味对象的、能够悟出生活道理的那个出版物。换言之，这本书指称上下文语境中说话人所确定的实体，自然属于定指的DP。

4.1.2.4 光杆名词的定指性问题

光杆名词（Bare Noun）指的是没有其他修饰成分的名词。通常情况下，光杆名词属于不定指的DP。例如：

（13）买<u>书</u>吗？

（14）剃<u>平头</u>就像割草，是件粗活，没什么好讲究的。（厚圃《厚圃小说集》）

例（13）中的光杆名词"书"和（14）中的"平头"是不定指的DP，它们对于听话人来说均是未知的，即不确定的、未与某一个体相联系的一般性表述。不过，光杆名词除了用作不定指的DP外，还可以表达定指意义。这主要出现于以下两种情况之中：

第一，作为类指成分时，光杆名词表定指意义。学界关于类指成分是否表达定指意义还有争议。比如，刘顺（2003）、姜红（2008）等认为类指基本上是属于定指范畴的，但Li & Thompson（1981）等就认为非指称的名词性结构往往有类指的用法，即类指是非指称的。尽管如此，在我们看来，类指或许并不一定都表达定指，但当光杆名词指向一类实体时，是有理由认为其负载的是定指意义。比如：

（15）猴子生活得很悠闲。

（16）山不在高，有仙则灵。水不在深，有龙则灵。（刘禹锡《陋室铭》）

（17）党员要成为保持先进性的模范。

（18）城管并不是毫不作为的。

例（15）-（18）中的光杆名词"猴子""山""水""党员"和"城管"在指称上都表类指，且指向的是一类实体，属于定指的DP。后续章节，我们还将对类指成分的定指义做详细讨论。

第二，在特定的句法环境中，光杆名词可以表达定指意义。例如：

（19）湖很宽阔，父亲的木头船是浦庄到湖对岸的唯一的交通工具。（朱山坡《回头客》）

例（19）后行句中的"湖"与前行句中的"湖"同指，是定指的DP。

4.1.2.5 "数词+（量词）+名词"类短语的定指性问题

在现代汉语中，不定指的DP，其词汇形式通常体现为"数量名"形式。例如：

（20）张三买了一本书。

（21）杭州的风景、建筑、历史、人文，就像一张古典画。（《杭州日报》，2011.10.23）

一般来说，例（20）中的"一本书"和例（21）的中"一张古典画"，在不重读的情况下，听话人是不能识别其所指的，属于不定指的DP。

但是"数词+量词+名词"类短语除了用作不定指的DP外，还可以表示数量意义。例如：

（22）两个人喝了四瓶啤酒。

例（22）中"两个人"并非指称话语中的某两个人，而是表达了"两"这个量；"四瓶酒"也不是某四瓶酒，而是表达了"四"这个量。在我们看来，如果"数量名"类体词性词语要表达数量意义，其中的"数词"和"量词"应重读。

综上所述，我们把体词性词语不同词汇形式的定指性问题进行归类，如表4.1所示：

表 4.1　体词性词语指称归类

分类 指称情况	专有名词	人称代词	指量名	光杆名词	数量名
指称：定指	定指	定指	定指	有条件定指	有条件定指
指称：不定指				不定指	不定指
非指称					表数量意义

4.1.3　DP与"定指性指称"的关系

Abney（1987）和Chomsky（1995）都对限定词进行了探讨，认为限定词作为一个功能语类，主要的作用是表达指称意义。邓思颖（2010：71-72）在前人研究的基础上指出，凡指称性的体词性词语一定是由限定词组成的限定词短语DP，而作为核心的限定词就是用来表示那个短语是一个具有指称意义的短语。换言之，没有限定词的体词性词语就不能表达指称意义。无论一个指称的体词性词语是定指的还是不定指的，都必须包含限定词。基于以上观点，我们认为，体词性词语的指称问题，至少从形式句法的角度来看，均应纳入到DP的研究范围之内。换言之，一个具有指称意义的体词性词语必须包括限定词，没有限定词的体词性词语不具有指称意义。

Li & Thompson（1981：130-132）认为，含有量词短语的体词性词语一定表示指称：如果量词短语内包括指示语，那么体词性词语一定是定指的；如果量词短语内包括数词，而不包括指示语，那么体词性词语一定是不定指的。按照Li & Thompson（1981）的这一看法，是否是量词短语就成了判断体词性词语有无指称性的标准，进而是否带有指示语则成为识别体词性词语负载定指意义还是不定指意义的关键。以下让我们以举例的方式对他们的观点做一简要的分析、评述。先看例子：（例[24]-[26]引自邓思颖2010：71）

（23）张三喜欢<u>书</u>。

（24）张三喜欢<u>一本书</u>。

（25）张三喜欢<u>这本书</u>。

（26）张三喜欢<u>某本书</u>。

（27）张三喜欢<u>本书</u>。

（28）张三喜欢<u>两本书</u>。

在例（23）中，"书"可以是非指称性的光杆名词，也可以是表类指的且具有定指意义的光杆名词。例（24）-（28）中的下画线部分都含有量词，均属DP。不同的是，（24）中的下画线部分只有数词和量词，没有指示语，是不定指的DP；（25）中的下画线部分有指示代词"这、那"和量词，是定指的DP。例（26）中的下画线部分有指示代词"某"和量词，是不定指的DP。如果按照Li & Thompson（1981）的观点，（26）中的下画线部分既包括量词短语，又包括指示代词"某"，那么其中的"某本书"应该是定指性DP，而实际上"某本书"却是不定指的DP。可见，Li & Thompson（1981）的观点是有缺陷性的。

邓思颖（2010：71）依据Li & Thompson（1981）的观点，也对例（24）-（26）做了分析，认为：有量词的体词性词语表示指称；具有显性的限定词的体词性词语不一定是定指的；而在DP的大类中，表面上只有数词而没有限定词①的DP一定是不定指的。至于有限定词的DP，按照限定词的小类划

---

① 邓思颖将指称研究中对指示语（Demonstrative）的表述改为限定词（Determiner），关于指示语与限定词的区别和联系，我们这里不再展开详细的讨论。下文，我们依据词的类别和功能以及生成语法的术语类别和规范，也采用限定词的表述方式。

分，有指示代词"这、那"的DP是定指的，例如（25）中的"这本书"；有指示代词"某"的DP是不定指的，例如（26）中"某本书"。"这""那"和"某"都是显性的限定词，但"这"和"那"是定指的显性限定词，而"某"是不定指的显性限定词，所以具有显性限定词的DP不一定都是定指的。邓思颖（2010：79）还认为，凡是定指的DP其限定词都不可以是"空"的，由空限定词组成的DP一定是不定指的。

依据Li & Thompson（1981）和邓思颖（2003，2010）的研究，我们可以把指称、定指和不定指的句法表现归纳如下：

a. 有量词的体词性词语表示指称，是因为含有该量词的体词性词语是DP；

b. DP都具有指称意义，没有限定词的体词性短语不具有指称意义；

c. 具有显性限定词的DP不一定是定指的，但凡定指的DP其限定词都是显性的，限定词位置为零形式的DP一定是不定指的。

依据重新表述过的句法表现（a-c），上文对（24）-（26）所做的分析可以重新调整如下：（24）中的"一本书"是一个DP，其限定词位置为零形式，如图4.5所示[①]；（25）中的"这本书"也是一个DP，显性限定词"这"占据其限定词位置，数词"一"在PF层面被删除了，整体上是定指的DP，如图4.6所示；（26）中的"某本书"也是一个DP，其中"某"占据限定词位置，是不定指的DP。

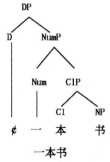

图 4.5　"一本书"句法结构（邓思颖 2010：75）

---

① 在脱离语境的情况下，一定是不定指成分。

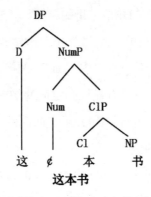

图 4.6 "这本书"句法结构（改自邓思颖 2010：70）

显性限定词、零形式DP与定指、定指意义、不定指意义的关系如图4.7所示：

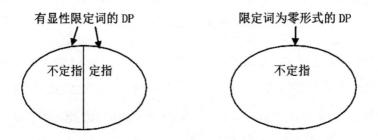

图 4.7 零形式 DP 与定指、不定指意义关系图

值得注意的是（27）， "本书"中虽然没有数词，但在句法上仍有数词的位置，因为"本书"只能理解为"一本书"，只不过数词"一"在音韵层面被省略了。如果要理解为"两本书"，只能表达为（28），而不可能是（27）。因此，（27）中"本书"同（24）中"一本书"，均是不定指的DP。

4.2　与省略相关的定指性问题

上文我们就体词性词语的指称问题展开了探讨，涉及的具体问题有：与定指性相关的指称分类、不同形式的体词性词语与定指性的对应关系以及DP本身的定指性等，探讨的目的是为分析汉语省略结构中的指称性问题，尤其是探讨省略结构生成中的"定指性一致核查"问题奠定基础。本节将结合语料就与省略有关的定指性问题进行进一步的研究。

4.2.1 体词性词语省略的定指性问题

在形式句法的研究中，常见的省略结构有空缺句（动词省略句）、谓语省略、截省、剥落句、片段结构、N-删略（N-Deletion）、假空缺句（准动词省略句，Pseudogapping）、光杆论元省略、屈折短语（Inflection Phrase）省略及并列结构省略等等。上述省略结构大致可以分为三类：名词性省略、动词性省略和小句省略（截省通常被认为是IP省略）。我们认为，任何省略结构，就被省略部分的体词性词语而言，一般情况下只有定指性的DP才能省略，而表不定指的DP是不能省略的。例如：

（29）张三买了这本书，李四也买了这本书。

（30）张三买了这本书，李四也买了。

（31）张三买了一本书，李四也买了一本书。

（32）？？张三买了一本书，李四也买了[①]。

（33）*张三买了一本书，李四也买了书。

（34）张三买了一本书，李四也买了一本。

（35）张三买了一本书，李四也买了书一本。

（36）张三买了一本书，书李四也买了一本。

在例（29）－（36）[②]中，"张三"和"李四"形成对比焦点。其中，（30）和（34）是名词性省略句；（29）和（31）则是不含省略成分的完整形式，分别包含定指的"这本书"和不定指的"一本书"。若删除（29）后行句中的"这本书"，该用例则变换为（30），而在（30）中，"这本书"是定指的，恰好可以省略；同样，若删除（31）后行句中的"一本书"，该用例就被

---

① 我们找了十多位说普通话的人来判断（32）的语料，超过75%的人第一反应，是认为这个句子不自然。即使把"*"号改为"？？"，也要解释该句接受程度的差异。

② 例句（29）－（36）中，"也"对省略与否起到了重要的作用，对此我们将在下文进行探讨。

变换为（32）；而（32）却是不合法的，或至少是可接受程度不高的。这说明，（31）后行句中的"一本书"作为不定指成分，在其后行句中是不能省略的。（33）中"一本"是不定指成分，因此（33）后行句中的"一本"也不能被省略。

值得注意的是（34）中体现出来的情况：既然表定指意义的体词性词语才能省略，而表不定指意义的体词性词语不能被省略，那为什么（34）中的"书"可以省略呢？这似乎与我们的假设是相互矛盾的。因为，按照上文的讨论，（34）中的"一本书"应该属于不定指成分，是不能省略的。但在我们看来，尽管（34）中的"一本书"是不定指成分，但其中的"书"却具有类指特征，可用于表定指的意义。（35）-（36）的后行句即表明，"书"可以作为一个独立的板块由不定指的DP（"一本书"）内移位到该DP之外的其他位置上，而能移位的体词性词语应该是具有指称性的成分。只不过，在上述用例中，"书"既不是严格意义上的定指成分，也不是不定指成分，而仅仅是类指罢了。此外，（34）中"书"的省略可能还有其他方面的原因。比如，如前所述，限定词位置为空位的"数量名"类短语除了可以表达不定指意义外，还可以表达数量意义。因此，当"一本书"表达数量意义时，即在数词"一"和量词"本"通常被重读的情况下，"书"可以省略。

同时，我们还发现，在一定的交际语境中（32）也具有一定的可接受性；也就是说，如果在语用层面有合适的语境制约，（32）也是合法的[①]，如（37）所示：

（37）[王五看见张三在书店买了一本书，然后羡慕地跟李四说]

　　　王五：张三买了一本书。

　　　李四：我也买了。

在例（37）中，"我也买了"是一个很自然的答语。但若脱离了这样的会话语境，所得到的就是（32）这样的句子，其可被接受的程度就大为降低。总

---

① 相关问题可参见胡裕树、范晓（1994）的讨论。

之，不定指的"数量名"类DP原则上是不能被省略的。当然，不定指的"数量名"类DP，其中的N作为类指成分并在整个DP表数量意义时是可以省略的。当然，这里应该指出的是，"数量名"类体词性词语表数量意义时，数词和量词均应被重读。此外，若有一定的会话语境支撑，"数量名"类DP也是可以省略的，不过这是一个纯粹的语用问题，不在本章讨论的重点范围之内。

4.2.2　语料支撑

4.2.2.1 谓语省略语料

谓语省略是基于形式句法的省略研究的重要内容之一。国外有大量对英语谓语省略及其相关问题进行研究的文献，而国内外对现代汉语谓语省略研究的文献还不多。我们目前见到的汉语谓语省略文献主要有：Huang（1988a，1988b，1991）、Otani & Whitman（1991）、Pan（1998）、Li（2002）、Wu（2002c，2016）、Xu（2003a，b）、李艳惠（2005）、Su（2006）、Wei（2006，2010）。上述研究主要从PF删除、LF复制和真空语类（True Empty Category）等途径研究谓语省略的句法生成机制，尚未涉猎谓语省略中的体词性词语省略的指称问题。为了进一步验证我们的观点，我们对上述研究中的语料进行了收集和整理，并重点考察了谓语省略中体词性词语的指称问题。在附录一中，我们对目前学界关注到的汉语谓语省略语料做了简单的列举。

通过仔细观察，我们不难发现，在附录一的汉语语料中，各用例的后行句中被省略的谓语部分，其包含的体词性成分一定是定指的。这一发现再次印证我们上文已经提出的看法：在现代汉语谓语省略中，被省略的体词性词语原则上都是表达定指意义的成分。此外，在附录一中，我们也对目前学界关注到的英语谓语省略语料做了简单的列举。附录一中的英语语料表明，如果英语谓语省略先行语中的体词性成分表达定指的指称意义，被省略的谓语部分中的体词性成分也是表达定指意义的。不过，值得注意的是附录一中的（20）、（22）和（25），依据前文中的相关分析，我们认为elephant、coffee和cats and dogs是表类指的成分，因表达的是定指意义而被省略。

4.2.2.2 名词短语[①]省略语料

除了谓语省略语料外，我们还对Lobeck（1995）、刘顺（2003）所涉及的名词短语省略（Noun Phrase Ellipsis）语料进行了梳理，并简单列举在附录二中。附录二的（1）-（20）中被省略的是名词短语，其中的体词性成分也均是表定指意义的。值得注意的是附录二中的（20）（下文重抄为［38］），其中的"三遍牙"作为"数量名"类短语，貌似是不定指成分，不应该省略；但仔细观察后，我们发现"三遍牙"中的"牙"是表类指的成分，明确指向一类实体，表达的也应该是定指意义。此外，我们还可以看到，这个表示"类指"的"牙"可以通过移位而变换为如下的（39）：

（38）约翰每天刷三遍牙，彼得也刷。（Xu 2003a）

（39）a. 约翰每天刷三遍牙，彼得也刷牙三遍。

b. 约翰每天刷三遍牙，牙彼得也刷三遍。

通过对谓语省略语料和名词短语省略语料的分析，我们发现，一般来说，被省略的体词性词语都是表达定指意义的。后续章节，我们还将深入讨论此问题。

4.2.3 "话题""主语"的定指性问题

4.2.3.1 "话题"的定指性问题

英语中大量运用定冠词和不定冠词来表达定指和不定指的指称意义，汉语中诸如"这"和"那"等词语也可用以表达定指意义，但其运用具有较大的灵活性。在我们看来，汉语中的省略现象与指称问题密切相关，汉语的指称问题又与话题密切相关。

汉语是一种话题突出型语言（Li & Thompson 1976），因而有关汉语话题的研究文献也相对较多。相关的研究主要聚焦于话题是如何产生的以及话题的

[①] 名词短语从属于体词性词语，我们依据国外省略研究惯例，将名词短语省略作为单独的一类。朱德熙（1982：41）认为体词包括名词、处所词、方位词、时间词、数词、量词以及一部分代词。

合法性受哪些条件限制等方面。目前的主要研究成果有：Chao（1968）、Xu &
Langendoen（1985）、Li & Thompson（1976）的"相关性（aboutness）条件假
设"、Pan & Hu（2008）的"语义变量允准假设"、Huang（1984a、b）、Li
（1990）及Huang *et al.*（2009）的"广义控制规则假设"等。此外，温宾利、
田启林（2011）基于语段理论论证了汉语话题的移位生成说。由于我们所关心
的是与汉语话题有关的指称问题，因此话题的生成问题，我们暂不探讨。

　　关于话题的类别，人们可以从不同的角度来划分。徐烈炯、刘丹青
（1998）把话题分为话题、次话题和次次话题。李大勤（2003a：77-82）依据
形式和功能相结合的研究原则，区分了篇章话题和结构话题（句段话题），其
中结构话题被界定为属于"句子"（功能句位）结构的单纯语用性质的话题。
徐赳赳（2010）在陈平（1996）研究的基础上探讨了句法话题和语用话题[①]。句
法话题可以分为话题化句法话题、左置话题和汉语式句法话题；语用话题可以
分为事例话题、框架话题和范围话题。例如：

　　（40）香蕉我很爱吃。（话题化句法话题）（[40]—[45]选自徐赳赳
　　　　　（2010：307-311））

　　（41）那件事你最好把它忘掉。（左置话题）

　　（42）这本书我读得很累。（话题化句法话题）

　　（43）老李我们已经请出来了。（事例话题）

　　（44）上次郊游孩子们都累极了。（框架话题）

　　（45）物价纽约最贵。（范围话题）

我们赞同徐赳赳（2010：311-312）的观点，即：不管如何对话题进行分
类，只要话题进入篇章，从篇章的角度来审视话题，即话题一旦具有篇章性
质，表现出篇章的特征，就可以看作是篇章话题。当然，可作为篇章话题的成
分很多，比如名词、代词和零形式等。我们认为不管何种形式充当话题，原则

[①]　徐赳赳（2010：306-311）在前人研究的基础上，对句法话题和语用话题进行了综述、定义和分类，
具体分类标准可参见徐赳赳（2010）。

上说，这些形式都应该体现为表达定指意义的指称语①。根据（40）-（45），我们可以发现，充当话题的成分大都由定指的体词性词语来充任，而不定指的体词性词语是不能充当话题的。不仅汉语如此，英语也一样②，试比较：

（46）这本书，每个同学都买了。

（47）*一本书，每个同学都买了。

（48）The book, every student has bought.

（49）*A book, every student has bought.

（50）This proposal, the review committee does not like at all.（上述部分例句选自徐赳赳 2010：307-308）

（51）John I haven't seen him for a long time.

以上例（46）、（48）、（50）和（51）合法，是因为"这本书"、The book、This proposal和John都是表定指意义的体词性词语，可以充当话题。而例（47）和（49）中是由表示不定指意义的体词性词语充当话题，自然是不合语法的句子（Ill-Formed Sentence）。在一个句子中，如果零形式充当篇章话题，那么在一定的句法环境中，充当篇章话题的零形式也应该表达定指意义。例如：

（52）张三买了这本书，（∅ 这本书）李四也买了。

在例（52）的后行句中，有一个作为篇章话题的零形式"这本书"，在句法环境中表达定指的指称意义。"这本书"可以充当篇章话题，是因为它起到了篇章上的衔接与连贯的作用，即把前、后小句联接为一个整体。

4.2.3.2 主语的定指性问题

按上节所述，不管何种形式充当话题，这些形式原则上都应该体现为表达定指意义的指称语。话题和主语关系密切，很多情况下，主语和话题是由同

---

① 主要包括定指性的体词性词语，此外，有些谓词性词语及小句也能充任话题，但同样需要定指性的限制。因此，我们将这些具有定指性特征的表达式统称为"定指性的指称语"。

② 宁春岩（2011：123）与笔者有类似的观点。

一个成分充当的。吕叔湘（1979）、朱德熙（1982）和胡裕树（1995）三位先生在谈论汉语主语时，都提到了话题，他们都认为判断句子主语的标准之一就是看其是否是话题。当然主语和话题也是有区别的，对此Li & Thompson（1976）、陆俭明（2005）和屈承熹（1998）都有过令人信服的分析。这里，我们所关注的主要是定指性指称与话题、主语的关系。

一般来说，既然话题倾向于由表达定指意义的指称语充任，那么主语也应该一样。朱德熙（1982）就指出，"汉语有一种很强的倾向，即让主语表示已知的、确定的事物，而让宾语去表示不确定的事物"。除了朱先生以外，刘月华等（1983）、李英哲（1976）等海内外学者也认为，汉语句子的主语倾向于表达确定的、已知的事物，而宾语倾向于表达不确定的、未知的事物。

范继淹（1985）通过大量语料对"主语倾向于表达定指意义"的观点提出了质疑。范文首先指出，无定NP主语句是不定指名词短语做主语的句子，作为汉语的一种句式并不罕见。就其构成而言，该句式的主语由"数量名"短语（包括其他修饰成分）充任，其语用功能是说话人发出的"新传信息"，但对听话人而言却是"未知信息"。附录三是范文中所收集的典型例句。

按范继淹（1985）的分析，附录三所列举的均为无定NP主语句，其"数量名"形式的主语表达的是不定指意义。我们在本章的4.1.2.5小节探讨"数量名"类短语定指性问题过程中曾指出："数量名"类短语既可以表达指称意义，又可以表达数量意义；如果"数量名"类短语表达数量意义，数词和量词应该被重读；如果"数量名"类短语表达指称意义，一般来说，"数量名"类体词性词语在指称上大都表示不定指的意义。

我们认为，在探讨体词性词语的定指性问题时应该注意区分句法环境和非句法环境。一般来说，句法环境应严格限制在小句（CP）内，小句以外环境则涉及了语用、语篇乃至言语交际环境。而定指与不定指的鉴别一定要局限在一个小句环境或句法环境之内，否则的话，任何一个词语都能无限度地根据语境而确认其为定指。

明确了勘察范围，我们就可以观察到，附录三中所列举的"数量名"类短语，在一定的句法环境下，指称非常明确，听话人很容易识别，是表定指的"数量名"短语。附录三例（1）中的"一位医生"不是指称任意一位医生，而是在句法环境中指"在门诊中接触了一位雄辩症病人"的医生，其指称非常明确，该指称的对象很容易被识别，属于表达定指意义的指称；附录三例（4）中的"一位中年妇女"在句法环境中指的是"专程来给14号投票"的一位中年妇女，属于表达定指意义的指称；附录三例（10）中的"一阵雷声"在句法环境中指的是"突然把我惊醒"的一阵雷声，属于表达定指意义的指称。

范继淹（1985）虽然把附录三句子中的"数量名"类短语定性为无定NP主语句，但是他也意识到其中的一些问题。他提出："一个由数量词和单个名词组成的无定NP，如果其中加上其他的限定性修饰成分，是否还是无定？限定性修饰成分要加到什么程度就成为有定NP了？"此外，他也意识到有些情况是主语无定，但是下文却能补充指明该主语是确定的事物。我们认为，范文中提出的问题客观上也证明了我们的观点：在一定的句法环境中，如果"数量名"类短语可以根据一些限定性修饰成分和上下文来确定其指称对象，那么该"数量名"类短语表达定指的意义。因此，在附录三各例句中的主语是表达定指意义的。至于修饰"数量名"类短语的限定性修饰成分要加到什么程度才能使该短语变成定指的？我们认为这与人的认知能力有关，只要在一定的小句环境或句法环境中，该短语所指称的对象能够被确定，那么该短语就是表达定指意义的指称。

综上所述，我们认为，话题是定指性的，而主语应该倾向于表达定指意义。换言之，话题定指性的程度要高于主语，话题应该倾向于表达定指意义，但主语不一定总是表达定指意义。当话题和主语是由同一个成分充当时，主语是定指的；话题和主语不是由同一个成分充当时，主语不一定是定指的。例如（53）-（55）：

（53）张三喜欢唱歌。

（54）这本书一页我也没看。

（55）这屋里一个人都没有。

在例（53）中，"张三"既是话题，又是主语，是定指成分。而在例（54）中，"这本书"是话题，表达定指意义；主语是"我"，话题和主语不重合，主语也表达定指意义。在例（55）中，"这屋里"是话题，是定指性的；"数量名"类短语"一个人"作主语，表达不定指意义。

4.3　现代汉语体词性词语省略的句法生成机制

以上我们讨论了话题和主语的定指性问题。本节从形式句法角度就体词性词语省略的生成机制展开探讨。

体词性词语的省略包括DP省略和NP省略两种情况。我们拟在讨论两者生成机制的基础上提出"定指性一致核查"假设，用以解释相关的省略现象。

4.3.1　现代汉语DP省略的指称限制

限定词（Determiner）的一个主要功用是出现在名词前面，使名词获得指称；限定词可以包括指示、人称、反身、疑问代词以及领属助词"的"等（何元建 2011：127）。一般来说，限定词短语是由限定词、数词、量词和名词等成分构成的DP。所谓"DP省略"，指的是DP内部所有构成成分被一起省略，或者其中的限定词D被省略。例如：

（56）张三买了这本书，李四也买了。

（57）小王买了本政治复习资料，你也买吧！

例（56）省略了DP"这本书"，这个DP包含有一个限定词、一个量词及一个名词性成分（NP），而这些被包含了物质表现形式的成分都在DP省略过程中被全部删除，因而是真正的DP省略。例（57）与（56）同理，省略的是"（一）本政治复习资料"。

依据Huang（1988a、b，1991）、Li（2002）、Wu（2002a）、Su（2006）、Wei（2010）等的研究成果，并借鉴Rizzi（1997）的CP分解假说，我们可以把与本书探讨的省略结构相关的各级功能投射表示如下图：

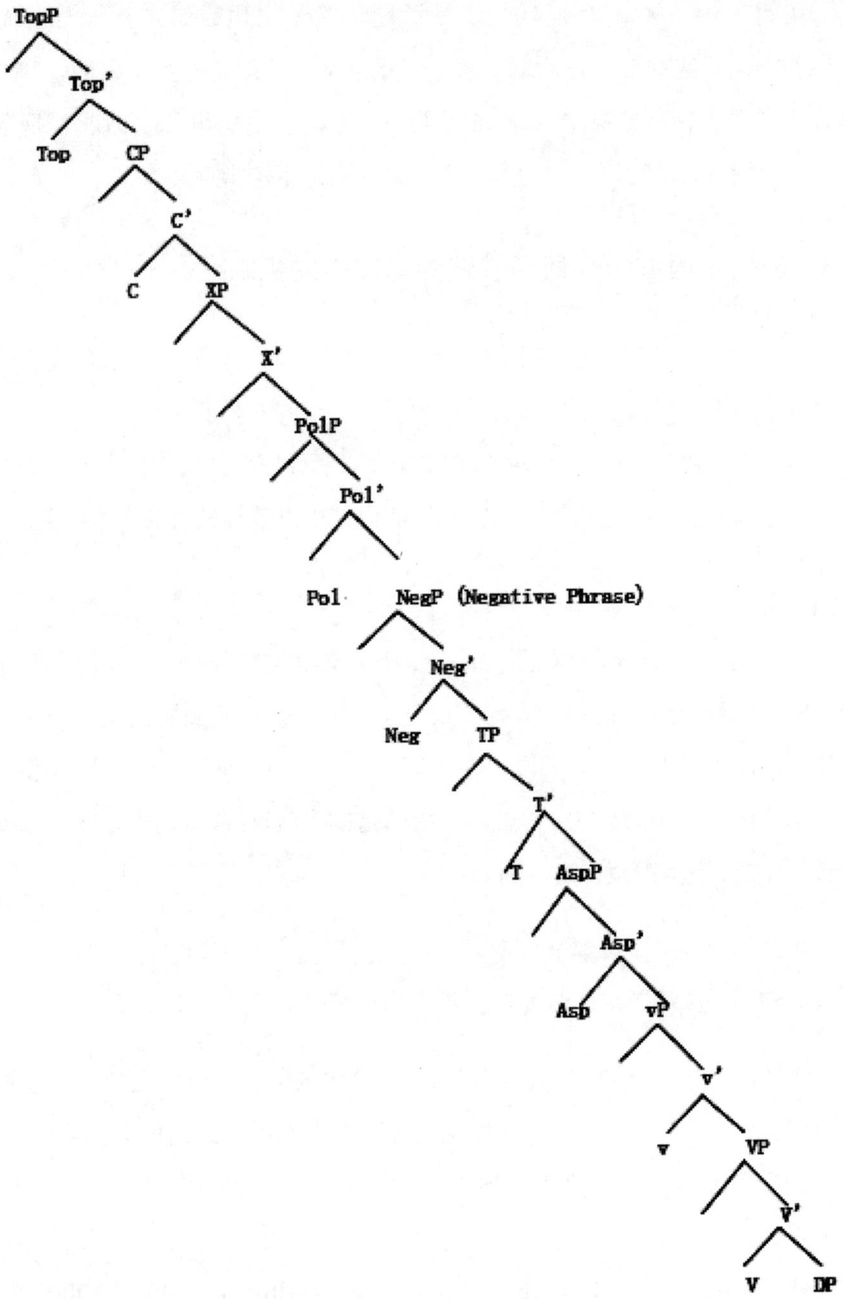

图 4.8　省略结构的功能投射

在图4.8中，XP为焦点投射。根据Wei（2010）的观点，我们可以进一步将焦点投射XP分为YeP（"也"投射）和QueP（"却"投射）两级。图中的PolP（Polarity Phrase）为极性投射，表现为极性焦点，位置高于否定投射，但低于焦点投射。

根据上文的讨论，汉语体词性词语的省略分为限定词短语（DP）省略和名词短语（NP）省略。以下我们将在图4.8的基础上就这两种类型的体词性词语省略现象分别加以分析。首先，我们基于语段理论①并在图4.8基础上就DP省略的生成机制进行进一步的分析，以（56）为例，具体结果可如图4.9所示②：

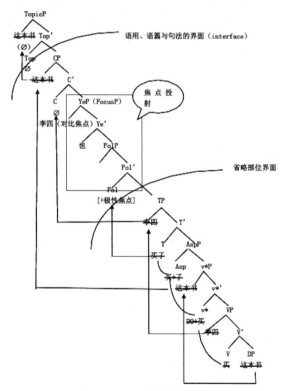

图4.9　DP省略案例分析

---

① 基于语段理论而展开的对省略移位限制条件的研究，具体可参见本书第五章。

② Huang（1988a、b，1991）认为该类句子是空位宾语句，属于伪装式动词短语省略，其移位机制是V-to-Infl的动词提升；Li（2002）认为此类句也属于谓语省略，移位机制是V-to-v的移位。我们认为此类句既属于DP省略，也属于谓语省略，对此问题，我们将在第十章探讨。

图4.9的句法生成机制可分别演算如下：

（一）"买"的移位

"买"基础生成于VP内的V位置，经过多重移位最终到达T的位置上。这个移位过程可分为以下几个步骤进行：

I. V- v*的移位

移位的句法操作不是随意的，而是为了满足特定的需要。换言之，任何移位都是由一定的动因触发（Trigger）的。

首先，图4.9中的谓语是及物动词"买"，由其投射而来的短语是语段v*P。而v*位置上的[DO]是有意义、没有显性形式的轻动词语类①，这样的语类要在结构推导过程中发挥作用就需要具有[+V]特征的支撑成分（Host）来使自己显性化。换言之，有[DO]语义特征的v*作为一个探针（Probe）需要寻找一个目标（Goal）来核查自己的[+V]特征，而VP中基础生成的"买"恰好符合这一条件。同时，由于空核心语类具有词缀性质，其结果是"买"不得不移位到空轻动词v*的位置上，与[DO]合并（Merge），以构成"买+[DO]"；并进而由"买+[DO]"这个复合核心为"李四"指派一个施事类题元角色。其结果是，基础生成于V位置的"买"就不得不通过核心-核心移位的方式到达v*位置。

II. v*- Asp的移位

在现有的研究中，一般把"了"处理为完成体助词。无论这一处理是否合适，有一点是肯定的，即该助词具有明显的粘附性，在结构上必须依附在一个动词或动词短语之上②。此外，英语完成体的标记语has、have和had等，要表达完成意义也必须依附于一个动词。因此，基于上述两点原因，我们认为，图4.9中的"了"基础生成于Asp位置，而由于"了"本身具有粘附性和弱谓词性，它必须吸引动词"买+[DO]"由v*上移，经过核心移位后与之合并，在Asp位置上

---

① 国内外探讨轻动词的文献很多，本章的分析主要依据邓思颖（2010：101-102）的观点，轻动词一般表示事件意义，包括 BE、DO、BECOME、CAUSE 等。凡是静态的谓语都有 BE，凡是动态但无终结体的谓语都有 DO，凡是动态并且是终结体的谓语都有 BECOME。

② 可参见王力（1958）、曹广顺（1986）和吴福祥（1998）等的探讨。

生成"买了"这一更为复杂的复合核心。①

III. Asp-T的移位

这一步骤的移位与汉语T的特性直接相关。在汉语中，类似于英语那样表现为显性形态变化形式的T是不存在的。相比之下，汉语限定小句中的T具有如下一些特征：是空语类，即有句法特征但无物质表现形式；其句法特征是[+T]，但属于不可解读的特征；具有词缀[+Af]特征，需要粘附在其他结构成分上才能参与句法运算；具有强[+施事]特征等。因此，T位置上隐性成分的词缀特征需要吸引一个谓词性成分来支撑，再加之"李四"需要被显性化的T指派一个主格，其结果是"买了"不得不核心移位到T的位置上。

IV. T-Pol的移位

在图4.9中的TP以上，与其相邻的是焦点投射②部分，该部分包括YeP和PolP。焦点核心作为空核心，具有词缀特征，需要一个支撑成分，此时要么吸引一个具有焦点特征的显性核心语类占据自己的位置，要么使用"是-插入"解决显性化的问题。这就意味着，图4.9中的极性核心Pol因具有强焦点特征而需要吸引一个具有焦点特征的成分作为自己的支撑成分。这样，Pol就发挥自身作为探针的功能，把具有焦点特征的"买了"吸引到Pol的位置，以核查并删除自身的强焦点特征。这样一来，处于Pol位置上的"买了"就继承了Pol的极性特征,并最终体现出正的极性焦点特征。在满足移位限制③、允准限制④和省略给定限制条件（e-GIVENness Condition）⑤后，Pol位置上具有正的极性焦点特征的"买了"和允准词共同作用⑥，可以允准Pol核心之补足语的省略。

---

① "DO+买"在v*P这个语段被输送到LF、PF层面收敛后即被拼读为"买"；这个"买"进一步移位到Asp后嫁接到"了"上构成复合核心"买了"。这就是在Asp位置上不出现DO的原因所在。

② 在第五章中，我们将深入探讨汉语省略结构中的焦点投射问题。

③ 参见下文第五章第三节的相关讨论。

④ 参见下文第五章第四节的相关讨论。

⑤ 参见下文第六章的相关讨论。

⑥ 在第五章中，我们将探讨省略的允准限制。

上述I—IV步中，"买"的移位均遵守了核心移位限制①。

（二）"这本书"的移位

"这本书"基础生成于VP内的补足语位置，经过两次移位最终到达Spec-CP的位置上。这个移位过程可分为以下几个步骤：

I. 基础生成位置-Spec- v*P的移位

首先，作为语段核心的C和v*具有边界特征，该特征需要在句法演算过程中确保核心的标示语位置上出现一个成分。这就意味着C和v*的边界特征是诱发相关成分移位的动因之一。轻动词v*具有不可解释的边界特征，因而可以作为探针寻找与自身相匹配的目标以便核查其携带的边界特征。限定词短语"这本书"则带有相应的可解释的特征，从而作为v*探查的目标而被吸引到Spec-v*P位置，进而删除v*的边界特征。其次，"这本书"的移位除了边界特征的动因外，还有其他原因。比如，根据格理论，"这本书"移位到Spec-v*P位置是为了获得结构格，即宾格。

II. Spec- v*P- Spec- CP的移位

首先，携带边界特征的C作为探针寻找与其相匹配的目标，并锁定"这本书"这个DP，进而将之从Spec-v*P位置上吸引到Spec-CP位置之上，以删除C自身的边界特征。②其次，一般来说，Spec-TP位置上一般以施事性强的成分为主，而Spec-CP位置上一般以受事性强的成分为主（李大勤 2003a），因此C的强[+受事]特征需要被特征核查，所以作为受事性强的"这本书"可以移位到Spec-CP位置，以便删除C不可解读的强[+受事]特征。

现在有一个值得注意的问题，如果依据上述I、II步的分析，不仅具有定指特征的限定词短语"这本书"可以移位到Spec-v*P和Spec-CP位置上，而且不具有定指特征的"数量名"类短语"一本书"也可以移位到Spec-v*P和Spec-CP位置上。而事实上"一本书"的移位与我们在本章中列举的省略语料是相互矛盾

---

① 核心移位限制是指一个核心不能越过一个离它近的且成分统制它的核心移向另一个核心。

② C、Top 等位置具有不可解读的定指性特征，这是汉语的特点。参见上文对定指性问题的讨论。

的，这说明"一本书"是不可能移位到Spec-CP位置上的[①]。一般来说，在省略结构中，移位且被删除的体词性词语是表达定指意义的。因此，在我们看来，"这本书"的上移，还有其他的移位动因。

胡建华（2008：401-402）提出了句法结构与信息结构的接口条件，即一个句法成分被句法结构指派的特征要与信息结构对其作为信息载体进行信息分拣时所指派的解读保持和谐对应。汉语句子中信息的分拣（Partitioning）以动词为基点，动词前的成分具有话题性，呈现旧信息，动词及动词后的成分作为述题引入新信息。我们认为，原则上说，已知信息趋向于使用定指性成分，而新信息趋向于使用不定指成分[②]。受胡文的启发，在我们看来，为了与信息结构保持一种和谐，或者说为了最终生成语符串能够在信息结构中进行有效分拣，具有定指特征的体词性词语在动词提升后就不能留在原位，而应提升至动词前组配（Packaging）已知信息的位置；具有定指特征的体词性词语如果留在原位，就会在信息结构中被作为述题的组成部分，即当作新信息进行分拣，而把表达已知信息的定指性体词性词语作为表达未知信息的述题进行分拣是一种无效分拣，违反了句法结构与信息结构的接口条件，从而造成句子在信息结构层面上解读的失败，生成的句子就不合法。因此，由于句法结构与信息结构接口限制，在省略结构中，定指性的体词性词语需要被一致核查，并移位到T之前。据此，至少在理论方面我们可以提出如下假设：

[①] 在第五章，我们将根据汉语省略结构中的核心语类的特征刻画假设，来进一步解释为什么"一本书"可以移位到 Spec-v*P 位置，但不可以继续移位到 Spec-CP 位置。

[②] 本书第六章中将深入讨论体词性词语的指称特征与信息结构的关系。

省略的指称限制假设

"定指性一致核查[①]"才是体词性词语移位的主要动因。换言之，定指的体词性词语需要移位到T前核查其定指性，不定指的体词性词语则在T后或之下核查不定指性。

图4.9中的"这本书"由于删除v*的边界特征和为了获得结构格等动因而上移到Spec-v*P的位置，然后"作为受事性强的成分"而在"定指性一致核查"、删除边界特征等动因的驱动下最终移位到Spec-CP的位置。

（三）"这本书"的删除

在图4.9中，CP以上的部分，属于语用和语篇研究的范围。Spec-TopicP位置上的"这本书"与Spec-CP位置上的"这本书"，两者虽然形式一样，但是性质并不等同。如前所述，后者是句法演算的结果；而前者，则是基础生成在Spec-TopicP位置之上的（Li & Thompson 1976, Xu & Langendoen 1985, Xu 2006 等）。"这本书"的删除主要历经以下几个步骤：

第一步，Spec-TopicP到Spec-CP的移位。在前文中，我们对汉语话题的定指性问题进行了探讨，我们认为汉语话题（Topic）具有强[+定指]特征，需要在一致[②]操作下，吸引一个具有强[+定指]特征的体词性词语对其进行特征核查，以

---

① 我们认为"定指性一致核查"与"异指约束"关系密切。异指约束现象的存在也是决定定指性的体词性词语需要进行"定指性一致核查"的原因之一。我们发现，不同省略结构的语料中大都存在异指约束或同指约束（例如，老张呢，我前几天还见过 [他]。）现象，异指约束现象出现的居多。一般在小句中都有约束省略成分的定指性NP，省略成分一般是被约束者。作为约束者的定指性 NP 处于被约束者省略成分之前；数量名词短语一般是被约束者，且处于约束链的最后面。从异指约束的角度看，因为这种指称约束关系的存在，所以定指性的体词性词语需要核查约束者的定指性，并最终被删除，从这个角度可以进一步论证省略的定指性一致核查。细节问题和具体论证过程我们将另文探讨。

② 根据最简方案理论，一致是语言运算系统中的一种句法运算方法，主要是为了解决句法运算过程中的取值问题。徐烈炯（2009a：328）对"一致"的句法运算方法定义如下：使 α 与 β 一致，当且仅当：a. α 与 β 相配；b. β 在 α 域内；c. α 与 β 均待用；b. 没有 γ 介于 α 与 β 之间。徐烈炯（2009a：328-329）对"一致"解释为：α 与 β 相配指 α 和 β 具有相同的形态特征 [F]，而且取相同的值；或者其中一个成分 α 的特征 [F] 已经取值，而另一个成分 β 的特征 [F] 尚未取值；当 α 和 β 的特征 [F] 均已取值，而取不同的值时，两者不相配。β 在 α 域内指 α 统制 β。α 与 β 均待用指 α、β 有 LF 层面上不可解释（-Interpretable）的特征。没有 γ 介于 α 与 β 之间指 α、β 处于局部范围内最靠近的位置。

便删除Topic不可解读的强[+定指]特征。

Spec-TopicP位置上的"这本书"与Spec-CP位置上的"这本书"恰好满足了一致的操作要求：第一，移位到Spec-CP位置上的"这本书"与作为篇章话题的"这本书"都具有相同的强[+定指]特征，二者相匹配；第二，在结构位置上，Spec-CP位置"这本书"因受篇章话题"这本书"的成分统制而处在后者的域内；第三，Spec-CP位置上"这本书"与篇章话题"这本书"处于局部范围内靠近的位置。因此，Topic的强[+定指]特征吸引Spec-CP位置"这本书"移位到Spec-TopicP位置上，对Topic进行特征核查，以便删除Topic不可解读的强[+定指]特征。通过以上分析，可以发现"定指性一致核查"是Spec-CP位置上"这本书"移位的主要动力。

第二步，移位到Spec-TopicP位置上的"这本书"的删除。因为移位到Spec-TopicP位置上的"这本书"与Spec-TopicP位置上基础生成的"这本书"同形同指，根据"同形同指，在后删除"[①]的原则，移位到Spec-TopicP位置的"这本书"被删除，在Spec-TopicP位置上不可拼读。

第三步，基础生成于Spec-TopicP位置的"这本书"的删除。因为基础生成于Spec-TopicP位置的"这本书"与前行小句中的"这本书"也是同形同指。根据"同形同指，在后删除"的原则，基础生成在Spec-TopicP位置的"这本书"被删除，在Spec-TopicP位置上也不可以拼读。这样Spec-TopicP位置显示为一个零形式。

（四）"李四"的移位

"李四"基础生成于Spec-VP的位置上，经过两次移位最终到达Spec-YeP的位置上。这个移位过程可分为以下几个步骤：

I. Spec-VP-Spec-TP的移位

首先，根据语段理论，语段核心可以把自己的语义不可解释特征传递给下面的核心，这样T可以从C那里继承不可解释特征（Chomsky 2008）。邓思颖（2009：210-211）也认为T的一致关系特征并非固有特征，它的一致关系特征

---

① "同形同指，在后删除"原则中，同指是必要条件，而同形一般指语音形式上同形。

只能从C继承得来。C和T分别诱发汉语非论元移位和论元移位，前者的诱因是边界特征，形成了非论元位置；而后者的诱因是一致关系特征，形成了论元位置。图4.9中"李四"基础生成于Spec-VP位置。首先，T的一致关系特征吸引"李四"上移到Spec-TP位置上；其次，根据格理论，"李四"移位到Spec-TP位置是为了获得主格，T能够为"李四"指派一个主格。再次，因为T的强[+施事]特征需要吸引一个具有施事特征的体词性词语对其进行特征核查，"李四"移位到Spec-TP位置是为了删除T不可解读的强[+施事]特征。

同"这本书"的移位所述一样，我们认为"李四"的移位还有其他的动因。胡建华（2008）从信息结构对句法结构的要求中推导出了一条定指VP主语的移位条件①，即具有定指特征的VP主语须向TP主语移位。一般来说，Spec-TP位置上是小句主语所在的位置，而小句的主语具有定指特征。因此，如果说"李四"由Spec-VP位置上移到Spec-TP位置，只是T的一致关系特征及EPP特征在起作用，或者是为了获得主格，那么不定指的DP在理论上也应该能够移位到Spec-TP的位置上。换言之，若仅仅考虑这些移位动因，图4.9中的没有定指特征的VP主语"一个人"也应该强制性地向Spec-TP位置移位。例如：

（58）*张三看了这本书，一个人也看了。

例（58）却表明，非定指性的DP移位到Spec-TP位置完全不合法。可见，"李四"的移位同上述"这本书"的移位一样，除了上述原因外，主要还是为了满足"定指性一致核查"方面的要求。

II. Spec-TP-Spec-YeP的移位

在图4.9中的焦点投射内，Spec-YeP位置是第二小句主语所在的位置。其中对比焦点的形成是受Ye的强焦点特征吸引的结果。换言之，Ye的强焦点特征将"李四"吸引到Spec-YeP位置进行特征核查，Ye的强焦点特征也随之被

---

① 胡建华（2008）认为具有定指特征的 VP 主语之所以须向 TP 主语移位，不是出于 TP 主语的 EPP 特征要求，而是出于信息结构对信息进行分拣和组配的要求。定指 VP 主语移位条件实际上可以从信息结构对句法结构的要求中推导出来，并据此提出了句法结构与信息结构接口条件。具体分析可见胡文中的探讨。

删除。

4.3.2 现代汉语NP省略的生成机制

名词短语（NP）的中心词是名词，其修饰语通常由性质形容词、非谓形容词、数量词、"的"字短语、同位语从句和关系从句等充任（何元建 2011：106）。"NP省略"指的是只省略DP中的名词而不省略限定词、量词等成分。例如：

（59）张三买了一本书，李四也买了一本[]。

（60）张三看见了姚明，李四也看见了[]。

（61）小王的脾气比小张的[]好。

（62）我的裤子比他的[]多。

（63）张三[]高，李四[]矮。

（64）三班的[]都很聪明。

NP省略可分为两类：一类是名词省略中没有形容词修饰成分，如例（59）和（60）；另一类是名词省略中有形容词修饰成分，如例（61）-（64）。如果借鉴本书前文关于国内外名词省略的研究路径的述评，尤其是依据Corver & van Koppen（2009，2011）的分析模式，对于汉语名词省略中有形容词修饰成分的类别，我们提出以下假定：

I. 在有形容词修饰成分的现代汉语名词省略中，有一个隐性的对比焦点投射，其中的焦点核心具有省略特征（E-Feature）和强[+焦点]特征。

II.强[+焦点]特征是不可解读的特征，具有焦点特征的形容词需要移位到Spec-FP位置去核查焦点核心的强[+焦点]特征。根据省略的允准限制假设[①]，在PF层面，F的补足语部分可以被省略。

根据以上假设，例（62）分析为如图4.10[②]所示：

---

① 参见本书第五章的探讨。

② 目前生成语法学界对"的"在短语中的具体位置还没有定论。本书借鉴 Culicover（1997）对英语"'s"的处理，把"的"看为 D 核心。

（65）"他的[]多"（出自"我的裤子比他的多。"）（[62]重写为[65]）

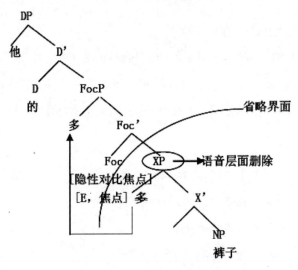

图 4.10　NP 省略案例分析

　　在图4.10中，有一个隐性的对比焦点，该焦点核心具有省略特征和强[+焦点]特征。具有焦点特征的形容词"多"移位到Spec-FocusP的位置去核查焦点核心的强[+焦点]特征。根据第五章提出的省略的允准限制假设，在PF层面，具有省略特征的核心Focus的补足语部分"裤子"可以被省略。不过，如果按照图4.10对例（62）的分析，会带来这样一个严重问题：例（62）中的"多"是一个谓词性的形容词，不可能出现在Spec-XP的位置上。上述分析是以荷兰语为基础的，然而荷兰语形容词有丰富的形态变化，汉语形容词却缺乏严格意义上的形态。比如，在第二章的图2.7中，荷兰语形容词zwarte和saaien有形容词后缀-e和-en，且该词缀可以作为焦点核心，而汉语形容词没有像荷兰语一样的后缀。有鉴于此，我们试图采用另一种思路对（62）进行分析。（62）属于汉语比较句，何元建（2011：426-441）从生成语法角度对汉语这类句子进行过探讨，指出汉语比较句可以分为等比句和差比句，"比"字句表示差比，"比"字句中的"比"是介词。鉴于"比"字句的特点和图4.10分析的缺陷，我们重新对（62）进行了分析，分析结果如图4.11所示：

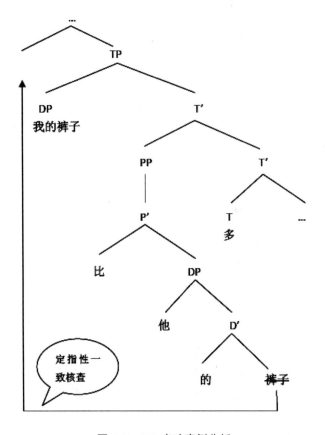

图4.11 NP省略案例分析

在图4.11中，"比"字句结构可以用一个TP来表示，"比"短语是一个附加语；DP短语"我的裤子"是主语，也是比较的主体；DP短语"他的裤子"是"比"的介词宾语，也是比较的客体；谓词"多"是比较的结果。"比"短语中的"裤子"是一个类指指称，可以表示定指意义，根据"定指性一致核查"的移位机制，定指的体词性词语需要移位到T前核查其定指性，不定指的体词性词语则在T后或之下核查不定指性。因此"裤子"至少需要移位到T前；此外，由于"定指性一致核查"等多种移位动因，"裤子"经过多次移位后最终被删除①。

对于名词省略中没有形容词修饰成分的类别，我们认为，该类别的句法生

---

① 关于"裤子"是如何历经多次移位后而最终被删除的，我们将另文探讨。

成机制与DP省略的句法生成机制一样：定指性的特征核查激发了省略成分移位，并在满足"一致"的句法操作后，进行特征核查。以（66）为例，其DP内部的移位如图4.12所示：

（66）张三买了一本书，李四也买了一本[]。

（67）张三买了一本书，李四也买了书一本。

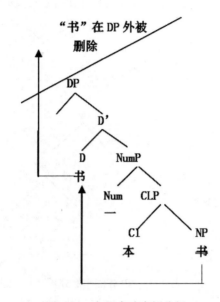

图 4.12　名词省略案例分析

图4.12表明，"书"是类指指称，表定指意义。只不过，因"定指性一致核查"的需要，这个"书"首先移到D位置，变为（67）；而后为了获得格，进一步移位到DP外；最后，移位到T前的"书"因为与前一分句中"书"同形同指而被删除了语音形式。

4.4　结语

现代汉语省略结构中的指称问题是省略研究值得重视，但却在以往省略研究中常常被忽略的一个问题。本章在梳理国内外相关文献的基础上，重点厘清了以下问题。首先，本章探讨了体词性词语的定指性问题，涉及与定指性相关的指称分类、不同词汇形式的体词性词语的定指性问题、DP与"定指性指称"的关系等。其次，本章依据语料，探讨了省略中的定指性问题。再次，我们在分析现代汉语DP省略的句法生成机制中，重点探讨了省略结构中的指称限制条件。我们认为指称限制是制约省略发生的重要条件之一，并据此提出了省略指称限制假设。一般来说，在指称范围内，表定指的体词性词语才能省略，而表不定指的体词性词语是不能省略的。定指性一致核查是促进体词性词语移位的主要动因，定指的体词性词语需要移位到T前核查其定指性，不定指的体词性词语则在T后或之下核查不定指性。在句法上满足"一致"操作、在语义上满足省略给定限制的体词性词语才能省略。最后，本章在国外名词省略研究的基础上，区分了现代汉语DP省略和名词省略。我们认为名词省略的句法生成机制与DP省略的句法生成机制一样："定指性一致核查"是体词性成分移位的动因。

第五章　省略的移位限制和允准限制条件研究

在第四章，我们对省略的指称限制条件进行了探讨。本章，我们探讨制约省略现象发生的另外两个重要限制条件：省略的移位限制条件和允准限制条件。我们将以生成语法的语段理论和特征核查理论为背景，提出省略的移位限制假设和允准限制假设，通过对谓语省略、截省等省略结构的句法生成机制分析来验证我们提出的假设，并进一步揭示省略移位限制和允准限制制约机制及其规律和特点。

5.1　省略的移位限制假设^①

5.1.1　谓语省略的焦点运作机制

焦点与省略关系密切，在我们看来，省略结构的移位机制分析，乃至省略结构的句法生成机制分析大都是以焦点投射^②为基础的。当焦点成分没有通过一定的语法形式来表达时，可以运用省略的方法把它们识别出来（Cheng 1983）。

Wu（2002a）是较早从焦点分析的角度对现代汉语省略进行研究的。该文

---

① 本小节的部分内容发表在：《外语学刊》2017 年第 3 期"现代汉语省略的移位限制条件研究"（作者：张天伟）。

② 我们将焦点纳入形式句法的分析中。焦点作为一个功能核心，有自己的投射 FocP。徐杰（2001：127-128）认为语用的焦点跟句法的焦点处于不同的层面，当焦点这个语用的概念作为一个特征进入形式语法系统时，会成为一个纯粹的形式语法特征，此时焦点已经跟语用范畴完全脱钩，转化为一个纯形式语法的范畴并参与句法活动。此外，Radford（2009）在句法分析中，认为 FocP 处于 CP 和 TP 之间。

在黄正德（Huang 1988a、b，1991）研究的基础上提出：（1）省略结构中包含焦点投射，而旧信息或预设则是焦点核心F的补足语；（2）焦点核心F具有强焦点特征，可以吸引一个携带焦点特征的成分到Spec-FP位置以核查其强焦点特征；（3）根据空语类原则①，焦点核心被词汇化后，可以允准IP或VP省略。进而，Wu（2002a）把黄正德的V-to-Infl移位修正为两种机制：V/Neg/Modal-to-Focus移位（或复制）和"是-插入"。一旦完成这两种操作之后即可执行焦点投射以下的省略。如图5.1、图5.2所示：

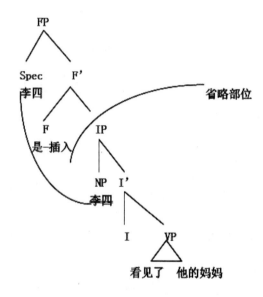

图 5.1　Wu（2002a）对"张三看见了他的妈妈，李四也是。"的分析

---

① Rizzi（1990）：A non-pronominal empty category must be properly head-governed.（"非代词性的空语类必须受到严格核心管辖"，这里的空语类指语迹，不包括 PRO。）

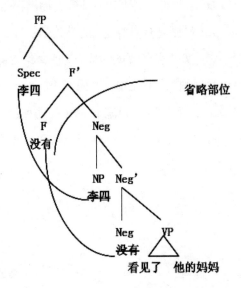

图 5.2　Wu（2002a）对"张三看见了他的妈妈，李四没有。"的分析

　　Wu（2002a）尤其强调焦点投射在汉语谓语省略结构中所起的重要作用，认为谓语省略结构中的省略成分都是由焦点核心所允准的，空的VP和IP被焦点核心严格管辖，所以焦点核心的补足语部分（省略部位）可以被删除。图5.1中的焦点核心F具有强焦点特征，"李四"是句中的对比焦点。具有强焦点特征的F吸引携带焦点特征的"李四"到Spec-FP位置，以核查F的强焦点特征。Wu认为，图5.1中的"是"插入到焦点核心F位置的主要动因有两个，一个是为了核查Spec-FP的核心特征①，另外就是使焦点核心F词汇化②，进而允准邻近的空IP。这样，"是-插入"既满足了完全解释原则（Principle of Full Interpretation）又满足了空语类原则。在图5.2中，"李四"的移位与图5.1一样。不同的是，图

---

① Wu（2002a：12）：check off the head-features of its specifier.
② 这里的"词汇化"也就是本书所说的"显性化"：由语音形式或书写形式来体现。Wu（2002a）认为，焦点核心需要被"词汇化"，而通过执行 V/Neg/Modal-to-Focus 移位（或复制）和"是-插入"两种机制即可以解决焦点核心的"词汇化"问题。我们认为，"词汇化"的说法不太贴切，该说法反映的是早期一些学者的术语使用特点。焦点核心 F 作为空核心，具有词缀特征，因而需要一个支撑成分（host）来使自身显性化，此时要么吸引一个具有焦点特征的显性核心语类占据自己的位置，要么使用"是-插入"解决空核心的显性化问题。因此 V/Neg/Modal-to-Focus 移位或"是-插入"到焦点核心，其本质是使焦点核心显性化。

5.1是通过先执行"是-插入"机制，再执行焦点投射以下部分的省略；而图5.2却是先执行Neg-to-Focus的移位，再执行焦点投射以下部分的省略。焦点核心F具有强焦点特征，把具有焦点特征的"没有"吸引到F位置，然后F作为允准核心，以允准其补足语部分的省略。

Wei（2010：86）对现有的汉语谓语省略研究进行了综述，认为目前的汉语省略研究还存在一些问题。比如，第一，"也"的身份没有确认，普遍认为它只是个副词，其功能未受重视；此外，"却"在汉语谓语省略句中的地位非常重要，但现有研究对此重视不够；第二，对焦点的分析有所忽视，尤其是谓语省略句中的焦点运作机制无人提及。有鉴于此，Wei（2010：89）在Pollock（1989）和Wu（2002a）研究的基础上，把"也"和"却"也纳入功能性的语类之中，提出：①"也"和"却"作为功能核心也可以有自己的投射，即"也"投射（YeP）和"却"投射（QueP）；②二者皆为焦点投射，不过前者为肯定回应型，后者则为否定回应型；③"也"和"却"前的主语不但是一个新的信息，而且必须和第一小句成分对等或平行对应，以形成焦点语义。除此之外，Wei还主张功能性范畴的"极性焦点"（Polarity）①也有自己的投射（PolP），其位置高于否定投射（NegP），但低于对比焦点投射（YeP和QueP）。上述各种投射的句法地位如图5.3和图5.4所示：

---

① 为便于理解，尤其为了解说的方便，本书以下在不致引起误解的情况下将之称为"极性"投射。

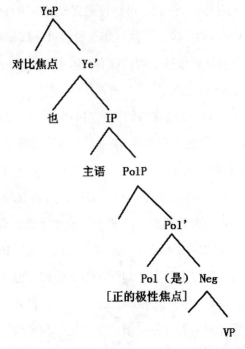

图 5.3　极性焦点投射分析 1（Wei 2010：90）

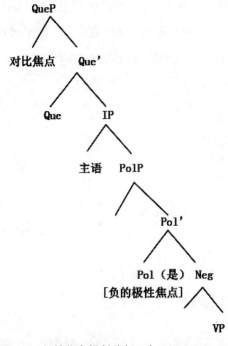

图 5.4　极性焦点投射分析 2（Wei 2010：90）

按照Wei（2010：91）的观点，图5.3和图5.4中对比焦点的形成是受"也"或"却"的焦点特征强力吸引的结果，是焦点核心携带的强焦点特征将主语或其他成分移至YeP或QueP的标示语位置以作特征核查的。"极性焦点"投射（PolP）和肯定回应副词"也"或否定回应副词"却"前后呼应，决定Pol为正的极性焦点（Positive Polarity Focus）或是负的极性焦点（Negative Polarity Focus），如图5.3和图5.4所示。Wei（2010）还认为，焦点标记"是"正是"也"投射"呼应"正的极性焦点"的显形表现。为此，他提出了三点理由：

第一，在树形图上，"是"①的句法位置比否定（Neg）高，这可以解释为何焦点标记"是"不可以被否定。例如：

（1）a. 张三吃苹果，李四也是。

　　 b. 张三不吃苹果，李四也是。

　　 c. *张三不吃苹果，李四也不是。

（Wei 2010：87）

以上（1c）不符合语法，因为焦点标记"是"不可以被否定。可见，在树形图中，"是"的位置比Neg高。Wei的这一观察是具有启发性的。为此，我们这里再举一个类似例证加以分析：

（2）a. A：他来了吗？

　　 b. B：是没来。

　　 c. B：*没是来。

上述例（1）中使用的否定词是"不"，而在例（2）中换为否定词"没"。不过最后的结果是一样的：（2b）是合语法的，但（2c）则不然。这再次表明焦点标记"是"的句法位置确实高于Neg，因而是不可以被否定的。

---

① 但我们也发现在有些小句中，焦点标记"是"可以被否定，尤其是当"是"处于"可以""能"等能愿动词之前的时候。如：i 科学不是可以不劳而获的。ii 她不是能随意打骂的。这种现象与并列句中的情况可能有区别，需要我们以后进一步研究。感谢陈练文博士指出这一点。

第二，"是"的功能除了肯定回应前行句并作"也"字句的动词支撑之外，本身语义为空，极像功能性范畴，且有动词性代词（V-Pro）的意味。

第三，和汉语普通话比较接近的越南语中，"si"（be）和否定词、动词同时存在，这种现象也支持了"是"作为"也"投射呼应"正的极性焦点"的显形表现这一论断。

应当说，Wei（2010）的上述分析是令人信服的。当然，也应该指出，Wei的分析也存在一些值得注意的问题。首先，Wei（2010）只分析了谓语省略中的"是"字句，没有分析谓语省略中的助动词、相关副词否定和动词结构。其次，Wei（2010）认为焦点标记"是"是"也"投射呼应"正的极性焦点"的显形表现。我们认为Wei的表述不太全面，因为"是"也可以是"却"投射呼应"负的极性焦点"的显形表现。换言之，如果前行小句中表现为正的极性焦点特征时，当"却"与"是"连用时，"是-插入"在Pol位置上表现为与之相反的负的极性焦点特征。例如：

（3）张三当连长，李四**却是**小兵。

（4）张三吃苹果，李四**却是**香蕉。

以上两个用例属于汉语的假空缺句。其中，"是"与"却"的连用说明"是"是"却"投射呼应负的极性焦点的显形表现。可见，对例（3）和（4）的分析将有助于弥补Wei（2010）提出的如下假设："是"是"也"投射呼应正的极性焦点的显形表现。

有鉴于此，我们认为，汉语谓语省略结构中的焦点投射由"也/却"投射和极性投射组成，极性核心Pol是一个空核心且具有强焦点特征，需要一个具有焦点特征的成分来使其显性化。而为了解决显性化问题，Pol要么吸引一个具有焦点特征的显性核心语类占据自己的位置，要么使用"是-插入"来支撑其强焦点特征。换言之，在执行"Modal/Neg/ V-to-Pol"移位机制或"是-插入"机制后，极性核心Pol可以允准其补足语部分的省略。该模式的优势是：既体现了谓语省略中"也"和"却"的重要作用，又在焦点投射中体现了句法运算的"经济性"原则。

　　归纳一下，谓语省略中的焦点投射可表示如图5.5-5.8所示，图5.5-5.8分别对应着例（5）-（8）：

（5）张三看见了他的妈妈，李四也是。

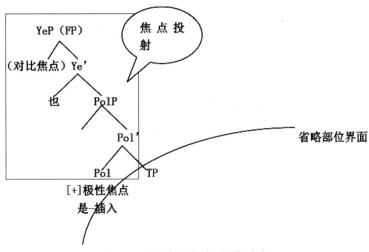

图 5.5　谓语省略中的"是"字句

（6）张三会说法语，李四也会。

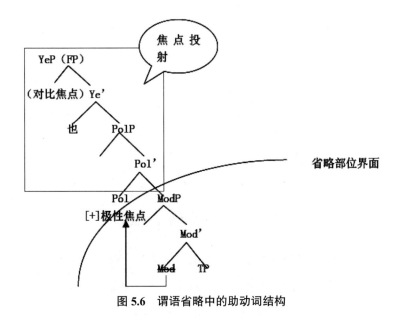

图 5.6　谓语省略中的助动词结构

（7）张三看见了他的妈妈，李四没有。

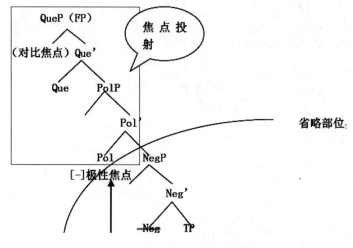

图 5.7 谓语省略中的否定结构

（8）张三看见了他的妈妈，李四也看见了。

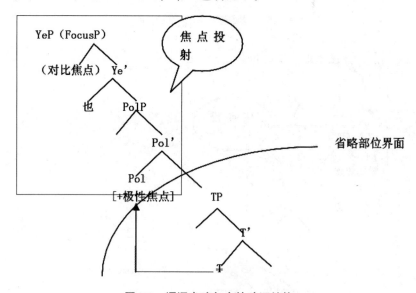

图 5.8 谓语省略句中的动词结构

综上所述，Wei（2010）只分析了图5.5的情况，并认为焦点标记"是"正是"也"投射呼应"正的极性焦点"的显形表现。我们则将Wei的分析延伸到谓语省略的其他结构中，如图5.5-5.8所示；并将谓语省略的焦点投射归纳为上述四种模式，该模式同样适用于"却"投射。在图5.5-5.8的焦点投射中，存在着"Modal/Neg/ V-to-Pol"移位和"是-插入"两种操作机制，在句子生成过程中，应根据经济原则加以选择；"是"可以是"也"投射呼应"正的极性焦点"的显形表现，也可以是"却"投射呼应负的极性焦点的显形表现。通过这样的分析，我们希望能弥补Wei文分析的不足，做更全面的阐释。

在谓语省略焦点投射的基础上，我们借鉴Rizzi（1997）的CP分解假说以及Huang（1988a、b，1991）、Li（2002）、Wu（2002a）、Su（2006）、Wei（2010）等的相关研究成果，可以把省略结构的各级功能投射表示为图5.9：

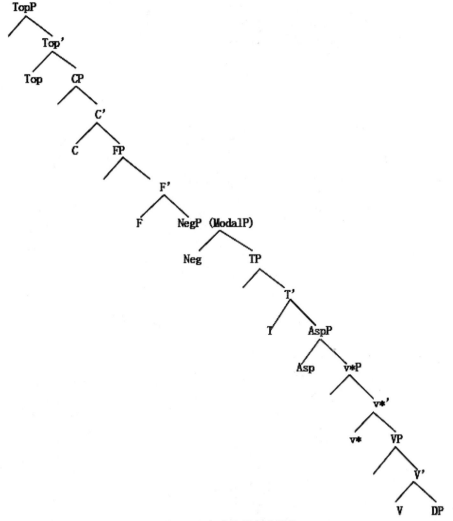

图 5.9　省略结构句法结构

如上一小节所述，现代汉语谓语省略结构中的焦点投射表现为"也/却"投射和极性投射。这样，我们也可把现代汉语谓语省略结构各级功能投射相应地归纳为图5.10：

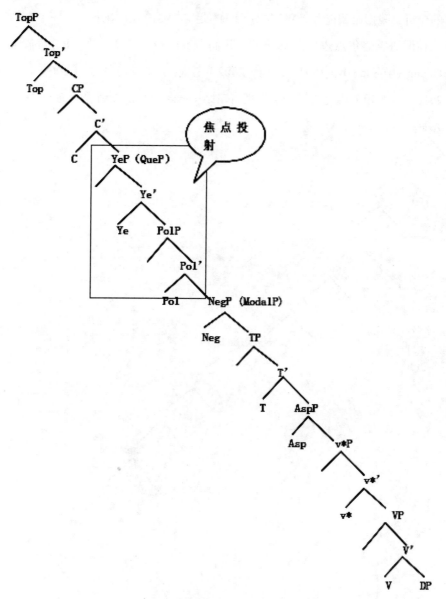

图 5.10　现代汉语谓语省略句法结构

图5.9和图5.10表明省略结构的功能投射中都包括焦点投射，焦点投射在

省略结构中占有重要地位。通过以上对谓语省略焦点运作机制的分析，我们发现，焦点投射的位置都在T之上，这是由焦点自身的性质决定的。换言之，焦点自身的性质要求省略部位中一些成分必须移位到T之上，焦点投射与省略的移位限制密切相关，下节将对此问题展开详细讨论。

5.1.2　省略的移位限制假设

5.1.2.1 省略的移位限制假设

我们认为汉语省略的移位限制与动词关系密切。下面我们从焦点自身的性质要求、定指性DP移位和汉语T的特征和性质这三个方面来探讨与之相关的各种现象并提出省略的移位限制假设。

第一，焦点是直陈句所传递的新信息的核心、重点（范晓、胡裕树1992）。而新旧信息的表达与动词密切相关，胡建华（2008）曾指出，汉语句子中信息的分拣以动词为基点，动词前的成分具有话题性，呈现旧信息，动词及动词后的成分作为述题引入新信息。但依据我们所收集的省略语料来看，一般来说，省略结构中大都有对比焦点。有对比焦点出现的情况下，在汉语省略结构的后行句中，动词前的部分是被焦点标记的部分，是新信息，动词后的部分是旧信息，通常被省略。根据后文第六章中的探讨，省略成分所承载的信息是旧信息；由省略部位提取出来的成分通常被焦点标记，成为新的信息，即省略结构中的焦点投射部分。因此这些成分要想被焦点标记，成为新信息，必须从省略部位中提取出来，并移位到动词（T）前。换言之，焦点是信息单元中的新信息，而在省略结构的后行句中，要表达新信息的成分必须移位到T前，才能被焦点标记，进而表达新信息。

第二，从定指体词性词语移位的角度分析，位于T之后的定指性词语必须移位到T之前才能被删除。

石毓智（2010：41）认为，对于没有任何修饰语的光杆名词来说，以谓语中心动词为参照点，动词之前的光杆名词被赋予定指的特征，动词之后则被赋予不定指的特征。请比较以下选自石毓智（2010：40）的一组用例：

（9）人来了。

（10）来人了。

（11）书我已经看完了。

（12）我已经看完书了。

在例（9）和（11）中，谓语动词之前的名词表定指；在例（10）和（12）中，谓语动词之后的名词表不定指。

石毓智（2010：44）在探讨词汇标记与句法结构赋义律的相互作用时指出，动词之前的词语要表"不定指"时，必须借助于词汇标记"有"等；动词之后的词语要表"定指"时，必须借助于词汇标记"这"等。例如：

（13）有一本书我要跟你介绍介绍。

（14）张三看完了这本书。

当然，真正的问题在于如何解释石文提及的这类现象。

我们认为，体词性词语的定指和不定指问题与人类认知域中的时间定位和空间定位有关。而时间定位和空间定位的重要参照或体现就是谓语动词。首先应该指出的是，只有在明确了时间的前提下，才能对事件的参与者进行有效的空间定位。而就"定指"而言，也只有在明确的时空坐标下，我们才能确认指称语的所指。换言之，明确的时、空参照是定指意义确定的基础或前提。将这一认识具体落实到句子的分析过程之中，我们就可以做出如下推论：至少从形式句法的角度来看，在一个句子之中，T（Tense）之前的体词性词语趋向于定指，T之后的体词性词语趋向于不定指。这种假设也说明，**体词性词语的定指问题是形式和位置共同作用的结果**。

在第四章4.2.1小节中，我们已经论证过体词性词语省略的定指性问题。一般来说，不管何种省略结构，就被省略部分的体词性词语而言，只有定指性体词性词语才能省略，而表不定指的体词性词语是不能省略的。因此，从形式句法的角度看，因为T之前的体词性词语趋向于定指，所以体词性词语的省略应该发生在T之前；而位于谓语动词之后且借助于词汇标记"这""那"等表示"定指"意义的体词性短语，若要被省略，必须经过移位，即也移到T之前才能予以删除。换言之，只有定指的DP才可省略，这样一来，既然T之下的核心语类特征都要转移到T及其之上的其他核心位置上，且除了作为自然焦点外，所有的定指DP都要移位到T之前核查相关功能核心（T、C）的定指性，那么，至少从理论上我们可以提出一个移位限制假设。

第三，在汉语中，类似于英语那样表现为显性形态变化形式的T是不存在的，因而相比之下，汉语限定小句中的T就具有如下一些特征：

（一）自身的句法特征是[±T]，属于可解读的特征，其具体取值决定于C；

（二）是空语类，即有句法特征但无物质表现形式；

（三）具有强词缀[+Affixal]特征；

（四）具有弱[+定指]特征；

（五）具有强[+施事]特征；

（六）具有[+V]特征，属于可解读的特征。

以上第一项特征和第六项特征属于普遍语法，属于可解读特征，无须多说。第二项特征属于汉语设定的参数值，而第三项特征属于第二项特征的延伸。这三项特征综合作用的结果就是：在结构推导过程中，T若要发挥作用，就必须尽可能地寻找到一个具有[+V]特征的支撑成分（Host）来使自己显性化；进而，具有[+V]特征的成分就有可能经过核心移位到达T位置。例如在本章下节对谓语省略和截省的分析中，T位置上需要一个显性的谓词性成分来支撑。

第四项特征属于不可解读的特征，尽管可以在拼读之后于音系部分自动消除，但在句法运算中Spec-TP位置可为成分统制的某个DP提供核查定指特征的逃生通道（Escape Hatch）。在我们看来，一般来说，汉语的T具有弱[+定指]特征。根据第四章的分析，Spec-TP是主语所在的位置，应具有定指性特征，但是不定指的体词性词语也可以是主语，例如：

（15）一个人来了。

可是依据在第四章中所整理的体词性省略、谓语省略和截省的语料，我们发现：首先，Spec-TP位置上的成分大都是表定指意义的体词性词语；其次，一般来说，Spec-TP是主语所在的位置，主语位置上也大都是表定指意义的体词性词语。据此我们假设，汉语的T具有弱[+定指]特征，但汉语省略结构中的T具有强[+定指]特征，需要吸引一个定指性的成分到其Spec-TP位置，对其进行特征核查，以便消除T自身不可解读的[+定指]特征。

第五项特征也属于不可解读的特征，该特征与第四项特征一起为可能移位到Spec-TP位置上的DP指派主格身份。例如在本章下节谓语省略分析中，T的强[+施事]特征需要吸引一个施事性强的成分去核查其强[+施事]特征。同时，谓语省略后行句中的施事性成分"李四"，移位到Spec-TP位置，一是为了核查T的强[+施事]特征，二是为了获得T指派的主格。

通过上述分析，我们发现具有[+V]特征的显性核心语类必须移位到T位置，以解决T的显性化问题；T的强词缀[+Affixal]特征和强[+施事]特征也需要携带相关特征的显性成分进行移位，以便删除T的不可解读的特征。

依据上述三点分析，从焦点自身的性质要求、定指性DP移位和汉语T的特征三个角度来说，至少从理论上我们可以提出如下假设：

省略的移位限制条件

  在所有的省略结构中，被省略成分必须在移位到T之前的某一位置之后才得以删除[①]。

具体说来，这一假设涉及如下两层含义：

（一）一般来说，省略结构大都和时空定位密切相关，而时间定位和空间定位的重要参照或体现就是谓语动词T。T之前的成分可以省略，T之后的成分不能省略。

[①] 现有的研究（Wu 2002a，Aelbrecht 2010 等）认为，经过核心允准后，没有经过移位的成分可以直接被删除，但是我们认为所有的省略结构中的省略成分都是通过移位后才得以删除的。例如，一般来说，体词性词语的省略，首先是建立在移位的基础上，经过定指性一致核查后，才被删除的。详见第七章和第九章的个案分析。

（二）处于T之后的成分若要省略，必须移位到T之前。

如果再结合后文将要探讨的省略允准限制，我们可以为省略的移位限制假设补充上第三重含义：

（三）省略的移位条件是省略允准的前提。所有的省略结构都是先进行移位后，才能被允准。换言之，省略的移位条件和省略的允准条件是有先后顺序的，省略的移位条件在先，省略的允准条件在后。

5.1.2.2 与省略的移位机制相关的特征刻画

在上一小节，我们为了提出省略的移位限制假设，重点刻画了T的特征。本小节，我们试图对与省略的移位机制和移位限制相关的其他核心语类特征进行刻画，以便为后文深入探讨省略的移位机制奠定基础。

最简方案的句法词库是以特征为基础的。特征是语法的最小单位（邓思颖2010：20）。Chomsky认为存在着一个包含所有人类语言词项可能特征的特征群（Feature Inventory），这个可能特征的特征群包括若干个特征子群，可能是现代汉语的词项特征子群，也可能是现代英语的词项特征子群，特征子群之间的差异，反映了人类语言的多样性（转引自宁春岩 2011：149）。英语是显性形态变化丰富的语言，与英语相比，汉语是一个缺少形态屈折变化的语言，所以不具有英语的一些形态特征[①]。汉语的特征刻画和分类是一个十分复杂的研究课题，现有研究还很少涉猎。就省略研究而言，我们可以依据现有的理论和语言事实推断，汉语省略结构中的主要核心语类大体上有以下特征，如表5.1所示：

[①]　宁春岩（2011：150）认为至少人称、性、数、体、貌、词法类别、词法格等特征不能加到汉语中。对此问题，我们有不同的看法，将另文探讨。

表 5.1 汉语省略结构中核心语类特征

	T	C	Topic	v (v*)	Focus (Pol)
自身句法特征	[±T]	[+C]	[+Topic]	[+v]	[+F]/[+Pol]
词缀特征	强[+Affixal]	[+Affixal][1]		强[+Affixal]	强[+Affixal]
定指特征	强[+定指]	强[+定指]	强[+定指]	弱[+定指]	弱[+定指]
施事特征	强[+施事]				强[+施事]
受事特征		强[+受事]			
省略特征		弱[+E]			弱[+E]
边界特征		强[+边界]		强[+边界][2]	
焦点特征					强[+F]/ 强[+Pol]
疑问特征		弱[+Q]			

I. T的特征

汉语省略结构中T的特征，我们在上一小节已经分析过，这里不再赘述。

II. C的特征

如表5.1所示，我们认为，汉语省略结构中的C具有如下一些特征：

（一）自身的句法特征是[+C]；

（二）是空语类，即有句法特征但无物质表现形式；

（三）具有词缀[+Affixal]特征；

（四）具有强[+定指]特征

（五）具有强[+受事]特征；

（六）具有弱[+E]特征；

（七）具有强[+边界]特征；

（八）具有弱疑问[+Q]特征。

以上第一项特征属于普遍语法。第二项特征属于汉语设定的参数值，而第三项特征属于第二项特征的延伸。我们假设，汉语截省的C具有强[+词缀]特征，谓语省略的C具有弱[+词缀]特征。在汉语截省句中，C若要发挥作用，就必须吸引一个显性的核心语类到其位置并作为支撑（Host）成分，例如本章下文对截省句的分析中"是"的移位。在谓语省略中，C的弱[+词缀]特征在拼读之后于音系部分自动消除，例如本章下文对谓语省略的分析中，C位置上的成分以零形式存在。

第四项特征是不可解读的特征，C的强[+定指]特征需要进行特征核查，以便删除不可解读的特征，例如在第四章"定指性一致核查"的分析中，"这本书"由Spec-v*P移位到Spec- CP位置，其动因之一就是为了删除C的强[+定指]特征。

第五项特征是不可解读的特征，C的强[+受事]特征使得C作为一个探针（Probe）需要寻找一个受事性强的目标（Goal）来核查自己的强[+受事]特征，例如下文谓语省略的分析中，移位到Spec-CP位置上的成分均是受事性强的成分。

第六项特征是不可解读的特征，例如在本章允准限制假设的分析中，谓语省略和截省中的C作为允准核心，具有弱省略特征的C和焦点核心的弱省略特征在一致操作下共同作用，可以允准焦点核心补足语部分的省略。

第七项特征也是不可解读的特征，语段核心C具有强[+边界]特征，可以作为探针寻找与自身相匹配的目标以便核查掉其携带的边界特征。

第八项特征多出现在汉语截省句中，例如本章下节对疑问代词类截省句的分析中"谁"的移位。

III. Topic的特征

我们认为汉语省略结构中的Topic具有如下一些特征：

（一）自身的句法特征是[+Topic]；

（二）具有强[+定指]特征。

以上第一项特征属于普遍语法。对于第二项特征，我们在第四章已经专辟小节进行过分析，一般来说，汉语的话题由表定指意义的体词性词语充当，具有强[+定指]特征。Topic的强[+定指]特征，可以作为探针（Probe），吸引一个定指性的体词性词语，对其进行特征核查，以便消除其强[+定指]特征，例如在第四章中，对"定指性一致核查"的解释。

IV. v的特征

我们认为汉语省略结构中的v具有如下一些特征：

（一）自身的句法特征是[+v]；

（二）是空语类，即有句法特征但无物质表现形式；

（三）具有强词缀[+Affixal]特征；

（四）具有弱[+定指]特征；

（五）具有强[边界]特征。

以上第一项特征属于普遍语法。第二项特征属于汉语设定的参数值，而第三项特征属于第二项特征的延伸。轻动词语类虽然没有显性形式，但是可以表达BE、DO、BECOME、CAUSE等意义，这样的语类要在结构推导过程中发挥作用就需要具有[+V]特征的支撑成分（Host）来使自己显性化。换言之，有语义特征的v作为一个探针（Probe）需要寻找一个目标（Goal）来核查自己的强[+Affixal]特征。

第四项特征属于不可解读的特征，一般来说，汉语的v具有弱[+定指]特征，例如：

（16）张三买了这本书。

（17）张三买了一本书。

在例（16）和（17）中，"这本书"和"一本书"都可以移位到Spec-v*P的位置，一是为了删除v*的强[+边界]特征，二是为了获得v*指派的宾格。v*的弱[+定指]特征可以在拼读之后于音系部分自动消除。

但是在第四章整理的省略语料中，我们发现，一般来说，省略部位里的体词性词语是表定指意义的。例如：

（18）张三买了这本书，李四也买了。

（19）*张三买了一本书，李四也买了。

我们认为，例（18）和例（19）后行句中"这本书"和"一本书"都可以移位到Spec-v*P，但是由于C的强[+定指]特征、强[+受事]特征和强[+边界]特征，需要进行特征核查，以便删除不可解读的强特征，所以例（18）后行句中"这本书"可以继续上移，并最终删除；而例（19）后行句中不定指的"一本书"因为不能核查C的强[+定指]特征，所以"一本书"不能继续移位到Spec-CP的位置，并最终被删除，因此例（19）不合法。

第五项特征是强[+边界]特征，当v为语段核心v*时，v*具有边界特征。v*同语段核心C一样，需要进行特征核查，以便核查不可解读的边界特征。

Ⅴ. Focus/Pol的特征

我们认为汉语省略结构中的Focus/Pol具有如下一些特征：

（一）自身的句法特征是[+F]；

（二）是空语类，即有句法特征但无物质表现形式；

（三）具有词缀[+Affixal]特征；

（四）具有弱[+定指]特征；

（五）具有强[+施事]特征；

（六）具有弱[+E]特征；

（七）具有强[+F]特征。

以上第一项特征属于普遍语法，第七项特征属于第一项特征的补充解释，说明焦点特征都是强特征。F的强[+F]特征使得F作为一个探针需要寻找一个目标来核查并删除自己的强[+F]特征。

第二项特征属于汉语设定的参数值，而第三项特征属于第二项特征的延伸。第二项特征和第三项特征综合作用的结果就是：在结构推导过程中，焦点核心需要一个具有焦点特征的成分来使其显性化。而为了解决显性化问题，F要么吸引一个具有焦点特征的显性核心语类移位并占据自己的位置，要么使用"是-插入"来支撑其强焦点特征。

第四项特征是弱[+定指]特征，可以在拼读之后于音系部分自动消除。

第五项特征是强施事特征，F的强[+施事]特征需要吸引一个施事性强的成分去核查其强[+施事]特征。在省略结构中，Spec-FP位置一般是对比焦点所在的位置，是后行句主语所在的位置，常被一个施事性强的成分占据。例如本书下节对谓语省略后行句的分析中，"李四"最终移位到Spec-FP位置，去核查F的强[+施事]特征和强[+F]特征。

第六项特征是不可解读的特征，根据Aelbrecht（2010）的允准理论，F的弱[+E]特征能和允准核心的弱[+E]特征在一致操作下共同作用，可以允准F补足语部分的省略。

上述特征的刻画与特征的解读关系密切。Chomsky（1995，2000）将特征分为可解读特征（+Interpretable）和不可解读特征（-Interpretable）。可解读特征和不可解读特征的区别在于它们在语义上是否能够被解读。Chomsky（1995，2000）认为代词的人称和数特征是可解读特征，助动词的人称和数特征是不可解读特征。后来Chomsky（2001）又认为可解读特征和不可解读特征与词库里是否取值关系密切：在词库里已取值的特征都是在LF层面上可解读的特征，在词库里未取值的特征都是在LF层面不可解读的特征（转引自徐烈炯2009：330）。Radford（2009：287）对英语的特征进行了分类，他认为可解读特征包括T成分（T-Constituent）的时、体和语态（Mood）特征，名词表达式或代词（Noun Expression or Pronoun）的人称、数和性特征；不可解读特征包括T成分的人称和数特征，名词表达式或代词的格（Case）特征。如表5.2所示：

表 5.2 英语特征分类（Radford 2009：287）

成分类型	可解读特征	不可解读特征
T成分（T-constituent）	时（tense）、体（aspect）、情态（mood）	人称（person）、数（number）
名词表达式或代词（Noun expression or pronoun）	人称（person）、数（number）、性（gender）	格（case）

通过以上的分析，我们认为，所有的强特征都需要进行特征核查，以便删除不可解读的强特征；弱特征不需要强制性特征核查，可以在拼读之后于音系部分自动消除。在汉语省略结构中，除了核心自身的句法特征是可解读特征外，其余特征均属于不可解读的特征，不可解读的强特征必须要进行特征

核查。

5.2 基于移位限制条件的谓语省略分析

5.2.1 语料的选取

为了进一步验证我们提出的省略移位限制假设，我们选取了以往文献研究中一些典型的谓语省略语料作为具体的分析对象。为方便引述，下面先分类列举一下学界关注较多的语料：

I. 也+"是"结构

（20）张三看见了<u>他的妈妈</u>，李四也是[]^①。 （Wu 2002a）

（21）明很喜欢<u>你给他的礼物</u>，汉也是[]。（李艳惠 2005）

（22）张三吃<u>苹果</u>，李四也是[]。（Wei 2010）

II. 否定结构

（23）张三看见了<u>他的妈妈</u>，李四（却）没有[]。 （Wu 2002a）

（24）张三不会去<u>美国</u>，李四也不会[]。（Wei 2010）

III. 也+助动词

（25）张三会/可以说<u>法语</u>，李四也会/可以[]。 （Wu 2002a）

（26）我会买<u>那本书</u>给明、汉念，他们也会/不会[]。（李艳惠 2005）

（27）探望<u>他三次</u>，他们也要[]。（李艳惠 2005）

IV. 也+动词

（28）张三看见了<u>他的妈妈</u>，李四也看见了[]。 （Wu 2002a）

（29）张三读了<u>那篇文章</u>，李四也读了[]。（刘丽萍 2006）

（30）张三喜欢<u>这本书</u>，李四也喜欢[]。（刘丽萍 2006）

---

① 括号内为省略部位。

（31）明很喜欢你给他的礼物，汉也很喜欢[]。（李艳惠 2005）

（32）他（念）那本书念得很快，我也念了/我没念[]。（李艳惠 2005）

（33）约翰每天刷三遍牙，彼得也是[]。（傅玉 2010）

V. 却+助动词

（34）张三要去美国，但是李四（却）不要[]。（Wei 2010）

（35）张三不要去美国，但是李四（却）要[]。（Wei 2010）

VI. 却+否定

（36）张三看见了他的妈妈，李四却没有[]。

VII.却+动词

（37）张三没吃苹果，李四却吃了[]。

在汉语的谓语省略研究中，除了上述语料外，Wei（2010：93）还把"却"和"也"的共现问题纳入谓语省略研究。他认为"却"和"也"共现时一定是"却"在先、"也"在后，绝不能颠倒；不过"却"和"也"的焦点运作则完全相反，反而是正的极性焦点必须在负的极性焦点之前。这种次序的出现是为了在句法上有各自正反极的焦点呼应，并通过相互照应而达到语义上的平衡。此外，他还认为，"却"可以省略，"也"不可省略，如以下（38）和（39）[1]所示；但有时"却"和"也"可以一起省略，如（40）所示：

（38）他[正的正反焦点不想看][负的正反焦点那部烂电影]，（却）也[正的正反焦点不想看][负的正反焦点这部好电影]。（Wei 2010：93）

（39）他[正的正反焦点不是][负的正反焦点君子]，（却）也[正的正反焦点不是][负的正反焦点小人]。（Wei 2010：93）

---

① 用例中的"正反焦点"即我们所说的"极性焦点"，下同。

（40）他[正的正反焦点e[负的正反焦点救了别人]]，（却）（也）[正的正反焦点e[负的正反焦点害了自己]]。（Wei 2010：93）

其实，之所以出现"却"和"也"的共现与"却""也"的焦点运作完全相反的情况，其主要原因恰好是：在无标记的情况下"却"可以省略而"也"不可以，造成了"却"和"也"连用时在句法上有各自正反极的焦点呼应，进而达到语义上的平衡，如附录四中的语料所示。

另外，Wei（2010）在探讨汉语谓语省略中涉及了"却"和"也"的共现问题，但并没有在汉语谓语省略分析中举例。我们通过语料分析发现，一般来说在谓语省略句中确实不存在"却"和"也"的共现现象[①]。例如：

（41）*张三看见了他的妈妈，李四却也是[]。

（42）*张三会/可以说法语，李四却也会/可以[]。

（43）*张三看见了他的妈妈，李四却也看见了[]。

有鉴于此，下文在分析谓语省略结构的移位限制过程中，也不再涉及"却""也"共现这类问题。[②]

5.2.2　典型用例分析

本节中，我们打算从上节所述I-VII中各选取一例典型语料进行移位限制分析。

5.2.2.1　"也+是"类谓语省略

首先需要考虑的是"也+是"类谓语省略的情况。例如：

（44）张三喜欢语言学，李四也是。

我们对（44）的分析可如图5.11所示：

[①] 我们在语料中也发现了省略结构中的"却"和"也"共现的情况，如（1）他做这件事很行，她却也行；（2）小孩子喜欢动画片不奇怪，他却也喜欢。对此问题，我们将另文专题探讨。

[②] "却"和"也"一起省略的情况，我们将另文专题讨论。

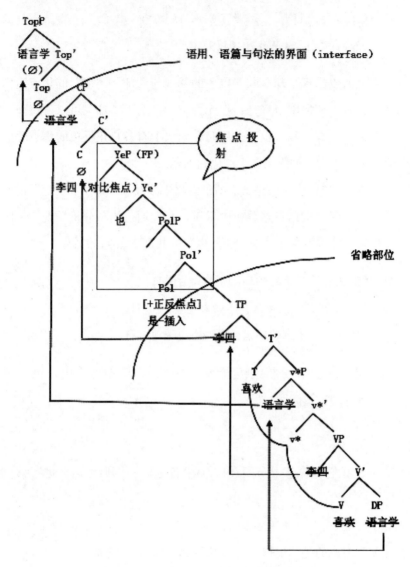

图 5.11　"也 + 是"类谓语省略案例分析

图5.11中的"喜欢""语言学"和"李四"的移位及其动因，我们在第三章已经做过类似的探讨，这里不再赘述。

根据我们在前文中的讨论及假设，汉语谓语省略结构中的焦点投射由"也/却"投射和极性投射组成，其中极性核心Pol具有强焦点特征，需要吸引一个具有焦点特征的成分到Pol位置，使其显性化。换言之，在执行"是-插入"机制和

Modal/Neg/ V-to-Pol的移位机制后，被吸引到Pol位置的成分表现为正或负的极性焦点特征，进而在一致操作下，极性核心Pol和允准词共同作用[1]，可以允准其补足语部分的省略。在图5.11中，Pol需要一个具有焦点特征的成分到Pol的位置，作为支撑成分，因此具有焦点特征的"是"插入到Pol的位置上，并表现为正的极性焦点特征。在一致操作下，极性核心Pol位置上具有正的极性焦点特征的"是"与允准词共同作用，可以允准其补足语部分的省略。图5.11中，TP以下的部分为省略部位。

通过以上的分析，我们不难看出，谓语省略发生的前提条件是移位，所有的成分都要移到T之前（包括T），省略才可能发生。在图5.11中，"喜欢""语言学"和"李四"等成分都由于不同的动因而必须移位到T之前（包括T）。这就意味着，谓语省略中的"是-插入"操作和省略的允准条件是有先后顺序的，"是-插入"在先，省略的允准条件在后。没有"是"插入到Pol的核心位置，允准是不会发生的。综上所述，图5.11的分析证明了我们对省略移位限制所做的假设。

5.2.2.2 "否定"类谓语省略

现在来讨论一下"否定"类谓语省略现象。以语料中的（23）为例，这里重写为（45）：

（45）张三看见了他的妈妈，李四（却）没有。

对（45）中"看见他的妈妈"省略机制的分析可图示为以下的图5.12：

---

[1] 见本章后文"省略允准限制条件"中的讨论。

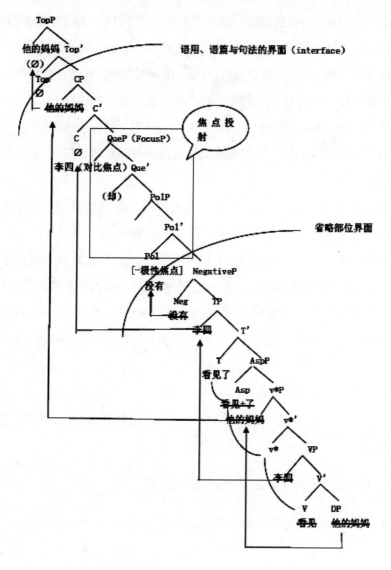

图 5.12　"否定"类谓语省略案例分析

　　图5.12与图5.11不同的是，对比焦点的形成是受"却"的强焦点特征吸引的结果。换言之，是"却"这个功能核心把"李四"吸引并移到Spec-QueP位置之上的，目的在于核查并删除自身的强焦点特征。在图5.12中，遵循核心到核心的移位限制，Pol这个极性核心把携带负的极性焦点特征的"没有"吸引到自己所在位置，从而构成了"没有+Pol"这样一个承载了"负的极性焦点特征"的复合核心。进而通过"一致"的句法操作，该复合核心与允准词共同发挥作

用，即可允准其补足语部分的省略，表现在图5.12中，NegP以下的部分即为省略部位。至于空焦点核心的显性化问题，在图5.11中是通过"是-插入"机制来解决的，而在图5.12中则是通过"Neg-to-Pol"的移位机制来解决的。

综上所述，图5.12的分析再次验证了我们提出的省略移位限制假设的合理性。

5.2.2.3 "也+助动词"类谓语省略

接下来，我们分析一下"也+助动词"类谓语省略现象。例如（46）：

（46）张三会说德语，（德语）李四也会。

例（46）"德语"省略机制分析可如图5.13所示：

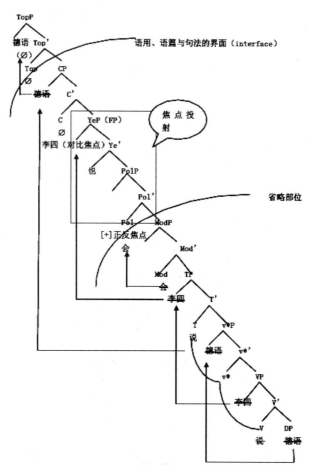

图 5.13 "也＋助动词"类谓语省略案例分析

与前图不同的是，在图5.13中，Pol把具有焦点特征的助动词"会"吸引到Pol的位置。而经过核心到核心的移位后"会"最后着落到Pol的位置上并与Pol一起承载"正的极性焦点"特征。在"一致"操作下，具有正的极性焦点特征的"会"和允准词共同作用，就可允准其补足语部分的省略。这体现在图5.13中就是ModalP以下的部分为省略部位。此外，在图5.13中，空焦点核心的显性化是通过"Modal-to-Pol"这一移位操作来实现的。

5.2.2.4 "也+动词"类谓语省略

先看例子：

（47）张三看见了他的妈妈，李四也看见了。

对（47）后行句中"他的妈妈"省略机制的分析，如图5.14所示：

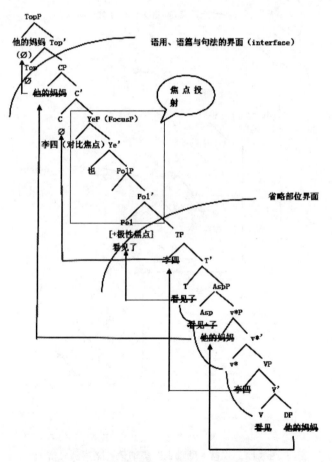

图 5.14 "也 + 动词"类谓语省略案例分析

我们认为，"也+动词"类谓语省略也是DP省略。有关DP省略的生成过程我们在第四章已经做过探讨，这里不再赘述。

5.2.2.5 "却+助动词"类谓语省略

对"却+助动词"类谓语省略语料的分析，可以如下（48）为例：

（48）张三要去美国，但是李四（却）不要。

例（48）后行句中省略了"去美国"，其省略机制可分析为图5.15所示：

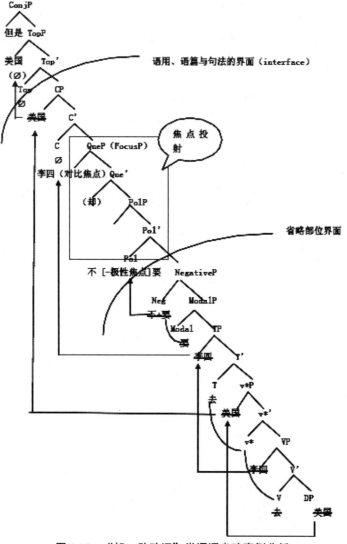

图 5.15　"却 + 助动词"类谓语省略案例分析

图5.15与图5.13的"也+助动词"结构相似，但与图5.13不同的是，此句对比焦点的形成是受"却"的强焦点特征吸引的结果。"却"自身的语义特征要求在焦点投射的Pol位置上出现的显性核心语类携带的特征与前行句的极性焦点特征相反。因为极性核心Pol具有强焦点特征，需要吸引一个具有焦点特征的成分到Pol位置使其显性化，并核查自身的强特征。图5.15中的"要"携带的是焦点特征，而"不"携带的是负的极性焦点特征。这样一来，Pol作为Probe，首先就探测到处于Neg位置上的"不"来核查自己的极性特征，进而再次探测到基础生成于Modal核心位置的"要"以核查其焦点特征，同时为了满足自身显性化的需要，试图触发其向自己所占据位置的核心移位。问题在于，离Pol位置最近的并不是这个"要"，而是Neg位置上的"不"。这就带来一个严重的问题："要"不可能直接移位到Pol位置，因为那样做的话就违背了核心移位限制。其结果是，"要"不得不先移位到Neg位置嫁接到"不"上，生成出"不要"这样的复合核心形式，而后再以裹挟移位的方式将"不要"整体吸引到Pol位置，以满足Pol显性化的需要。而后，在"一致"操作的作用下，极性核心Pol位置上具有负的极性焦点特征的"不要"与允准词共同发挥作用，以允准其补足语部分的省略，并标记图5.15中NegP以下的部分为省略部位。图5.15中移位到T位置上的"去"，因为没有移位动因，所以不能继续上移至省略部位界面外，根据允准限制假设，作为Pol补足语部分的一个成分被删除。

5.2.2.6 "却+动词"类谓语省略

以下面（49）为例，对"却+动词"类谓语省略语料的分析，可表示为如图5.16：

（49）张三没吃苹果，李四（却）吃了。

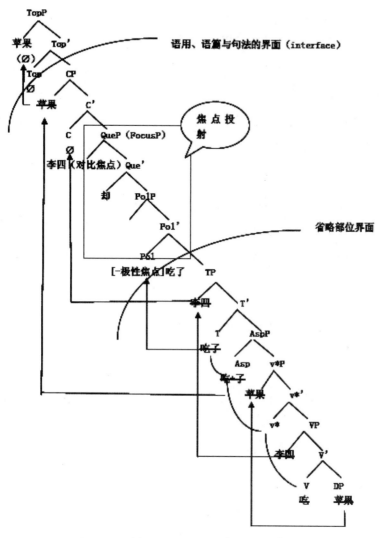

图 5.16　"却＋动词"类谓语省略案例分析

　　在图5.16中，对比焦点的形成同样是受"却"的强焦点特征吸引的结果。因为，在例（49）的前行句中，"没吃"表现为负的极性焦点特征，而"却"自身的语义特征要求出现于焦点投射的Pol位置上的显性核心语类，其所携带的特征应与前行句的极性焦点特征相反。因此，在图5.16中，Pol把具有焦点特征的复合核心形式"吃了"吸引到Pol的位置，而经过核心到核心移位，最终落在Pol的位置上的"吃了"表现为正的极性焦点特征。通过"一致"操作，这个具有正的极性焦点特征的"吃了"就和允准词一起发挥作用，以允准其补足语部分的省略。这体现在图5.16中，TP以下的部分被划定为省略部位。

通过对汉语谓语省略语料中不同类别典型用例的分析，我们发现这些典型用例大体可以分为"也"投射和"却"投射两类。上述谓语省略的六种分类中，为了解决空焦点核心的显性化问题，主要有"是-插入"机制和Modal/Neg/V/Neg+Modal/V+Asp-to-Pol的移位机制。对上述典型用例的分析，均符合省略移位限制假设，即T之前的成分可以省略，T之后的不能省略；处于T之后的成分若要省略，则必须移位到T之前。此外，我们也看到，省略的移位限制是省略允准的前提，即所有的省略结构都是先进行移位后才能被允准。换言之，省略的移位限制和省略的允准限制是有先后顺序的，省略的移位限制在先，省略的允准限制在后。

5.3 基于移位限制条件的截省分析

5.3.1 语料的选取

为了进一步验证省略移位限制假设，我们选取了以往研究文献中一些典型的截省语料作为考察的对象。此外，我们还在北京大学CCL语料库中检索并选取了一些截省语料。下面将这些语料按类别列举如下：

I. 简单疑问代词类（在先行语中作论元）

（50）张三遇见了某个人，但我不知道是谁。（Wang & Wu 2006：2）

（51）本来就谣传他的老婆外边有个年轻的男朋友，可不知道是谁。

（52）马德里连环爆炸事件的策划，美国现在还不知道是谁。

（53）说到现在全国通用的装骨灰木盒子的发明，也不知道是谁。

II. 复合疑问词类（在先行语中作论元）

（54）张三喜欢一本书，但是我不知道是哪一本？（刘丽萍 2006：61）

（55）执政官，这回我是命里注定，一个神灵要来排解这两个人的争端，我也不知道是哪一个。

（56）张三刚买了一兜东西，但我不知道是什么东西？

III. 复合疑问词类（跟先行语中某个名词性成分有关）

（57）张三买了一堆苹果，但是我不知道是几个。（Wei 2004：169）

（58）张三有一个孩子，但我不知道几岁了。（Wei 2004：169）

（59）张三买了辆新车，但我不知道是哪个牌子。

IV. "介词+疑问词"结构类（在先行语中作附加语）

（60）张三刚离开，但是我不知道是和谁。（Wei 2004：167）

（61）可是我拿什么去给他念呢？明天买菜的钱还不知道在哪。

（62）现在我要换衣服，得自己找了。我女儿她们不知道在哪。

（63）这里使人感到好像藏匿着什么东西。但是他不知道在哪。

V. 疑问副词类（在先行语中作非论元）

（64）张三决定要休学，但我不知道是为什么。（Wei 2004：165）

（65）我们当时叫了警察,但警察根本就不理睬我们，我不知道是为什么。

（66）我无论怎么做都不成功，我不知道是为什么。

（67）可是他自己也说不出自己有些什么地方改变了，也不知道是什么时候。

5.3.2　典型用例分析

本节打算从汉语截省句语料的不同类别中各选取一个典型的汉语截省句来加以分析，试图借此观察截省句中省略的移位限制问题。

5.3.2.1 疑问代词类截省句分析

疑问代词类截省句有两类：简单疑问代词类截省句和复合疑问代词类截省句。两者的生成情况大致相同。我们重点分析第一类。例如：

（68）张三遇见了某个人，可是我不知道是谁[张三遇见了]。

例（68）的后行句省略了"张三遇见了"，其省略机制可分析为下图5.17所示：

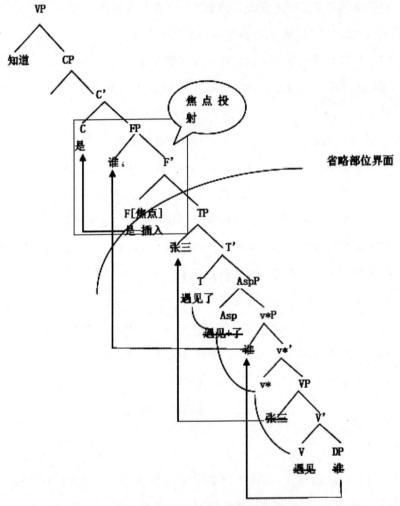

图 5.17　疑问代词类截省句案例分析

如图5.17所示，在汉语截省句的生成过程中，其生成机制主要涉及以下几个部分的句法操作：

（一）"遇见"的移位

"遇见"基础生成于VP内的V位置，经过多重移位后最终到达T位置。这个移位过程可分为以下几个步骤：

第一步：V-v*的移位。"遇见"基础生成于VP内的V位置。v*位置上的[DO]是有意义但没有显性形式的轻动词语类，这样的语类要在结构推导过程中发挥作用就需要具有[+V]特征的支撑成分（Host）来使自己显性化。换言之，有[DO]语义特征的v* 作为一个Probe需要寻找一个目标（Goal）来核查自己的[+v]特征，而VP中基础生成的"遇见"恰好符合这一条件。同时，由于空核心语类具有词缀性质，再加之"张三"需要被指派一个题元角色，其结果是"遇见"不得不移位到空轻动词v*的位置上，以构成"遇见+[DO]"，以便为"张三"指派一个施事类题元角色。

第二步：v*- Asp的移位。"遇见+[DO]"由v*继续上移到Asp的位置，嫁接到"-了"之前。移位的动因则与"-了"的性质直接相关。处于Asp位置的"-了"虽然不是空语类，但同样因其具有[+Af]特征而需要[+V]特征的成分来支撑自己。因此，处于Asp位置上的"-了"就作为Probe并搜到"遇见+[DO]"这个最近的实体性成分，进而触发其向自己所占据位置的移位，最后生成出"遇见+[DO]了"这样的复合核心形式，并为其C-统制的"谁"指派宾格身份。

第三步：Asp-T的移位。这一步骤的移位与汉语T的特性直接相关。T的句法特征和词缀性质决定了"遇见了"必须移位到T位置，以便使T位置上的隐性时特征显性化。

（二）"张三"的移位

"张三"需要从Spec-VP位置移位到Spec-TP位置。移位的动因有两个：一是"张三"需要格身份，二是"张三"作为专有名词需要核查定指性特征。前一动因不必多说，后一动因与我们在第三章提到的"省略的指称限制"密切相关。一般来说，定指的体词性词语需要移位到T前核查其定指性，不定指的体词性词语则在T后或之下核查不定指性，因此具有定指特征的"张三"从VP主语位置移向TP主语移位，主要是为了满足"定指性一致核查"的需要。

（三）"谁"的移位

"谁"基础生成于VP内的补足语位置，经过两次移位最终到达Spec-FP的位置上。这个移位过程可分为以下两个步骤：

第一步：基础生成位置到Spec-v*P的移位。轻动词v*具有边界特征，由于边界特征是语义不可解释的特征，携带语义不可解释特征的v*可以作为探针寻找相匹配的目标，它吸引"谁"到Spec-v*P位置，其边界特征得到删除，同时为"谁"指派一个宾格身份。

第二步：Spec-v*P-Spec-FP的移位。我们假设，汉语截省句中的焦点投射直接由CP和FocusP组成。F的强焦点特征把携带焦点特征的"谁"吸引到Spec-FP的位置，进行特征核查，F的强焦点特征被删除。

（四）"是-插入"和"是"移位

第一步："是-插入"。

焦点核心Focus具有焦点特征，是一个空核心，需要一个具有焦点特征的成分来使其显性化。而解决显性化只有两个途径：或者执行"是-插入"机制，或者实施"Modal/Neg/V-to-Focus"移位操作。而实施"Modal/Neg/V-to-Focus"移位操作需要一个前提，即Focus的"域"（domain）内必须存在一个能C-统制自身携带焦点特征的核心语类。可惜的是，如图5.17所示，真正携带焦点特征的是"谁"，而"谁"却不是核心语类，难以作为Focus这个Probe探测的目标。其结果就是，焦点核心Focus的显性化就只能采用"是-插入"的操作方式来解决。

第二步："是"移位。

Wang（2002）论证了汉语截省句中的"是"最终要着陆于C核心位置[①]。Radford（2009：145）在讨论英语疑问句时指出，英语的C是一个强核心（Strong Head），具有词缀特征，因而该位置必须要有一个显性的核心语类作为支撑成分。这就意味着，为了解决C的显性化问题，要么在标句词C的位置直接合并一个DO，要么吸引一个助动词移位到C位置上来。根据现有的理论和语言事实推断：小句宾语的C位置处于被激活的状态，这在英语中最为明显。我们认为，汉语截省句中的C具有词缀特征，与英语疑问句中的C相似。因此"是"从F位置移位到C位置，目的就是为解决C的显性化问题。

值得注意的一个问题是，既然C具有边界特征，携带语义不可解释特征的C可以作为探针寻找与其相匹配的目标，它能够继续吸引名词短语"谁"到Spec-

---

[①] 细节讨论可参见 Wang（2002：31-34），本书不再转述。

CP位置，其边界特征得到删除。问题是，为什么"谁"没有移位到Spec-CP的位置而是留在Spec-FocusP的位置上[①]？ Wang（2002）也认为截省句中的疑问词应该在Spec-FocusP的位置上，而Spec-CP的位置上具有[Op]特征，但是他没有说明动因。我们认为"不知道"对应于英语的Wonder或don't know，这两个词带从句宾语的时候，其C位置被Q（Question）特征渗透。根据英语的wh移位，Q特征需要找到一个与其特征相匹配的位置，所以在C的一致性的驱动下，英语的疑问词就需要移到Spec-CP位置之上。但与此不同的是，汉语"不知道"带宾语的时候，渗透到C位置的至多是弱的[+Q]特征；而弱特征在音系部分是不可见的，其不被删除也不至于导致推导式的崩溃。这意味着从最简的角度讲，"谁"留在Spec-FocusP的位置是一种更为经济的选择。甚至于我们可以假设，位于Spec-FocusP的位置上的成分是焦点成分，是被强调的成分，因此不能移到焦点投射以外的位置。

在上述移位中，与焦点核心相关的移位是最后一步。当"是"移位到C核心，作为允准词的C核心与Focus核心之间就满足一致操作的要求，而后允准与其同步发生，FocusP的补足语部分被删除。

通过以上分析，我们可以进一步做出如下论断：截省发生的前提条件是移位，所有的成分都要移到T或T之前，省略才可能发生；省略的移位条件和省略的允准条件是有先后顺序的，省略的移位条件在先，省略的允准条件在后。在所有的移位操作中，与焦点核心相关的移位操作是移位的最后一步：没有"是"对F的核心插入，并移位到C核心，允准是不会发生的。由此可见，图5.17的分析结果同样有助于支撑我们对省略移位限制所做的假设。

复合疑问词类截省句内部又可分为两个小类：①疑问词在先行语中作论元的截省句，②跟先行语中某个名词性成分有关的截省句。例如：

（69）张三喜欢一本书，但是我不知道是哪一本[张三喜欢]。

（70）张三买了一堆苹果，但是我不知道是几个[张三买了]。

[①] Rizzi（1997：299）和 Haegeman（2000）都曾论证过，在主句中获得提升的 wh 疑问词最后着陆（Landing Site）的句法位置是 Spec-FocusP。

下图5.18、5.19分别是对以上两例所做的分析：

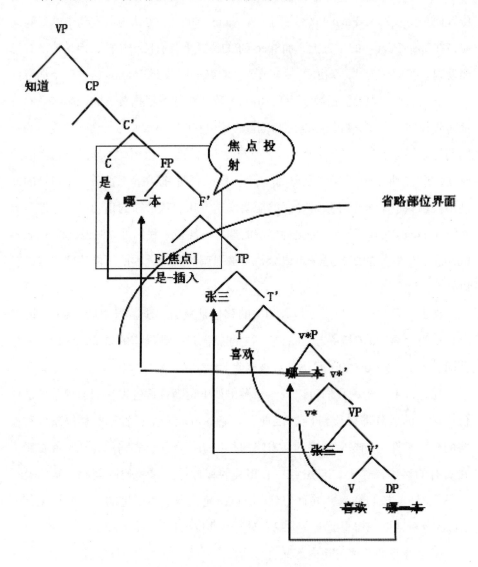

图 5.18　复合疑问词类截省句案例分析 1

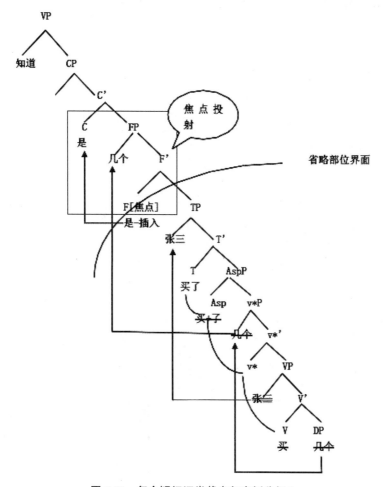

图 5.19　复合疑问词类截省句案例分析 2

图5.18、5.19的分析与图5.17的分析是一样的，只不过将图5.19中的简单疑问代词"谁"换成了复合疑问代词"哪一本""几个"。总之，复合疑问词类的截省句也需要满足省略的移位限制条件。

5.3.2.2 "介词+疑问词"结构类汉语截省句

在"介词+疑问词"结构类截省句中，疑问焦点落在"介词+疑问词"上，而这个疑问焦点对应于先行句中的某个附加语。例如：

（71）张三刚离开，但我不知道是和谁[张三刚离开]。

根据省略移位限制假设，我们对（71）做出了如图5.20所示的分析：

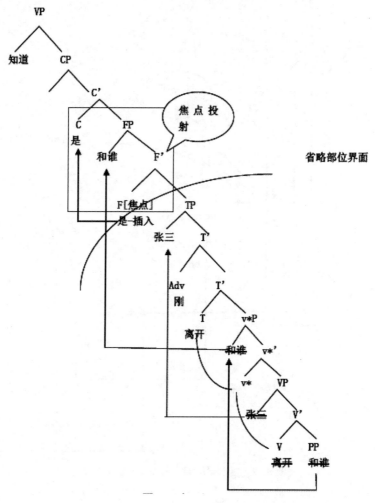

图 5.20　　"介词＋疑问词"类截省句案例分析

在图5.20中，基础生成于V后补足语位置的是一个介词短语"和谁"。"和谁"的移位历经以下步骤：首先，轻动词v*的边界特征吸引介词短语"和谁"嫁接到v*之上，以删除其边界特征；然后，F把携带焦点特征的介词短语"和谁"吸引到FP的边缘位置，进行特征核查以删除F的焦点特征；接着，把副词"刚"嫁接在T'上。此外，"张三"和"离开"的移位和"是-插入"与前图中所分析的一样，这里不再赘述。由图5.20可见，例（71）中所有成分的省略都是在满足了省略的移位限制条件的基础上加以操作的。

5.3.2.3 疑问副词类汉语截省句

我们以下面的（72）为例对疑问副词类汉语截省句加以分析，所得结果如图5.21所示：

（72）张三决定要休学，但是我不知道是为什么[张三决定要休学]。

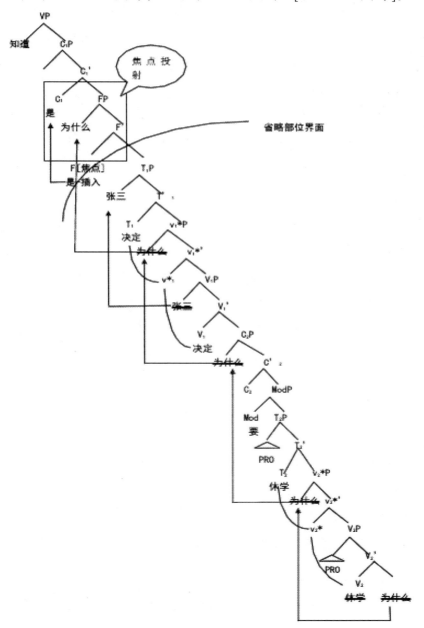

图 5.21　疑问副词类截省句案例分析

图5.21包括C_1P和C_2P，比之前各图要复杂一些。具体来说，图5.21中包括以下几个部分的移位：

（一）"休学"和"决定"的移位

"休学"基础生成于V_2P内的V_2位置，通过核心到核心的移位先到达v_2*位置，再到达T_2位置；"决定"基础生成于V_1P内的V_1位置，经过核心到核心的移位，先到达v_1*位置，再到达T_1位置。类似的移位机制，我们在解释图5.19的过程中已经做过探讨，这里不再赘述。此外，值得一提的是，在图5.21中，"要"基础生成于Mod位置。

（二）"张三"的移位

"张三"基础生成于Spec-V_1P，然后移位到Spec-TP位置。具体的移位过程请参见我们在第四章所做的相关论述。

（三）"为什么"的移位

首先，因为语段核心C_2、v_1* 和v_2*具有边界特征，所以为了删除不可解释的边界特征，"为什么"先后移位到Spec-v_2*P、Spec-C_2*P和Spec-v_1*P的位置；其次，F的焦点特征把携带相应特征的"为什么"吸引到Spec-FP的位置，进行特征核查以删除Focus的强焦点特征；再次，携带焦点特征的"是"插入到F的位置，使该位置的相关特征显性化；最后，"是"移位到C_1的位置，以解决C_1的显性化问题。"是"移位到C_1的同时，在一致操作下，焦点核心F与允准词共同作用，可以允准其补足语部分的省略。

由此可见，疑问副词类汉语截省句中的移位也符合我们就省略移位限制所做的假设。

综上所述，通过对不同类别的现代汉语截省句典型用例的分析，我们发现这些用例中都包括焦点投射。截省句中的相关成分的删除均符合我们提出的省略移位限制假设，即：T之前的成分可以省略，T之后的不能省略；处于T之后的成分若要省略，必须移位到T之前的某个位置。

省略的移位限制是省略允准限制的前提。所有的省略结构都是先进行移位后，才能被允准。换言之，省略的移位限制和省略的允准限制是有先后顺序的，省略的移位限制在先，省略的允准限制在后。

5.4　省略的允准限制假设

近些年来国外学者对省略现象的形式句法研究表明，省略结构的出现是有条件限制的。这主要体现为两点：还原和允准。如前文所述，"还原"是指，在一定的语境中丢失的成分在语义上可以被找回。"允准"则指的是省略只发生在特定的句法环境里。也就是说，不是所有的句法构型（Configuration）都允许省略，即使在语义解读明晰的情况下，省略也只能发生在特定的句法环境里。这里，"还原"是一种语义条件，而"允准"是一种句法条件，"还原"和"允准"反映了省略的句法和语义的接口（Interface）研究路向。本节打算主要就"允准"这一省略限制展开讨论。

5.4.1　允准核心的确定

在前文中，我们曾对现代汉语谓语省略和截省的句法生成机制进行过初步的分析，具体包括：对"也+是"类谓语省略句的分析，如例（73）和图5.22所示；对简单疑问代词类截省句的分析，如例（74）和图5.23所示。

（73）张三喜欢语言学，李四也是。

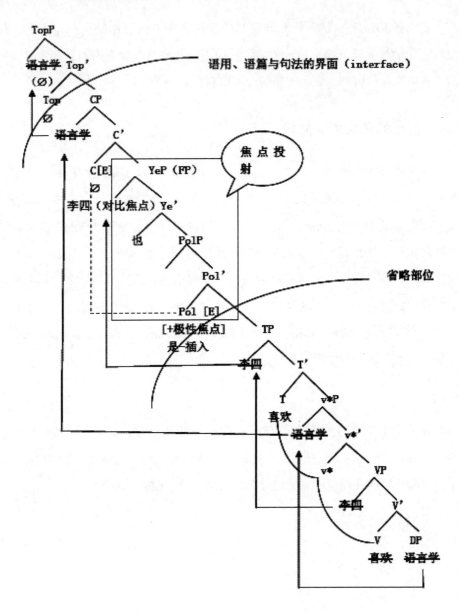

图 5.22   "也 + 是" 类谓语截省句分析

（74）张三遇见了某个人，可是我不知道是谁[张三遇见了]。

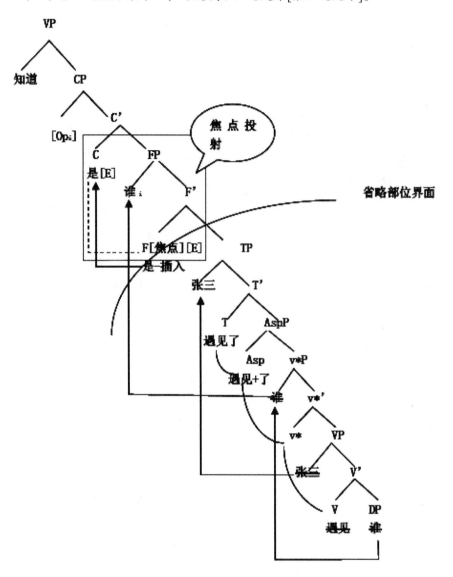

图 5.23　简单疑问词类截省句分析

在以前的分析中，我们发现谓语省略和截省的共同点都是两者在焦点投射的基础上生成的，省略部位都是焦点核心的补足语部分（谓语省略的省略部位是Pol核心的补足语部分）。目前，现有文献中的大部分观点（Zagona 1982，1988a，1988b；Lobeck 1993，1995；Johnson 2001；Merchant 2001，2004；Gergel 2006，2009）认为省略是被某个特殊的核心，即允准词所允准的，允准词具有一定的特征。我们根据Aelbrecht（2010）的观点，认为省略允准并不总需要允准词和省略部位处于核心和补足语的关系，允准词和省略部位在位置上不需要一定相连接，两者处于一种局部关系，仅仅凭借焦点核心的省略特征是不能允准省略部位删除的。在我们看来，以往的研究，通常把允准词和焦点核心混为一谈，而允准词和焦点核心是有区别的，允准词实际上反映了一种句法结构关系。**省略是结构与句法位置的特征共同作用的结果。换言之，省略是允准词与焦点核心的省略特征在一致句法操作下共同作用的结果。**

Aelbrecht（2010）认为允准词是由最小对立对（Minimal Pairs）确定的，即通过比较省略句与非省略句的最小区别来决定的[①]。Aelbrecht提出了允准词的确定方式，但是并没有具体展开论述。根据Aelbrecht（2010）应用允准理论对英语和荷兰语不同省略结构的分析和前文中对图5.22和5.23的分析，我们认为汉语省略结构的允准词是在焦点投射外，与焦点核心关系最为密切，且在省略结构中起着重要作用的核心语类，该核心语类具有省略特征。允准核心在FP之上，紧邻着FP（谓语省略中，紧邻着YeP或QueP），且成分统制着焦点核心。允准核心实际上反映了一种句法结构，在不同的省略结构中，允准核心决定了该省略结构的句法属性。据此，我们假设，在包含形容词性修饰成分的名词省

---

① Aelbrecht (2010:89): Which head is the licensor can be determined by looking at minimal pairs, i.e., by comparing sentences that do not allow ellipsis to minimal differing sentences that do.

略中①，允准词是D核心，D核心在FP之上，与其相邻，且成分统制FP。D核心在包含形容词性修饰成分的名词省略中起着重要的作用。如果没有D核心，在名词省略中就不可能有形容词性修饰成分，名词结构中也就不会存在FP。例如本书第一章对荷兰语名词省略的分析（例[38]和例[39]），见图5.24：

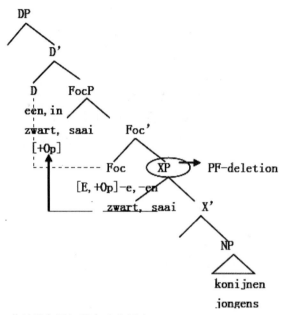

图 5.24　荷兰语名词短语省略分析（Corver & van Koppen 2009：26）

---

① 这里我们对名词省略允准核心的假设只针对第一章介绍过的荷兰语名词省略语料，希望相关假设能对汉语名词省略允准核心的确定有所启发。对于汉语名词省略允准核心的确定，因为要涉及分布形态学（Distributed Morphology）等内容，可能比较复杂，我们在今后的研究中再继续探讨。图 5.24 中名词省略的允准核心是 D，携带省略特征，D 与携带省略特征的焦点核心满足一致的句法操作，省略可以被允准，如图 5.24 中虚线所示。名词省略的允准让位于名词省略的移位，当与焦点投射相关的移位 "zwart, saai" 从 Spec-XP 位置移位到 Spec-FP 位置的同时，焦点核心 F 的省略特征与省略允准核心 D 满足 "一致" 的句法操作，省略也随即发生。此时对于省略部位 XP 内的任何句法移位都是不可及的，省略部位 XP 在 PF 层面上的词汇插入也被阻止了。如图 5.24 所示，荷兰语名词省略的允准核心是 D，省略部位是 XP。

在谓语省略中，允准词是C，C核心在YeP或QueP之上，与其相邻，且成分统制YeP或QueP。完整的小句是一个命题，一般由CP构成。如果没有C核心，就不会有谓语省略句。在截省结构中，允准词也是C核心，C核心在FP之上，与其相邻，且成分统制FP。C核心具有省略特征、疑问特征、边界特征和强焦点特征。如果没有C核心，就不会有截省句。不同省略结构中允准核心的存在，反映了省略允准的一种结构关系，体现了"允准"的价值。

综上所述，我们认为，"允准"主要反映了一种句法构型，即句法环境对省略发生的制约作用。换言之，不是所有的句法构型都允许省略，即使在语义解读明晰的情况下，省略也只能发生在特定的句法环境里。如果没有允准核心构建的句法结构关系，仅凭焦点核心的省略特征是不能允准省略发生的，省略是结构与句法位置的特征共同作用的结果。

5.4.2 允准限制假设及其分析

基于对例（73）-（74）的分析，我们对现代汉语省略允准限制假设如下：

第一，省略被允准是焦点核心与省略允准核心，在一致的句法操作下，共同作用的结果。

第二，省略的允准让位于省略的移位，与焦点投射和允准有关的移位或词汇插入发生时，在焦点核心与省略允准核心满足"一致"的句法操作下，省略与移位或词汇插入同时发生。

第三，允准核心一旦被合并（焦点核心与省略允准核心满足"一致"的句法操作），省略就发生在推导中，此时省略部位不仅对于任何进一步的句法操作是不可及的，该部位在PF层面上的词汇插入也被阻止了。

根据我们提出的省略允准限制假设，我们对例（73）-（74）进行了如下的再分析。

图5.22中谓语省略的允准核心是C，携带省略特征，C与携带省略特征的焦点核心Pol，满足一致的句法操作，省略可以被允准，如图5.22中虚线所示。谓

语省略的允准让位于谓语省略的移位，因为极性核心Pol具有强焦点特征，需要吸引一个具有焦点特征的成分到Pol位置，使其显性化。图5.22中，具有焦点特征的"是"插入到Pol的位置上，表现为正的极性焦点特征。当"是"插入到Pol的同时，焦点核心Pol的省略特征与省略允准核心C满足"一致"的句法操作，省略也随即发生。此时对于省略部位TP内的任何句法移位都是不可及的，省略部位TP在PF层面上的词汇插入也被阻止了。我们认为焦点投射中的"却"投射与例（73）中的"也"投射的允准机制一样。如图5.22所示，汉语谓语省略的允准核心是C，省略部位是TP。

图5.23中截省的允准核心是C，携带省略特征，C与携带省略特征的焦点核心F，满足一致的句法操作，省略可以被允准，如图5.23中虚线所示。例（74）中与焦点投射相关的句法操作有两步：第一步，首先，因为焦点核心Focus具有焦点特征，Focus把携带焦点特征的"谁"吸引到Spec-FP的位置，进行特征核查，Focus的焦点特征被删除；其次，携带焦点特征的"是"插入到Focus的位置，解决空F的显性化问题；第二步，携带省略特征的"是"，经过核心到核心的移位，最终到达C位置。截省的允准让位于截省的移位，当焦点投射中的第二步操作发生时，即"是"移位到C位置的同时，焦点核心F的省略特征与省略允准核心C满足"一致"的句法操作，省略也随即发生。此时对于省略部位TP内的任何句法移位都是不可及的，省略部位TP在PF层面上的词汇插入也被阻止了。我们对汉语截省句的分析与Aelbrecht（2010）对荷兰语MCE和英语截省句分析所得出的结论一样，截省句的允准核心是C，省略部位是TP。

除了上述讨论的名词省略、现代汉语谓语省略和截省外，我们也试图应用省略的允准限制假设去探讨现代汉语假空缺句的允准机制。如下例（75）和图5.25的分析所示：

（75）张三吃苹果，而李四却是桔子。

对（75）的分析，如图5.25所示：

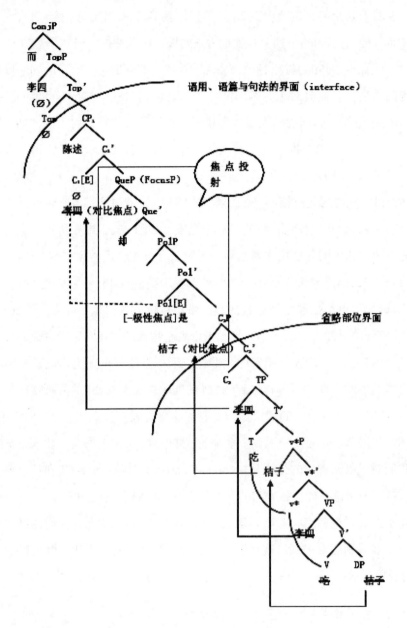

图 5.25　汉语假空缺句允准机制分析

图 5.25 中的移位和允准主要涉及以下几个成分：

一是"吃"的移位，我们前文已经探讨过，这里不再赘述。

二是"桔子"的移位。v*吸引名词短语"桔子"到Spec-v*P位置，其边界特征得到删除。C_2[①]继续吸引名词短语"桔子"到Spec-C_2P位置，其边界特征得到删除。因为"桔子"也是句子对比焦点中的一部分，同"李四"一样，携带焦点特征，且在焦点投射内。而在焦点投射内，具有焦点特征的被强调部分，不能被移位到焦点投射以外的位置。因此，C_2的边界特征不能够继续吸引"桔子"到Spec-C_1P位置。

三是"李四"的移位。

四是"是-插入"。根据我们的假设，汉语假空缺结构中的焦点投射由"却"投射和极性投射组成[②]，极性核心Pol是一个空核心，且具有强焦点特征，需要吸引一个具有焦点特征的成分到Pol位置，使其显性化。因此，具有焦点特征的"是"插入到Pol的位置上，表现为负的极性焦点特征，解决了Pol的显性化问题。图5.25中假空缺句的允准核心是C_1，携带省略特征，C_1与携带省略特征的焦点核心Pol，满足一致的句法操作，省略可以被允准，如图5.25中虚线所示。假空缺句的允准让位于假空缺句的移位，当"是"插入到Pol的同时，焦点核心Pol的省略特征与省略允准核心C_1满足"一致"的句法操作，省略也随即发生。此时对于省略部位C_2'内的任何句法移位都是不可及的，省略部位C_2'在PF层面上的词汇插入也被阻止了。图5.25中，C_2'以下的部分为省略部位。Spec-C_2P位置上的"桔子"作为对比焦点成分，携带焦点特征，在焦点投射范围内，所以Spec-C_2P位置上的"桔子"是不能被省略的。通过以上的分析，我们发现汉语假空缺句发生的前提条件是移位，所有的成分都要移到T之前，省略才可能发生。省略的移位限制和省略的允准限制是有先后顺序的，省略的移位限制在先，省略的允准限制在后。缺少到Pol核心位置的"是-插入"，允准是不会发生的。综上所述，图5.25的分析证明了我们对省略移位限制和允准限制的假设。汉语假空缺句的允准核心是C_1，省略部位是C_2'。

---

① 在第十一章中，我们将继续讨论在汉语假空缺结构中，为什么有 C_2P 投射，并被涵盖在焦点投射的范围内，以及 Spec-FocusP 和 Spec-C_2P 的关系。

② 在第十一章中，我们将继续探讨汉语假空缺句的细节问题。

综上所述，现代汉语省略的允准限制假设对省略语料中典型用例的分析有一定解释力。省略被允准是焦点核心与省略允准核心，在一致的句法操作下共同作用的结果。省略的允准让位于省略的移位，与焦点投射和允准有关的移位或词汇插入发生时，在省略允准核心与焦点核心的省略特征满足"一致"的句法操作下，省略与移位或词汇插入同时发生。允准核心一旦被合并（焦点核心的省略特征与省略允准核心满足"一致"的句法操作），省略就发生在推导中，此时省略部位不仅对于任何进一步的句法操作是不可及的，该部位在PF层面上的词汇插入也被阻止了。

5.5 结语

本章通过对汉语谓语省略、截省和假空缺句语料中不同类别典型用例的分析，发现这些典型用例均符合省略移位限制假设：T之前的成分可以省略，T之后的则不能省略；处于T之后的成分若要省略，则必须移位到T之前；省略的移位限制是省略允准的前提。所有的省略结构都是先进行移位后，才能被允准。换言之，省略的移位限制和省略的允准限制是有先后顺序的，省略的移位限制在先，省略的允准限制在后。省略的允准要满足省略允准限制假设，即省略被允准是焦点核心与省略允准核心，在一致的句法操作下共同作用的结果。允准核心一旦被合并，省略就发生在推导中，此时省略部位不仅对于任何进一步的句法操作是不可及的，该部位在PF层面上的词汇插入也被阻止了。

本章重点在语段理论框架下探讨现代汉语省略结构的移位限制条件，从焦点自身的性质要求、定指性DP移位和汉语T（Tense）的特征和性质等三个方面研究与之相关的语言现象，并提出省略的移位限制假设。本章基于焦点投射的分析模式，试图将省略移位限制假设应用到现代汉语谓语省略、截省等主要省略结构的生成机制分析之中，以检验该假设所发挥的普遍效力。初步的研究结果表明，立足于省略移位限制假设可以对汉语省略结构的生成机制做出较为统一而又有效的分析和解释。在后续章节中（第七章、第九章），我们将对省略移位限制条件与其他限制条件的互动关系做深入的探讨。

第六章 省略的给定限制条件研究[①]

上一章第四节我们探讨了省略的允准限制条件，这一章我们专门讨论语义"还原"条件，重点关注汉语省略的"给定限制"假设，并在结合信息结构理论的基础上提出一个省略给定限制与信息结构的整合分析模式，以解释与省略相关的一系列结构和现象。

6.1 省略的给定限制条件提出的理论背景

6.1.1 "还原"和省略的给定限制

"还原"和"允准"是国外省略研究的两个重要维度，所谓"还原"，即一个听话人可以从语境中找回一个被丢失成分的意义，相应地，省略部位（Ellipsis Site）可以通过凸显（Salient）的先行语被还原。对于还原条件的阐释主要以Merchant（2001）的省略给定限制（e-GIVENness Condition）[②]为代表。Merchant（2001）注意到语义因素在构建先行语和省略成分间关系的过程中起到了重要作用，他在前人研究（Schwarzschild 1999）的基础上，提出了省略的焦点条件[③]（Focus Condition on Ellipsis），即：当且仅当成分 α 满足省略给定限制时，成分 α 才能被删除。当然，一个成分 α 是否满足省略给定限制，这取

---

① 本章的部分内容发表在：《河北大学学报（哲学社会科学版）》2012 年第 6 期"汉英省略的给定限制条件"（作者：张天伟、曹永妹）。

② 为了与本书探讨的一系列省略限制保持术语上的一致，本章将 e- GIVENness Condition 统一翻译为省略给定限制。

③ Merchant（2001：26）对省略焦点条件定义如下： α can be deleted only if α is e-GIVEN. 省略焦点条件是在省略给定限制的基础上进一步提出的。

决于句法环境中是否存在被凸显的先行语。因此，Merchant把省略给定限制定义如下：

省略给定限制（*e-GIVENness*）[①]：

当且仅当一个表达式E具有一个凸显的先行语A，并有"∃类型转移模式"时，该表达式E可以作为（满足）省略给定限制，其两个子条件为：

i：A蕴含焦点封闭E，且，

ii：E蕴含焦点封闭A。

至于其中的焦点封闭（F-Closure），Merchant（2001：26）在该文的脚注中解释如下[②]：

基于本书5.2.1小节的讨论，一般来说，一个被删除成分不会包含任何焦点标记成分；而另一方面，由省略部位提取而来的成分，经常被焦点标记，虽然并不总是被焦点标记。如上所述，我们假定从省略部位移出成分的语迹由于要满足不同焦点条件的目的而被∃-约束。

Aelbrecht（2010：11）对焦点封闭（F-Closure）做了进一步的解释[③]：

焦点封闭（*F-Closure*）

α的焦点封闭，被写作F-clo（α），是用某一适当类型的存在约束变项去代替α的受焦点标记部分。（∃类型转移模式）

[①] Merchant（2001：26）对省略给定限制定义如下：e-GIVENness：An expression E counts as e-GIVEN iff E has a salient antecedent A and, modulo ∃–type shifting, (ⅰ) A entails F-clo（E）,and (ⅱ) E entails F-clo（A）.

[②] Merchant（2001：26）对焦点封闭解释如下：In general, of course, and perhaps on principled grounds（see 5.2.1 for some discussion）, a deleted constituent will not contain any F-marked material; material extracted from the ellipsis site, on the other hand, will often—though not always—be F-marked. I will assume, as above, that traces of constituents moved out of the ellipsis site will be ∃–bound for purposes of satisfaction of the various Focus conditions.

[③] Aelbrecht（2010：11）对焦点封闭的再诠释如下：F-closure：The F-closure of α, written F-clo（α）, is the result of replacing F（ocus）-marked parts of α with ∃–bound variables of the appropriate type（modulo ∃–type shifting）.

Merchant（2001：27-29）还以英语谓语省略为例对省略给定限制进行了解释。例如：

（1）Tom called Paul an idiot after Frank did.（改自Merchant 2001：27-29）

根据直觉，对（1）中谓语省略的解释应该是（2a）而非（2b），尽管（1）中先行语VP_A（called Paul an idiot）蕴含着（2b）中的VP_E（insult Paul）：

（2）a. = ... after Frank did ~~call Paul an idiot~~.

　　　b. = ... after Frank did ~~insult Paul~~.

现在来观察一下（2a）是如何满足省略给定限制的。作为（2a）的先行语，called Paul an idiot有一个与主语相对应的开变量（Open Variable），满足了焦点封闭条件，应用∃类型转移模式，产生（3）（单引号代表应用∃类型转移模式的结果）：

（3）VP_A[1]' = ∃x.x called Paul an idiot.

省略给定限制的第一个子条件是先行语必须蕴含焦点封闭E。我们假设从句主语Frank的谓语短语内语迹也被焦点标记，通过一个存在约束变量去替代谓语短语内被焦点标记的主语，产生（4）：

（4）F-clo（VP_E[2]）= ∃x.x called Paul an idiot.

比较（3）和（4），可以发现，VP_A'蕴含着F-clo（VP_E）。根据省略给定限制的第二个子条件"E 蕴含焦点封闭A"，即VP_E'也焦点蕴含VP_A，试比较（5）和（6）：

（5）VP_E' = ∃x.x called Paul an idiot.

（6）F-clo（VP_A）= ∃x.x called Paul an idiot.

---

① 　A 代表先行语（Antecedent）。

② 　E 代表省略成分（Ellipsis）。

因为（5）和（6）完全一致，我们可以推断VP$_E$符合省略给定限制条件，并满足省略的焦点条件，因而*called Paul an idiot*可以被省略。同理，Merchant（2001：29-37）应用省略给定限制分析了英语截省结构，认为截省是一种IP省略，并提出了IP省略的焦点条件。Aelbrecht（2010：12）也对省略给定限制做了补充，认为（2b）不符合省略给定限制的原因是（7）不蕴含焦点封闭先行语，因为某人可以侮辱一个人，但并不一定称他为傻瓜。

（7）VP$_E$' = ∃x.x insulted Paul

省略给定限制是基于省略部位和先行语之间的语义关系而提出的。Aelbrecht（2010）认为这种省略部位和先行语之间的还原关系是一种语义同一限制（Semantic Identity Condition）。当然，省略部位和先行语之间除了语义同一关系外，还有可能是句法同一关系，这种关系被Merchant（2001：17）称为结构等同条件（Structural Isomorphism Condition），主要以省略的允准限制条件为代表。

在我们看来，在省略给定限制中，最重要的是"相互蕴含关系"，即先行语中蕴含着省略成分的语义内容，而省略成分也蕴含着先行语的语义内容。一般来说，只要先行语与省略成分满足相互蕴含关系，且由省略部位提取出来的成分被焦点标记，那么从语义上说，省略的发生就成为可能。

6.1.2　信息结构、给定限制及省略分析的整合模式

6.1.2.1 信息结构

在语言学领域，不同学者对信息结构从不同角度进行了研究。例如系统功能学派的Halliday（1967、1994）在前人研究的基础上，继承和发展了布拉格学派的一些观点，并从功能主义的角度来解释语言中，尤其是语句中的信息结构。Halliday（1994：296）认为，句子的信息是一个由两种信息构成的结构，即新信息（New Information）和已知信息（Given Information）。

陈平（1987/1991：187-188）认为，我们看到的是自发话人向受话人传递的

一股连续的信息流。为了便于发送和接受，这股信息流是以各种信息单位的形式组织起来的。根据受话人对单位成分所负载的信息的熟悉程度，发话人把各个单位成分所传递的信息归为新信息和旧信息两大类。因而，从信息构成的角度看，一般可以把句子分成两大部分，一部分表现为发话人和受话人双方都知道的已知信息，这一部分同上文或语境信息相连。另一部分以第一部分为出发点，对其有所评述，一般包含受话人以前不知道的新信息，进而以此为基础将意欲传递的内容渐次展开。①

徐赳赳（2010：432）指出，陈平（1987/1991）对信息结构的论述说明了两点：第一，信息结构包括已知信息和新信息两部分；第二，已知信息和新信息可以组成一种信息流。此外，徐赳赳（2010）还对陈文中提到的"已知信息"做了两点补充：一是在前文中出现过的信息，再次出现，便可看作是已知信息；还有一种虽然在篇章中是第一次出现，但早已在双方脑子里存在，双方都能正确地理解，也可以看作是已知信息。徐文用图6.1对已知信息-新信息的推进模式做了说明。

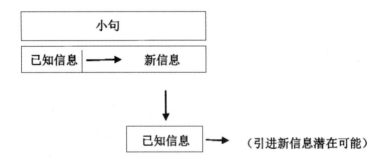

图 6.1　"已知信息 - 新信息"推进图（徐赳赳 2010：433）

我们认为，信息结构的核心问题之一是已知信息和新信息的互动关系，即信息链中已知信息与新信息之间的推进关系。两者之间的互动关系可能出现在小句、语篇和交际语境中。本章对信息结构的探讨主要局限在小句内。

---

① 转引自徐赳赳（2010：432）。

6.1.2.2 省略给定限制与信息结构之间的关系

省略给定限制主要探讨先行语与省略成分之间的相互蕴含关系，而信息结构主要探讨已知信息和新信息之间的推进关系。在我们看来，省略给定限制与信息结构之间是有密切联系的。省略结构中的先行语与省略成分之间也是一种信息链，体现出信息结构的语篇依存特征。

一般来说，先行语是被焦点标记的，是焦点成分，承载着信息结构中的新信息；而在信息结构的推进模式中，作为新信息的先行语会变成知信息，即成为可能被省略的成分所承载的信息；而由省略部位提取出来的成分一旦被焦点标记，就可能再次成为新信息；先行语所承载的信息与省略成分所承载的信息相互蕴含，为了避免对信息的重复表述，未被焦点标记的已知信息部分可以被删除。换言之，从语义上说，省略成分所承载的是可以被删除的信息，即被删除的是信息链中的已知信息部分。如下图6.2所示：

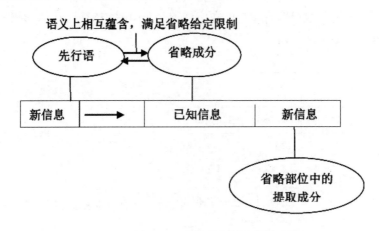

图 6.2   "先行语 - 省略成分"信息推进图

综上所述，本节首先介绍了"还原"研究中的重要内容——省略给定限制，然后探讨了省略给定限制与信息结构之间的关系。本节主要结论是：省略成分所承载的信息可以被删除，即被删除的信息是信息链中的已知部分；从省略部位中提取出来的成分通常被焦点标记，成为新信息。

6.2　省略给定限制条件对省略语料的分析

上一节介绍了省略给定限制及其与信息结构之间的关系，为本节的探讨奠定了基础。本节应用省略给定限制和信息结构的整合模式，对体词性词语省略、谓语省略、截省等省略结构及相关现象展开分析。

6.2.1　对体词性词语省略的分析

6.2.1.1 体词性词语的指称问题与信息结构的关系

在第四章中，我们探讨了省略的指称限制条件，指出指称限制条件是制约省略发生的重要因素之一。这种制约具体表现为：在指称范围内，表定指的体词性词语才能省略，表不定指的体词性词语不能省略。而体词性词语的指称问题又与信息结构关系密切，且主要表现为定指、不定指与已知信息、新信息的关系问题。

方经民（1994）、王红旗（2001）、屈承熹（1998/2006）等相当一批学者都认为，就体词性词语而言，已知信息趋向于定指，而新信息趋向于不定指。上文（6.1.2小节）我们也曾提到，省略结构中的先行语在信息链中由新信息变为已知信息，而被删除的成分是已知信息。如果把这些观点综合起来考虑，我们自然可做出如下推断：既然已知信息趋向于定指，那么省略语料中被删除的成分就应该是表达定指意义的。若推断成立，则本书第四章所提出的指称限制条件就能在一定程度上与本章探讨的省略给定限制条件产生某种内在联系。例如：

（8）张三吃了一个苹果。

（9）这个人刚开车走了。

（10）张三买了这本书，李四也买了[]。

在例（8）中，已知信息是"张三"，表达的是定指意义；新信息是"一个苹果"，表达的则是不定指意义。例（9）中的已知信息是"这个人"，表达定指意义；而新信息是"车"，表达不定指的意义。在例（10）中，先行句中的"张三"是已知信息，"这本书"是新信息；作为新信息的"这本书"又是后行句中被省略成分的先行语；而在后行句中，表定指意义的"这本书"则借助于信息链由新信息变为已知信息，而"李四"是由省略部位提取出来的，被焦点标记，是新信息；由于先行语"这本书"所承载的信息与省略成分"这本书"所承载的信息相互蕴含，因此从语义上来说，后行句中的"这本书"可被省略。

不过，屈承熹（1998/2006：143-166）指出，定指指称也可以表达新信息，不定指指称也可以表达已知信息。例如：

（11）A：Who took my car?

　　　　谁开走了我的车？

　　　　B：Your husband did.

　　　　你丈夫开走的。

在例（11）的答句中，"你丈夫"是定指性的，但在对话中负载的却是表达新信息的功能。

不过，我们也发现，以定指性成分来表达新信息有两种可能的情况。一是较多出现在会话这种典型的互动语境中，如（11）B所示；二是在一句话中，如果前行句有两个定指成分，前一个往往负载已知信息，后一个则通常传达新信息，如（10）前行句中的"张三"和"这本书"均为定指成分，其中"张三"属于已知信息成分，而"这本书"是新信息成分。

再如：

（12）一个一块钱。

屈承熹（1998/2006）认为，数量短语"一个"作为不定指成分应表达新信息，但在例（12）中传达的却是旧信息。

对屈的这种解释我们有不同的看法。一般来说，例（12）中的"一个一块钱"在日常话语中是不能单独出现的，必须依托一定的交际语境才能获得其语用上的恰当性。典型的情况如叫卖或者询问价钱①。例如：

（13）（小贩叫卖签字笔的语境）

　　　一支一块钱，一支一块钱……

（14）（买家与卖家对话的语境）

　　　买家：苹果怎么卖？

　　　卖家：一个一块钱。

我们在第四章专题探讨"数量名"短语的指称问题时曾指出，"数量名"类词语原则上大都用以表示不定指意义，但用作类指时，也是可以表达定指意义的。从这个意义上说，例（13）中的"一支"、（14）中的"一个"在这里显然都是类指用法，负载的也都是旧信息。其中（13）的"一支"指的是"每一支（签字笔）"，（14）中的"一个"指的是"每一个（苹果）"，因而都是定指性用法；而两个用例中的"一块钱"才表达新信息。

综上所述，原则上说，已知信息趋向于使用定指性成分，而新信息趋向于使用不定指成分。如果有特定的语境来支撑，定指性成分也可以用来表达新信息，但是不存在以不定指成分表达已知信息的情况。

体词性词语的指称特征与信息结构的关系如表6.1所示：

表 6.1　体词性词语指称与信息结构关系

指称　　信息结构	定指	不定指
已知信息	＋（一般情况下）	——————
新信息	＋（在交际语境中或一句话的前行句中有两个定指指称时，第二个定指指称可以表示新信息）	＋（一般情况下）

---

① 张全生（2009：12）对（15）的分析与我们的观点类似。他认为已知信息定指、新信息不定指是无标记关联，新信息定指是有标记关联，不存在已知信息和不定指的组合。当小句中出现对比、重音等句法或韵律变化时，小句为有标示语序，这时候出现有标记关联新信息定指。

6.2.1.2 对体词性词语省略的再分析

在第四章中，我们把体词性词语省略现象分为限定词短语省略（DP Ellipsis）和名词短语省略（NP Ellipsis）两类。本章在6.2.1.1小节中曾以（13）为例从信息结构的角度对DP省略现象做过简要的分析。这里我们尝试应用省略给定限制对（10）再次加以分析，具体结果如（15）所示：

（15）张三买了这本书，李四也买了。

　　a. DP_A' = $\exists x.x$ 是这本书。

　　b. F-clo（DP_E）= $\exists x.x$ 是这本书。

　　c. DP_E' = $\exists x.x$是这本书。

　　d. F-clo（DP_A）=$\exists x.x$是这本书。

通过（15a-d）的分析，我们看到，先行语"这本书"蕴含焦点封闭省略成分"这本书"，且省略成分"这本书"蕴含焦点封闭先行语"这本书"，两者是相互蕴含关系，满足省略给定限制。因此，至少从语义的角度来说，"这本书"具备了被删除的可能或必要的语义条件。若将省略给定限制与信息结构结合起来，那么，我们对（10）的最终分析结果可图示如下：

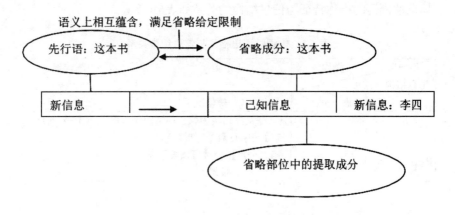

图 6.3　体词性词语省略信息推进图

上述分析也同样适用于名词短语省略。例如：

（16）屋里有白白的墙，还有条<u>长桌</u>，一把<u>椅子</u>。这似乎都是我的[]。

（老舍《月牙儿》）

（17）马上就要吃饭了，请里面的[]出来。

（18）我告诉你，你要是不戒了大烟，就永远交不了好运！这是我的<u>想法</u>，比你的[]更灵验。（老舍《茶馆》）

（19）不管是皇上的[]，还是别人的<u>错儿</u>吧，反正姑母的日子过得怪舒服。（老舍《正红旗下》）

（20）"<u>条件</u>也讲定了么？"

"[]讲定了。三十万"（茅盾《子夜》）

（21）那人的<u>发型</u>也是最新式的[]。（冯骥才《雾中人》）

（22）畸形的社会，<u>智慧</u>也是畸形的[]。（冯骥才《一百个人的十年》）

（23）这只是他个人<u>想法</u>，还是上边有了什么新精神？小百姓<u>要求</u>再强烈也是空的[]。（冯骥才《走进暴风雨》）

（24）"党有一贯的<u>政策</u>！""如果他顽固怎么办？应该打吗？""打？！那不是党的政策，不是毛主席的政策！"爸爸忽然<u>激动</u>了，这也是少有的[]。（冯骥才《铺花的歧路》）

（25）他的<u>手机</u>也是最新款的[]。

（26）灶眼里，发射出夕阳般的光芒，然而，奇怪吗？那一晚，连那灶眼里的<u>光芒</u>，竟也是绿色的[]！浓稠，鲜嫩，透明而抖动的淡绿色啊！……他发现了她。（刘心武《双面鱼》）

（27）小王的<u>脾气</u>比小张的[]好。（[27]—[30]选自刘顺 2003）

（28）我的<u>裤子</u>比他的[]多。

（29）张三[]高，李四[]矮。

（30）三班的[]都很聪明。

（31）约翰每天刷<u>三遍</u>牙，彼得也刷[]。（Xu 2003a）

（32）Although John's <u>friends</u> were late to the rally, Mary's [] arrived on time.（[32]—[38]选自Lobeck 1995）

（33）John calls on these <u>students</u> because he is irritated with those [].

（34）We tasted many <u>wines</u>, and I thought that some [] were extremely dry.

（35）Because the professor is irritated with those [], she will only call on these <u>students</u>.

（36）Even though Lee thought that most [] were **extremely dry**, we bought the <u>Italian wines</u> anyway.

（37）Mary likes those <u>books</u> but I like these [].

（38）The <u>books</u> were new, and all [] were on syntax.

（39）The <u>men</u> got back at midnight. Both [] were tired out. ([39]—[46]选自 Halliday 1976)

（40） The <u>milk</u> couldn't be used. All [] was sour.

（41）I won't be introduced to the <u>pudding</u>, please. May I give you some []?

（42） These <u>apples</u> are delicious. Let's buy some [].

（43）I've used up these three <u>yellow folders</u> you gave me. Can I use the other []?

（44）Smith was the first <u>person</u> to leave. I was the second [].

（45）That <u>clown</u> is the finest I've ever seen [].

（46）<u>Apples</u> are the cheapest [] in autumn.

以上例（16）-（46）中的大部分语料都选自以往名词短语省略研究中引用的典型用例，少部分语料选自小说。在这些语料中，我们发现，除了（17）、（29）、（30）外，其他例子中的省略成分都能在先行句中找到一个与其语义同指的名词短语，且与这些作为先行语的名词短语在语义上相互蕴含，因而均满足省略给定限制。至于例（17），省略成分蕴含的语义内容为：请里面的"人"出来。显然，这样的省略是需要以特定的交际语境为依托的。

值得注意的还有（19）、（35）、（36）这三个例子，与省略成分语义同指的"先行语"在后面，表现为"后置先行语"。我们认为，这种情况与我们的假设并不矛盾："后置先行语"同样需要与省略成分语义上相互蕴含，满足省略给定限制。一般来说，这种情况的出现都是出于强调某个成分的需要。此外，就信息结构而言，这几个例子中省略成分所承载的仍然是已知信息，且与"后置先行语"的语义信息同指；而句中被强调和突出的成分则是新信息，如（19）中"皇上"、（35）中的professor is irritated以及（36）中的extremely dry等。

6.2.2　谓语省略的给定限制分析

谓语省略（动词短语省略）是国外省略研究中的重要内容之一，也是省略给定限制提出的重要语料依据之一。Merchant（2001）就曾依据英语谓语省略语料对省略给定限制进行了较为有效的分析和阐释①。而在汉语省略研究领域，Su（2006）也曾应用省略给定限制对现代汉语谓语省略语料进行了分析。例如：

（47）张三看见了他的妈妈，李四也是[$_{VP}$看见了他的妈妈]。

例（47）是Wu（2002a）曾经分析过的一个例子。Su（2006）认为Wu的分析主要局限于句法的角度，语义分析相对不足，应以省略给定限制来加以弥补。Su（2006）指出，省略给定限制要求先行语与省略成分蕴含焦点封闭（F-Clo）同样的短语结构（Phrasal Structure），这样才能满足语义同一的要求。他对（47）中的省略现象分析如下：

（48）a. VP$_A$' = ∃x.x 看见了他的妈妈。

b. VP$_E$' = ∃x.x 看见了他的妈妈。

c. F-clo（VP$_E$）= ∃x.x 看见了他的妈妈。

d. F-clo（VP$_A$）= ∃x.x 看见了他的妈妈。

在（48）中，VP$_A$'蕴含F-Clo（VP$_E$），而VP$_E$'也同样蕴含F-Clo（VP$_A$），VP$_A$'和VP$_E$'都有同样的谓语短语结构，且满足语义上相互蕴含关系，因此（47）中的省略成分VP可以被删除。

---

① 参见本章6.1.1小节中所引 Merchant（2001）对（4）-（10）的分析。

现在，让我们以省略给定限制与信息结构的整合模式对（47）重新分析。

例（47）前行句中的"张三"是已知信息，谓语短语"看见了他的妈妈"是新信息，也是省略句中的先行语。而在（47）后行句中，"看见了他的妈妈"在信息链中由新信息变为已知信息。"李四"由省略部位提取出来，被焦点标记，是新信息，也是对比焦点所在。因为先行语"看见了他的妈妈"所承载的信息与省略成分"看见了他的妈妈"所承载的信息相互蕴含，满足省略给定限制，因此从语义上来说，后行句中的已知信息"看见了他的妈妈"可以被省略。该分析如图6.4所示：

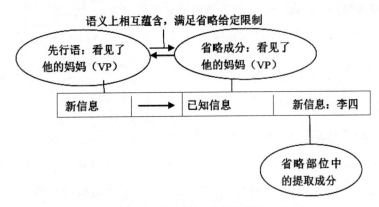

图 6.4　谓语省略信息推进图

除了例（47）外，我们还整理出了一些谓语省略的语料，这里简单分类举例如下：

I. 也+是结构

（49）张三喝了杯可乐，李四也是[]。

（50）有个党支书对我说："哎呀，你是咱单位有影响的人物呀，你要不带头鸣放，咱院的运动就搞不起来！"我想也是[]，放吧，写了张大字报，这就坏事啦。（冯骥才《一百个人的十年》）

II. 否定结构

（51）张三去打篮球了，李四没有[]。

（52）张三爱<u>吃水果</u>，李四不爱[]。

III. 也+助动词

（53）张三<u>会/可以跳街舞</u>，李四也会/可以[]。

（54）张三<u>坐两次过山车</u>，李四也要[]。

（55）张三<u>不会去美国</u>，李四也不会[]。（Wei 2010）

IV. 也+动词

（56）张三喜欢<u>看电影</u>，李四也喜欢[]。

（57）张三爱<u>看那篇文章</u>，李四也爱[]。

（58）张三喜欢<u>读这本书</u>，李四也喜欢[]。

（59）明很喜欢<u>你给他的礼物</u>，汉也很喜欢[]。（李艳惠 2005）

（60）我买了<u>那本书给明、汉念</u>，他们也买了/他们没买[]。（李艳惠 2005）

（61）他（念）<u>那本书念得很快</u>，我也念了/我没念[]。（李艳惠 2005）

（62）约翰每天<u>刷三遍牙</u>，彼得也刷[]。（Xu 2003a）

V. 却+助动词

（63）张三要<u>去美国</u>，但是李四（却）不要[]。（Wei 2010）

（64）张三不要<u>去美国</u>，但是李四（却）要[]。（Wei 2010）

VI. 却+否定

（65）张三<u>吃了苹果</u>，李四却没有[]。

在例（49）-（65）中，我们都可以在句中找到一个与省略成分在语义上同指的先行语，如各个例子中下画线部分所示。由于先行语与省略成分语义上相互蕴含，满足省略给定限制，因而各用例后行句中的已知信息部分被删除，新信息部分相应地得以凸显。

6.2.3 截省的给定限制分析

截省也是省略给定限制提出所依据的重要语料之一。刘丽萍（2006：33）对截省句的特征做了总结：

I. 截省句出现在一个通常应该是完整疑问句的句法位置，由一个疑问词或疑问词组组成；

II. 所有处于论元位置的显性关联语皆为量化词（如something，someone等）①；

III. 截省句有省略，并且省略部分的先行语可以在前后文找到；

IV. 截省句中省略的成分是一个句子（TP或IP）；

V. 在某些情况下，截省部分可以出现在其先行语之前（如例[69]和[71]）；

VI. 截省句可以是一个内嵌的问句（Embedded Clause），也可以是一个独立的主句（Matrix Clause）（如例[72]）。

以下是以往文献中出现过的一些典型的英语截省语料：

（66）Somebody just left — guess who.（Ross 1969：252）

（67）Abby was reading, but I don't know what.（Merchant 2001：19）

（68）Anne invited someone, But I don't know who.（Merchant 2001：40）

（69）Even though Mary's not sure who, she knows someone is speaking tonight.（[69]—[72]选自Lobeck 1995：45）

（70）Sue asked Bill to leave, but why remains a mystery.

---

① 刘丽萍（2006：33）认为截省句中所有处于论元位置的显性关联语皆为不定指名词。我们认为刘丽萍（2006）的表述不准确，因为截省句中所有处于论元位置的显性关联语不一定为不定指的体词性词语，相反，大多数情况下，这些显性关联语在一定的句法环境中表定指意义，或作为类指指称，表定指意义。例如（68）Anne invited someone, But I don't know who [is the one Anne invited]. 中someone是不定指代词，但是在截省句的省略成分中，却表达定指意义。如果我们将（68）变为Anne invited this man, But I don't know who. 该句仍是截省句，但处于论元位置的显性关联语为定指名词。此外，我们认为诸如例（75）中的"数量名"类短语中的名词，如"书"等，该类名词均表类指指称，表达定指意义，可以被省略。我们在第四章探讨了省略的指称限制条件，一般来说，在指称范围内，表定指的体词性词语才能省略，而表不定指的体词性词语是不能省略的。例（69）-（86）的截省语料与我们第四章的假设并不矛盾，反而作为支撑语料证明了我们的假设。

（71）Although how is still unclear, Sue thinks that John <u>made it to work</u> on time.

（72）A: Do you want to <u>come with me to visit Sue</u>?

B: Sure. <u>When</u>?

为了便于对比分析，我们从以往的研究文献中选取了一些典型的汉语截省语料以备分类描写之用，并简单分类如下：[①]

I. 简单疑问代词——在先行语中作论元

（73）<u>张三说他在电影院看到了一个熟悉的人</u>，但是他没说（是）谁？

（例[73]—[83]除了标注外，均来自刘丽萍[2006：61-63]）

（74）<u>张三刚去超市买了一些东西</u>，我不知道（是）什么。

II. 复合疑问词——在先行语中作论元（疑问词在先行语中处于定语位置）

（75）<u>张三喜欢一本书</u>，但是我不知道（是）哪一本。

（76）<u>张三遇到了一个朋友</u>，但是我不知道（是）哪个朋友。

III. 复合疑问词——跟先行语句中某个名词性成分相关

（77）<u>张三捡到一个皮包</u>，但我不知道（是）谁的。

（78）<u>张三买了一堆苹果</u>，但是我不知道（是）几个。

（79）<u>张三刚找到了一个女朋友</u>，不知道（*是）怎么样。

IV. "介词+疑问词"结构——在先行语中作附接语（包括隐性关联语和显性关联语）。

（80）<u>张三从纽约出发</u>，但是我不知道（是）到哪里。（Wei 2004：167）

（81）<u>张三寄了一封信</u>，但他没说（是）给谁。（Wei 2004：167）

[①] 在以下的分类描写中，对汉语语料的分析我们主要参考刘丽萍（2006）对汉语截省句的分类。

Ⅴ. 疑问副词——在先行语中作非论元

（82）我们终于可以休假了，但还不知道（是）什么时候？（Wei 2004：
167）

（83）他不肯调解，而要去坐牢，不少读者问他（是）为什么？

在例（66）-（83）中，我们都能找到与截省句省略成分在语义上同指的先行语，如上述例子中的画线部分所示。这些先行语的语义与省略成分的语义相互蕴含，满足省略给定限制；同时就其信息结构而言，截省句中的已知信息被删除，对比焦点作为新信息被凸显。以（74）为例，其省略的情况大致可描写为（74'）：

（74'）张三刚去超市买了一些东西，我不知道（是）什么[（东西）张三刚去超市买了]。

在例（74'）的先行句中，"张三"是已知信息，"去超市买了一些东西"是新信息。与谓语省略不同的是，在（74'）截省句信息链中，"张三"和"去超市买了一些东西"都变为后行句省略成分中的已知信息，而"我"则作为对比焦点，是被焦点标记的新信息成分。

截省与谓语省略的另一个不同是，截省的省略对象是个TP[①]，而谓语省略的对象可能是TP、NegP和ModP等多种情况。就信息结构而言，省略成分TP中既包括截省句前行句中的已知信息，也包括截省句前行句中的新信息。截省句中的先行语也是个TP，如（74）中"张三刚去超市买了一些东西"。（74'）中的先行语与省略成分之间的关系满足省略给定限制条件，如（84）所示：

（84）a. $TP_A' = \exists x.$张三刚去超市买了一些 x。

b. $TP_E' = \exists x.$张三刚去超市买了一些 x。

c. $F\text{-}clo(TP_E) = \exists x.$张三刚去超市买了一些 x。

---

① 一般认为，截省句中省略的成分是一个句子（TP或IP）。我们根据生成语法的新进展，认为截省句中被省略的成分是一个TP。这一点，我们在第五章中已经进行了分析。

　　d. F-clo（TP$_A$）=∃x.张三刚去超市买了一些x。

　　在例（84）中，省略成分TP与先行语TP在语义上相互蕴含，满足省略给定限制，因此省略成分TP"张三刚去超市买了"可以被删除。具体情况如图6.6所示：

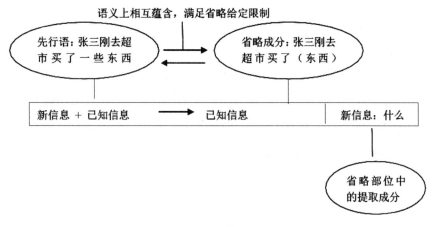

图 6.5　截省信息推进图

　　Merchant（2001：29-37）应用省略给定限制对英语截省语料进行了解释。例如：

（85）I know she called some politician an idiot, but I don't know which.

　　在Merchant看来，例（85）中先行语*she called some politician an idiot*和省略成分*she called politician an idiot*满足省略给定限制，如以下（86）的分析所示：

（86）a. IP$_A$' =∃x.she called x an idiot.

　　　b. IP$_E$' =∃x. she called x an idiot.

　　　c. F-clo（IP$_A$）=∃x. she called x an idiot.

　　　d. F-clo（IP$_E$）=∃x. she called x an idiot.

　　以上（86）表明，例（85）中的先行语和省略成分满足省略给定限制。此外，就（85）的信息结构而言，先行语TP（she called some politician an idiot）

整体作为省略成分中的已知信息，而"I"作为对比焦点，是凸显的新信息，截省句后行句中的已知信息可以删除。

6.2.4 对其他省略结构的分析

以上我们只是通过对体词性词语省略、谓语省略和截省三种结构的重新分析考察了省略给定限制对省略结构的解释力。尽管如此，我们相信，省略给定限制应该适用于对所有省略结构的分析解释，因为在所有的省略结构中，我们都能直接或间接地找到一个与省略成分语义同指的先行语。本节我们尝试将省略给定限制扩展到空缺句、剥落句和假空缺句等省略结构的分析解释之中。因此，本节的分析语料，主要选取英语的例子，我们试图通过对这些语料的分析，来验证和彰显省略给定限制条件和信息结构整合分析模式的解释力。

6.2.4.1 空缺句（Gapping）[①]

先看一组例子：

（87）John likes movies, and Bill [] concerts.（Chao 1987：15）

（88）Mary met Bill at Berkeley and Sue [] at Harvard. （Lobeck 1995：21）

我们以（87）为例来分析空缺句（动词省略）。（87）的前行句中，*John* 是已知信息，*likes movies* 是新信息；在信息链中，*likes* 变为已知信息，*Bill* 和 *concerts* 作为对比焦点，都是从省略部位提取出来且得到凸显的新信息，省略成分中的已知信息 *likes* 相应地被删除。该分析过程如图6.6所示：

---

① 汉语中是否有空缺句，目前还有争议。一般认为，汉语中没有像英语一样的空缺句。相关问题，我们将在第十一章和十二章继续探讨，已有的相关文献可参见 Paul（1999）、Tang（2001）、Wu（2002b，c）、傅玉（2010）、Wei（2011）等。

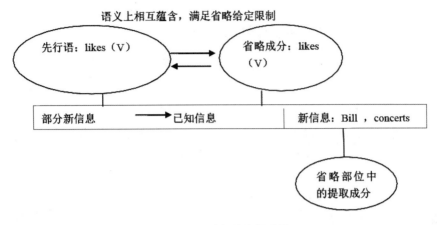

图 6.6　空缺句信息推进图

6.2.4.2 假空缺句（Pseudogapping）

假空缺句的典型特征是省略句中存在一个助动词，例如（89）中的"did"和（90）中的"has"等。Lasnik（1999）认为假空缺句是一种VP省略，汉语中是否存在假空缺句，目前还没有定论①。例如：

（89）Some <u>brought</u> roses and **others** did [] **lilies**.（Merchant 2013）

（90）Tom has <u>read more books</u> to his son than **he** has to **his daughter** [].
（Aelbrecht 2010：181）

（91）Jonas should have <u>eaten</u> cake, and **Dany** should've [] **crisps**.（Aelbrecht 2010：181）

（92）张三吃苹果，李四却是桔子。

以（92）为例，在（92）的前行句中，"张三"是已知信息，"吃苹果"是新信息；在信息链中，"吃"变为已知信息，"李四"和"桔子"作为对比焦点，都是从省略部位提取出来且得到凸显的新信息，省略成分中的已知信息"吃"相应地被删除。该分析过程如图6.7所示：

---

① 我们认为汉语中存在假空缺句，例如（92）。对此问题，我们将在第十一和十二章中继续探讨。

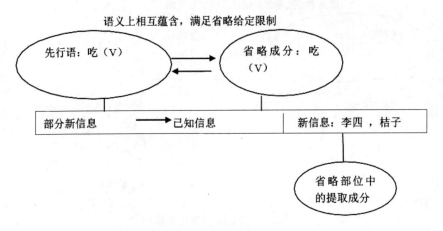

图 6.7   假空缺句信息推进图

6.2.4.3 小结

在上文所列举的两种省略结构中，我们都能在句中找到一个与省略成分语义相同的先行语，如各用例中下画线的部分所示。不难看出，以上各用例中的先行语与省略成分在语义上相互蕴含，完全满足省略给定限制条件。就省略结构而言，省略成分中被删除的都是已知信息。不同的省略结构，由于省略的成分不同，被删除的已知信息的范围也不同。

6.2.5   对省略现象的分析

在本书引论中，我们分析了省略现象、语义省略和省略结构之间的关系，并指出：①省略现象外延最大，包括语用省略、语义省略（包括认知语义的解读）和结构省略（句法省略）等；②语义省略包括省略结构的语义省略，也包括非省略结构的语义省略，如言语交际中的语义省略；③各种省略结构肯定都有语义省略的解读。现在看来，省略给定限制作为一种语义限制条件，不仅适用于各种省略结构，也同样适用于各种省略现象。例如，以下两个用例都属于语篇中的省略：

（93）于是这葵绿色的**纸包**被[四铭太太]①打开了，[纸包]里面还有一层很
薄的**纸**，[纸]也是绿色的，[她]揭开薄纸，才露出那**东西**的本身来，
[那东西]光滑坚质，[那东西]也是葵绿色，[那东西]上面还有细簇簇
的花纹，而薄纸原来却是米色的，似橄榄非橄榄的说不清的香味也
来得更浓了。（鲁迅《肥皂》）

（94）闺中**少妇**不知愁，[]春日凝妆上翠楼。

　　　[]忽见陌头杨柳色，[]悔教夫婿觅封侯。（王昌龄《闺怨》）

在以上两个用例中，我们都能为每一个省略成分找到同指的先行语，如例
子中的画线部分所示。先行语与省略成分语义上相互蕴含，满足省略给定限制
条件，已知信息部分可以被删除。

省略给定限制条件也同样适用于言语交际中的省略现象。例如：

（95）正值黛玉在旁，因问**宝玉**："[你]打那里来？"宝玉便说："[我]打
宝姐姐那里来。"（曹雪芹《红楼梦》）

（96）阿爸擂了**阿昌**一拳，说："你还会不会说话了，[]乐颠了？"（张
翎《阿喜上学》）

（97）（妈妈和孩子对话）

　　　妈妈：你**做完****作业**了吗？

　　　孩子：[]做完[]了。

　　　妈妈：那你**预习****新课文**了吗？

　　　孩子：[]预习[]了。

例（93）-（97）是言语交际中的省略现象。在这些用例中，如例子中的画
线部分所示，我们同样也能找到一个与省略成分同指的先行语。先行语与省
略成分语义上相互蕴含，满足省略给定限制条件，已知信息可以被删除。

上述分析表明，通过应用省略给定限制和信息结构的整合模式，我们可以

---

① 根据上文语篇，可以找到该省略成分的先行语。

对不同省略结构乃至各种省略现象进行更为统一而又有效的分析。总之，所有的省略结构和省略现象都要满足省略给定限制条件，只有如此，省略才有可能发生。

6.3 结语

本章重点讨论了限制语句中结构成分省略的一个重要的语义条件：省略给定限制条件。首先，在明确了该条件的内涵之后，我们将省略给定限制和信息结构分析结合起来，提出一个整合的分析模式，并将整合模式应用到体词性词语省略、谓语省略、截省、动词省略和假空缺句等省略结构的分析中，进而又将探讨延伸到语篇层面以及言语交际过程中的省略现象之上。通过对大量相关省略语料的分析，我们发现，省略给定限制在从语义角度探讨各种省略现象方面具有相当强的解释力。

其次，对相关省略现象的具体分析结果表明，在省略给定限制条件中，最重要的是"相互蕴含关系"，即先行语中蕴含着省略成分的语义内容，而省略成分也蕴含着先行语的语义内容。因此，只要先行语与省略成分满足相互蕴含关系，且由省略部位提取出来的成分被焦点标记，那么从语义上说，省略的发生就成为可能。

此外，省略给定限制与信息结构之间有着极为密切的联系。省略结构中的先行语与省略成分之间也是一种信息链，体现出信息结构的新旧信息推进特征。一般来说，先行语是被焦点标记的成分，承载着信息结构中的新信息；而在信息结构的推进模式中，作为新信息的先行语会变成已知信息，即省略成分所承载的信息；而由省略部位提取出来的成分一旦被焦点标记，即成为新的信息；先行语所承载的信息与省略成分所承载的信息一旦构成相互蕴含关系，为避免信息重复，未被焦点标记的已知信息可以被删除。质言之，省略部位删除的都是已知信息。

综上所述，省略的给定限制是制约省略的语义条件，其核心理念是先行词与省略成分在语义上相互蕴含。基于这样的认识，我们尝试性地提出了一个整合的分析模式，以便把与省略给定限制和信息结构相关的制约因素综合起来加以考虑。根据这一整合模式我们对多种省略结构展开了力所能及的分析，结果表明，由省略部位提取出来的成分通常被焦点标记，成为新的信息；而被省略的成分则是已知信息。在此基础上，第十四章，我们还将在跨语言视角下，将省略结构与信息结构中的新旧信息和信息重要度结合起来进行分析。

第七章　省略的指称和给定移位条件互动研究①

第四章至第六章，我们探讨了省略的指称、移位、允准和给定限制条件，这些条件涉及句法条件和语义方面，至于这些条件是如何互动进而构成省略的允准机制则未加详述。本章将以汉语名词性结构省略为例，对省略指称和移位限制条件的句法语义互动关系进行研究。

7.1　研究问题

省略是一种典型的句法语义互动现象，省略结构虽在形态和语音上缺省，但却不影响其在语义上的表达和理解。现代汉语的名词性结构通常由限定词、数词、量词和名词构成，完整的名词性结构实为一个限定词短语（DP），其表达式为[$_{DP}$ D [$_{NumP}$ Num [$_{ClP}$ Cl [$_{NP}$N]]]]。就现代汉语名词性结构省略而言，相关研究还不是很多，一些问题尚未解决，需深入探讨，如：

（1）a. 张三读了那本书，李四也读了②。

b. 张三读了一本书，李四也读了。

c. ? 张三读了本书，李四也读了。

---

① 本章的部分内容发表在：《外语教学与研究》2019 年第 6 期"现代汉语名词性结构省略的句法语义限制条件研究"（作者：张天伟）。该文被人大复印资料《语言文字学》2020 年第 1 期全文转载。

② 本例句省略部分的性质学界尚无定论，有的认为是谓语省略句（Huang 1991），有的认为是 DP 省略，有的认为是宾语省略句，但宾语省略句不能解释例（1e）。不管其性质如何，均不影响本书的分析，本书将其统称为名词性结构。

  d. 张三读了书，李四也读了。

  e. 张三读了三本书，李四也读了三本。

  上述例句中，涉及DP、NP等不同结构，特别是对例（1b）的解释，（1b）中的后行句如果不删除的话，语义上有两种解读：李四读了和张三同样的一本书或不同样的一本书，即"那本书"和"某本书"的指称，如（2a-b），其英文解读分别对应（3a-b）。

  （2）a. 张三读了[一本书]$_i$，李四也读了[那本书]$_i$。

   b. 张三读了[一本书]$_i$，李四也读了[一本书]$_j$/[某本书]$_i$。

  （3）a. John read a book, and Bill also read the book.

   b. John read a book, and Bill also read a book.

  但如果对后行句的名词性结构进行话题化移位而后删除的话，（1b）有一定的可接受度，即（4a）可以接受，而（4b）不可以。因为话题位置通常是定指的，（4a）中"那本书"可移位到话题位置后删除，而（4b）中"一本书""某本书"却不可以移位后删除，即使留在原位，其接受度也令人存疑。这样看来，对（1b）后行句删略的解读只有定指"那本书"一种。换言之，当"一本书"具有表定指的指称意义时可以移位后删除；当表示存在义时不可以移位后删除，其对应的英文表述为（5）。同理可以分析（1c）。

  （4）a. 张三读了[一本书]$_i$，[那本书]$_i$李四也读了。

   b. *张三读了[一本书]$_i$，[一本书]$_j$/[某本书]$_i$李四也读了。

  （5）a. ? John read a book. The book, Bill also read.

   b. ? John read a book. A book, Bill also read.

  如果按照省略研究的主流理论，如Rooth（1992）、Schwarzschild（1999）等，特别是Merchant（2001）提出的省略删除的结构同形条件（Structural Isomorphism Conditions）和省略给定条件（E-Givenness），被删除词语在结构上与先行词同形，在语义上相互蕴含，即先行词A蕴含省略部位E的焦点封闭

（F-Closure），同时，E蕴含A的焦点封闭，那么（1b）删除前的结构只能是（6）：

（6）张三读了[一本书]$_i$，李四也读了[一本书]$_i$。

然而，上述（2）-（6）的语料对Merchant（2001）的理论带来两个挑战。按Merchant（2001）的理论，例（6）后行句中"一本书"可以被删除，但真实语料表明，后行句"一本书"不可以删除，只有表示定指的、经过话题化移位的名词性结构才能够删除。具体而言，挑战之一：（4a）符合省略给定条件，但"那本书"与"一本书"不同形，违反结构同形条件，理论预测"那本书"不可以删除，但如（4a）所示，"那本书"可以删除；挑战之二：按照Merchant（2001）的理论，例（6）后行句的"一本书"可原位被删除，且没有涉及话题化移位问题，但实际语料却表明只有表定指的"那本书"能够进行话题化移位后删除，而表不定指的"一本书/某本书"不能进行话题化移位删除。上述对（1b）后行句名词性结构的指称分析，可总结如表7.1：

表7.1 名词性结构省略的指称分析

	后行句名词性结构指称删除前的语义解读	Merchant（2001）的理论分析	后行句名词性结构指称删除后语义解读
定指	√	√	√
不定指	√	√	×

如何解释这些语言事实？现代汉语名词性结构删除的句法语义条件有何种关系，是如何互动的？名词性成分省略的动因是什么？其移位的限制条件是什么？其语义解读受哪些条件限制？上述例句间的共性和差异是什么？是什么原因造成的？Johnson（2001）就英语谓语省略的句法限定条件做出过论证，提出话题化移位是谓语省略的句法条件。现代汉语名词性结构是否也具有相似性？本章在Johnson（2001）等文献研究的基础上，以现代汉语语料为基础，从句法语义角度，对比英语名词性结构的省略，具体探讨名词性结构的移位和指称限制条件，提出名词性省略中的必要条件为省略成分需要进行话题化移位这一观点，为解决上述问题提供启示。

7.2　相关研究评述

　　不同的省略结构是理论语言学，特别是句法语义界面研究的一个重要课题。对于名词性结构省略，不同学者从不同角度做了大量研究（如：Lobeck 1995, 2005；Giannakidou & Merchant 1996；Chierchia 1998；Giannakidou & Stavrou 1999），就研究问题而言，核心问题是名词性结构省略的允准条件和语义解释。如对句法允准条件的研究，包括句法限制条件、允准核心等问题，Lobeck（1995）总结了英语名词短语的句法特征，包括遵循后向先行词限制、复杂名词短语限制等；Kester（1996）认为荷兰语名词省略的允准核心是形容词上的屈折词缀，如例（7）荷兰语语料所示，（7b）的不合法正是因为缺乏这个词缀；Corver & van Koppen（2009）认为DP内部包括焦点投射，且对比焦点允准了名词短语省略；Alexiadou & Gengel（2008）从量词视角探讨了名词省略与焦点移位的关系，认为量词的形态句法特征是允准省略的重要因素。就研究路径而言，主要有代词解释策略（Ross 1967）和省略解释策略（Jackendoff 1977）。Corver & van Koppen（2011）依据跨语言语料，认为两种路径是可以融合的。对于现代汉语名词性结构的研究，Saito *et al.*（2006）比较了汉语和日语的名词省略和名词短语结构，认为汉语中名词短语是核心居首（Head-Initial），"的"是限定词，量词是DP内部投射的核心；而日语名词短语核心居尾，no是修饰标记，量词短语是修饰名词投射的附加语，如（8）日语语料所示。傅玉（2017）探讨了涉及"的"字和量词的现代汉语名词短语省略，认为"的"字结构和量词短语省略结构应被视为"深层回指"，而涉及语音式删除操作的"的"字名词短语则为"表层回指"。

　　（7）a. Ik heb een groen-e   fiets en jij een rooi-e _____ .

　　　　　I have a green-INFL bike and you a red-INFL

　　　　　I have a green bike and you have a red one.

　　　　b. * Ik heb een wit konijn en jij een zwart _____ .

　　　　　I have a white rabbit and you a black-ø （Corver & van Koppen 2009: 4）

（8）*Taroo-wa   iti -niti -ni [san -satu no hon] -o   yomu ga,

-TOP one-day-in three-CL no book-ACC read though

 Hanako-wa [go -satu no hon] -o yomu

-TOP five-CL no book-ACC read

"Taroo reads three books in a day, but Hanako reads five"（Saito *et al.*
2006:9）

综上所述，现有文献多聚焦于名词性结构省略的内部句法结构分析，没有将名词性结构省略纳入整个句子及其信息结构的讨论中。信息结构视角下的省略研究，也是国外省略研究的重要内容之一，如对省略的语义同一性与信息结构的探讨等（Merchant 2018）。基于对现代汉语语言事实的考量，我们发现探讨汉语名词性结构的句法语义限制条件及互动关系的文献尚不多见。下面，我们将依据汉语语料事实，分析移位的句法限制和指称语义表达间的特点和相互作用，厘清名词性结构省略的运作机制。

7.3 名词性结构省略的指称限制条件

名词性结构省略受指称限制条件制约，例如（9）可以省略为（1a），省略的"那本书"是一个定指的名词性结构：

（9）张三读了[那本书]$_i$，李四也读了[那本书]$_i$。

如果将（9）前、后行句中的"那本书"换为不定指的"一本书"，即（10a），它通常只有一种解读，即（10b）。

（10）a. 张三读了一本书，李四也读了一本书。

b. 张三读了一本书，李四也读了一本，但是不同的书。

c. 张三读了一本书，李四也读了同样的一本书。

如果要表达（10c）的语义解读，可以表述为（11a），即后行句中是表定指，同指的"那本书"。（9）后行句中的"那本书"可以移位到后行句的话

题位置，如（11b）所示，如果对（11b）后行句中"那本书"进行删略的话，
（11c）是可以接受的。

（11）a. 张三读了[一本书]ᵢ，李四也读了[那本书]ᵢ。

　　　b. 张三读了[一本书]ᵢ，[那本书]ᵢ李四也读了 t_i。

　　　c. 张三读了[一本书]ᵢ，[那本书]ᵢ李四也读了 t_i。

根据（10b）的语义解读它可表述为（12a），即后行句中的"一本书"表
不定指，即不同指的"一本书"。（12a）后行句中的"一本书"不可移位到话
题位置，因为话题位置通常是定指性的，如（12b）所示。如果对（10a）后行
句中"一本书"进行删略的话，（12c）是不可接受的。

（12）a. 张三读了一本书，李四也读了一本书/某本书。

　　　b. *张三读了一本书，[一本书]ᵢ/[某本书]ᵢ李四也读了 t_i。

　　　c. *张三读了一本书，李四也读了[一本书]。

以上分析验证并解释了例（13）可接受度出现差异的原因，有人认为合
法，得出（11c），有人认为不合法，得出（12b）。然而上述解读，只是语义
上的解读。如果从句法移位的角度看，由于话题的定指性特征，（13）后行句
被删除的只能是"那本书"，而不可能是"一本书"或"某本书"，即上述对
（10c）和（12c）的讨论。

（13）？张三读了一本书，李四也读了。

根据上述语言事实和分析，我们认为处于后行句宾语位置的现代汉语名
词性结构省略与名词性结构的指称性密切相关，并据此提出省略的指称限制
条件：

表定指的名词性结构可以省略，而表不定指的名词性结构不能省略。

这里还需进一步明确指称的分类及其相关的概念，如第四章所述，依据
Li & Thompson（1981）、Li（1998）、Cheng & Sybesma（1999）、邓思颖

（2010）等的研究，名词性结构可分为指称和非指称两类，其中指称性的名词性结构又分为定指（Definite）和不定指（Indefinite）两类，表定指的名词性结构都可表示特指（Specific），而表不定指的名词性结构又有表特指和表非特指（Non-Specific）之分。此外，非指称的名词性结构往往有类指或数量的用法。

关于名词性结构省略的指称问题，张天伟（2014）、刘海咏（2017）有过类似探讨。刘海咏（2017：163）认为"汉语只允许已经提供了足够旧信息的宾语被省略，或是是非问句中的动宾词组里的通指宾语；汉语宾语的省略和其特指性有关，提供新信息的特指宾语不能省略，以此来帮助谈话者通过上下文复原宾语"。根据上面的分析，我们提出的限制条件可以涵盖刘海咏的观点，即在宾语位置上表示定指意义和旧信息的特指名词性结构可以省略，如（11c）；但在宾语位置上表示新信息的特指宾语不能省略，如（12）各例所示，即表不定指的名词性结构不能省略。此外，刘海咏文中提到的"动宾词组里的通指宾语"可被省略也可纳入我们的观点，因为表类指的名词性结构大都表定指义（Longobardi 1994；Krifka *et al.* 1995；Cheng & Sybesma 1999），如（14）-（16）所示。此外类指也有非指称用法，但经话题化移位后，有定指用法，详见后文对（14）的分析。

（14）a. 张三读了书，李四也读了书。

　　　b. 张三读了书，[书]$_i$李四也读了t_i。

（15）a. 张三读了本书，李四也读了本书。

　　　b. 张三读了本书，[书]$_i$李四也读了本t_i。

（16）a. 张三读了一本书，[书]$_i$李四也读了一本t_i。

　　　b. 张三读了那本书，[书]$_i$李四也读了那本t_i[①]。

（14a）后行句中的"书"是类指用法，表定指义，因此可移位到话题位

---

① 我们认为（16b）后行句中"书"与"那本"同指，这与 Pan & Hu（2008）的话题句分析有本质区别。Pan & Hu 文中例句"水果，我喜欢吃香蕉。"中的"水果"是基础生成的话题，而在（16b）中，"书"是经过话题化移位而来的。按 Gasde（1999）的分析，前者是关涉话题，话题在句中可以找到同指的名词性短语；后者是框架设置话题，只为述题提供一种时间、空间和个体方面的范围和框架。

置并省略，如（14b）所示。（15）前行句中"读了本书"可以理解为"读了
一本书"，其中"一"经过了语音省略。在句法形式上，"一"虽没有形态
表现，但实际上数词"一"在语义解读里仍然存在。对此，Tang（1990）和
邓思颖（2000）有过类似探讨，认为"本书"在数量上只能指一本，不能指
别的数量，而且"本书"和"一本书"可相互替换，不影响基本的意义。此
外，我们受Huang & Lee（2009）对汉语量词量化（Quantification）和个体化
（Individuation）探讨的启发，认为"本"属于个体量词，个体量词和集合量词
属于个体化量词类，因为个体化的作用，量词需指称一个具体实体，即"本"
的个体化作用，使得"本"指向具体的"一本"。根据上述分析，对（15a）
后行句名词性结构的删除有两种情况，一种解读同（11c），即删除定指性的名
词性结构"那本书"。另一种解读同（15b），"书"为类指表达，表定指意
义，移位到后行句话题位置后删除。同理，（16）中"书"为类指表达，表定
指意义，可以移位后删除，不受"书"前指示词、数词、量词等定指或不定指
特征的影响。

7.4　名词性结构省略的移位限制条件

通过对名词性结构指称限制条件的分析，我们发现表定指的名词性结构
可省略，而表不定指的名词性结构不能省略，且名词性结构的省略都与移位
相关，即都可移位到话题位置后，实现话题化后删除，如（11c）、（14b）和
（15b）所示。

（11c）、（14b）和（15b）中删除成分的初始位置都位于句末，即句子
的自然焦点位置所在，而处于自然焦点位置的成分通常不能原位删除（详见
Heim 1982；Diesing 1992；张天伟、马秀杰 2019a、b 的相关论述），因此这些
名词性结构都需移位到话题的位置后，即实现话题化后删除。沿着这个思路，
我们发现出现在宾语位置、表定指的名词性结构大都能移位到话题位置，实现
话题化后，遵循与先行词"同形同指、在后删除"的原则，即经过移位后删
除。如：

（17）张三听过他的课，[他的课]ᵢ李四也听过t_i。

（18）张三不吸烟，[烟]ᵢ李四也不吸t_i。

（19）中国舆论正在热议中美贸易战，[中美贸易战]ᵢ美国舆论也在热议t_i。

例（17）、（19）的名词性成分是定指，（18）是类指表定指，说明省略成分与移位之间存在某种关系，即能删除的名词性结构，均可移位到话题位置。那么是不是移位是省略的必要条件，不能移位的名词性结构就不能省略呢？下面以（20）为例进行分析：

（20）a. 张三读了那个作家写的一本书，李四也读了那个作家写的那本书。

b. 张三读了那个作家写的那本书，李四也读了那个作家写的那本书。

c. *张三读了那个作家写的一本书，[那本书]ᵢ①李四也读了那个作家写的t_i。

例（20a）和（20b）前行句中的"一本书"和"那本书"分别对应一种后行句解读。（20c）中"那本书"不能省略，因为"那本书"在后行句中的移位受到句法条件限制，即受到孤岛条件限制，孤岛中的成分不能外移（Ross 1969；Lasnik 1999；Hornstein 2005；Radford 2016）。（20c）中孤岛为复杂名

---

① 此句 "那本书"移位后删除的话不合法。我们对 20 个人进行了语料测试，18 人认为该句不合法，2 人认为似乎可接受。对此接受度可初步分析如下：汉语话题句除移位分析外，非移位（Non-Movement）的推导也存在（Huang *et al.* 2009）。在以下没有省略的句子中，可能涉及 Li（2014）探讨的真正的空语类（True Empty Category，简称 TEC）。

（i）a. 张三读了那个作家写的一本书，那本书李四也读了那个作家写的。

b. 张三读了那个作家写的一本书，[那本书]ᵢ李四也读了那个作家写的 TEC ᵢ。

允准 TEC 的话题必须显性（Overt），因此"那本书"不能被删除，但非移位分析无法解释（21c）显示的孤岛效应。Li（2014）探讨的都是宾语位置的语料，而在（20c）中，"的"后面的成分不是宾语，而是关系子句的中心语，虽在语法功能上，"那本书"也是宾语，但两者的本质不同。所以，对认为（20c）不合法的人来说，TEC 的允准比较严格，同 Li（2014）的分析一样，只能在句法宾语位置，即 V 的补足语位置才可以。而对于认为（20c）不合法的人来说，其 TEC 的选项比较自由，除了 V 的补足语位置外，关系子句的中心语也可以。因此，"张三读了那个作家写的一本书，那本书李四也读了那个作家写的。"这句话的合法性和本书分析并无冲突。

词短语孤岛（Complex DP Islands），因此孤岛中的成分不能移位到句首形成话题化。换言之，该句的底层结构有一定的话题化操作，但话题化移位违反了孤岛条件，因此句中的名词性结构省略不合法。这进一步说明即使名词性结构满足省略的指称限制条件，即定指性的名词性结构，但如果受到其他句法条件限制不能移位的话，也不能被删除。因此，移位是省略的必要条件。

上述分析与Johnson（2001）的研究也有异曲同工之处。Johnson主要探讨了动词短语省略（VP-Ellipsis）的允准条件和性质，认为空动词短语并不是无言的指代形式（null VPs are not silent pro-forms）。他在论述中提出动词短语省略的允准条件与动词短语话题化（VP-Topicalization）相关，动词短语省略是由话题化允准的，要想删除动词短语，它必须首先经过移位，实现话题化，如例（21）-（22）：

（21）a. José *likes rutabagas,* and Holly does [like rutabagas] too.

b. José *ate rutabagas,* and Holly has [eaten rutabagas] too.

c. José should have *eaten rutabagas*, and Holly should have [eaten rutabagas] too.

d. José is *eating rutabagas*, and Holly is [eating rutabagas] too.

e. José has been *eating rutabagas*, and Holly has been [eating rutabagas] too.

f. Mag Wildwood wants to *read Fred's story*, and I also want to [read Fred's book].

（22）a. [*Like rutabagas*]$_i$, Holly does t$_i$.

b. [*Eaten rutabagas*]$_i$, Holly has t$_i$.

c. [*Eaten rutabagas*]$_i$, Holly should have t$_i$.

d. [*Eating rutabagas*]$_i$, Holly is t$_i$.

e. [*Eating rutabagas*]$_i$, Holly has been t$_i$.

f. [Read Fred's book]$_i$, I also want to t$_i$.

（改自Johnson 2001：440，444）

（21）目标句中的动词短语均被省略。相应地，这些动词短语都能移位至（22）句首，但这种话题化也是有条件的，即话题化后的谓语语迹都受助词（Aux）管辖，这种分析与Huang（1984a）分析的话题脱落（Topic Drop）现象一致。根据这一对应关系，Johnson（2001）、Kim（2001）、Thoms（2010a、b）和Authier（2011）等学者认为话题化是谓语省略的条件。

受此观点启发，我们提出以下假设：①能省略的现代汉语名词性结构都需移位，但能移位的名词性结构不一定都能省略，还要满足其他条件，如省略的给定限制条件（e-Givenness Condition）（Merchant 2001）；②话题化是名词性结构省略的必要条件，即话题化移位。我们通过以下例句来进行验证：

（23）a. 张三以前看过那本书，我以前也看过**那本书**。

　　　b. 张三以前看过那本书，我[**那本书**]$_i$以前也看过t_i。

　　　c. 张三以前看过那本书，[**那本书**]$_i$我以前也看过t_i。

（24）a. 张三打网球的时候喜欢说话，而李四打[网球]的时候则喜欢听音乐。

　　　b. [网球]$_i$，李四打t_i的时候喜欢听音乐。

例（23a）中"那本书"经过移位，可移至主语和动词之间，副词"以前"的左边，形成宾语前置（Object Preposing）（23b）；也可移到话题的位置（23c）而后删除。（24a）中"网球"经过移位和话题化后可以删除[①]。上述例句表明，名词性结构是经过话题化移位后删除的。

此外，我们发现省略的移位条件与指称条件也是互动的，名词性结构短语经过话题化后，其定指性增强。有时一些不表示指称功能的名词性结构，也能表示定指，如前例（14）所示。

例（14a）中的"书"是光杆名词在动宾短语里充当宾语，是类指的用法，通指类别（generic），也具有非指称的用法。而（14b）中的"书"，通过话题

---

① 本书的假设只探讨了话题化移位是省略的必要条件，但是否能够话题化移位的现代汉语名词性结构都能被删除，我们在后续研究中将继续探讨。

化移位到动词前的位置，因为话题的定指性，往往具有定指功能，移位促成指称的定指性。刘丹青（2018）认为类指是部分话题结构中的显赫成分，是比定指成分更典型的亲话题指称成分。不管类指是指称用法还是非指称用法，其移位后都具有定指性。受Longobardi（1994）、Cheng & Sybesma（1999）、Borer（2005）对名词性结构移位分析的启发，我们发现上述分析与Heim（1982）的"存在闭包"（Existential Closure）和Diesing（1992）的映射假设（Mapping Hypothesis）理论一致。根据Heim（1982）和Diesing（1992）的论述，不定指宾语必须位于动词短语内部，定指宾语可移至动词短语外部，汉语动词后的光杆名词往往具有不定指解读，动语短语内部是一个"存在闭包"。这也解释了汉语动词前的名词具有定指功能，而动词后的光杆名词通常是不定指的（Li & Thompson 1981），如经典的"客人来了"和"来客人了"之分。动词前名词若要表达不定指义，需要加上表示存在的动词"有"，表达数量时除外（刘海咏2017）。

7.5 名词性结构省略的性质

名词性结构省略既要满足指称条件，又要满足移位条件，且经过话题化后被删除。那么省略成分的性质如何？是宾语前置，句内话题（Internal Topic），亦或句外话题（External Topic）？

我们以（23）为例。（23b）中"那本书"是"宾语前置"，"宾语前置"通常被认为是句子的焦点（Ernst & Wang 1995；Zhang 1997；Tsai 2000）。但Paul（2002）反对这种分析方法，认为宾语前置后不是附接在VP上，而是占据主语之下，VP之上的功能投射（vP）的指定语（也译为标示语）位置，是一种句内话题，与句外话题既相互区别，又相互联系。因为（23c）中"那本书"在后行句的话题位置，那么"那本书"是移位后的句内话题，还是句外话题？

对此，Paul（2002）做过以下区别：

首先，句外话题既可以基础生成，也可以移位得来，但句内话题的移位很受限制。

（25）花，他最喜欢茶花。（Paul 2002：708）

（26）[那本书]$_i$，我特别喜欢t$_i$。（改自Paul 2002：708）

（25）中"花"是基础生成的句外话题，由外部合并（External Merge）而来，（26）中的"那本书"是移位生成的句外话题，由内部合并（Internal Merge）而来，除了句外话题、信息焦点位置外，也可"宾语前置"，即移到"句内话题"的位置，如（27）：

（27）我[那本书]$_i$特别喜欢t$_i$。

与句外话题相比，句内话题虽然也可移位或基础生成，但其移位很受限制，有的不能移位到动词后、句末信息焦点的位置，因为这些位置不是话题位置。如（28）（Paul 2002：708-709），其中（28a）中句内话题"英语"不能初始于动词后的位置，只能基础生成（Paul 2002：709）。但是，句内话题"英语"可以移至句首，即句外话题的位置，如（29）：

（28）a. 他英语考了个90分。

b. *他考了个英语90分。

c. *他考了英语个90分。

（29）英语，他考了个90分。

其次，句外话题的位置可以允许小句出现，句内话题位置一般不允许小句出现，如（30）（Gasde & Paul 1996：272-273），其中小句"因为他平时注意锻炼"占据了句外话题的位置。

（30）[$_{TopP}$[$_S$因为他平时注意锻炼]，[$_{Top'}$ [$_{Top}°$Ø[$_{IP}$所以身体一直很好]]]。

再次，句外话题的位置可出现多重话题，但句内话题的位置不可以，如（31）（转引自Paul 2002：710，704），其中既包括基础生成的话题，又包括移位生成的话题，但多重话题只可以出现在句外话题的位置，不能出现在句内话题的位置。Paul（2002）认为引起上述差异的原因主要是话题短语TopicP在句法结构上处于不同的位置。

（31）a. 花，[玫瑰花]$_i$，他最喜欢t_i。（改自Tang 1990：333）

b. *你[会员大会][明天的日程]$_i$安排好了没有t_i？（范继淹 1984：30-31）

最后，两者的区别还在于DP在句内话题的位置比在句外话题位置受到更多限制。句内话题位于主语之下，动词短语投射之上，句内话题不是焦点，不一定具有强制对比解读，也不一定与关涉性（Aboutness）有关，其主要功能是为动词建立句法框架。句外话题与关涉性关系密切，汉语省略成分经过话题化移位后，通常是关涉话题。关涉话题是论元同指话题，是通过"移位""提升"手段形成的话题结构，这类话题在句中有与话题同指的空位或名词性短语（刘丹青 2018）。关涉话题不仅与旧信息有关，而且经过移位后，经常转向一个新话题（Paul 2015：207）。有鉴于此，我们认为一般而言省略成分经话题化移位后，具有关涉性特征，是句外话题。汉语允许没有空位的话题句（Gapless Topic Sentences）（Chao 1968；Li & Thompson 1981；Huang *et al.* 2009），例如（32）中"这本书""这场火"及（25）中"花"都被关涉关系所允准。

（32）a. 这本书，我刚看了第三章。

b. 这场火，幸好消防队来得快。

综合上述讨论，我们认为名词性结构省略中的省略成分是移位后产生的句外话题。如（23）所示，"那本书"可移位到动词后、句末信息焦点的位置。且句外话题与句内话题可以共现，如（33a）"那本书"后可以插入另一个次话题"第三章"，即多重话题出现在句外话题的位置。但（23c）与（33）的不同之处在于"那本书"的性质不同，（23c）中"那本书"是移位生成，而（33a）"那本书"是基础生成的。仅从省略的移位限制条件看，"那本书"在（23a）中可以省略，但在（33a）中不能省略，如（33b）所示，其中"那本书"的基础生成位置就是在话题短语的指定语（标示语）位置，没有移位。（33）中的"那本书"和"第三章"都属于句外话题（TP-External Topics）。

句外话题可以基础生成，也可以通过移位的方式生成。本书所指的句内话题（TP-Internal Topics），实际在TP里面，例如（34）。

（33）a. 张三以前看过那本书，[那本书]$_i$ [第三章]$_j$我以前也看过t_i。

b. *张三以前看过那本书，[那本书]$_i$ [第三章]$_j$我以前也看过t_i[①]。

（34）张三韩国$_i$去过t_i，日本$_j$没去过t_j。

有鉴于此，名词性结构省略中的省略成分是移位后产生的句外话题，句内话题与句外话题可以共现。

7.6 结语

本章主要讨论了现代汉语中名词性结构省略的句法语义限制条件，即指称和移位限制条件及其互动关系，重点对类似"张三读了一本书，李四也读了"的句子进行了分析，提出定指性和话题化移位是名词性结构省略的必要条件，省略成分是移位后产生的句外话题的观点，其中定指性属于省略的语义限制条件，话题化移位是省略的句法限制条件，而话题化通常具有定指性，指称与移位的互动在省略结构中得到了很好的诠释。本书的分析得到了理论和实证的支持，印证了Johnson（2001）的观点，说明省略中的话题化移位具有跨语言、跨不同省略结构的特性，可在更多的语言和省略结构中予以验证，也进一步印证了汉语是典型的话题突出型语言，不同于英语的主语突出型语言。本章为今后深入研究省略的句法语义限制条件及相关的句法语义互动界面提供了新的思路，在参数变异研究的基础上，也为研究不同语言、不同省略结构的普遍语法原则提供了依据。

[①] （33b）也可将"那本书第三章"作为整体的句外话题移位，但这种分析无法解释（33b）中，"那本书"可以删除，而"第三章"不能删除。此外，"第三章"不能移位到"那本书"之前，是因为从信息结构的角度来说，在句子信息结构中，核心动词后如果出现多个信息单元，信息未知程度高的居于信息未知程度低的之后（陆俭明 2018），"那本书"的未知程度低于"第三章"，所以"那本书"在"第三章"之前。当然，（33b）不合法的原因不一定都是句法的原因，还有语用方面的动因，因为"那本书"和"第三章"是部分和整体的关系，如果后行句没有显性话题的话，就不知道"第三章"的具体所指范围，本章聚焦于探讨句法方面的因素。

第八章　省略的语序限制条件对比研究[①]

第四章至第七章，我们探讨了省略的指称、移位、允准和给定限制条件，这些条件涉及句法方面和语义方面，且这些句法语义条件相互作用，共同构成了省略的允准机制。在上述研究的基础上，我们发现除了上述句法语义限制条件外，语序条件也是一个重要的省略限制条件。本章将从语言对比的视角，对此问题进行探讨。

8.1　引言

省略是一种极为复杂的语言现象，一直是国外句法语义研究关注的焦点。它不仅涉及句法语义问题，还关系到认知、语篇、语用等多个维度，其中省略现象与语义省略、省略结构相互区别，且省略结构还与"空语类""零形式""成分缺失""空位""隐含"等概念既相互联系又相互区别（张天伟2011；张天伟、卢卫中2012）。在日语里，关于省略的讨论由来已久（久野1978；Kuno 1995；神尾、高见 1998；山口 2003等），其中最著名的莫过于对"鳗鱼句"的分析（金田一1955；奥津1978，2001；佐藤1992；野田2001；大野2014等）。

（1）（AB进入一家盖饭店）

A：天丼、親子丼、うな丼、色々あるな。僕は天丼にするよ。

---

① 本章的部分内容发表在：《外语教学理论与实践》2019 年第 2 期"英汉日省略结构的语序限制条件对比研究"（作者：韩涛、张天伟［通讯作者］）。

（天妇罗盖饭、鸡肉鸡蛋盖饭、鳗鱼盖饭，种类可真不少啊。我来个天妇罗盖饭）

B：僕はうなぎだ。

（我是鳗鱼［→我来鳗鱼盖饭］）

从省略类型上看，"僕はうなぎだ"，即所谓"鳗鱼句"实际上属于一种动词性省略现象[①]。这种现象多以"AはBだ"（A是B）的形式出现，例（2）、（3）也属于类似的语言现象：

（2）娘は男の子だ　→「娘が生んだ赤ん坊は男の子だ」

（我女儿是男孩　→我女儿生的孩子是男孩）

（3）彼はロシア語だ　→「彼が選択した外国語はロシア語だ」

（他是俄语　→他选的外语是俄语）

从认知维度上看，有学者认为上述省略现象可以从认知转喻的视角进行解释（如山本 2006；张天伟、卢卫中 2012等），即"未省略部分是中心的、高度凸显的事物，省略部分是非中心、未凸显的事物，未省略部分作为认知参照点唤起其他不那么凸显的事物"（张天伟、卢卫中 2012：27）。比如，例（3）可能出现在"花子はフランス語を選んだが、彼は？"（花子选的是法语，他呢？）这样的语境之中，此时的未省略部分"他"作为句子的话题是中心的、高度凸显的事物，可以起到认知参照点的作用，通过"他"去唤起不那么凸显的事物，即"（他）选的外语"。对这一观点，我们基本表示赞同，但同时也认为上述语言现象属于广义上的省略现象，因为其省略部分，即参照点所唤起的"非中心、未凸显的事物"并不唯一，需要在具体的语境（或框架）中决定，而且该解释不能准确解释句法语义省略的允准机制。比如，例（1）的"僕はうなぎだ"，如果缺少语境，可以有多种解读，如"我{吃、钓、养、做、研究、讨厌、演}鳗鱼"（金子 2005）。而例（2）、（3）在具体的语境中，也

---

① 陈访泽（1997）认为鳗鱼句是经过两次主题化操作，然后省略了"第一主题"形成的。但也有学者认为"鳗鱼句"不属于省略现象，如山本（2006）等。

可能是"我女儿领养的孩子是男孩""他教的外语是俄语"等。再比如：

（4）Plato is on the top shelf.（Fauconnier 1994：4）

根据不同的语境，例（4）中省略部分可能是Plato的"书籍、资料、肖像画"，甚至还可能是"一只叫Plato的猫"等等。

张天伟、卢卫中（2012）将省略分为省略现象、语义省略和省略结构，三者为包含与被包含关系，其中省略现象的内涵和外延最大，并以此类推。傅玉（2012）则根据对上下文依赖的程度，将省略区分为情景省略和文本省略，前者完全依靠上下文来还原缺失的信息，后者则可以不依赖语境，通过语法手段还原。据此，例（1）-（4）可以看作是一种"情景省略"。与情景省略相对，文本省略在句子结构上要求更严，受到的句法限制也更多（Ross 1969等），因此也可以将其视为一种省略结构。比如：

（5）张三会做饭，但李四不会　∅　。[①]
（6）张三不能开汽车，但李四能　∅　。

例（5）、（6）在句法结构上都由"但"连接的并列小句构成，且"张三"和"李四"，"会"与"不会"，"不能"与"能"分别形成对比焦点，在这种情况下，可以对例（5）、（6）第二并列小句中的省略部分（"做饭"和"开汽车"）进行解读。Langacker（2012a、b，2016）、张翼（2018）将省略结构视作一类构式，并尝试从"基线/加工"的角度提供统一的解释[②]。对此，后文会从对比语言学的角度指出这种做法未必适用于日语。与例（5）、（6）类似的现象日语里也有。比如：

（5'）張三　は　料理　できます　が、　李四　は　∅　できません。
　　　張三　助词　做法　　能　转折　李四　助词　　不能
　　　（张三会做饭，但李四不会）

---

① 本书中∅和[]均表示省略成分。
② 但这种分析未必适用于日语，后文将从对比语言学角度详述。

（6'）張三　は　　運転　できません　が、　李四　は　∅　できます。

　　　张三　助词　开汽车　不能　　转折　李四　助词　　能

　　　（张三不能开汽车，但李四能）

　　日语的省略结构具有哪些特点？日语在省略结构上与英汉等是否存在差异？不同语言省略允准机制的差异在哪里？造成差异的根源是什么？为了便于讨论，本章只关注狭义上的省略现象——省略结构。鉴于目前国内鲜有这方面的跨语言对比研究[①]，本章拟聚焦动词省略（空缺句）、谓语省略两类常见的省略结构，并从英、汉、日对比的视角具体分析日语省略结构的特点以及日语与英、汉之间的差异，以期为今后的省略研究开辟一条更广阔的研究路径。

8.2　日语动词省略特点及英、汉、日比较

8.2.1　日语动词省略的特点

　　动词省略／空缺句（Gapping）一直是国外省略研究的热点之一，特别是动词省略的允准机制研究（Repp 2009；Citko 2018等）。根据Jackendoff（1971：1）（转引自Lobeck 1995：21），英语动词省略的特点至少包括：① 空缺动词的旁边必须有一个词汇性成分；② 空缺动词必须出现在并列结构，而不是从属结构中，且与包含先行语的分句分开；③ 空缺动词不能前置于其先行语（详见张天伟、杜芳 2012）。比如，例（7）、（8）是典型的英语动词省略句。

（7）Robin ate beans, and kim　∅　rice.

（8）Dana will read *War and Peace*, and kim　∅　*Ivanhoe*.

（9）*Mary met Bill at Berkeley and Sue　∅　.

（10）*Mary met Bill at Berkeley although Sue　∅　at Harvard.

（11）*Sue　∅　meat and John ate fish.　（Agbayani & Zoerner 2004）

　　而例（9）-（11）则分别违反了英语动词省略的三个特点，因而不成立。

从英、日对比的视角看，Jackendoff（1971：1）概括的英语动词省略的第一、二个特点同时也是日语动词省略的特点[①]。如下例所示：

（12）*太郎　は　∅、次郎　は　野菜　を　食べた。

　　　太郎　助词　　次郎　助词　蔬菜　助词　吃了

（13）*太郎　は　ご飯　を　∅　、けれども　次郎　は　野菜　を　食べた。

　　　太郎　助词　米饭　助词　　　　但是　　　次郎　助词　蔬菜　助词　吃了

但第三个特点，日语却与英语恰恰相反。因为在日语动词省略句里，空缺动词非但不是"不能前置于其先行语"，反而必须前置。之所以产生这样的差异，我们认为，是由英、日基本语序不同造成的。

8.2.2　顺向省略与逆向省略

从语序上看，英、汉的基本结构相同，都是SVO语言，而日语则属于SOV语言。当表达同一概念时，二者句式上会有差异[②]。例如：

（14）a. 我　爱　你。（SVO）

　　　b. I love you.（SVO）

　　　c. 私　は　あなた　を　愛している。（SOV）

　　　　我　〈助词〉　你　〈助词〉爱〈正在〉

一般来说，"语序是表示句式的形式或手段之一，句式需通过语序来显现"，同时，"语序的差异影响句式的差异"（范晓 2013）。而且，语序的不同也会对结构意义产生影响（董秀芳 2008），跨语言语序上的差异亦是如此。

---

① 此外，Kato（2006）还指出日语动词省略句的4个特点：① 连词"そして"在动词省略句中可有可无；② "そして"是唯一一个允准动词省略的连词；③ 前后两个小句在时态上需保持一致；④ 不限制剩余成分的数量（详见 Kato 2006：55-56），限于篇幅，这里不再逐一举例。

② 古代汉语的语序与现代汉语不尽相同。如在古代汉语大量出现的宾语前置句中，宾语一般位于动词之前，是 SOV 形式。如（i）吾谁欺？欺天乎？（《论语 . 子罕》）（ii）寡人是问。（《左传·僖公四年》）本书的省略理论能否对此进行分析，我们将在下一阶段的研究中继续探讨。感谢陈练文博士指出这一点。

请看：

（15）a. John read *Hamlet*, and Mary read *King Lear*.

　　b. John read *Hamlet*, and Mary ∅ *King Lear*.

　　c. *John ∅ *Hamlet*, and Mary read *King Lear*.

（16）a. 太郎 は ハムレットを 読み、花子 は リア王 を 読んだ。

　　　太郎 助词 哈姆雷特　助词　读 花子 助词 李尔王 助词 读了

　　　（太郎读了《哈姆雷特》，花子读了《李尔王》）

　　b. *太郎はハムレットを読み（読んだ）、花子はリア王を　∅　　。

　　c. 太郎はハムレットを　∅　、花子はリア王を読んだ。

　　（神尾、高见，1998：114）

　　从例（15）、（16）的动词省略中不难看出，英语只能接受第二并列小句动词省略，如果省略第一并列小句中的动词则整个句子无法接受（如[15c]），因为违反了Jackendoff（1971）指出的第三个特点——"空缺动词不能前置于其先行语"。与此相对，日语只能省略第一并列小句中的动词。如（16b）所示，如果省略第二并列小句的动词则句子无法接受，因为违背了日语及物动词句要求以动词结句的句法原则（神尾、高见 1998）。正如久野（1978），神尾、高见（1998）等指出的那样，由于SVO语序和SOV语序上的差异，英日在动词省略时形成鲜明对比，英语的动词省略为"顺向省略"，日语的动词省略为"逆向省略"①。

　　那么，汉语属于哪种类型的省略呢？汉语的基本语序同英语一样，也是SVO语序，由此可以初步预测汉语在动词省略时会选择和英语相同的"顺向省略"。例（17）、（18）可为我们提供语言上的佐证。

（17）我吃了面条，他　∅　米饭。

　　甲：你们俩中午吃了什么？

　　乙：我吃了面条，他　∅　米饭。

---

① 由于语言呈现线性结构，故这里的"顺向省略"即"右向省略"，而"逆向省略"即"左向省略"。

（17′）*我　∅　面条，他吃了米饭。

　　　甲：你们俩中午吃了什么？

　　　乙：*我　∅　面条，他吃了米饭。

（18）我擦窗户，你∅　地板。

　　　甲：一会儿咱们俩负责擦哪儿？

　　　乙：我擦窗户，你∅　地板。

（18′）*我∅　窗户，你擦地板。

　　　甲：一会儿咱们俩负责擦哪儿？

　　　乙：*我∅　窗户，你擦地板。

（例[17]、[18]源自王竹[2017]，在王竹[2017]的调查中其可接受度均为98%。）

如例（17′）和（18′）所示，汉语同英语一样，只允许省略第二并列小句中的动词，如果是第一并列小句动词被省则句子难以接受。

上述分析显示，动词省略（空缺句）现象不仅存在于英语，日语和汉语里也有类似现象①。并且，从省略类型上看，英语和汉语属于一类，都采用顺向省略，而日语采用逆向省略。但为何日语会选择"逆向省略"？这种选择与语序之间的关系是什么？其背后又有何种制约机制？

单纯从理论上讲，SVO语言和SOV语言在动词省略时，有以下四种可能：

（19）a. SVO　S_O（顺向省略）

　　　b. S_O　SVO（逆向省略）

（20）a. SOV　SO_（顺向省略）

　　　b. SO_　SOV（逆向省略）

根据省略成分是否出现在第二并列小句，可以将（19a）、（20a）划分为一类，因为这一类省略结构的省略成分出现在第二并列小句，属于顺向省略，

---

① 详见第十一、十二章的讨论。

符合认知机制[①]。从信息结构看，可参见Merchant（2001），张天伟、曹永姝（2012）等的"先行语－省略成分"的信息推进模式进行解释：先行语与省略成分语义上相互蕴含，满足省略给定限制，已知信息部分可以被删除。反之，如果省略成分出现在第一并列小句则有悖于人类一般认知机制及信息结构（如日语）。

对于符合认知机制的省略结构（如英语和汉语），还可以运用Langacker（2012a、b）的"基线/加工"模式进行解释："首先，省略句中并置了两个成分，前一个成分作为基线，为省略结构激发的加工操作提供基础；其次，在加工操作中，前一个成分还处于高度激活的状态，能够为省略结构的理解提供必要的句法语义支持；再次，省略结构中显性出现的成分构成处理后的差异内容，更新了前一个成分中对应的信息"（张翼 2018：7）。

然而，无论是"先行语－省略成分"的信息推进模式，还是"基线/加工"模式，显然都难以解释日语的情况。因为与英语、汉语选择（19a）不同，日语选择的并非（20a），而是（20b）。理由何在？我们认为，制约省略类型的机制主要有两种：一为认知机制，二为句法机制[②]。这两种机制与省略的类型密切相关。以往在研究英语和汉语的动词省略时，由于英汉的语序为SVO，基于体验的认知基础，一般来说，除了强调等特殊原因外，省略成分作为旧信息位于新信息之后，呈线性排序，因此我们将其默认为一种省略类型，即我们所说的"顺向省略"。（然而，由于日语事实上为SOV语序，因此它在动词省略时采取了不同于英、汉的"逆向省略"方式。这种省略类型，有悖于基于体验的顺向省略。）由于语序的不同，顺向省略和逆向省略是两种不同类型的省略，当适用于顺向省略的认知机制不能解释逆向省略时，我们试图从句法机制的角度，深入分析并解释省略的语序限制因素，找出制约其不同于顺向省略的句法动因。因此认知机制和句法机制的关

---

① 由于语言的线性结构，在两个并列小句的结构中，省略成分要么出现在第一小句，要么出现在第二小句。从人的"认知"难易度来讲，省略成分出现在第一小句显然对听者（或读者）造成的影响要高于出现在第二小句。换言之，顺向省略更便于我们理解。

② 我们将在 8.3 节中通过探讨谓语省略，继续验证这两种机制的有效性。

系同顺向省略和逆向省略的关系一样，是一种平行关系，认知机制适用于顺向省略，句法机制适用于逆向省略，当认知机制无法解释逆向省略时，句法机制可以代替认知机制解释的不足。比如，前面看到的像例（15b）以及例（17）、（18）那样的顺向省略就是认知机制作用的结果。目前所提出的如"信息推进模式""'基线/加工'模式"也都基于这种认知机制：留下第一并列小句中的动词，省略第二并列小句中的动词。但很显然，认知机制无法合理阐释逆向省略。因为逆向省略与认知机制相悖——在逆向省略中，省略的是第一并列小句中的动词，留下的是第二并列小句中的动词。对此，我们在神尾、高见（1998）等研究基础上，提出制约逆向省略的句法机制——即残余成分（动词）是否位于句尾，且能否成为管辖整个句子的核心。范晓（2013）等指出，"动词是句子的中心、核心、重心，别的成分都跟它挂钩，被它吸住。"这一点日语亦如此。对于第一并列小句中省略了动词的（20b）来说，位于句尾的动词就成为整个句子的唯一核心，并肩负起成分统制全句的作用（C-Command）。也就是说，第二并列小句里的动词（V），实际上并不属于第二并列小句，而是属于整个并列小句。请看：

（21）太郎はハムレットを　∅　、花子はリア王を読んだ。（=[16c]）

（21'）［太郎はハムレットを　∅　、花子はリア王を］**読んだ**。

　　　= [SO, SO]V（动词位于句尾且为管辖句子的核心）

　　　如（21'）所示，例（21）中动词"読んだ"既统摄第一并列小句SO结构，又统摄第二并列小句SO结构，并且读例（21）时需要在动词"読んだ"前稍作停顿，这也表明位于句尾的动词实际上是整个并列句的核心。综上所述，我们可以得出这样一个一般性假设：动词省略结构受到认知机制和句法机制的双重制约。如果一个语言属于SVO语序（像英语、汉语），且能够进行动词省略，则优先受到认知机制制约，选择顺向省略；如果一个语言属于SOV语序（像日语），且能进行动词省略的话，则优先受到句法机制制约，选择逆向省略。例（22）-（25）提供了初步的跨语言佐证：

（22）（法语）A mange du riz et B ∅ des légumes.

　　　　　　A 吃 米饭 和 B 沙拉

　　　　　（A吃米饭，B吃沙拉）

（23）（意大利语）A mangia il riso e B ∅ l'insalata.

　　　　　　　A 吃 米饭 和 B 沙拉

　　　　　　（A吃米饭，B吃沙拉）

（24）（朝鲜语）A 는 쌀밥 을 ∅ ，B 는 샐러드 를 먹다.

　　　　　　A 助词 米饭 助词 　 B 助词 沙拉 助词 吃

　　　　　（A吃米饭，B吃沙拉）

（25）（土耳其语）A pilav ∅ ，B salata yiyor.

　　　　　　　A 米饭 　 B 沙拉 吃

　　　　　　（A吃米饭，B吃沙拉）

如例（22）、（23）所示，同样为SVO语序的法语、意大利语在动词省略受认知机制制约选择顺向省略。而如例（24）、（25）所示，属于SOV语序的朝鲜语、土耳其语由于受到句法机制的制约选择逆向省略。总之，从信息包装（Information Packaging）角度看，语序在省略中起重要作用。

采取逆向省略的语言大多是"动词居后语言"（Verb-Final Languages）。这种语言与语序关系密切，在语言类型学中的特征是动词位于句尾，日语就是其中之一。在动词省略时，"动词居后语言"是否都受句法机制的制约还有待今后进一步讨论。此外，英语的宾语省略也是逆向省略（神尾、高见 1998），因为作为残余成分的宾语成为句子的核心，同样满足句法机制。对此我们另做讨论。

8.3　日语谓语省略的类型及英、汉、日比较

英语谓语省略研究的核心问题包括允准核心、逆回指限制（Backwards Anaphora Constraint）、极性标记（Polarity Marking）等（Lobeck 1995；Gengel 2013），如例（26）：

（26）a. Even though she shouldn't ∅ , Mary will visit John tomorrow.

　　　b. Dennis rarely plays the piano, but Susan often ∅ . （Lobeck 1995）

　　　c. Although Holly doesn't ∅ , Doc eats rutabagas. （Gengel 2013）

　　特别是有关英语谓语省略的句法特征、分类及特点等，研究相对比较深入（Agbayani & Zoerner 2004；Su 2006；Aelbrecht 2010）。比如，英语的谓语省略在语义上同时存在两种解读——严格解读（Strict Reading）和宽泛解读（Sloppy Reading），如例（27）：

（27）Taro saw his mother, and Jiro did ∅ too.

　　　a. Jiro saw John's mother.

　　　b. Jiro saw Mary's mother.

（28）太郎　は　　自分の　お母さん　を　　見た。そして、次郎　も　∅。

　　　太郎　助词　自己的　　　母亲　助词　看见了　并且，　次郎　也

　　　（太郎看见了自己的母亲，次郎也是）

　　　a. 次郎也看见了太郎的母亲。

　　　b. 次郎也看见了自己的母亲。

　　同样，如（28）所示，日语的谓语省略也存在严格和宽泛两种解读。但需要注意的是，从省略类型上看，与动词省略不同，日语在谓语省略时选择的不是逆向省略，而是顺向省略。为何会出现这种差异？下文将具体比较汉、日谓语省略的情况。

　　汉语中的谓语省略大多以"是""否定""情态动词"和"独立动词"四种类型出现，如（29）-（32）：

（29）张三没喝酒，李四也是。

（30）张三喝酒了，李四没有。

（31）张三会吹笛子，李四也会。

（32）张三做了件新衣服，李四也做了。（Su 2006）

类似的省略形式在日语里也存在，但日、汉还是存在一定的差异。请看：

（33）a. 张三没喝酒，李四也是。（=29）

b. 張三 は お酒 を 飲まなかった（が）、李四 も。

    张三 助词 酒 助词 喝 没 李四也

    （张三没喝酒，李四也［没喝］）

c. 張三 は お酒 を 飲まなかった（が）、李四 も そう だ。

    张三 助词 酒 助词 喝 没 李四 也 那样 判断词

    （张三没喝酒，李四也是那样）

（34）a. 张三喝酒了，李四没有。（=30）

b. *張三 は お酒 を 飲んだ（が）、李四 は なかった。

    张三 助词 酒 助词 喝了 李四 助词 没有

    （张三喝酒了，李四没有）

c. ??張三 は お酒 を 飲んだ（が）、李四 は しなかった。

    张三 助词 酒 助词 喝 了 李四 助词 没做

    （*张三喝酒了，李四没做）

d. 張三 は お酒 を 飲んだ（が）、李四 は そう しなかった。

    张三 助词 酒 助词 喝了 李四 助词 那样 没有

    （张三喝酒了，李四没有那样做）

（35）a. 张三会吹笛子，李四也会。（=31）

b. 張三 は 笛 が 吹ける（が）、李四 も。

    张三 助词 笛子 助词 会吹 李四也

    （张三会吹笛子，李四也［会］）

c. 張三 は 笛 が 吹ける（が）、李四 も できる。

    张三 助词 笛子 助词 会吹 李四也 会

    （张三会吹笛子，李四也会）

（36）a. 张三做了件新衣服，李四也做了。（=32）

b. 張三 は 新しい服 を 作った（が）、李四 も。

　　張三 助词 新衣服 助词 做 了 李四也

　　（张三做了新衣服，李四也［做了］）

c. ?? 張三 は 新しい服 を 作った（が）、李四 も した。

　　張三 助词 新衣服 助词 做 了 李四也 做了

　　（张三做了新衣服，李四也做了）

d. 張三 は 新しい服 を 作った（が）、李四 も そう した。

　　張三 助词 新衣服 助词 做 了 李四也那样 做了

　　（张三做了新衣服，李四也那样做了）

首先，从例（33）-（36）中可以发现，日语在谓语省略上与汉语相同，都属于顺向省略，这一点与动词省略时选择逆向省略有所不同（如［16c］）。其原因在于，在动词省略时，位于句尾的残余动词实际上是管辖整个句子的核心，可以作为两个并列小句的共通的动词抽取出来（如［21']所示）；但在谓语省略时，如图8.1所示，由于省略成分不同，对比焦点发生了变化，残余成分不再是整个句子的核心，制约省略类型的句法机制已无法适用。因此，日语采用了符合认知机制的顺向省略。

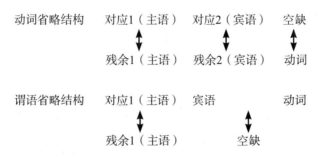

图8.1　日语动词省略结构和谓语省略结构在句法上的差异

具体来说，虽然日语为SOV语序，但谓语省略时无法满足句法机制——即残余成分（"お酒を飲まなかった"）无法作为管辖句子核心提取出来，因此不能进行逆向省略，如例（37a、b）所示：

（37）a. *張三　も、李四　は　　お酒　を　飲まなかった。

　　　　　张三 也 李四 助词　酒　助词　　喝 没

　　　　　（*张三也，李四没喝酒）

　　　b. *張三　も　そう　した（が）、李四　は　お酒　を　飲まなかった。

　　　　　张三 也 那样　做了　　　李四 助词 酒 助词　　喝 没

　　　　　（*张三也那样做了，李四没喝酒）

　　　c. 張三　は（飲んだかどうか）さておき、李四は　お酒　を　飲まなかった。

　　　　　张三 助词　　喝没喝　　不管 李四 助词 酒 助词　喝 没

　　　　　（张三［喝没喝］暂且不管，反正李四没喝酒）

　　　需要注意的是例（37c）。虽然该句可以看作"さておき"（不管A如何，反正B）前面省略了"飲んだかどうか"（喝没喝），但很显然，省略成分与残余成分之间不形成对比焦点，因此这不是动词省略时看到的逆向省略。

　　　其次，日、汉在谓语省略上的差异大致可概括为以下两点：①如例（30）、（32）所示，汉语可以以否定的形式或借助"独立动词"的形式进行省略，但日语无论仅保留否定形式①，还是借助独立动词"する"（类似英语do动词），句子都很难成立（例［34b］、［36c］）。如例（34d）所示，要使句子变得可接受，日语还需要借助指示词"そう"（那样）（此处暂不探究原因）。从例（36d）中也可以看出，借助指示词"そう"（那样）使句子成立是日语的一个特点。② 汉语谓语省略时，助动词"是"起到重要作用。如例（29）所示，如果没有"是"，句子难以成立（"*张三没喝酒，李四也。"）。张天伟、杜芳（2012：4）认为，"是"在现代汉语假空缺句中起到了重要作用，既可以显现存在，又可以隐现存在，类似于英语假空缺句中的"Do-支撑"。在日语里，与"是"功能近似的是"だ"，但在日语里，即便没有"だ"句子也可成立（如例［33b］、［35b］、［36b］）。再比如：

---

① 日语的"なかった"与汉语的"没有"的句法功能并不相同。汉语的"没有"语法化程度高，可以独立使用，而日语的"なかった"不行。比如"你吃了吗？- 没有"。"あなた、食べた？（你吃了吗？-*なかった［没有］/食べなかった［没吃］）"。

（38）a. 私は中国人だ。（そして、）彼も。

　　　b. *我是中国人，他也。

　　　c. 我是中国人，他也是。

过去虽然有不少研究提到过日语提示助词"も"（也）后面常存在谓语省略现象（如黄德诚 1998 等），但很少有研究从句法对比角度关注汉语"也"和日语提示助词"も"在省略结构中的差异。本章的试探性研究将对此现象有所启发。

8.4　结语

本章通过英、汉、日等语料的对比研究发现：① 省略结构可以分为顺向省略和逆向省略两种类型，并且这两种类型分别受到认知机制和句法机制的制约；② 语序是造成这种差异的重要原因，是省略的句法语义限制条件之一。就日语而言，日语属于 SOV 语序，是动词居后类型的语言，动词省略时，位于句尾的残余动词能够成为管辖整个句子的核心，满足句法机制，采用逆向省略；谓语省略时，无法满足句法机制，就转向符合认知机制的顺向省略（见表8.1）。

表8.1　英、汉、日三种语言的基本语序与两种省略类型

语言	语序	动词省略	谓语省略
英语	SVO	顺向省略	顺向省略（△）
汉语	SVO	顺向省略	顺向省略（△）
日语	SOV	逆向省略（动词核心）	顺向省略

△指当句法条件满足（如例［26a］的Even though、让字句［39］、把字句［40］）时，可以逆向省略。

值得注意的是，虽然汉语和英语同为SVO语序，无论动词省略，还是谓语省略都倾向选择顺向省略，但这不意味着英语（如例［26a］）、汉语里不存在逆向省略。如例（39）、（40）所示，当句法条件满足时——"让"或"把"字句导致宾语前置，位于句尾的残余成分成为管辖整个句子的核心

（"让""把"起标记的作用），汉语也可以进行逆向省略。

（39）我们有责任用自己的画笔让世界更多一点色彩，当然也有权利让自
己 ∅ 、让家人的生活变得更美好。（CCL语料库）

（40）我要呼唤的不是远离家乡的游子——而是把青春 ∅ ，把生命 ∅ ，
把一切献给美丽的理想的同伴。（CCL语料库）

以往有关省略结构的研究较少关注语序这一要素，本章通过英、汉、日
动词省略和谓语省略的对比研究发现，英、汉、日在省略结构上的差异与语序
密切相关。语序的不同直接影响到句法结构上的差异，并由此产生了两种省略
类型：顺向省略和逆向省略。在区分认知机制和句法机制的前提下，就日语而
言，虽然顺向省略符合认知机制，但当句法条件满足时，其省略结构会由顺向
省略转向逆向省略。在跨语言验证的基础上，我们认为，语序是跨语言省略研
究的重要因素[①]，是省略的句法语义限制条件之一。

省略是一种极为复杂的语言现象，关系到句法、语义、语篇、语用、认知
等诸多层面。本章只是省略结构跨语言对比研究的一个初步尝试，今后有待于
通过更多的语料对上述观点进行验证和类型学思考，以语序类型和各种语言的
不同省略结构为切入点，寻找语言的普遍性和变异性。

---

① 后续研究中，我们还将探讨 VOS 语序与省略问题，如 Coon（2010）等的相关研究。

第九章　跨语言视角下汉语谓词短语成分省略的话题化移位限制条件研究①

　　本章在省略句法语义限制条件的理论假设框架下，探讨现代汉语谓词短语内部成分的省略问题。通过英语、汉语和科萨语的跨语言语料比较分析，我们发现汉语谓词短语内部成分须移位至句首才能省略，不能移位的成分则不能省略，可见话题化移位是谓词短语内部成分省略的限制条件之一。本章将结合信息结构视角，对这一限制条件的动因进行分析和解释。

9.1　引言

　　如前所述，省略是指在特定结构中某一成分语音形式缺失，但其语义能得以还原的语言现象（Merchant 2018：19）。不同语言中的省略结构既有共同特征，又存在明显差异，如（1）-（4）。

　　（1）a. John can speak French, and Mary can [$_{VP}$ speak French] too.（英语）

　　　　b. U-John　　　u-ya-kwazi　　　uku-thetha　　　isi-Fransi,

　　　　　 nc1-John　 sm-prs.dis-can　 inf-speak　　　 nc7-French

---

① 本小节的部分内容发表在：《解放军外国语学院学报》2020 年第 1 期 " 跨语言视角下汉语谓词短语成分省略的话题化移位限制条件研究 "（作者：马秀杰、张天伟）。

naye   u-Mary   u-ya-kwazi   [uku-thetha isi-Fransi].[①]（科萨语[②]）

and   nc1-Mary sm-prs.dis-can   inf-speak nc7-French

"John can speak French and Mary can too."

c. 张三会说法语，李四也会[$_{VP}$说法语]。

（2）a. I heard a student failed his exam, but I do not know who$_i$ [$_{IP}$ t_i failed his exam].

b. Nd-a-va   ukuba   um-fundi   om-nye   aka-phumelel-anga   ku-viwo,

1sg-pst-hear comp nc1-student rel-one neg-pass-neg   prep-exma

kodwa   a-nd-azi   ukuba   ngu-bani$_i$ [$_{IP}$$t_i$ o-nga-phumelel-anga   ku-viwo].

but   neg-1sg-know comp clef-who rel1-rel1-neg-pass-neg   prep-exma

"I heard that one student failed the exam, but I don't know it is who"

c. 我听说有个学生不及格，但我不知道是谁$_i$[$_{IP}$$t_i$不及格]。

（3）a. John likes apples, and Mary does [$_{VP}$ like apples] too.

b. *U-John   u-thanda   ama-Apile, naye   u-Mary   [u-thanda   ama-Apile].

nc1-John sm1-like nc6-apple and nc1-Mary sm1-like nc6-apple

Intended: "John likes apples and Mary does too."

c. *张三喜欢苹果，李四也[$_{VP}$喜欢苹果]。[③]

---

① nc: 名词的类别（其后数字表示隶属第几类）；sm: 主语标记（其后数字与主语所属名词的类别一致）；inf: 动词不定式；om: 宾语标记（其后数字与宾语所属名词的类别一致）；prs: 现在时；pst: 过去时；comp: 补足语标记；rel: 定语标记；cop: 系动词；neg: 否定式；prep: 介词；dis: 不连续格式；clef: 分裂句。

② 科萨语（Xhosa）属尼日尔 - 刚果语系班图语族（Bantu Languages），是南非共和国的官方语言之一。科萨语是黏着语，存在多种类型的省略。

③ 在此情况下，需插入"是"句子。Li（1998）和 Xu（2003a）等学者认为"是"字结构中的省略相当于英语的动词短语省略。"是"字的层级结构高于动词短语，至少包含 TP 和 NegP，如（i）-（ii）:

（i）a. 张三喝酒，李四也是。

b. 张三喝酒了，李四也是（*了）。

（ii）a. 张三打麻将，李四也是。

b. 张三不打麻将，李四也是（*不是）。

（i）中不管所描述事件发生在现在还是过去，目标句只能是：主语＋也＋是，说明"是"涵盖 TP。（ii）中的否定词"不"不能出现在"是"字句，说明"是"涵盖 NegP。本章主要聚焦于谓词短语内部成分省略，对"是"字句暂不做探讨。

（4）a. *John likes apples, and Mary likes [~DP~ apples] too.

　　b. U-John　u-thanda　ama-Apile,　naye　u-Mary　u-ya-wa-thanda　[~DP~ ama-Apile].

　　nc1-John　sm1-like　nc6-apple　and　nc1-Mary　sm1-prs. dis-om6-like　nc6-apple

　　"John likes apples and Mary likes （apples）too."

　　c. 张三喜欢苹果，李四也喜欢[~DP~苹果]。

例（1）表明，英语和汉语中受情态动词管辖的动词短语均可省略，而科萨语中没有类似于英语和汉语的情态动词，动词 azi用来表示有能力做某事，后面需加动词不定式 *uku-thetha* （Du Plessis & Visser 1992: 88-91），所以（1b）中省略的是动词不定式。例（2）表明这三种语言均存在截省句，体现了省略的共性特征，但英语截省句由于疑问词移位，省略部位可直接删除（Merchant 2001: 40-45），而科萨语截省句中须出现 ngu或yi，[①]否则省略不合语法，汉语截省句与"是"关系密切，许多研究认为当残余疑问词是简单形式的论元疑问词时，"是"必须出现（刘丽萍 2015：2）。例（3）说明英语动词短语可以省，而科萨语和汉语则不可以。例（4）说明英语宾语不可以省，而科萨语和汉语则可以，但科萨语宾语省略时，宾语标记，即（4b）目标句中的"*wa*"，必须出现。

省略的首要条件是语义还原，即听话人可以从语境或上下文中还原省略部位的意义。Merchant（2001: 25-29）提出省略给定条件（e-Givenness Condition），即一个成分有凸显的先行词，当且仅当满足此条件时，该成分才能被省略。例（1）-（4）均为并列结构，第一分句为省略部位提供了先行词，符合省略语境和语义还原条件，但同一成分，在有些语言中可以省略，而在另一些语言中则不能省略，这表明不同语言中哪些成分能省略、省略成分受哪些制约，需进行跨语言对比分析。

---

① *ngu* 和 *yi* 为同一语法形式,使用取决于名词类别,比如第1类名词前是 *ngu*,第4类名词前是 *yi*。此外,据我们所知,在如（2b）结构中, *ngu/yi* 是系动词、分裂句标记还是焦点标记目前还没有相关研究。

省略可以出现在不同句法位置，类型丰富多样。本章主要探究现代汉语谓词短语成分省略，如（5）-（6）。

（5）a.它能熬夜，我也能[_{VP}e]。（海明威《老人与海》）

　　b.多数领导去了市防疫站，一些其他报社记者也去了[_{DP}e]。（《1994年报刊精选》）

　　c."我热了些肉汤让阿圆先点点饥，自己也喝了两口[_{NP}e]。"（杨绛《我们仨》）

　　d.孩子想进去玩，当大人的也想 [_{INF}e]。（《人民日报》2016年05月18日）

　　e.我母亲很早知道那个人就是我，我的孩子们也知道[_{CP}e]。（《读者（合订本）》）

（6）a.*张三必须努力学习，李四也必须[_{VP}e]。

　　b.*客厅里坐着一个人，卧室里也坐着[_{DP}e]。

（5）中多种成分在目标句中均可省略，而（6a）中的动词短语和（6b）中的宾语却不能省略。本章将探究汉语谓词短语内部成分省略的允准机制，丰富现有省略理论。

9.2　相关文献评述

自Ross（1967:41-100）第一次对英语省略进行较为系统的分类以来，不少学者研究了英语中省略结构的句法和语义条件。在管约论（Government and Binding Theory）框架下，Chao（1987）、Lobeck（1995）、Zagona（1988a、b）等学者认为省略属于空语类（Empty Category），其特征与代词相似，无隐形句法结构。随着省略研究的深入，不少学者发现省略结构的一些特征与空语类相矛盾（Merchant 2001；Kennedy 2003；Aelbrecht 2010；Aelbrecht & Haegeman 2012），存在隐形句法结构（Covert Syntactic Structure）。Merchant（2001: 25-29）从语义出发提出了省略给定限制条件（e-Givenness

Condition），认为当且仅当某一成分满足给定限制时，才能被删除。Johnson（2001：439-446）从句法出发，认为英语谓词短语省略的限制条件是话题化，谓词短语先移位至句首，然后被删除。

关于汉语省略的研究多是对某一省略结构的研究，比如谓词短语省略（Huang 1988a，1991；Li 2002；Ai 2006；Wu 2016；周永、杨亦鸣 2015）、截省句（刘丽萍 2015）和体词省略（李艳惠 2005；张天伟 2019），对特定范围内省略成分的共性特征的研究却很少。有学者探究了省略的允准条件，如张天伟（2017）、张天伟等（2012）根据Merchant（2001）的给定限制条件，提出省略部位一般是已知信息，剩余部分是表示新信息的焦点。这些研究从句法、语义、信息结构等角度探讨汉语省略现象及其允准条件，揭示了省略多方面特点，对探究省略的产生机制以及揭示语音、句法、语义、语篇、语用不同层面间的关系极为重要，但仍存在一些语言事实无法被现有理论合理解释。如例（5a）和（6a）所示，有些情态动词允准其补足语省略，而有些则不能。此外，上述研究缺乏对某一省略结构内部成分特征的深入分析。

基于此，本章从句法角度探讨现代汉语谓词短语内部不同省略成分的共同特征，分析省略与移位之间的限制关系，揭示谓词短语内部成分省略的统一句法限制条件。

9.3　汉语谓词短语内部的省略结构

通过对谓词短语的考察，谓词短语内部能省略的成分包括定指体词性宾语、不定式和小句补足语、可能类情态动词和否定词"没有/没"管辖的动词短语，不能省略的成分有不定指体词宾语、必要类情态动词管辖的动词短语、不受情态动词或"没有/没"管辖的动词短语。

9.3.1　定指体词宾语的省略

如（4c）所示，汉语中的体词宾语可以省略，但并非所有体词宾语都可以省略。张天伟（2019：906-908）就该类体词宾语的指称性做过论证，认为只有定指性体词才能省略。例（4c）中的宾语"苹果"表类指，指称一类或某一集合，带有全量涵义，全量具有定指义（Cheng & Sybesma 1999：532；刘丹青 2002: 421）。（4c）代表的光杆名词、表定指义的专有名词、领属结构和代词等成分充当的宾语，均可省略，而表不定指义的数量名词短语则不能省略，如（7）-（11）：

（7）张三教过小王，李四也教过[e]。

（8）张三读过那本书，李四也读过[e]。[①]

（9）张三表扬了他的学生，李四也表扬了[e]。

（10）张三认识她，李四也认识[e]。

（11）a.*张三吃了二十个水饺，李四也吃了[e]。

　　　b.*张三读过五本书，李四也读过[e]。

例（7）-（10）的宾语具有定指义，均能省略。（11）的宾语为表不定指的数量名词短语，在目标句中"二十个水饺"不能省略；若省略，除接受度存疑外，其语义无法还原，目标句无数量名词短语的解读。

需要指出的是，宾语位置上的光杆名词也可为不定指，如：

（12）张三买书了，李四也买[e]了。

（12）中的"书"可表类指，具有定指义，这与上面的结论一致。同时，"书"也可为不定指，即李四买了某一本或某几本书，这似乎与上文所得出的能省略的体词宾语都具有定指义这一结论相矛盾。要解释这一现象，需考察光杆名词短语的内部结构：Longobardi（1994：612-621）提出日耳曼语族和罗曼语族中的光杆名词具有和其他限定词短语完全一致的结构。据此，Cheng & Sybesma（1999：518，524-523）认为汉语中表示不定指的光杆名词和数量短

---

① 当省略部位含有代词时，省略成分可有三种解读：（i）严格解读（Strict Reading），即指李四扬了张三的学生；（ii）宽泛解读（Sloppy Reading），即李四表扬了自己的学生；（iii）第三种解读（A Third Reading），如张三和李四表扬了老王的学生。宽泛解读被认为是说明此结构是省略，而非空代词的重要依据，详见 Ai（2006：15-17）。

语的结构相同，只是前者的Num^{0}和CL^{0}为零形式，①如图9.1所示。

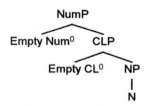

图9.1　不定指光杆名词的句法结构

汉语数量名词短语中的名词可以省略，只保留数词和量词，结合图9.1，比较（13a）和（13b）：

（13）a. 张三写过三本书，李四也写过[$_{DP}$ [$_{NumP}$三 [$_{CLP}$本[$_{NP}$书]]]]。

　　　 b. 张三买书了，李四也买[$_{DP}$[$_{NumP}$Num^0[$_{CLP}$CL^0[$_{NP}$书]]]]了。

（13a）和（13b）中的省略成分相同，但（b）中Num^{0}和CL^{0}为零，"书"省略后，宾语位置无显形数量词。此语境下，被删除的名词实际上表类指，即书，李四写过三本，与前文结论相符。

9.3.2　不定式和小句的省略

汉语中的不定式②和小句作补足语，也可以省略，如（14）–（15）：

（14）张三打算过去美国，李四也打算过[$_{INF}$ e]。

（15）张三知道老王喜欢下象棋，李四也知道[$_{CP}$ e]。

（14）中的"去美国"、（15）中的"老王喜欢下象棋"分别充当动词的

---

① 关于光杆名词的定指与不定指及其结构，参见 Cheng & Sybesma（1999）。此外，关于汉语数量结构投射的研究，目前学界有不同看法，如安丰存、程工（2014）认为量词是轻名词这一功能语类的具体表现形式，数词和量词分别处在 nP 的指示语（specifier）和中心语（head）位置，但这并不影响本章的分析，光杆名词短语无数词和量词，即 nP 的指示语和中心语位置为零形式，省略的是 n 所管辖的实词 NP，详见安丰存、程工（2014：56）。本章采用 Cheng & Sybesma 的不定指光杆名词结构。

② 学界对（14）中缺失的成分是否是动词不定式，有着不同看法。有学者（如 Li 1990；Tang 2000）认为此结构为动词不定式，有学者（如 Hu, Pan & Xu 2001）则认为汉语没有不定式。本书采用 Li（1990）和 Tang（2000）的术语。

补足语，省略后，句子合法，且语义可还原。

9.3.3　情态动词补足语的省略

法语、荷兰语等语言尽管不存在英语式的动词短语省略（English-Type VP Ellipsis），但当动词短语作情态动词的补足语时可以省略，即情态动词补足语省略（MCE）（Aelbrecht 2008；Dagnac 2010；Authier 2011）。通常义务情态动词（Deontic Modal）能允准其补足语省略，而认识情态动词（Epistemic Modal）则不能，如：

（16）a. La police doit arriver dans cinq minutes the police must to-arrive in

　　　　five minutes et l'ambulance *doit* arriver dans cinq minutes aussi.

　　　　and the-ambulance must to-arrive in five minutes also "The police must

　　　　arrive in five minutes and the ambulance must arrive in five minutes

　　　　too."　　　　　　　　　　　　　　　　　　　　　　（epistemic/deontic）

　　　b. La　police *doit* arriver dans cinq minutes et l'ambulanc e *doit* [e] aussi.

　　　　the　police must arrive in five minutes　and　the-ambulance　must also

　　　　"The police must arrive in five minutes, and the ambulance must too."

　　　　　　　　　　　　　（*epistemic/deontic）（法语，Authier 2011：26）

Authier（2011）指出，若无省略，情态动词"*doit*"既可表义务，也可表认识（16a）；若动词短语省略，"*doit*"只能表义务（16b）。

Wu（2002b）、Su（2006，2008）和 Wei（2010）等学者认为，在汉语中，义务情态动词同样能允准动词短语省略，而认识情态动词则不能，但"能"和"会"等情态动词表认识或认知义时，其后动词可以省略，详见Ai（2006：182-184）。Ai（2006）提出表可能义（Possiblity）的情态动词具有允准动词短语省略的功能，表必须或必要义（Necessity）的情态动词不具备该功能。

我们对朱德熙（1982：61-65）所列举的23个情态动词进行了初步考察，其中表示需要、必要的义务情态动词，如应、应当、该，其后动词短语一般不能省略；表示可能、意愿、允准、估计的情态动词所管辖的动词短语可以省略，如（17）-（18）：

（17）*张三应当/必须/得/该说法语，李四也应当/必须/得/该[vp e]。

（18）张三会/敢/肯/能/愿意说法语，李四也会/敢/肯/能/愿意[vp e]。

这说明Ai的观察在一定程度上是正确的，但情态动词的语义范畴不能完全概括其能否允准动词短语省略这一语法功能。首先，有些表义务情态动词，比如"应该"，可以允准动词短语省略，如"张三应该做表率，李四也应该"；其次，"肯""乐意""愿意"等情态动词表示意愿而非可能。但本章暂先采用Ai的分类，即可能类情态动词的补足语可以省略，而必要类情态动词的补足语则不能省略，希望后续就情态动词补足语省略及情态动词分类做深入探究。

9.3.4　"没有/没"所管辖的动词短语省略

动词短语受"没/没有"管辖时，也可以省略，如（19）：

（19）a. 张三没（有）学祖鲁语，李四也没（有）[vp e]。

　　　b. 张三喝酒了，但李四没有[vp e]。

（19）中"没（有）"所管辖的动词短语均被省略，句子完全合乎语法，且语义得以还原。

普通话中"有"后很少出现动词短语，粤语中"有+VP"却极为常见，表示所述事态的客观现实性（施其生1996），其中的谓词短语可以省略，如（20）：

（20）张三有食早餐，李四也有[vp e]。

另一方面，如（3c）所示，不受"没有/没"或情态动词管辖的动词短语不能直接删除，如下所示：

（21）a.*张三学习法语，李四也[vp 学习法语]。

　　　b.*张三吃过饭了，李四也[vp 吃过饭]了。

上面例句均为并列结构，第一分句为省略成分提供了先行结构，满足省略产生的语境和语义还原条件。有些成分，包括定指体词宾语、不定式和小句补足语、受可能类情态动词和"没有/没"管辖的动词短语，可以省略；有些成分，如不定指宾语、受必要类情态动词管辖的动词短语、不受"没有/没"或情态动词管辖的动词短语，则不能省略。

9.4　谓词短语成分的省略与移位的对应关系

Johnson（2001：439-446）发现，英语动词短语的省略与移位之间存在着密切联系，能够省略的动词短语均可以移位至句首位置，如（22）-（23）：

（22）a. *José likes rutabagas*, and Holly does [like rutabagas] too.

　　　b. José *ate rutabagas*, and Holly has [eaten rutabagas] too.

　　　c. José should have *eaten rutabagas*, and Holly should have [eaten rutabagas] too.

　　　d. José is *eating rutabagas*, and Holly is [eating rutabagas] too.

　　　e. José has been *eating rutabagas*, and Holly has been [eating rutabagas] too.

　　　f. Mag Wildwood wants to *read Fred's story*, and I also want to [read Fred's book].

（23）a. [*Like rutabagas*]$_i$, Holly does t_i.

　　　b. [*Eaten rutabagas*]$_i$, Holly has t_i.

　　　c. [*Eaten rutabagas*]$_i$, Holly should have t_i.

　　　d. [*Eating rutabagas*]$_i$, Holly is t_i.

　　　e. [*Eating rutabagas*]$_i$, Holly has been t_i.

　　　f. [*Read Fred's book*]$_i$, I also want to t_i.

（Johnson 2001: 例 [5] & 例 [17]）

例（22）目标句中的动词短语均可以省略；相应地，这些动词短语都能移位至句首（23）。Authier（2011：197-205）指出，法语中的情态动词补足语省略与移位之间也存在着制约关系，能移位至句首的补足语能省略，不能移位的不能省略。

Johnson（2001）根据省略与移位之间的关系，提出动词短语的话题化（VP Topicalization）是其省略的句法限制条件，即动词短语移位至句首，实现话题化，然后删除。Johnson的分析解释了英语中动词短语省略与移位的关系，但Aelbrecht & Haegeman（2012）发现，在某些句法条件下，谓词短语可以省略，但不能移位到句首，如：

（24）a. I knew that some students presented this article in my class but I couldn't recall [which of the students didn't Ø].

b. *I knew that some students presented this article in my class but [*present the article*]ᵢ I couldn't recall [which of the students didn't *t*ᵢ].

（25）a. I knew that some students presented this article in my class but I can't recall the students [who didn't Ø].

b. *I knew that some students presented this article in my class but [*present the article*]ᵢ I can't recall the students [who didn't *t*ᵢ].

（Aelbrecht & Haegeman 2012：例[13]&例[15]）

例（24）和（25）表明，谓词短语 "*present this article*" 可以省略，但却不能移位至句首。基于此，Aelbrecht & Haegeman （2012）认为，话题化不是省略的必要条件。

此外，英语中宾语可以话题化，但却不能省略，如（26）：

（26）a. *John likes apples and Mary also likes [e].

b. [*Apples*]ᵢ, Mary also likes *t*ᵢ.①

---

① 我们咨询的五位母语者，包括美国英语两位、英国英语一位、南非英语两位，认为以（26a）为代表的结构完全不可接受，以（26b）为代表的结构可以接受。

（26）中的宾语不能被删除，却可以移位至句首，成为话题。这说明英语中省略与移位间的对应关系仅限于动词短语，并不适应于体词性短语。

与英语有所不同，汉语谓词短语成分的省略与移位之间表现出相互对应的关系。首先，在体词宾语的移位方面，张天伟、马秀杰（2019a）指出，定指体词宾语可以移至谓词短语外部，不定指体词宾语则不能移出谓词短语。汉语中的定指体词宾语可以通过"把"字句移位至动词前，或者移位至句首实现话题化，而具有不定指义的数量名词短语则不能，这与宾语省略呈现出一一对应的关系。请比较（7）-（11）与（27）-（33）。

（27）a. 张三把老王$_i$打了t_i。

　　　b. [老王]$_i$，李四见过t_i。

（28）a. 张三把那本书$_i$读完了t_i。

　　　b. [那本书]$_i$，李四读过t_i。

（29）a. 张三把他的学生$_i$表扬了t_i。

　　　b. [李四的书]$_i$，张三弄丢了t_i。

（30）a. 我把她$_i$忘记了t_i。

　　　b. [她]$_i$，李四认识t_i。

（31）a. 李四把酒$_i$喝了t_i。

　　　b. [酒]$_i$，李四不喝t_i。

（32）a. *张三把二十个水饺$_i$吃了t_i。[①]

　　　b. *[二十个水饺]$_i$，张三吃了t_i。

（33）a. *张三把三本书$_i$弄丢了t_i。

　　　b. *[三本书]$_i$，李四丢了t_i。

例（27）-（33）说明具有定指义的专有名词、领属短语、代词和光杆名

---

① 当在特定语境下，数量名词短语被赋予定指义时，可以前置。比如，说话双方都知道盘子里有 20 个饺子，一方在抱怨张三把盘子里的饺子都吃了，在该语境下（33a）可接受，详见张天伟（2019）。此外，若句中出现"都"或"只"，数量名词短语可以前置，"都"具有全指义，"只"具有限定义，赋予数量名词短语定指义。

词性短语都可以移位至动词前，充当把字句的宾语，也可以移位至句首充当话题①。例（32）-（33）则表明具有不定指义的数量名词短语，既不能移位至动词前充当把字句的宾语，也不能移位至句首。

谓词短语内部的其他省略成分，包括宾语中心语、不定式补足语、小句补足语、可能类情态动词和"没有/没"管辖的动词短语，都可以移出谓词短语，如（34）-（38）所示：

（34）[书]$_i$，李四也写过三本t_i。

（35）[去美国]$_i$，李四也打算过t_i。

（36）[老王喜欢下象棋]$_i$，李四也知道t_i。

（37）[说法语]$_i$，李四也会/能/肯/敢/可以/愿意t_i。

（38）[学祖鲁语]$_i$，李四也没（有）t_i。

另一方面，不能省略的成分，包括不定指宾语、必要类情态动词所管辖的动词短语、不受"没有/没"或情态动词管辖的动词短语，通常都不能移至句首，如（39）-（40）：

（39）*[说法语]$_i$，李四也应当/必须/得/该t_i。②

（40）*[喜欢苹果]$_i$，李四也t_i。

以上论证说明谓词短语内部能省略的成分都能移位至句首充当话题，不能移位的成分则不能省略。基于这一对应关系，可以得出如下结论：话题化移位是谓词短语内部成分省略的句法条件。

虽然英语中的省略表现出与汉语不同的特点，但不少语言和汉语一样，省

---

① 关于汉语中的话题和把字句的宾语，有些学者（如徐烈炯、刘丹青1998）认为是原位生成，这并不与此处的论证矛盾，此处要说明的是定指体词性宾语能够移出谓词短语。

② 在特定语境下，必要类情态动词的补足语可移位至句首，如（i）：

　（i）[遵纪守法]$_i$，每个人应当/必须/得t_i。

　　在我们咨询的母语者中多半认为（i）不可接受，指出加"都"后可以接受，如（ii）。

　（ii）遵纪守法，每个人都应当/必须。

　　前置的"遵纪守法"具有[+突出]特征，所以不能省略，参见下文对（44）-（45）的分析。

略与移位间存在一一对应关系。在班图语族（Bantu Languages）中，如科萨语和祖鲁语，省略成分必须能够移出动词短语。以科萨语为例：

（41）a. U-Sipho   u-thanda   u-Mbali, naye   u-Mandla   u-*ya-m*-thanda [$_{DP}$ u-Mbali].

nc1-Sipho   sm1-love   nc1-Mbali   and   nc1-Mandla   sm1-prs. dis-om1-love   nc1-Mbali

"Sipho loves Mbali and Mandla does too."

b. [$_{DP}$ *U-Mbali*] i,   u-Mandla   u-*ya-m*-thanda t_i.

nc1-Mbali   nc1-Mandla   sm1-prs.dis-om1-love

"Mbali, Mandla loves."

（42）a. *U-Sipho   u-thanda   u-Mbali,   naye   u-Mandla   u-thanda [$_{DP}$ u-Mbali].

nc1-Sipho   sm1-love   nc1-Mbali   and   nc1-Mandla   sm1-love   nc1-Mbali

Intended："Sipho loves Mbali and Mandla does too."

b. *[$_{DP}$ *u-Mbali*]i,   u-Mandla   u-thanda t_i.

nc1-Mbali   nc1-Mandla   sm1-love

"Mbali, Mandla loves."

例（41）中目标句为不连续式（Disjoint Form）[①]，宾语"*uMbali*"强制移出谓词短语，在该语境下宾语可以省略；相反，例（42）中目标句为连续式（Conjoint Form），宾语强制留在谓词短语，此时宾语不能省略。我们将在后续研究中深入探究这些语料，为移位是省略的句法限制条件这一观点提供跨语言依据。

---

① 关于科萨语中的不连续式和连续式，参见 Oosthuysen（2016：195-198）。

9.5　省略中移位与话题化的关系

Johnson等学者认为，英语中省略的动词短语必须先移位至句首，实现话题化，然后才能删除。张天伟、马秀杰（2019a）认为，汉语中的宾语省略也是先移位至句首然后才删除的。上文所论述的省略与移位之间的对应关系表明，除了动词短语（即可能类情态动词的补足语）和定指性体词宾语，不定式补足语、小句补足语、"没有/没"管辖的动词短语也必须移位后才能省略。

语言中承担焦点信息的成分通常必须具有语音形式，一般不能省略。张天伟、马秀杰（2019a）认为，体词性宾语移位的动因是动词后为自然焦点，不能原位省略。同样，作补足语的不定式、小句以及"没有/没"管辖的动词短语也处于焦点位置，不能原位省略，满足省略语义还原条件的成分，必须移位到句首位置，然后才能省略。

但并不是所有移位至句首的成分都能删除。由标句词（Complementizer）"得"引导的补足语，可以移位至句首，但一般不能省略，如（43）-（44）。

（43）a.*张三跑得满头大汗，李四也跑得[满头大汗]。

　　　b. [满头大汗]$_i$，李四跑得t_i。

（44）a.*张三想得很周到，李四也想得[很周到]。

　　　b. [很周到]$_i$，李四想得t_i。

（43b）和（44b）中的前置成分具有[+突出]特征，而省略成分必须具有[-突出；-对比]特征（Merchant 2001：31），因此，（43b）和（44b）中的前置成分不能省略。也就是说，移位是谓词短语内部成分省略的必要条件，而不是充分条件。当移位至句首的成分具有[+突出]或[+对比]特征时，不能被删除，省略成分必须具有[-突出；-对比]特征。

9.6　结语

本章从省略在不同语言中的差异出发，梳理了现代汉语中谓词短语内部的省略成分，包括定指体词宾语、作为补足语的不定式和小句、可能类情态动词和"没有/没"管辖的动词短语，而不定指体词宾语、必要类情态动词管辖的动词短语、不受"没有/没"或情态动词管辖的动词短语则不能省略。通过分析得出省略与移位之间存在着对应关系，根据这一关系得出移位是谓词短语内部成分省略的限制条件。造成这一限制条件的动因是汉语动词后面是自然焦点，该成分不能原位省略，只有移位至句首后才能省略，但并非所有移位成分都能省略，若移位成分具有［-突出］或［-对比］特征，则不能省略。

　　省略结构中的话题化移位通常在并列结构中的后行句话题位置。省略、移位以及话题化之间的限定关系在不同语言，如英语和科萨语中均有体现。在今后研究中，我们将在跨语言视角下，进一步探讨省略与移位之间的关系。

第十章 现代汉语"伪装式动词短语省略" 现象研究①

现代汉语中是否存在"伪装式动词短语省略"（VP Ellipsis in Disguise）一直存在争议。该现象通常表现为动词在省略发生前移位至动词短语外部，当动词短语省略时，表面上只有宾语被删除。本章通过对汉语动词短语内部成分及其在句法结构中位置的分析，发现动词短语内部成分，包括方式副词、频率/时长补语、结果补语和不定指宾语等都不能省略，由此得出汉语不存在"伪装式动词短语省略"的判断。在此基础上，本章还进一步探究了宾语缺失现象产生的句法机制。

10.1 引言

动词短语省略（Verb Phrase Ellipsis）是英语中极为普遍的省略现象，通常出现在并列结构中，动词短语受情态动词（如can、will）、助动词（如do、have）或不定式（to）管辖，省略部位能够根据上下文中的先行结构补出来，语义得以还原（Bresnan 1976; Sag 1976; Zagona 1982; Lobeck 1995; Johnson 2001），如（1）：

---

① 本章的部分内容发表在：《外国语》2019 年第 5 期" 现代汉语 '伪装式动词短语省略' 现象研究"（作者：张天伟、马秀杰）。

（1）a. John likes apples and Mary does [$_{VP}$ e], too.

b. John can swim and Mary can [$_{VP}$ e], too.

c. John wants to go to China and Mary wants to [$_{VP}$ e], too.

Merchant注意到"由于某些尚未得知的原因，世界上的语言很少有英语式动词短语省略"（Merchant 2001：2-3）。与英语相比，汉语中的动词短语省略涉及以下几种情况（Su 2006）：句中有"是-插入"，如例（2）；受"能、会"等情态动词管辖，如例（3）；受否定词"没有/没"管辖，如例（4）；以"独立动词"形式出现的"伪装式动词短语省略"，如例（5）。

（2）这一年，中国很努力，世界也是[e]。（《人民日报海外版》2015年12月23日）

（3）罗辑问，他第一次这样称呼她，心想既然大史能这么叫她，我也能[e]。（刘慈欣《三体2·黑暗森林》上部第十四章）

（4）她没有走近他，他也没有[e]。（亦舒《红尘》第四章）

（5）a.我喜欢昆曲、民乐，他也喜欢[e]。（《作家文摘》1994）

b.伽利略写过一些谜语，莎士比亚、塞万提斯也写过[e]。[①]（《读书》72期）

c.多数领导去了市防疫站，一些其他报社记者也去了[e]。（《1994年报刊精选》）

d.小家伙在想更有趣的事，卡尔松大概也在想[e]。（林格伦《小飞人三部曲》任溶溶译）

e.孩子想进去玩，当大人的也想[e]。（《人民日报》2016年05月18日）

f.我母亲很早知道那个人就是我，我的孩子们也知道[e]。（《读者（合订本）》）

---

① 原文是：伽利略写出过一些谜语，莎士比亚、塞万提斯也写过。这里我们略微做了改动，删除了第一分句中的"出"。例（5b）完全合乎现代汉语语法。

如（5）所示，句中无情态动词、否定词"没有/没"出现，也无"是-插入"，第二分句重述时，表面上只有宾语位置上[①]的DP（5a-d）、不定式（5e）[②]或子句（5f）省略，动词不能省略，例（6）在汉语中是不合法的。

（6）a. *我喜欢昆曲、民乐，他也[e]。[③]

　　b. *伽利略写过一些谜语，莎士比亚、塞万提斯也[e]。

　　c. *多数领导去了市防疫站，一些其他报社记者也[e]。

　　d. *小家伙在想更有趣的事，卡尔松大概也[e]。

　　e. *孩子想进去玩，当大人的也[e]。

　　f. *我母亲很早知道那个人就是我，我的孩子们也[e]。

以黄正德为代表的学者（Huang 1988a，1991；Li 2002；Ai 2006；Wu 2016）认为，例（5）所代表的结构是"伪装式动词短语省略"，即动词在省略发生前，移位至动词短语外部位置，省略发生时，动词短语内部只剩宾语，因此表面上只有宾语被删除。徐烈炯（Xu 2003a）和李艳惠（2005）则认为，"伪装式动词短语省略"实际上是宾语为自由空语类（Free Empty Category）的空宾结构（Null Object Construction）。

本章通过对汉语动词短语内部成分及其在句法结构中位置的考察，对以（5）为代表的结构到底是不是"伪装式动词短语省略"这一问题进行探究。通过分析，发现汉语并不存在"伪装式动词短语省略"，以例（5）为代表的结构中省略的不是动词短语，而是宾语移位后留下的语迹，并进一步探究此语迹的句法特征。

---

① 本章中所说的宾语包括体词性宾语，也包括不定式和子句，按黄正德等学者（Huang *et al.* 2009）的定义，是补足语（Complement），为了避免与下文论及的"补语"产生混淆，我们暂采用"宾语"这一术语。

② 不同学者对汉语中是否存在动词不定式有着不同的看法。本章为了方便，暂且称例（5e）中的宾语为不定式。

③ 在这种情况下，第二分句必须插入"是"，本章主要探讨"伪装式动词短语省略"现象，对"是"字句暂不做讨论。

10.2 关于现代汉语中"伪装式动词短语省略"的争论

"伪装式动词短语省略",文献中也称之为"动词滞留式动词短语省略"（Verb-Stranding VP Ellipsis），动词由于其他句法缘由，在省略发生前移位至动词短语外部（如Asp^0或I^0），动词短语内部只剩宾语，因此当动词短语省略发生时，表面上只有宾语被删除。"伪装式动词短语省略"被发现存在于许多语言中，如希伯来语（Doron 1990, 1998；Goldberg 2005）、爱尔兰语（McCloskey 1991, 1996；Goldberg 2005）、芬兰语（Holmberg 1999, 2001）、俄语（McShane 2000；Gribanova 2013）。在俄语中，动词受[Asp]特征的驱使移位至Asp^0，在原来位置留下一个动词语迹，所以当动词短语省略发生时，省略的是动词语迹及其宾语，形成"伪装式动词短语省略"，如图10.1所示：

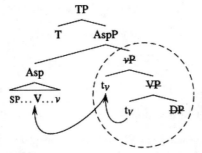

10.1 俄语"伪装式动词短语省略"[①]（**Gribanova 2013，例[20]**）

除了动词因外移而未被删除外，"伪装式动词短语省略"在语用、句法、语义上具有与英语动词短语省略完全相同的特点（Huang 1988a, 1991；Goldberg 2005；Gribanova 2013）。在英语动词短语省略中，当省略部位内部包含代词时，代词所指可与先行结构中对应成分一致（严格解读），也可与所在分句的主语一致（宽泛解读），如：

（7）John saw his parents, and Peter knew that Mary did [vp e], too.

---

① 图10.1中，SP 为 Superlexical Prefix 的简写。Gribanova 将俄语中的动词前缀分为词汇前缀（Lexical Prefixes）和超词汇前缀（Superlexical Prefixes），参见 Gribanova（2013）.

例（8）目标句中的宾语可指John的父母（严格解读），也可指Mary的父母（宽泛解读），但由于局部效应（Locality Effect），不能指Peter的父母。有学者（如Reinhart 1983; May 1985）认为，严格解读的语义还原是由于代词的指代造成的，而宽泛解读的语义还原则是由省略部位与先行结构间的平行关系造成的，如（8）所示：

（8）a. X saw X's parents and Z knew Y *saw X's parents.* （严格解读）

　　　b. X saw X's parents and Z knew Y *saw Y's parents.* （宽泛解读）

宽泛解读因此被认为是"伪装式动词短语省略"的重要标志，如Goldberg（2005）、Algryani（2012）、Gribanova（2013）。这些学者认为，若缺失的宾语为空语类，其所指应与显性代词一样，只能与先行结构中的对应成分一致，例（9）中第二分句中的them通常只能指John的父母，而不是Mary的父母。

（9）John saw his parents, and Peter knew that Mary saw *them* too.

关于汉语中是否存在"伪装式动词短语省略"的争论已持续了30多年，至今仍无定论。黄正德（Huang 1988a, 1991）根据宽泛解读和局部效应，得出以（5）为代表的结构是"伪装式动词短语省略"。Li（2002）、Ai（2006）和Wu（2016）等学者认同了黄先生的观点，认为汉语中存在"伪装式动词短语省略"，其主要论据是：与英语动词短语省略一样，汉语中的省略部位也具有严格解读和宽泛解读两种语义还原，宽泛解读遵守局部效应，如（10）所示：

（10）John看见了他的妈妈，Mary知道Bill也看见了[e]。（Xu 2003a，例
　　　[3]）

例（10）中被省略的成分可以指John的妈妈（严格解读），也可以指Bill的妈妈（宽泛解读），但却不能指代Mary的妈妈。黄正德等学者因此认为（5）和（10）所代表的结构是"伪装式动词短语省略"。

与黄正德、Li，Ai和Wu等学者的观点相反，徐烈炯（Xu 2003a）认为，汉语中不存在"伪装式动词短语省略"，其证据是在所谓的"伪装式动词短语

省略"结构中,方式副词不能同宾语一起省略。方式副词被认为出现在动词短语内部,若省略的是动词短语,方式副词必须同宾语一起被省略掉。徐烈炯和李艳惠(2005)认为(5)和(10)所代表的结构是宾语为自由空语类的空宾结构。

关于宽泛解读的分析,徐烈炯认为汉语中的"宽泛解读"是第三种解读(A Third Reading)的一种,不足以作为"伪装式动词短语省略"的佐证。Hoji(1998)和Kim(1999)认为日语和韩语中的缺失宾语,除了"严格解读"和"宽泛解读",还有另外一种可能的解读,他们称之为第三种解读。日语和韩语中所谓的"宽泛解读"是在特定语境下的第三种解读的一种,与英语动词短语省略中的宽泛解读有着本质的区别,因此得出日语和韩语中没有"伪装式动词短语省略",缺失的宾语为空语类的结论。

基于Hoji和Kim的研究,徐先生认为汉语的宽泛解读也是一种第三种解读。如例(11),在无特殊语境情况下,缺失的宾语可以指Mike的儿子,也可以指Jeanne的儿子。但假设对话双方知道Mike打了"他"的儿子(可以是Mike自己的儿子,也可以是其他人的儿子),然后Jeanne打了Mike,缺失宾语只能代指Mike。徐先生认为,第三种解释的可能性是由语境中的话题决定的,与结构无关。

(11)Mike先打了他的儿子,Jeanne才打的。(Xu 2003a,例[17])

张天伟、马秀杰(2019a)就汉语中宽泛解读产生的句法机制做过论证,严格解读与宽泛解读是由基础生成的成分不同造成的,而不是源于结构之间的平行。例(10)宽泛解读的句法生成机制大致是:第一步,(10)基础生成的是"Bill看见妈妈"。"妈妈"属于一价名词,先锁定离其最近的"Bill"为先行语。同时,"妈妈"为类指,具有定指义[①],根据"定指性一致核查"等动因,"妈妈"移位到小句句首Spec-CP位置。Spec-CP位置上的"妈妈"与先行

---

① 话题通常由类指或定制成分充当,而类指与定指是相通的,定指是类指的一个特例,它的特性就是个体性,详见张伯江(2018)和刘丹青(2018)的相关论述,本章不再详解。

句中"他的妈妈",满足语义同一性(Merchant 2001),Spec-CP位置上的"妈妈"被删除。第二步,Spec-TopicP位置上的"Bill"是基础生成的,其成分统制Spec-CP位置上的"妈妈",这说明Bill见到的"妈妈"只可能是"Bill的妈妈"。"Mary"是后行句中的主语,且与"Bill"具有相同的匹配特征,由于局部效应,"妈妈"不能越过"Bill",直接与"Mary"匹配。Spec-YeP位置上的"Bill"与Spec-TopicP位置上的"Bill"同形同指,根据"同形同指,在后删除"原则,Spec-YeP位置上的"Bill"被删除。经过上述步骤后,最终在语音层面(Phonetic Form),生成"Bill也看见了"。以上推导表明,例(11)宾语的宽泛解读并不是源于与先行结构的句法平行关系,也就是说,宽泛解读不足以证明以(5)为代表的结构是动词短语省略。

　　基于上述争论,我们将在徐文的基础上,揭示"伪装式动词短语省略"结构是一种假象,汉语不存在"伪装式动词短语省略",宾语位置上的缺失成分本质是宾语移位后产生的语迹。

10.3　"伪装式动词短语省略"假象

　　"伪装式动词短语省略"的前提条件是动词受其他句法因素(如[Asp]或[Infl]特征)的驱使,在省略发生前,移位至动词短语外部(如Asp^0或I^0),省略发生时,动词已不在省略部位之内,因此表面上看来只有宾语被删除,如图10.1所示的俄语中的"伪装式动词短语省略"。所以说,在"伪装式动词短语省略"结构中,除了动词因移出动词短语而不能删除,其他动词短语内部成分都应当删除。但在汉语中,动词短语内部的方式副词、频率/时长补语、结果补语、不定指宾语等均不能删除,这说明汉语中省略的不是动词短语,即不是"伪装式动词短语省略"。

10.3.1　方式副词不能删除

　　不同类型的副词在句法结构中处于不同位置,比如,时间和方位副词通常位于句法结构中较高的位置,而方式副词(Manner Adverbial)通常出现在动词短语内部（Ernst 2001）。因此，在动词短语省略中，方式副词应与动词、宾语一同删除。英语中的动词短语省略发生时，方式副词必须一同删除，否则句子将不符合语法，如（12）所示。但徐烈炯（Xu 2003a）和李艳惠（2005）发现，汉语中的方式副词不能省略，如（13）：

（12）a. John quickly read through the document, and Peter did [$_{VP}$ e] too.

b. *John quickly read through the document, and Peter did [$_{VP}$ e] *quickly too.*

（13）a.张三快速看完了那份文件，李四也快速看完了[e]。[①]

b.#张三快速地看完了那份文件，李四也看完了[e]。

（12a）中方式副词"quickly"同动词、宾语一起被删除，其语义得以还原，意为：Peter也快速读完了文件。（12b）中，该副词未被删除，此句不符合英语语法。例（13），要表达和先行结构相同的语义，副词"快速"通常不能省略（13a）。（13b）虽然符合语法，但只能解释为：李四看完了那份文件但不一定是快速的。假设副词"快速"是被删除的，其语义必须得以还原，这说明汉语中的方式副词不能和宾语一起删除。

基于汉语中方式副词不能同宾语一起删除这一事实，Li（2002）和Ai（2006）提出，英语动词短语省略结构中的省略部位是小vP，而汉语"伪装式动词短语省略"的省略部位是大VP。方式副词位于小vP的指示语位置（Spec-vP），因此在英语动词短语省略中，方式副词必须同动词、宾语一起省略；方式副词不在汉语"伪装式动词短语省略"的省略部位（大VP）内，所以不能省略。

Li和Ai的分析似乎合理地解释了汉语中方式副词不能省略的缘由，但除了方式副词，汉语动词短语还包含其他成分，比如补语，这些成分也不能省略。10.3.2节的论述将表明Li和Ai的分析无法对这一语言事实做出解释。

---

① 为说明有些动词短语内部成分不能删除，下文涉及不符合语法规则或语义无法还原的例句，这些句子很难在文学作品报纸杂志等实际语料中找到，所以此部分例句多是我们根据汉语为母语使用者语感而编写出来的。为确保语料的可信度，我们咨询了5位母语者（两位对外汉语专业研究生、两位小学语文教师、一位大学外语教师），以母语者语感为准，以确保例句的可靠性。

10.3.2 补语不能删除

根据黄正德等学者(Huang *et al.* 2009)对汉语句法结构的分析,表示频率或时长的补语出现在动词短语内部,如图10.2所示:

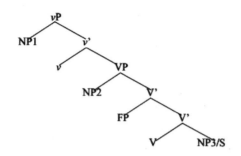

图10.2 频率/时长补语的句法位置(Huang *et al.* 2009,第三章例[33])[①]

按照Li(2002)和Ai(2006)的分析,在汉语"伪装式动词短语省略"中,省略部位是大VP,那么位于大VP内部的频率/时长补语,应当与其他大VP内部的成分一同被删掉。但事实与之相反,此类补语不能删除;倘若删除,其语义无法还原,如(14)-(15):

(14)a. 张三学了三年西班牙语,李四也学了三年[e]。

　　b. #张三学了三年西班牙语,李四也学了[e]。[②]

(15)a. 张三骂了那个坏蛋四次,李四也骂了[e]四次。

　　b. #张三骂了那个坏蛋四次,李四也骂了[e]。[③]

如(14a)和(15a)所示,要表达与先行结构相同的语义,目标句中的频率/时长补语不能省略。(14b)和(15b)中的补语与宾语一同被删除,首先

---

① 图中NP1指主语,NP2和NP3指宾语,FP(Frequency Phrase)指频率/时长补语。在双宾结构中NP2和NP3位置分别被两个宾语占据,若句中只有一个宾语,只有其中一个位置被占据,详见(Huang *et al.* 2009第三章)。

② 要删除补语"两次""三年",必须插入"是"。本章前文脚注已注明本章主要探讨"伪装式动词短语省略"现象,对"是"字句暂不做讨论。

③ (14)和(15)中的频率/时长补语与宾语之间的语序所有不同,具体原因分析见 Huang *et al.*(2009)第三章。这里我们关注的是,根据黄先生等人的分析,在这两种情况下,频率/时长补语均在大VP内部。

句子的接受度有争议，且被删除的补语语义无法还原，第二分句无法做出"三年"和"四次"的解读。如果说省略部位是大VP，根据黄正德等学者的句法结构分析，此类补语在大VP内部，应当与宾语一起删除，且语义必须得以还原，但事实与之相反，这说明省略部位不是大VP。

10.3.3 "得"引导的结果补语不能删除

汉语中由标句词"得"引导的结果补语[①]，通常也不能省略，如（16）。

（16）a. #张三计划得很周全，李四也计划[e]。

　　 b. #张三唱得很好听，李四也唱[e]。

　　 c. #张三热得满头大汗，李四也热[e]。

例（16）说明尽管第一分句提供了先行词，但目标句中的结果补语不能省略。（16a）和（16b）在汉语中难以接受。（16c）在接受度上较高一些，但目标句中无补语"满头大汗"的解读，即不涉及补语省略。

在句法结构上，"得"引导的结果补语充当动词的补足语（Complement）（Xu 1990；Tsai 1994；Huang *et al.* 2009），如图10.3所示：

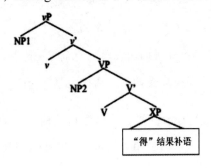

10.3　汉语"得"引导的结果补语句法位置（Huang *et al.* 2009，第三章例（27））

根据10.3中的结构，如果是"伪装式动词短语省略"，省略部位为大VP，在补足语位置上的结果补语应当删除。例（16）的不合法再次表明汉语中的大

---

① 　"得"后面可以跟不同类型的补语，在此我们不一一进行考察，只以结果补语为例，说明汉语中动词短语的补语不能省略。

VP不能省略。

10.3.4 不定指宾语不能删除

另一个支持汉语中不存在"伪装式动词短语省略"的重要依据是，在"伪装式动词短语省略"结构中，并不是所有的宾语都能省略。张天伟（2014）和张天伟、马秀杰（2019a）提出，只有定指性体词宾语才能省略，表不定指的宾语不能省略，[①] 如（17）–（18）：

（17）张三读过那本书，李四也读过[e]。

（18）*张三读过三本书，李四也读过[e]。

（17）中宾语的定语为指示代词，因此宾语具有定指义，可以省略。（18）中的宾语包含数量名词短语，表示不定指，通常不能省略。[②]

在"伪装式动词短语省略"中，动词因移至动词短语外部而无法删除，但处于动词短语内部的宾语应该被删除掉，除非某些宾语在省略前也已移到动词短语外部。但根据Heim（1982）的存在闭包理论（Existential Closure）和Diesing（1992）的映射假设理论（Mapping Hypothesis），动词短语（vP）是核心部分（Nuclear Scope），IP是算子（Operator）的限定部分（Restrictor），在逻辑层面，具有不定指义的宾语位于核心部分（动词短语），而具有定指义的宾语位于IP。Tsai（1994）认为汉语遵守存在闭包理论，具体表现为定指宾语可

---

① 关于缺省宾语的定指与不定指的论述，详见第十三章的讨论。

② 需要特别指出的是关于光杆 DP 的省略，宾语位置上的光杆 DP 既可为定指，也可为不定指，在这两种解读下，均可省略，如：

（i）张三买书了，李四也买 [e] 了。

例（i）中的"书"可表类指，类指具有定指义，同时，也可为不定指。Cheng & Sybesma（1999）认为汉语中表示不定指的光杆 DP 和数量名词短语 DP 具有相同的结构，只是前者的 Num^0 和 CL^0 为零形式。汉语数量名词短语的中心语 NP 可以省略，只保留数词和量词，如：

（ii）张三写过三本书，李四也写过 [DP [NumP 三 [CLP 本 [NP ~~书~~]]]]。

根据例（ii）和 Cheng & Sybesma 对光杆 DP 结构的分析，例（i）中不定指光杆 DP 的省略可是宾语中心语 NP 省略，由于 Num^0 和 CL^0 为零，表面上宾语位置无显形成分，如：

（iii）张三买书了, 李四也买 [DP [NumP Num^0 [CLP CL^0 ~~书~~]]] 了。

因此，不定指光杆 DP 的省略与我们关于定指宾语与省略之间联系的结论并不矛盾。

以移出动词短语，而不定指宾语则必须出现在动词短语内部，如（19）-（20）所示：

（19）a. *[五瓶啤酒]ᵢ 张三买了 t_i。

b. [这五瓶啤酒]ᵢ，张三买了 t_i。

（20）a.*张三[把三本书]读完了。

b.张三[把那三本书]读完了。

（19）-（20）说明具有不定指义的宾语一般不能前置，只能出现在动词后面的位置，也就是说，不定指宾语须留在动词短语内部。假设省略部位是动词短语，不管是小vP还是大VP，不定指宾语都应当删除，但（18）表明不定指宾语不能省略，这进一步说明省略部位不是动词短语，即汉语不存在"伪装式动词短语省略"。

10.3.5　粘宾动词宾语的不可省略性

徐烈炯（Xu 2003a）还指出，汉语中并不是所有动词都能出现在所谓的"伪装式动词短语省略"结构中。有些动词在成句时必须带显性宾语，通常被称为"粘宾动词"（尹世超 1991），多数粘宾动词不能出现于"伪装式动词短语省略"结构，如（21）-（23）：①

（21）*荣誉归于张三，奖金也归于[e]。

（22）*旧政策繁荣了市场，新政策也繁荣了[e]。（Xu 2003a，例[25]）

（23）*他的话温暖了我们的心，你的话也温暖了[e]。（Xu 2003a，例[26]）

（21）-（23）中，虽然有先行词，但宾语不能省略。假设此类结构是"伪

---

① 感谢郭洁博士在讨论过程中指出并非所有的粘宾动词后的宾语都不能省略，有些粘宾动词的宾语可以省略，如：

（i）张三（手机）充满了电，李四也充满了。

"充满"通常被认为是粘宾动词，其后的宾语可以删除。我们初步判断这与粘宾动词的分类和性质有关，对此我们将在以后的研究中进一步探讨。

装式动词短语省略"结构，从理论上无法解释这些句子的不合法性，即在"伪装式动词短语省略"中，动词在省略前移到动词短语外部，但在移位前，动词必须满足动词与宾语之间的句法选择要求，也就是说，例（21）-（23）应该是符合语法的，但实际上（21）-（23）后行句中都不能省略宾语，省略宾语后均不合法。若是宾语省略，则较为容易解释。[①]

　　以上论证表明，在"伪装式动词短语省略"结构中，方式副词、频率/时长补语、结果补语、不定指宾语都不能删除。在句法结构上，方式副词位于小vP的指示语位置，频率/时长补语、结果补语、不定指宾语出现在大VP内部。假设"伪装式动词短语省略"中省略部位是小vP，那么方式副词、频率/时长补语、结果补语、不定指宾语都应一同删除；假设省略部位是大VP，方式副词不在省略部位内，所以不能省略，但频率/时长补语、结果补语、不定指宾语都应当被删除，这与汉语的语言事实相反。此外，多数粘宾动词不能出现在"伪装式动词短语省略"结构中，这些现象从理论上无法做出合理解释。因此我们认为，当句中没有情态动词缺失、否定词"没有/没"出现或没有"是"插入时，汉语中的动词短语不能省略，即汉语不存在"伪装式动词短语省略"。

10.4　"伪装式动词短语省略"的本质

　　上文我们已经论证，汉语中不存在"伪装式动词短语省略"，接下来我们将探讨以（5）和（10）为代表的结构中，缺失宾语的本质及其产生的句法机制。张天伟、马秀杰（2019a）认为，例（5）和（10）中的零形式宾语实际上是宾位显性论元移位后留下的语迹，指出紧跟在动词后面的位置（The Immediate After Verb Position）通常是自然焦点所在的位置，作为自然焦点，此位置上的成分不能直接省略。满足省略条件的宾语需要移位至句首话题位置然后删除，在宾语位置上留下一个语迹。该移位与英语中的wh移位类似，移位后的显性论元与其留在宾语位置的语迹是算子与变量的关系。[②]

---

① 对粘宾动词必须带宾语的原因，有学者已做了探讨（如尹世超 1991；毛颖 2010）。

② 详见第十三章，在此不做赘述。

张天伟、马秀杰（2019a）主要针对体词性宾语省略做了讨论。除了体词性宾语，当不定式或子句出现在宾语位置上时，如（5e）和（5f）所示，也可以省略。不定式和子句宾语，表现出与体词性宾语相同的特征，可以移至句首位置，实现话题化，如（24）-（25）。

（24）[进去玩]$_i$，当大人的也想t_i。

（25）[那个人就是我]$_i$，我的孩子们也知道t_i。

根据不定式、子句宾语的省略（5e-f）与移位（24）-（25）之间的对应关系，我们认为，不定式和子句宾语的省略机制与体词性宾语相同，即不定式、子句宾语不能在原位省略，而是移位至句首①然后被删除，在宾语位置上留下一个语迹。

徐烈炯（Xu 1986, 2003a）、李艳惠（2005）认为，以（5）和（10）为代表的结构是宾语为自由空语类的空宾结构（Null Object Construction）。徐先生（Xu 1986）认为，Chomsky（1981）所定义的空语类不能涵盖汉语，因此他提出语言中的空语类可分为两种：限定性空语类（Empty Category with Specific Features）和自由空语类（Free Empty Category）。前者是Chomsky（1981）所定义的空语类，包括NP语迹、pro、PRO和变量。汉语中宾语位置上缺失成分为自由空语类，不具有回指（Anaphor）和代指（Pronomimal）间相互限制的特征，只要缺省允许，便可以出现在任何名词短语位置（NP Position）。

本章中所说的出现在动词宾语位置上的语迹，与徐文和李文中的自由空语类有所不同。首先，语迹变量与自由空语类产生的句法机制不同，"空位""空语类"与"零形式"等概念之间既相互区别，又相互联系（张天伟2011）。徐先生认为，只要缺省允许，自由空语类可以出现在任何名词短语位置。而我们认为由于动词后的位置是自然焦点所在处，自然焦点位置上的成分不能原位删除，要想省略只能移位后删除，因此宾语位置上的成分，包括体词

---

① 关于移位的落脚点（Landing Site），需要更多证据和理论的支持，我们希望能在以后的研究做深入探讨。

性短语、不定式或子句，省略机制是先移位至动词前的话题位置，然后删除，在原来位置上留下一个语迹，其实质是变量。

其次，我们认为该语迹内部存在隐形句法结构。自由空语类是无语音形式的指代形式（Pro-Form），内部不存在句法结构。Grinder & Postal（1971）和 Hankamer & Sag（1976）发现，具有隐形句法结构的省略部位能为句中其他代词提供先行词，内部无结构的代词则不能包含其他代词的先行词，如（26）所示。

（26）a. *Jack didn't cut Betty with a *knife*ᵢ, and *it*ᵢ was rusty.

b. Jack didn't cut Betty with a knife but Bill did, and *it* was rusty.

c.*Jack didn't cut Betty with a knife—Bill did it, and *it* was rusty.

（Hankamer & Sag 1976，例[30]）

（26a）说明，在否定句中，不定指体词短语*a knife*不能作为代词it的先行词。所以，（26b）中it的先行词一定包含在被省去的动词短语*cut Betty with a knife*中。（26c）中，第一个*it*指代*cut Betty with a knife*，但却不能为后面分句主语it提供先行词。

汉语宾语位置上省去的体词性短语可以为句中其他代词提供先行词，如（27）。

（27）张三沉了他那艘装有十只大猩猩的船，李四也沉了[e]，结果它们都死了。

（27）中的"它们"可以指张三船上和李四船上所有的大猩猩，也就是说，"它们"的先行词被包含在第二分句省去的宾语中，这说明该省略部位内部存在句法结构。

检验是否存在隐形句法结构的另一重要依据是能否从中提取某一成分（如 Merchant 2001，2008，2018；Aelbrecht 2010；Aelbrecht & Haegeman 2012）。假设内部存在句法结构，应该可以从中提取某些特定成分；假设内部不存在句法结构，那么就无法从中提取任何成分。如（28）-（29）：

（28）I know which books she read, and *which*$_i$ she didn't [read t_i].　（Merchant 2008，例[29b]）

（29）a. John knows which books Mary likes, and Peter knows it too.

　　　b. *John knows which books$_i$ Mary likes t_i, and *which*$_j$ Peter knows *it* too.

例（28）目标句中的疑问代词which被包含在省去的动词短语中，是在省略发生前，从被省略的动词短语中提取出来的，这说明省略部位内部存在句法结构。例（29）中的代词*it*指代"*which books Mary likes*"，代词内部不存在句法结构，因此从中提取疑问代词*which*是不合语法的，所以（29b）不正确。

疑问词移位的强制性使成分提取成为英语中有效的检验手段。汉语属于原位疑问词语言（wh-in-situ Language），没有类似于英语的强制性疑问词移位，成分提取检验起来相对困难，但在截省句中，根据移位说的观点，疑问词由于焦点的驱使（Wang 2002; Wang & Wu 2006），如（30）所示，或话题的驱使（傅玉 2014）[①]，如（34）所示，移位至FocP或TopP，然后IP删除。[②]

（30）盒子里装着什么东西，但我们无法知道[$_{CP}$ 是$_j$ [$_{FocP}$ 什么$_i$ [$_{Foc}$ t$_j$ [$_{IP}$ 盒子里装着t]]]]。（刘丽萍 2015，例[8]）

（31）他要见一个人，但我不知道[$_{TopP}$ [$_{DP}$ 什么人] [$_{IP}$ 他要见 [$_{DP}$t$_{什么人}$]]]。（傅玉 2014，例[23]）

如果Wang和傅玉等学者的"移位+删除"说正确，我们可以利用截省句中疑问词移位来检验省去的宾语是否具有隐形句法结构。如（32）-（33）所示，疑问词可以从省去的子句补足语中提取出来。

---

① 傅玉认为汉语中的论元类特殊疑问词短语与非论元类特殊疑问词截省句产生的句法机制不同，前者是由汉语小句左缘结构中话题短语中心语 Top [+ Contrast/Aboutness, + D] 特征的驱使，移位至句首，然后 IP 删除，详见傅玉（2014）。

② 需要指出的是，对于汉语中截省句的生成机制，有学者提出不同于"移位＋删除"说的观点。如 Wei（2004）认为，汉语截省句是由 "是" ＋疑问词＋空代词组成。刘丽萍（2006）和刘丽萍、方立（2009）采用语义途径对截省句进行分析，避开了疑问词移位。关于截省句生成机制的讨论不在本章的研究范围内，本章暂采用 Wang 和傅玉等学者的"移位＋删除"说。

（32）a. 张三知道老王喜欢哪本，李四也知道[老王喜欢哪本]。

　　　b. 张三知道老王喜欢哪本，李四也知道（是）哪本ᵢ[老王喜欢 t_i]。

（33）a. 张三知道老王去见了哪位教授，李四也知道[老王去见了哪位教授]。

　　　b. 张三知道老王去见了哪位教授，李四也知道哪位ᵢ[老王去见了 t_i]。

根据"移位+删除"说，（32b）和（33b）中的疑问词"哪本"和"哪位"分别是从省去的子句中提取出来的。如果以上分析正确，我们可以得出：宾语位置上省去的成分具有内部句法结构。

综上所述，汉语中不存在"伪装式动词短语省略"结构，缺省的宾语实质上是移位后的语迹，其生成机制和动因是：动词后的位置承担着信息结构中的自然焦点，焦点信息不能省略，所以宾语位置上的DP、不定式或子句不能直接省略，想要省略需移位至句首话题化位置，然后删除，移位后在原位置留下一个语迹，该语迹具有内部存在的隐形句法结构。

10.5　结语

本章在前人研究的基础上，通过考察动词短语内部成分及其在句法结构中的位置，发现在"伪装式动词短语省略"结构中，方式副词、频率/时长补语、结果补语、不定指宾语都不能省略，而这些成分均位于动词短语内部，从而得出当句中没有情态动词、否定词"没有/没"出现，或没有"是"插入时，汉语中的动词短语不能省略，也就是说汉语不存在"伪装式动词短语省略"。在此基础上，我们进一步探究了缺失宾语的本质及其产生的句法机制：动词后的位置是自然焦点所在处，作为自然焦点的成分不能直接省略，因此要省略必须移位至句首话题位置，然后才能删除，在原位置上留下一个语迹，该语迹内部存在隐形句法结构，是语音层面的省略。

第十一章　现代汉语假空缺句及其限制条件研究^①

　　汉语中是否存在空缺句，目前还没有定论。我们认为汉语中不存在像英语一样的典型空缺句，以往研究中所说的"汉语空缺句"大多是一种形式上类似于英语的假空缺结构；但汉语也有一些结构具有英语空缺句的某些特征，可称为广义上的非典型空缺。本章首先就学界所说的"汉语空缺句"提出质疑，对假空缺句的性质、特点及研究路径展开讨论，并分析其句法机制，探讨省略的给定限制、移位限制和允准限制条件等是如何制约它的生成这一问题。第十二章中，我们将通过实证分析，来研究汉语中存在的广义上的非典型空缺句。它主要出现在否定句式、因果复句、条件复句等不同句法条件下，是一种话题——评述结构。

11.1　现代汉语"空缺句"现象

11.1.1　"空缺句"的界定

　　"空缺句"是一种常见的省略结构。在我们所收集的国外文献中，关于空缺句的界定被引用最多的文献是Jackendoff（1971）的定义^②。他认为空缺句主要有四个特点：

---

① 本章的部分内容发表在：《外语研究》2012年第6期"现代汉语假空缺句及其限制研究"（作者：张天伟、杜芳）。

② Jackendoff（1971，转引自 Lobeck 1995：21）：a. A gap must be flanked by lexical material; b. A gap must occur in a coordinate, but not subordinate clause separate from that containing its antecedent; c. A gap cannot precede its antecedent; d. A gap need not be a phrase.

① 空缺动词的旁边必须有一个词汇性成分。

② 空缺动词必须出现在并列结构，而不是从属结构中，且与包含先行语的分句分开。

③ 空缺动词不能前置于（Precede）其先行语。

④ 空缺动词不必是一个短语。

下面以英语语料为例略加说明：

（1）Robin ate beans, and Kim [] rice. （Agbayani & Zoerner 2004）

（2）Dana will read *War and Peace*, and Kim [] *Ivanhoe.* （Agbayani & Zoerner 2004）

（3）a. Mary met Bill at Berkeley and Sue [] at Harvard. （ [3] - [6] 引自 Lobeck 1995）

　　b. * Mary met Bill at Berkeley and Sue [].

（4）a. *Mary met Bill at Berkeley although Sue [] at Harvard.

　　b. *Charlie thinks that Mary met Bill at Berkeley and Sarah knows that Sue [] at Harvard.

（5）a.* Sue [] meat and John ate fish.

　　b. * Because Sue [] meat, John ate fish.

（6）a. Mary met Bill at Berkeley and Sue [] at Harvard.

　　b. Mary met Bill and Sue []* （Peter）.

以上例（1）和（2）是典型的英语空缺句。例（3a）合法，（3b）不合法，因为（3b）中空缺动词的旁边没有词汇性成分，违反了特点①；（4a）和（4b）都不合法，因为（4a、b）出现在从属结构而非并列结构中，违反了特点②；（5a）和（5b）都不合法，因为（5a、b）中空缺动词不能前置于先行语，违反了特点③；（6a、b）说明，空缺动词可以不需要包括核心的补足语特点④，但实际上，如果空缺动词的旁边没有其他词汇性成分时，那么核心的补足语必须在空缺动词旁边，否则违反特点①（Lobeck 1995：22）。

汉语中是否有类似英语的空缺句，一直是一个有争议的话题。Tai
（1969）、Tsai（1994）认为汉语没有空缺句或至少没有典型的空缺句。比如，
将（3a）翻译成汉语，那么得到的（7）是不合法的：

（7）*玛丽在伯克利大学遇见了比尔，休在哈佛大学。

再如，以下（8a）在英语中合法，但（8b）在汉语中则不然：

（8）a. John likes movies, and Bill [] concerts. （Chao 1987）

      b. *约翰喜欢电影，比尔音乐会。

认为汉语中存在空缺句的学者主要以Li（1988）、Paul（1999）和Tang
（2001）为代表。他们的用例列举如下：

（9）张三吃了三个苹果，李四四个桔子。（Li 1988）

（10）我买了那部汽车，他那辆自行车。（Paul 1999）

（11）他来过五次，我一次。（Paul 1999）

（12）医生劝张三戒烟，李四戒酒。（Tang 2001）

（13）老师送了张三一本书，李四一支笔。（Tang 2001）

Li（1988）和Paul（1999）认为汉语中存在某种意义上的空缺句，例
（9）、例（10）和例（11）的后行句中分别省略了动词性成分"吃了""买
了"和"来过"。Tang（2001）认为，例（12）和（13）是一种左侧删除（Left
Periphery Deletion）结构，即并列结构的左侧得以删除，属于汉语中的空缺结
构。他认为，按照大多数学者（Tang1990；Huang1982，1991，1992，1993，
1994，1997）的观点，汉语的动词移位不可能到达T。换言之，汉语的动词移位
不是V-to-T，而是V-to-v。汉语空缺句就是由V-to-v这一跨界移位机制生成的。[①]
Tang在考察岛条件对LPD结构的影响后，认为LPD结构受岛条件的限制。

Ai（2005b）对Tang（2001）的观点提出了质疑，认为以下例（14）和

---

① 转引自刘丽萍（2006）。

（15）违反了岛条件，但是也省略了动词。这与Tang（2001）认为LPD结构受岛条件限制的观点是相矛盾的。

（14）张三一年不考进清华，你就别提我[]北大的事。（刘丽萍 2006）

（15）张三考进了清华，我[]北大自认为没问题。（Ai 2005b）

在例（14）和（15）中，动词"考"要移位就必须要跨越主句所形成的主格岛。虽然违反了岛条件，但（14）和（15）却都是合法的。

Wu（2002b）质疑了Paul（1999）和Tang（2001）的观点，认为虽然汉语中不存在空缺句，但是存在着"准空缺结构"（Quasi-Gapping）。这里所谓的"准空缺结构"是一种话题—述题结构（Topic-Comment Construction），如上文例（9）及以下例（16）、（17）所示：

（16）只剩三碗饭。因为他吃了两碗，所以我一碗。（Wu 2002b）

（17）你喝几杯酒，我就几杯。（Wu 2002b）

贺川生（2007）也认为汉语中没有真正的空缺句，理由有二：第一，所谓的汉语"空缺句"其动词省略分句的遗留成分只能是数量名词短语和时间/频度副词，否则句子不合法。例如：

（18）a. 张三吃了三个苹果，李四四个桔子。（Li 1988）

b. *张三吃了苹果，李四桔子。

第二，空缺句应该出现在并列结构里，但是汉语"空缺句"可以出现在非并列结构中。例如：

（19）要是张三来过五次，那么我就十次。（贺川生 2007）

贺文认为，汉语之所以不存在真正空缺句，原因是汉语主语的基础生成位置不是Spec-vP，而是Spec-IP；既然汉语的主语基础生成于Spec-IP位置，那么动词省略分句中就没有能够容纳主语且获得格的位置，其结果是动词省略分句的主语没有得到赋格；而英语空缺句中第二主语即使没有提升到Spec-IP位置，连词AND也可以赋予其宾格。

由上引各家分析所见，现代汉语中是否存在空缺句这一问题在学界尚无定论。我们认为：汉语中并不存在像英语一样的典型空缺句，以往文献中提及的"汉语空缺句"大多数是一种类似于英语的假空缺结构。主要理由有以下三点：

第一，现有文献所说的汉语"空缺句"均不符合Jackendoff（1971）对空缺句的定义。比如，汉语"空缺句"可以出现在从属结构中，且动词省略分句的遗留成分通常是数量名词短语和时间/频度副词。Xu（2003a：95）就指出过，汉语数量名词短语常常表现出谓语的特点，所以与数量名词短语连用的动词可以省略。这些特征都与典型空缺句的定义相矛盾。

第二，在所有的英语典型空缺句中，都存在两个对比焦点，而且并列结构对比焦点中有两个成分，一个是施事性强的成分，一个是受事性强的成分；而文献中所提及的某些"汉语空缺句"缺乏典型对比焦点特征。例如：

（20）**John** likes **movies**, and **Bill** []**concerts.**（Chao 1987）（重抄自[8a]）

（21）医生劝张三**戒烟**，李四**戒酒**。（Tang 2001）（重抄自例[12]、[13]）

（22）老师送了张三**一本书**，李四**一支笔**。（Tang 2001）

在例（20）中，*John*和*Bill*构成一对对比焦点，*movies*和*concerts*构成另一对对比焦点；而且，动词省略分句中的*Bill*是施事性强的成分，而*concerts*则是受事性强的成分。然而，相比之下，例（21）和（22）的动词省略分句中却缺少施事性强的对比焦点成分。可见，（21）和（22）缺乏典型空缺句所必有的对比焦点特征。

第三，目前所说的汉语"空缺句"一般只出现在互动性强的交际语境中。换言之，它们在口语语体中出现得比较多，而在书面语体中比较少见。如例（14）和（15）（重抄为[23]和[24]）等。

（23）张三一年不考进清华，你就别提我[]北大的事。

（24）张三考进了清华，我[]北大自认为没问题。

这种句子类似于邓思颖（2002）提出的空动词句。例如：

（25）张三三个苹果，李四四个桔子。（邓思颖 2002）

（26）每个人三本书。（邓思颖 2002）

（27）[玩游戏时，一个小孩对另一个小孩说]：我警察，你小偷。（贺川生 2007）

（28）[填报高考志愿时，老师对两个考生说]：你北大，他清华。（贺川生 2007）

邓思颖（2002）通过讨论汉语缺乏动词的句子，认为汉语句子遵守结构经济原则：除非受到其他因素的影响，否则没有结构应该是最经济的手段。他把汉语没有动词的句子简单分为三种类型：名词谓语句[①]、空系词分句[②]和空动词句。其中名词谓语句属于"不存在动词"的类别；空系词分句和空动词句属于"空动词"的类别。上述例（25）-（28）是空动词句。在我们看来，例（23）和（24）同空动词句（25）-（28）类似。值得注意的是，空动词句的前行小句没有动词。由此可见，空动词句更像话题—述题（评述）结构，不是空缺句，也不是汉语假空缺句。

总之，我们认为，现有文献中大部分"汉语空缺句"都是一种假空缺结构。在下一小节中，我们将详细探讨现代汉语假空缺句的性质和特点。

11.1.2　现代汉语假空缺句

假空缺句在英语省略结构中比较常见。Agbayani & Zoerner（2004：186）比较了假空缺句与空缺句及谓语省略的异同。假空缺句与空缺句的共同点：都有一个主要动词（Main Verb）在动词省略从句中被删除，被删除的主要动词两侧都需要有剩余成分（Remnants）。假空缺句与空缺句的不同点，也是假空缺

---

① "名词谓语句"指名词作谓语的句子，名词谓语陈述主语的性质和情状（邓思颖 2002）。例如：（1）后天端午节。（2）奥巴马美国总统。

② 空系词分句是指系词"是"在语音上是空的。例如：你都（¢）三个孩子的爸爸了……（转引自邓思颖 2002）

句与谓语省略的共同点：假空缺句的左侧剩余成分中有一个带时态标记的助动词（Tensed Auxiliary）。例如：

（29）People in Greece drink more ouzo than they **do** brandy.（Levin 1986）

（30）They like rutabagas more than they **do** lima beans.（Agbayani & Zoerner 2004）

（31）Robin will eat rutabagas, but she **won't** ice cream.（Agbayani & Zoerner 2004）

汉语的假空缺结构在动词省略从句中还可能出现助动词"是"，我们用括号来表示。例如：

（32）张三吃了三个苹果，李四（**是**）四个桔子。（Li 1988）

（33）我买了那部汽车，他（**是**）那辆自行车。（Paul 1999）

（34）医生劝张三戒烟，李四戒酒。（Tang 2001）

（35）老师送了张三一本书，李四一支笔。（Tang 2001）

（36）只剩三碗饭。因为他吃了两碗，所以我（**是**）一碗。（Wu 2002b）

（37）你喝几杯酒，我就（**是**）几杯。（Wu 2002b）

在上述汉语例句中，除了（34）和（35）[①]外，其余例句都符合假空缺句的特点：主要动词在动词省略从句中被删除，被删除主要动词的两侧都有对比焦点成分，句中都能插入助动词"是"。

由上述分析，我们可以做出这样两个推断：① 假空缺句中存在着焦点投射[②]；② "是"在现代汉语假空缺句中起了重要作用，类似于英语假空缺句中的"Do-支撑"。

---

① 我们认为例（34）和（35）连空缺句的基本条件都不具备，动词省略从句中被省略动词的两侧只有一个对比焦点成分，所以其更不可能是假空缺句。

② Wu（2002a、b）和 Lee（2007）都对焦点和假空缺句进行了论述，认为假空缺句中存在焦点投射。

关于现代汉语"是"的性质，李大勤（2003a：251-260）认为"是"作为焦点标记的功能其实来源于"是"作为结构标记的功能。当然，"是"除了可以作为焦点标记词以外，还可以作为判断系词，如"我是一个老师"；此外，"是"还可以作为动词（Huang 1989），相关问题我们将另文探讨。

在我们看来，汉语假空缺句的"是-插入"有两种情况：

第一种情况是，我们假设"却"出现在汉语假空缺句中时，根据我们在前面章节的探讨，汉语假空缺句的焦点投射包括"却"投射和极性投射，其中极性核心Pol是一个空核心且具有强[+焦点]特征，需要一个具有焦点特征的成分来使其显性化。为此，Pol要么吸引一个具有焦点特征的显性核心语类占据自己的位置，要么使用"是-插入"来支撑其强焦点特征。因此在汉语假空缺句中，当"却"出现时，为了解决Pol的显性化问题，"是-插入"需要强制性出现。徐杰（2001：130-131）探讨并证明了焦点标记词不可能存在于真空中，它必然属于一定的词类，因而必然表现出该词类的语法特征，遵循该词类的语法规则。汉语中是这样，其他语言中也是如此。徐文的分析间接地证明了我们的观点。

第二种情况是，当"却"不出现在汉语假空缺句中时，焦点投射中就没有极性投射，根据本书第五章的探讨，此时焦点核心F也具有强[+焦点]特征，"是-插入"仍需要**强制性**出现。例如：

（38）a. 张三当连长，而李四**却是**小兵。（傅玉 2010）

　　　b. *张三当连长，李四**却**小兵。

　　　c. 张三当连长，李四**是**小兵。

　　　d. ？？张三当连长，李四小兵。[①]

显然，当例（38a）中出现"却"时，"是"必须强制性插入到假空缺分句中；否则句子就不合法，如（38b）所示。当句中不出现"却"时，"是"的插入也是强制性出现，如（38c）。值得注意的是例（38d），我们认为（38d）一

[①]　我们找了十多位说普通话的人来判断（38d），超过 70% 的人认为（38d）在口语语境中可接受，但在书面语中不可接受。

般只出现在口语中，类似于空系词句，例如（39）；如果（38d）出现在书面语中，后行句中必须加上系词"是"。

（39）你都（¢）四十岁的人了，还……

通过以上的分析，我们似乎可以假设Pol的焦点强度要高于F。徐杰（2001）有类似的观点，认为焦点的这种强度极差是相比较而言，不存在某种绝对的"值"。焦点的强度差别应该是一个没有自然分际的连续体，已有的分类只是为了分析的方便。

11.1.3 现代汉语假空缺句 [①] 的研究路径

就现有的文献来看，假空缺句的研究路径主要有两种：PF删除路径和以语义为基础的解释路径。

第一种路径中对英语语料的研究以 Lee（2007）为代表。他认为，英语假空缺句涉及焦点现象，焦点核心具有不可解释的省略特征；一旦焦点进入推导过程，焦点的外标示语（Outer Spec）必须被宾语（Object）填充；随后，整个vP在PF层面上被删除。例如：

（40）Mary hasn't dated Bill, but she has Harry.（Lee 2007：93）

例（40）的推导过程如图11.1所示：

---

① 我们只探讨假空缺句的研究路径，对于空缺句的研究路径，国外文献中主要以 Johnson（1994）的动词跨界移位（Across the Board Verb Movement，简称 ATB）的解释路径为代表，该研究路径认为空缺句不是省略现象，而是由动词通过跨界移位推导出来的。Wu（2002b）和贺川生（2007）先后对 ATB 进行了质疑。

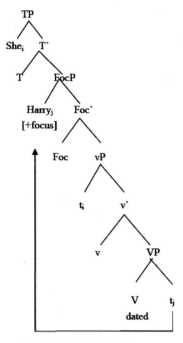

图11.1　英语假空缺句生成图（Lee 2007：93）

　　按照 Lee（2007）的假定，英语的宾语显性移位到Spec-FocusP的位置以核查焦点的焦点特征，如例（41）中Harry就是为核查焦点的焦点特征而移位到Spec-FocusP的位置之上的。一旦Harry移位，句子中的vP因为音系规则"[ΦvP]→ ∅/E"①而在PF层面上被删除。显然，Lee的研究路径有利于揭示焦点投射在假空缺句中所起的重要作用，但无法对焦点投射的本质进行解释。此外，she也是强调焦点成分，但是在Lee的分析中，其作用却没有得到重视。

　　以Wu（2002b）为代表的学者曾沿第一种路径对汉语相关的语料展开过一定程度的分析探讨。Wu（2002b）认为，汉语假空缺句是一种话题—述题结构，以结构中的事件论元（Event Argument）作为隐性话题。假空缺句中的动词省略从句实际上是述题从句，其中焦点标记"是"被省略了。例如：

---

①　Lee（2007：92）认为 Foc 具有省略特征 [E]，在满足 Merchant 提出的省略给定限制这个条件下，vP 可以在 PF 层面上被删除。

（41）[张三吃了三个苹果]，[话题∃e]ᵢ[述题OPᵢ李四是四个桔子]。（Wu 2002b：16）

例（41）的推导过程如图11.2所示：

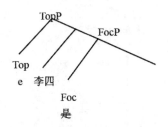

图11.2　汉语假空句的话题—述题结构分析图（Wu 2002b：16）

Wu（2002b）能将话题和焦点结合起来加以分析，这自然有助于进一步揭示汉语假空缺句的本质。不过，Wu的分析也有一些地方值得商榷。比如，汉语假空缺句都是话题—述题结构吗？汉语假空缺句的话题都是基础生成的空话题吗？是否每个假空缺句都有话题和述题两部分？焦点投射在汉语假空缺句中是如何运作的？这一系列问题都有待更深入的探讨才能得到理想的答案。

第二种研究路径主要以Wei（2011）为代表。Wei分析了汉语假空缺句中的从属结构，并提出了以语义为基础的删除分析方法。该分析主要依据两条限制条件展开，即"避开焦点限制"（AvoidF）和"空缺句的焦点限制条件"（Focus condition on Gapping），目的是检验汉语假空缺句的合法度。

我们认为，上述研究路径都有一定的解释力，但参照省略句法研究的主流路径，我们对假空缺句的分析则主要依据以焦点投射为基础的PF删除研究路径。

11.2　现代汉语假空缺句的句法生成机制

11.2.1　现代汉语假空缺句的焦点运作机制

在第四章至第六章中，我们分别探讨了焦点投射在名词省略、谓语省略和截省中所起的重要作用。但是，假空缺句自身的语法特点决定了它与其他省略结构不同的焦点运作机制。一般来说，假空缺句中都有对比焦点结构，其结构特点是，对比焦点中有两个体词性词语：一个是施事性强的，一个是受事性强的。例如：

（42）你喝几杯酒，我就几杯。（重抄自［17］）

（43）张三吃了三个苹果，李四四个桔子。（重抄自［10］）

（44）（要是）你喝四杯，我也四杯。（Wei 2011）

（45）这个只剩三碗饭，因为他吃了一碗，所以我两碗。（Wei 2011）

（46）张三当连长，而李四却是小兵。（重抄自［38a］）

我们在例（42）-（46）的后行句中都能找到两个体词性词语且都是对比焦点，其中一个是施事性强的体词性词语，而另外一个是受事性强的体词性词语。一般来说，Spec-TP位置一般以施事性强的成分为主，而Spec-CP位置一般以受事性强的为主（李大勤 2003a）。在假空缺句中，我们假设在焦点投射中有一个C_2P投射，换言之，假空缺句的焦点投射范围既包括FocusP，也包括C_2P投射，如图11.3所示：

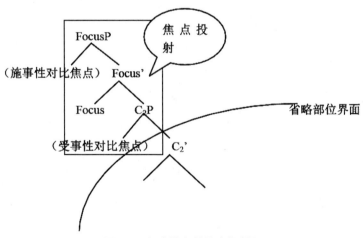

图11.3　假空缺句的焦点投射图

根据我们在第四、五章中的探讨，在假空缺句中，Focus的强[+焦点]特征和强[+施事]特征能够吸引Spec-TP位置上施事性强的成分到Spec-FocusP的位置，以便核查不可解读的强[+焦点]特征和强[+施事]特征；C₂的强[+边界]特征和强[+受事]特征能够吸引受事性强且具有焦点特征的体词性词语到Spec-C₂P的位置，以便核查不可解读的强[+边界]特征和强[+受事]特征。由于Spec-C₂P位置上的成分携带焦点特征，且在焦点投射范围内，所以不能被删除。**焦点核心与允准词的共同作用可以允准其补足语部分不携带焦点特征成分的省略。**如果假空缺句中有"却"出现，那么假空缺句中有QueP，并在Pol核心表现出负的正反焦点特征，这种情况往往需要"是-插入"，以解决Pol的显性化问题。如图11.4所示：

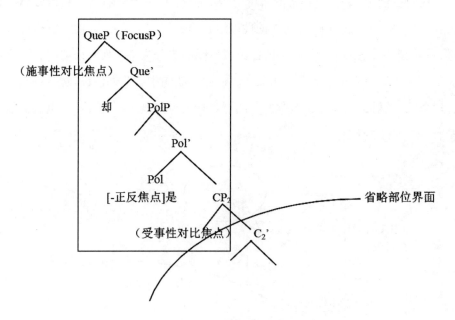

图11.4   "却"投射下的假空缺句生成图

11.2.2　现代汉语假空缺句的生成机制

据上一小节提出的汉语假空缺句的焦点运作机制，我们以（35）、（38）为例，对现代汉语假空缺句的生成机制进行分析。

例（38）是傅玉（2010）应用其提出的"排比条件"[①]分析过的一个例子。傅文认为（38）的句法生成机制如（47）：

（47）张三当连长，而$[_{CFocP}$李四$_j$ $[_{CFoc'}$ 却是$[_{TP}$ t_j $[_{v^*P}$小兵$_i$ $[_{v^*}$ $[_{VP}$当$t_i]]]]]]$。

傅玉（2010：258-259）把"是"分析为基础生成于C_{Focus}的焦点成分，而Spec-TP"李四"则上移至Spec-C_{Focus}P以核查C_{Focus}的EPP特征；动词"当"由VP上移至v^*，宾语"小兵"则上移至Spec- v^*P以核查v^*的EPP特征，进而在"排比条件"下删除VP"当"。

傅文的分析有三点值得商榷。第一，"却"的句法性质和作用没有得到解释。第二，（38）后行句中"李四"对应"张三"，"小兵"对应"连长"。"小兵"同"李四"一样，都是对比焦点，都携带焦点特征；其中"李四"是施事性强的体词性成分，而"小兵"是受事性强的体词性成分，若按傅玉（2010）的移位分析，"小兵"本应上移至Spec- v^*P位置以核查v^*的EPP特征，这样一来，在Spec- v^*P位置上的"小兵"就不处在焦点投射内，难以体现出对比焦点特征。第三，傅文认为"是"基础生成于C_{Focus}，我们则认为"是"不是基础生成的，是由于Pol的强焦点特征需要"是-插入"作为支撑成分（host）而形成的。有鉴于此，我们依据上文提出的汉语假空缺句的焦点运作机制假设，重新对（38）进行了分析，具体结果如图11.5所示：

[①]　傅玉（2010：256）：排比条件指在并列结构中，某句法结构的语音式删除在对应的"目标"上发生。其中"目标"为语义对应的最小核心语类。

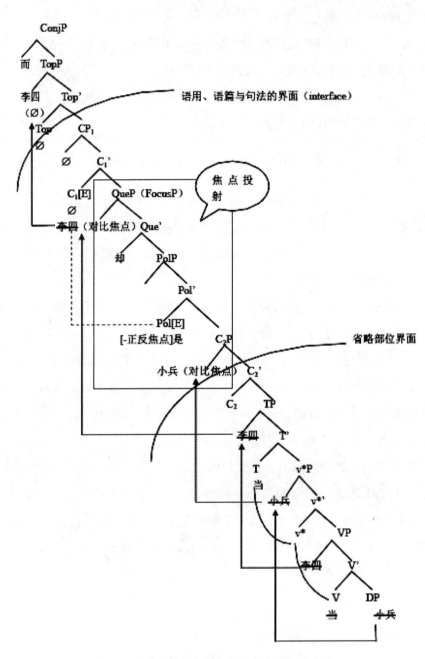

图11.5　不含有数量名词短语的假空缺句生成图

图11.5中的"当"的移位和"是-插入"的句法操作，我们分别在第四章和第五章做过类似的探讨，这里不再赘述。"李四"和"小兵"的句法生成机制可分别演算如下：

（一）"李四"的生成

"李四"的生成可分为以下几个步骤：

I. Spec-VP-Spec-TP的移位

II. Spec-TP-Spec-QueP的移位

III. Spec-QueP-Spec-TopicP的移位

IV. 移位到Spec- TopicP位置上的"李四"的删除

其中I、II步，我们在第四、五章中，已经做过类似的探讨，这里不再赘述。我们从第三步开始探讨。

III. Spec-QueP-Spec-TopicP的移位

Topic具有强[+定指]特征，需要吸引一个具有定指特征的体词性词语到Spec-TopicP位置进行特征核查，以删除Topic不可解读的强[+定指]特征。在满足"一致"操作下，Topic的强[+定指]特征吸引"李四"移位到Spec-TopicP位置，以便删除Topic不可解读的强[+定指]特征。

IV. 移位到Spec-TopicP位置上的"李四"的删除

Spec-TopicP位置上的"李四"是基础生成的。因为移位到Spec-TopicP位置上的"李四"与Spec-TopicP位置上基础生成的"李四"同形同指，根据"同形同指，在后删除"的原则，移位到Spec-TopicP位置的"李四"被删除，在Spec-TopicP位置上不可拼读。

（二）"小兵"的生成

"小兵"基础生成于VP内的补足语位置，经过两次移位最终到达Spec-C_2P的位置上。这个移位过程可分为以下几个步骤：

I. 基础生成位置-Spec-v*P的移位

首先，轻动词v*具有不可解读的强[+边界]特征，因而可以作为探针寻找与自身相匹配的目标以便核查掉其携带的强[+边界]特征。限定词短语"小兵"带有相应的可解读的特征，从而作为v*探查的目标被吸引到Spec-v*P位置，进而删除v*的边界特征。其次，"小兵"的移位除了边界特征的动因外，还有其他原因。比如，根据格理论，"小兵"移位到Spec-v*P位置是为了获得结构格，即宾格。

II. Spec-v*P-Spec-C_2P的移位

根据第五章对C的特征刻画，C_2具有强[+边界]特征、强[+定指]特征和强[+受事]特征，上述三项特征均属于不可解读的特征，C_2需要吸引具有相关特征的体词性词语到Spec-C_2P的位置，以便将其删除。因此，携带语义不可解读特征的C_2可以作为探针寻找与其相匹配的目标，继续吸引名词短语"小兵"到Spec-C_2P位置，其不可解读的特征得到删除。因为"小兵"也是句子对比焦点中的一部分，同"李四"一样，携带焦点特征。根据我们在第五章提出的假设，在焦点投射内，具有焦点特征的被强调部分，不能被移位到焦点投射以外的位置。因此，C_1不可解读的特征不能够继续吸引"小兵"到Spec-C_1P位置。根据第五章提出的省略允准限制假设中的论述，当具有焦点特征的"是"插入到Pol的位置上，表现为负的极性焦点特征。在一致操作下，极性核心Pol位置上具有省略特征的"是"与允准词C_1共同作用可以允准其补足语部分不携带焦点特征成分的省略，即图11.5中，C_2'以下的部分为省略部位。

为了进一步并全面分析现代汉语假空缺句的句法生成机制，下面再对含有数量名词短语的假空缺句语料予以探讨：

（48）张三吃了三个苹果，李四（是）四个桔子。（重抄自［32］）

对（48）的分析，如图11.6所示：

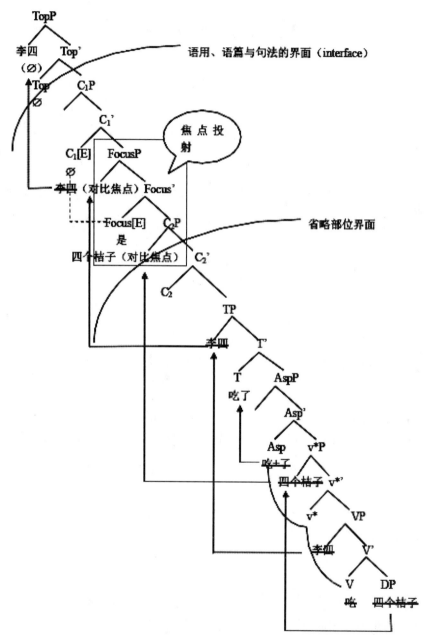

图11.6　含有数量名词短语的假空缺句生成图

图11.6与图11.5不同，其分析对象包含数量名词短语，且没有"却"。图
11.6中"四个桔子"的移位与图11.5中"小兵"的移位相同，"李四"和"吃"

的移位，我们在前文中已做过类似的分析，这里不再赘述。

图11.6中没有"却"投射，但是仍然存在焦点投射。焦点核心F具有强[+焦点]特征，焦点核心需要一个具有焦点特征的成分来使其显性化，而为了解决显性化问题，F要么吸引一个具有焦点特征的显性核心语类移位并占据自己的位置，要么使用"是-插入"来支撑其强焦点特征。因此，在图11.6中，"是-插入"是强制性的，只不过在口语语境中，"是"在语音层面上脱落了，因此出现（49）中的表象。当具有焦点特征的"是"插入到Focus的位置上时，在一致操作下F位置上具有省略特征的"是"与允准词C_1共同作用可以允准其补足语部分不携带焦点特征成分的省略，即图11.6中，C_2'以下的部分为省略部位。

11.3 现代汉语假空缺句的省略限制条件分析

在第四章至第六章中，我们相继探讨了省略的指称限制、移位限制、允准限制和省略给定限制条件。由于现代汉语假空缺结构没有涉及体词性词语的省略，因此除了省略的指称限制外，其他省略限制假设也同样适用于汉语假空缺句。

省略给定限制条件是一种语义条件。Wei（2011）提出以语义为基础的删除分析路径，并运用该条件分析了汉语从属结构的假空缺句（Subordinate Gaps in Mandarin Chinese）。以下（49）-（51）是Wei分析时所举的例子：

（49）张三吃了一碗饭，李四五盘菜。（Wei 2011）

（50）张三吃了一碗饭，他也知道李四五碗饭。（Wei 2011）

（51）？张三吃了一碗饭，因为李四五碗饭。（Wei 2011）

例（49）是包含在并列结构中的假空缺句，先行从句的焦点封闭和动词省略从句的焦点封闭满足语义同一（Identity）关系，如（52a、b）所示。其中（52a）和（52b）语义上相互蕴含，满足动词省略的焦点条件[①]，因而该动词可

---

① Wei（2011：73）：A Verbal α can be deleted only if α is contained in a CP that is e-GIVEN.

以被删除。

（52）a. F-clo（α）=∃ x ∃ y[x吃y]

　　　b. F-clo（β）=∃ x ∃ y[x吃y]

例（50）是从属结构内的假空缺句，其先行从句的焦点封闭和动词省略从句的焦点封闭满足语义同一关系，如（53a、b）所示。其中（53a）和（53b）语义上相互蕴含，满足动词省略的焦点条件，动词可以被删除。

（53）a. F-clo（α）=∃ x ∃ y[x吃y碗饭]

　　　b. F-clo（β）=∃ x ∃ y[x吃y碗饭]

例（51）的可接受程度低，因为其附加语（Adjunct）从句中的动词省略违反了动词的焦点条件。该用例中存在的因果关系（Cause-Effect Relation）使得先行从句和动词省略从句不能满足省略给定条件中的相互蕴含关系。动词省略句中包含附加的因果标记语（Cause-Effect Marker），在（54b）中用R[①]表示，是一个像算子一样的成分（Wei 2010）。如例（55a、b）所示：

（54）a. F-clo（α）= ∃ x ∃ y[x吃y碗饭]

　　　b. F-clo（β）= ∃ x ∃ y[$_R$x吃y碗饭]

下面我们运用省略给定限制对（48）和（38a）重新加以分析，具体结果如（55）、（56）所示：

（55）张三吃了三个苹果，李四是四个桔子。

　　　a. F-clo（α）= ∃ x ∃ y[x吃了y]

　　　b. F-clo（β）= ∃ x ∃ y[x吃了y]

---

① Wei（2011: 80）在脚注中对R解释如下：Since islands are hard to categorize and interpret from either syntactic or semantic perspectives, in order to mark their subtle differences in blocking interpretation, we have drawn upon the opinions of several semanticists. The operator R is one of the alternatives that the semanticists may probably use.

（56）张三当连长，而李四却是小兵。

      a. F-clo（α）= $\exists$ x $\exists$ y[x当y]

      b. F-clo（β）= $\exists$ x $\exists$ y[x当y]

通过以上的分析，我们发现，假空缺句构成的前提条件是先行句和后行句都要满足省略给定限制，语义上满足相互蕴含关系。

除了满足省略给定限条件制外，假空缺句还要满足省略的移位限制和允准限制条件。我们在本章中已经通过对例（48）和（38a）生成机制的分析做过说明，这里就不再赘述了。

综上所述，除了省略的指称限制外，我们在上文提到的其余各项省略限制假设均适用于现代汉语假空缺句。上文我们就省略限制假设对汉语假空缺句所做的尝试性分析，在验证省略限制各假设解释力的同时，也为今后的相关研究提供一条新的研究思路。相信循着这一思路展开研究可以为全面解释现代汉语的省略现象提供一个统一的分析框架。

11.4 结语

通过对"空缺句"的性质和特点的分析，我们发现汉语中不存在像英语一样的典型空缺句，以往文献中的"汉语空缺句"大多数是一种类似于英语的假空缺结构。本章在分析汉语假空缺句句法生成机制的基础上，验证了省略的给定限制条件、移位限制条件和允准限制条件等均对现代汉语假空缺句的生成有制约作用。

第十二章　基于信息结构理论的现代汉语空缺句研究①

基于信息结构理论，本章通过语料可接受度对比测试，论证汉语中存在空缺句，语境有助于提高其可接受度。汉语空缺句是话题—评述结构，借助对比话题和对比焦点传达对比信息。焦点判定和对比信息强弱是影响空缺句可接受度的主要因素。数量词、指示词和祈使语气可加强对比信息，提高可接受度; 而副词、否定词和释因类句式会影响焦点判定，降低可接受度。

12.1　引言

空缺句（Gapping）概念由Ross（1967）提出，通常指并联小句中有一个重复动词不出现，即在缩减小句（Reduced Clause）中出现了一个"缺位"的句子（戴维 2000），如：

（1）a. Tom has a pistol and Dick has a sword.

　　b. Tom has a pistol and Dick — a　sword.（Ross 1967：250）

　　　　↓　　　↓　　　↓　　↓　　↓

　　　对应1　　对应2　　残余1 空缺 残余2

---

① 本章的部分内容发表在：《北京科技大学学报（社会科学版）》2019 年第 4 期"基于信息结构理论的现代汉语空缺句研究"（作者：王竹、张天伟）。

上例中缺失成分为"空缺"（Gap），后行句剩余成分为"残余"（Remnant），前行句与残余相对应的成分为"对应"（Correspondent）。

目前学界对英语空缺句的研究较多，但汉语中是否存在空缺句仍有争论，如果存在，其范围和成因也未明确。吕叔湘（1986）、赵元任（1968/1979）、刘丹青（2010）、Tai（1969）、Tsai（1994）、Tang（2001）、Wu（2002b）、Xu（2003b）和贺川生（2007）等都认为汉语中不存在典型空缺句，如：

（2）*老大写诗，老二小说。（吕叔湘 1986）

（3）我吃了面条，他*［吃了］米饭。（刘丹青 2010）

Li（1988）、Paul（1999）等少数学者认为汉语中存在空缺句，但要求句中有数量宾语或表频度和持续的补语[①]，如：

（4）我吃了两碗面条，他三碗米饭。（Li 1988）

（5）他来过五次，我一次。（Paul 1999）

Tang（2001）认为汉语空缺句违背了Ross提出的空缺句的两个基本条件。它既不限于并列结构，也不遵循毗邻原则。此后学界对其本质展开探讨，代表性观点有：（1）空动词句（Tang 2001，刘丽萍、韩巍峰 2015）；（2）话题—评述（述题）结构（Wu 2002b，Ai 2014）；（3）假空缺句（Pseudogapping）（张天伟、杜芳 2012）；（4）情景省略现象（傅玉 2012）。

有鉴于此，本章首先回顾已有研究，指出争议之根源，然后通过语料可接受度对比测试证明汉语中存在空缺句，最后从信息结构视角论证汉语空缺句本质及各类空缺句可接受度存在差异的原因。

---

① 所引学者将数量名词短语做定语的名词宾语直接称为数量宾语，本书在涉及该研究时沿用其名称和范围，指代包含有数量名词短语做定语的名词性宾语和数量词直接做宾语两种情况。但我们认为在更进一步的研究中仍需对此进行区分。

12.2 汉语空缺句研究概述

12.2.1 关于空缺句句法语义特征的研究

目前汉语空缺句研究主要是句法语义特征和成因两个方面，前者可归纳如下：

表12.1 汉语空缺句句法语义特征

代表学者	特征描述
Li（1988）	表层过滤原则（Surface Filter）：*N ø N，其中 N= 光杆名词中心语。
Paul（1999）	（1）仅限于非类指动词短语； （2）仅能表达"和"而非"或"的语义关系； （3）仅出现在口语中，对应和残余有对比关系； （4）可接受度在南北方母语者间存在差异。
Tang（2001）	（1）不能表达"非偶发性事件"； （2）第二名词性成分不能是"存现或非限定的"。
傅玉（2012）	（1）祈使语气且第二残余为非光杆名词中心语； （2）动词补语为数量名词短语。
刘丽萍、韩巍峰（2015）	（1）并列空动词句的语境只能是事件性的； （2）主语和宾语分别为对比性的话题焦点和信息焦点。

我们认为上述研究都未能指出汉语空缺句的本质特征，主要问题有三点：

第一，对残余2性质判断有误。Li（1988）和傅玉（2012）认为残余2不能是光杆名词。但残余2是光杆名词的（6a）却合法；残余2不是光杆名词的（6b）可接受度却很低。傅玉（2012）表示残余2为光杆名词时易产生"系词解读"，即把（7a）中的"我门"理解为"我是门"而非"我擦门"。但（7b）与（7a）类似，却并不会使人产生"小李是厨房"这种"系词解读"。同一光杆名词产生"系词解读"的可能性也受前行句谓语影响，如（8）。

（6）a. 我考清华，他北大。

　　b. ？张三请了他的学生，李四他的同学。（Paul 1999）

（7）a. *你擦窗，我门。（傅玉 2012）

　　b. 小张负责客厅，小李厨房。

（8）a. *我看见了张三，他李四。

　　b. ? 我选了张三，他李四。

　　c. 我选张三，他李四。

Paul（1999）认为汉语空缺句仅限于非类指动词短语，但（9）显示类指动词短语也可接受。Tang（2001）认为残余2不能是存现或非限定的，（10）符合此条件却依然不合法。可见"光杆名词""类指动词短语""存现或非限定性短语"都不是影响空缺句合法性的主要因素。

（9）我要红色的玫瑰，他紫色的郁金香。（傅玉 2012）

（10）*张三吃了这个苹果，李四那个桔子。[①]（傅玉 2012）

第二，对语境判断有误。Tang（2001）认为空缺句不能表达非偶发性事件，但（11）证明非偶发性事件也可接受。刘丽萍、韩巍峰（2015）认为事件性场景是并列空动词句的必要条件。经观察，非事件性场景不一定会导致语句不合法（如［12］）[②]。

（11）老大擅长抒情散文，老二言情小说。

（12）甲：小王和小李是做什么的？

　　　乙：小王医生，小李护士。

第三，对语气类型判断有误。傅玉（2012）认为汉语空缺句要求"祈使语气"。但（13）表明非祈使语气同样可形成空缺句。

（13）我来自美国，他德国。

12.2.2　关于空缺句成因的研究

对空缺句成因的解释也一样存在问题。目前学界常用解决方案是生成语法的"删除说"和"跨界移位说"。但"删除说"较难解释辖域歧义（Scope

---

① 我们认为该句可接受度受语境制约，已被吃掉的食物很难用指示词指涉，故可接受度低。

② 据刘丽萍、韩巍峰（2015）的论述，（12）属于非事件性场景。

Ambiguity）和约束（Binding）等事实，"跨界移位说"较难解释并列结构限制（Coordinate Structure Constraint）和主动词提升等问题（傅玉 2012）。Wu（2002b）认为汉语空缺句是话题—评述结构，话题为隐性抽象事件论元，通过前行句或语境得到理解，评述是省略了焦点标记"是"的后行句，如（14）。Ai（2014）认为汉语空缺句经历了话题化、焦点移位和屈折短语删除等句法操作，如（15）。Wu和Ai都从话题—评述出发，但对话题和评述的认定却不同。汉语空缺句是否为话题—评述结构，话题和评述由何充当，仍有待探讨。

（14）[张三吃了三个苹果]，[$_{Topic}$ ∃e]$_i$ [$_{Comment}$ OP$_i$ [李四是四个桔子]]。

（Li 1988）

（15）[$_{IP}$ [张三$_i$] [$_{VP}$ t$_i$看见了淑芬]].[15]

[$_{TopicP}$李四$_i$ [$_{FocusP}$亚萍$_j$ [$_{IP}$t$_i$看见子t$_j$]]]　　　（Ai 2014）

12.2.3　上述研究的问题

上述关于空缺句的研究有较大争议，问题主要源于以下四点：① 语料来源有问题。现有语料大多直译或仿造英语，许多仿造句即便不考虑空缺成分，本身也不自然。② 语料判断有欠缺。前人多用自省法，Paul（1999）虽意识到南北方母语者判断结果有差异，但仍以研究者语感为准，时常判断失误，如（16）。③ 不区分语句类型。大部分学者未给语料分类。魏廷冀（2008）将汉语空缺句分成四类，但分类标准不一致，所用语料也仅限于Li（1988）的例句。④ 忽略口语特点和语用因素。书面语中极难找到汉语空缺句，前人评判时却多采用书面语标准，较少兼顾重音、语调和停顿等因素。Ai（2014）指出汉语是语境敏感型语言，单独判断时不合法的空缺句，若辅以适当语境，合法性便会有所提高，试比较（17a）和（17b）。

（16）*我买了红色的花，他蓝色的。① （Paul 1999）

---

① Paul（1999）误认为此句不合法，实则完全可接受。

（17）a. 我看见了张三，你*（看见了）李四。（Tang 2001）

　　　b.（回答"咱们昨天都看见谁了？我记不清了。"）

　　　我看见了张三，你，李四。

12.3 语料可接受度测试和分析

　　为避免上述问题，并考察汉语中是否存在空缺句及语境对判断的作用，我们对现有研究中所有汉语空缺句语料（共116条）进行了可接受度对比测试。

12.3.1 被试

　　被试为50名大学生，男23人，女27人，年龄22—28岁，均已熟练掌握普通话；北方30位，南方20位[①]，籍贯南至海南省，北至黑龙江省，以排除方言的影响；语言学专业12人，非语言学专业38人，既包括新闻学、心理学和教育学等人文学科，也包括车辆、土木和计算机等理工学科，以排除学科背景的影响；被试均无英语语言环境的生活经历，以排除英语空缺句的影响。

12.3.2 测试设计

　　测试分两次进行。第一次用"静态语料"[②]，第二次用"动态语料"[③]。语料类型多样（见表12.2第一列），旨在核查表12.1所列特征是否影响空缺句合法性。前人判断时确定程度多有不同，故本测试在选项设置上没有采用二分法，而是提供了5个程度依次递减的选项：1—完全可接受，2—基本可接受，3—不确定，4—基本不可接受，5—完全不可接受。

12.3.3 测试结果与分析

　　我们首先统计两次测试中单个语料的可接受度，计算出百分比（限于篇幅

---

① 按照汉语七大方言区的划分，被试母语属于北方方言区的为北方人，其他六个方言区的均认为是南方人。

② 静态语料指未加语境的单句语料，如"张三吃了苹果，李四桔子。"

③ 动态语料指添加对话语境后的语料，如"他们刚才吃了什么？""张三吃了苹果，李四桔子。"

未列于此）。然后给语料分类①，统计各类空缺句的可接受度，计算出百分比
（见表12.2）。最后对测试结果进行独立样本T检验（见表12.3和12.4）。

表12.2 各类空缺句平均可接受度②

类型		测试一可接受度					测试二可接受度				
		1	2	3	4	5	1	2	3	4	5
第二残余的性质	光杆名词	27.2%	22.8%	12.8%	17.1%	20.1%	60.8%	23.7%	6.6%	5.1%	3.8%
	数量宾语	55.6%	24.1%	10.8%	6.4%	3.1%	72.8%	18.4%	5.3%	2.9%	0.5%
	频度补语	60.0%	24.7%	8.7%	4.7%	2.0%	80.7%	12.7%	3.3%	3.3%	0.0%
	持续补语	63.0%	20.0%	11.0%	2.0%	4.0%	89.0%	8.0%	3.0%	0.0%	0.0%
	含指示词 祈使	65.3%	27.3%	5.3%	2.7%	0.7%	84.7%	14.0%	1.3%	0.0%	0.0%
	含指示词 陈述	18.6%	26.3%	17.1%	19.4%	18.6%	48.3%	26.9%	11.4%	7.7%	5.7%
	带方式副词	17.5%	11.0%	17.5%	29.5%	24.5%	40.0%	28.5%	15.5%	11.0%	7.5%
	否定句式	4.5%	5.5%	9.0%	10.5%	70.5%	18.0%	12.0%	15.0%	17.5%	37.5%
	因果复句	25.3%	16.7%	12.0%	23.3%	22.7%	36.7%	14.0%	14.7%	14.7%	20.0%
	条件复句	70.0%	20.0%	6.0%	1.3%	2.7%	78.7%	18.7%	2.7%	0.0%	0.0%
	左边界删略	48.0%	29.5%	10.0%	7.0%	5.5%	66.5%	21.0%	6.5%	3.5%	2.5%
	空缺位于后行句的主语位置	50.7%	34.0%	8.0%	4.0%	3.3%	66.0%	26.7%	3.3%	2.0%	2.0%

表12.3 独立样本T检验统计量表

是否添加语境		N	均值	标准差	均值垢标准误
可接受度	1	116	.7612	.22729	.02110
	0	116	.5434	.28091	.02608

---

① 该分类方法旨在考察前人所列因素（如数量宾语、频度和持续补语、指示词、副词、否定词、语气和句式等）是否会影响汉语空缺句可接受度。

② 表中数据为各类空缺句可接受度的平均值，有些数值无法除尽，故保留小数点后一位。

表12.4 独立样本T检验分析表

独立样本检验

		方差方程的 Levene 检验		均值方程的 t 检验						
									差分的 95% 置信区间	
		F	Sig.	t	df	Sig.(双侧)	均值差值	标准误差值	下限	上限
可接受度	假设方差相等	9.004	.003	6.491	230	.000	.21776	.03355	.15165	.28386
	假设方差不相等			6.491	220.401	.000	.21776	.03355	.15164	.28388

结果表明：① 因为语料总体可接受度比较高，所以汉语存在空缺句，前人对语料存在误判。② 据独立样本T检验，Levene统计量为9.004，显著性P值为0.03<0.05，故方差不齐。不同组间独立样本T检验统计量t=6.491，P值为0.000<0.01，故静动态语料可接受度存在显著差异，语境可大大提高可接受度。③ 可接受度与残余2性质有关。残余2为数量宾语、频度或持续补语时，可接受度最高（静态语料为79.7%、84.7%和83.0%，动态语料为91.2%、93.4%和97.0%）。残余2为光杆名词时，静态语料可接受度为50.0%，但动态语料可接受度达到84.5%，与带数量宾语的空缺句（91.2%）相差无几。④ 残余2含指示词时，可接受度受句式影响，祈使句较高（92.6%，98.7%）[1]，陈述句较低（44.9%，75.2%）。⑤ 残余2带方式副词时，可接受度低（仅为28.5%），补充语境后得到较大提升（68.5%）。⑥ 残余2带否定词时，可接受度极低（10.0%），补充语境后仍较低（30.0%）。⑦ 汉语空缺句不限于并列结构，条件复句的可接受度（90.0%，97.4%）比多数并列结构还高。⑧ 因果复句中空缺现象的可接受度低（42.0%），添加语境后未见显著提升（50.7%）。⑨ 从属结构中左边界删略句和空缺位于后行句主语位置时，可接受度均较高（前者为77.5%，87.5%；后者为84.7%，92.7%）。

基于测试结果与分析[2]，我们将英汉空缺句特征对比如下。表12.5表明汉英空缺句句法语义特征有部分是类似的，只不过前者对语境有较强依赖性。汉语

---

① 括号中有两个数据时，前者表示未加语境时的可接受度，后者表示添加语境后的可接受度，下同。

② 有外审专家指出"语料可接受度测试"值得肯定，但测试的具体过程须更加科学和细致，应增加干扰项、设置不同对比组，以得到更准确的测试结果。感谢专家的宝贵意见，今后的研究中，我们将对此进行修补和深入探讨。

空缺句句式甚至比英语更丰富，因此有理由认为汉语中存在空缺句。

表12.5　汉英空缺句对比表

特　征	汉语	英语
（1）对应和残余存在对比关系，通过重音和语调等体现	是	是
（2）残余一定是主要成分	是	是
（3）存在于并列复句	是	是
（4）存在于偏正复句	是	否
（5）存在于主语从句	是	否
（6）允许并列连词 and/but/or	是	是
（7）遵循岛条件	否	是
（8）空缺可以是非结构成分（non-constituent）	否	是
（9）允许方式副词和否定词在内的成分修饰	是	是
（10）只允许有两个残余	是	是
（11）不允许非同类副词	是	是
（12）非空缺小句的否定词可以取整个并列结构的宽域	否	是
（13）祈使语气可提高可接受度	是	是
（14）可插入助动词"Do"/"是"，构成"Do-support"/"是 - 支撑"	是	是

12.4　信息结构视角下汉语空缺句分析

早期空缺句研究多以生成语法为框架（如Ross 1970；Jackendoff 1971；Neijt 1979；Siegel 1984；Johnson 2009 和 Hartmann 2000等）。国外省略理论也主要是基于形式句法的研究，该类研究大致有三种路径：无结构路径（即间接允准机制）、有结构路径一（即空代词或LF复制）和有结构路径二（即PF删除）（张天伟 2011）。它们都尝试找到省略的句法—语义—语用接口，但都有一些问题悬而未决。

近年来从信息结构角度探讨句法操作成为国外形式句法研究的热点之一（张天伟 2017）。陆俭明（2017，2018）认为，要"摆脱印欧语干扰，用朴素眼光看汉语"就应重视信息结构研究。我们认为既然汉语是"语用敏感型"语言，汉语空缺句不局限于"句子语法"，更像是"语篇语法"（傅玉 2012），用信息结构理论分析口语特征明显且受语境影响较大的汉语空缺句势必更加有效。

12.4.1 汉语空缺句是话题—评述结构

据陆俭明（2017，2018），句子信息结构有四种说法：① 主位—述位；② 话题—评述；③ 话题—自然焦点；④ 已知信息—未知信息。主位概念过于宽泛，既包括话题主位，也包括提供"背景信息"和"衔接性信息"的人际主位和篇章主位。"话题—自然焦点"和"已知信息—未知信息"无法反映所有句子的信息结构，如在（18）答句中自然焦点"张萍"在前，而已知信息"看过这个电影"却在后。故本章选取"话题—评述"视角对空缺句进行分析。

（18）甲：谁看过这个电影？

乙：<u>张萍</u>看过这个电影。（陆俭明 2017）

我们认为汉语空缺句本质上就是话题—评述结构，理由有三点：

第一，虽然汉语空缺句多为主谓结构，但不限于主谓结构，话题—评述视角的解释力更强。话题—评述原是语用概念，可追溯至法国古典学家Weil，他认为每句话都有"说话的起始—说话的目的"，通常起始在前，目的在后，西欧语言中"起始"（即话题）往往与主语重合（邱雪枚 2011）。Gabelentz（1901）提出心理主语和心理谓语概念，前者是指称部分，占据绝对位置（句首），后者是对指称的陈述。除语法主语外，其他成分位于句首时心理主语与语法主语并不重合。Hockett（1958）主张主谓结构本质是话题—评述结构，汉语主语就是话题。Li & Thompson（1976）则认为汉语根本没有语法主语，属于"话题突出型"语言。LaPolla（2009，2017）和沈家煊（2017）认为汉语语法根本不需要主语，语序区分的不是主语和谓语，而是话题和自然焦点。上述学界对话题—评述的认知经历了以下过程：① 话题—评述约等于主谓结构；② 话题—评述包含主谓结构；③ 只区分话题和评述，不区分主语和谓语。

本章例（1）-（17）中对应1和残余1都是典型施事，符合传统主语概念，但当二者由受事、系事、工具、时间和地点等角色充当时，则难以判定为主语，因为汉语主语没有狭义的屈折变化，句首受事是主语还是宾语，时间和地点是主语还是状语有较大争议，如例（19）。但将它们视为话题—评述结构则可避免此问题，因为话题可由各种角色充当。

（19）a. 这套房子给了小李家，那套房子小王家。（受事）

b. 我是老大，他老二。（系事）

c. 这把钥匙开这扇门，那把钥匙那扇门。（工具）

d. 明天来三个人，后天四个人。（时间）

e. 楼上住五个人，楼下十个人。（地点）

第二，对应1和残余1具备话题的基本属性。学界对话题有多种定义，但大部分学者（如Hockett 1958；Gundel 1985 和 Lambrecht 1994等）都把关涉性（Aboutness）作为最基本要素，话题即评述所关涉的对象，属于语篇旧信息[1]。屈承熹（2018a）总结出汉语话题的七种属性[2]。我们发现，空缺句对应1和残余1居于前后分句句首，后面可停顿，可带话题标记（如"至于""啊/呢/嘛/吧"和逗号等），携带已知信息，指称上为有定，属名词性成分，具备话题的所有基本属性（见［20］），属于典型话题。

（20）a. 他呀，吃了两个苹果；我嘛，三个桔子。

b. 小王啊，考了一百分；至于小李呢，才五十分。

c. 他这个人吧，讲了一个小时；我呀，就十分钟。

第三，空缺句残余2虽为名词性成分，但具有指称性，符合汉语评述的特点。据LaPolla（2017），评述与话题相对，提供与话题有关的信息。典型评述通常位于话题后，传递未知的新信息[3]（陆俭明 2018），是说话人强调的内容，也是自然焦点所在。传统语法认为评述一般是谓词性的，基本等于谓语部分。空缺句后行句缺少动词，似乎违背评述的特点。但沈家煊（2016，

---

[1] 话题大多携带旧信息，但携带旧信息并不是话题的必要条件。

[2] 话题的基本属性：a. 前置，一般居于句首；b. 后面可以停顿；c. 前后可以有话题标记；d. 已知信息，交际双方共知或上文提到可以激活的信息；e. 有定；f. 属名词性；g. 具有小句组合功能。

[3] 评述绝大多数携带新信息，但携带新信息并不是评述的必要条件。

2017，2018）指出，那是受印欧语以主谓结构为本、以动词为中心的句子观影响，实际上汉语谓语也可由名词性成分充当，汉语说明部分也是指称性的，具体体现在：① 说明部分很多是名词性的（如"鲁迅绍兴人"）；② 名词性说明和动词性说明常常并置；③ "流水句"可体现说明的指称性；④ "是""有""在"可突显谓语的指称性（如"他［是］喝了农药"），句中出现"是""有""在"后，原句谓语部分变成了指称性宾语，此时谓语的指称性得到突显。我们认为空缺句后行句虽缺少动词，但残余2本身就符合汉语评述可由名词性成分充当、具有指称性的特点。

实际上，汉语空缺句正体现了汉语评述的指称性。首先，空缺句中动词性评述和名词性评述并置；其次，后行句评述由名词性成分充当；最后，据张天伟、杜芳（2012）等的分析，焦点标记"是"可出现在后行句中，起"是-支撑"作用（如［21］）。

（21）a. 他吃了两碗饭，我（是）两碗粥。

b. 他等了一个小时，我（是）两个小时。

有鉴于此，我们认为汉语空缺句是话题—评述结构，对应1和残余1充当话题，前行句谓语部分和后行句残余2充当评述。

12.4.2 汉语空缺句成因

汉语空缺句的形成与话题和焦点的性质有关。据Lambrecht（1994），新信息的传达与焦点有关，但焦点不等于新信息，焦点与预设（旧信息）间建立的关系才是新信息。以（22）为例：

（22）张三吃了苹果，李四，桔子。

26%	42%	16%	14%	2%

甲：他们刚才吃了什么？

乙：张三吃了苹果，李四，桔子。

78%	20%	2%	0%	0%

问句中"他们"是话题，"他们吃了X"是预设。答句中"苹果"和"桔

子"是自然焦点，但新信息不止于"X=苹果和桔子"，还有对比信息，如（23）："张三"和"李四"互为对比话题，传达对比信息，不可省；"苹果"和"桔子"既是自然焦点，传达新信息"X=苹果，Y=桔子"，又互为对比焦点，传达对比信息"张三所吃X≠李四所吃Y"，也不可省；"吃了"是旧信息，省略后既不影响后行句新信息，也不影响对比信息，由于经济原则而删除。语境明确时前行句动词也可省略，此时对比信息最明显，如（24）。

（23）甲：他们（张三和李四）吃了什么？

乙：张三吃了苹果，李四，桔子。

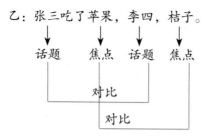

S1 预设："张三吃了X"　　S2 预设："李四吃了Y"

断言："X=苹果"　　　　　断言："Y=桔子"

焦点："苹果"　　　　　　焦点："桔子"

新信息：1）X=苹果，2）Y=桔子，3）张三所吃X≠李四所吃Y

（24）a. 张三吃了苹果，李四吃了桔子。

b. 张三吃了苹果，李四，桔子。

c. 张三，苹果，李四，桔子。

除对比外，空缺句焦点还具备多重性质。据祁峰（2014）对焦点类型的归纳可发现，空缺句焦点在句法单位上属于单一成分充当的窄焦点，即论元焦点；功能上，兼任心理焦点、语义焦点和对比焦点；在位置上属于句末的无标记焦点；在显现方式上属于由语调所显现的语气性焦点。当问句是"开命题"（Open Proposition），答句用来识别一个缺失的所指时（Lambrecht［1994］称之为识别句），也可形成空缺句，此时话题也是论元焦点，如（25）。

（25）甲：（是）谁（分别）吃了苹果和桔子？

乙：张三吃了苹果，李四，桔子。

S1 预设："X吃了苹果"　　　S2 预设："Y吃了桔子"

　　断言："X=张三"　　　　　断言："Y=李四"

　　焦点："张三"　　　　　　焦点："李四"

新信息：1）X=张三，2）Y=李四，3）吃苹果的X ≠吃桔子的Y

并列空动词句宾语和识别句话题之前都可出现焦点标记"是"，证明这些都是典型的对比焦点，如：

（26）a. 他（是）两碗饭，我（是）两碗粥。

　　　b. 他（是）一个小时，我（是）两个小时。

（27）a.（是）他吃了两碗饭，（是）我，两碗粥。

　　　b.（是）他等了一个小时，（是）我，两个小时。

12.4.3　各类空缺句可接受度存在差异的原因

数量词、指示词、副词、否定词、语气和句式等都会不同程度地影响焦点判定和对比信息传达，这是各类空缺句可接受度存在差异的主要因素。

第一，数量词可加强对比信息。带数量宾语、频度或持续补语的空缺句可接受度明显高于带光杆名词的空缺句，这主要是数量词在起作用。频度或持续补语中只有动量或时量一组可对比项，由数量词充当。人们对数量词敏感度极高（陆俭明 2018），数量词易形成对比关系，由其充当的唯一一组可对比项易被判定为对比焦点，故此类空缺句可接受度最高。数量宾语中含数量词和名词两组可对比项，对比焦点可以是数量词或名词，也可以是数量词+名词。仅数量词不同而名词相同时，空缺句可接受度最高（93.6%、96.4%）；数量词和名词均不同时次之（79.6%、92.4%）；仅名词不同而数量词相同时最低（74.6%、91.3%）。可见数量词比光杆名词更易成为对比焦点，从而加强语句对比信息，提高空缺句可接受度。

第二，方式副词可削弱对比信息。带方式副词的空缺句可接受度很低（26%），添加语境后有所提高（68.5%），其原因在于无语境情况下方式副词易被视为新信息，通常携带重音，此时焦点是包含副词在内的整个谓语部分（如［28］）；当副词为旧信息时不携带重音，此时焦点为宾语部分（如［29］）。由前文可知空缺句对应2和残余2应为论元焦点。这要求副词只能是旧信息，否则携带重音的副词也会成为焦点，而焦点是不可省的。副词为焦点时，前行句焦点是整个谓语部分，对应2和残余2难以构成对比焦点，空缺句可接受度低。

（28）他们<u>狼吞虎咽地吃光了剩下的饭</u>。

（29）甲：他们狼吞虎咽地吃光了什么？

　　　乙：他们狼吞虎咽地吃光了<u>剩下的饭</u>。

第三，否定词可削弱对比信息。带否定词的空缺句可接受度极低（10%）；添加语境后仍较低（30%），其原因在于否定词会影响焦点判定。Jackendoff（1972）和van Valin & LaPolla（1997）认为焦点结构和否定相关，"张三没吃两个苹果"的否定焦点可以是张三、没、吃、两个或苹果。否定词的否定意义加在否定焦点上，可为听话人提供新内容。空缺句带否定词时，句中除对比焦点外，还有否定焦点，否定焦点传达否定信息，削弱了对比焦点传达的对比信息，降低语句可接受度。

魏廷冀（2008）提出若问句已提供否定信息，则可导出答句的否定语义。这是因为语境中有否定词时，否定词为旧信息，不会削弱对比信息，如（30）所示。某些带否定词的空缺句可接受度极低是因为问句中带否定词的语境很少出现，如（31）。

（30）（我们要求张三和李四各吃五样水果）

　　　甲：张三和李四没吃什么？

　　　乙：张三没吃苹果，李四 ø 桔子。

　　　新信息：X=苹果；Y=桔子；张三没吃的X ≠ 李四没吃的Y

（31）甲：*张三和李四分别没吃几碗饭？

　　　乙：*张三没吃两碗饭，李四 ø 三碗饭。

第四，指示词和祈使语气可增加语篇外部信息。信息结构理论认为交际双方要进行有效交际，需对论域（Universe of Discourse）做出评估。论域包括语篇外部世界和语篇内部世界（Lambrecht 1994）。外部世界又称为真实世界，包括参与者和场景，可通过"指示性词语"（如"我""你"等人称代词、"现在""明天"等时间词和"这儿""那儿"等地点词）进行指涉（周士宏 2016）。祈使句中指示词较多（如［32］），指示词和祈使语气可增加语篇外部信息，容易把受话人带到真实世界中，从而提高语句可接受度。

（32）你进这间，我 ø 那间。	80%	18%	0%	2%	0%

甲：一会咱们躲到哪里？

乙：你进这间，我 ø 那间。	88%	12%	0%	0%	0%

第五，句式可影响焦点判定。汉语空缺现象存在于偏正复句中，但各类偏正复句对空缺的容纳度不同，条件复句较高，因果复句较低。因果复句中"纪效句"（前因后果）较高（92%、96%），"释因句"（前果后因）较低（16%、24%）。这与句式对焦点的影响有关。祁峰（2014）指出，并列复句前后分句各有各的焦点，而条件、转折和因果复句各有一个分句做全句的焦点，吕叔湘对"释因句"和"纪效句"的区分，揭示了汉语复句以后分句，即第二小句为焦点的特点。我们发现"释因句"后分句只允许句子焦点，不允许谓语或论元焦点（如［33］），"纪效句"后分句不仅允许句子焦点，还允许谓语和论元焦点（如［34］）。

由前文可知，汉语空缺句残余2应是论元焦点，故"纪效句"中空缺的可接受度高，"释因句"中空缺的可接受度低。

（33）王先生买了一双鞋，

　　　a. 为什么？/ *b. 因为王太太怎么了？/ *c. 因为王太太买了几双？

（34）王太太买了两双鞋，

　　　a. 所以呢？/ b. 所以王先生呢？/ c. 所以王先生买了几双？

条件复句后分句允许句子、谓语和论元三种焦点（如［35］），符合空缺句对焦点类型的要求。此外条件复句常用"如果……那么""如果……就"等固定表达，后行句"就""才""只""也"等焦点标记词可突显论元焦点，故条件复句中空缺的可接受度最高。

（35）如果张三喝四杯，a. 怎么办？ / b. 那李四呢？ / c. 那李四喝几杯？

12.5　结论

本章通过对比测试证明汉语中存在空缺句，是一种非典型空缺句，不存在像英语一样的典型空缺句，语境可提高其可接受度。汉语空缺句本质是话题—评述结构，通过对比话题和对比焦点传达对比信息。对比焦点由论元充当，前面可添加焦点标记"是"，起"是-支撑"作用。焦点判定和对比信息强弱是影响空缺句可接受度的根本原因。数量词会加强对比信息，指示词和祈使语气会增加语篇外部信息，从而提高语句可接受度。副词和否定词会影响对比焦点判定，降低语句可接受度。因果复句中"释因句"后分句只允许句子焦点，违背了空缺句焦点由论元充当这一特征，故可接受度低。"纪效句"和条件复句后分句允许句子、谓语和论元三种焦点，残余2为论元焦点时与对应2形成对比关系，故可接受度高。焦点标记词"就""才""只""也"可突显对比焦点，故条件复句的可接受度最高。本章重点考察不同类别的汉语空缺句，不同于典型的英语空缺句，其话题和评述的构成较为清晰，用新旧信息概念足以描述其信息结构，但屈承熹（2018a，b）指出，对结构较复杂的语句而言，评述中常出现"新信息中的旧信息"或"旧信息新用"现象，此时新旧信息判定较为棘手，应该用信息重要度替换新旧信息概念。因此，我们后续探讨时也会把各成分的信息重要度考虑在内，详见第十四章的分析。

第十三章　自然焦点与现代汉语宾语省略的本质[①]

　　我们在前面章节对一系列省略限制假说所做的探讨中，自始至终贯彻的一条主线就是焦点。本章依据自然焦点及其相关理论就所谓的汉语中的"宾语省略"现象提出了质疑，对以往文献中"宾语省略"的典型用例展开分析，以说明通常所说的"宾语省略"本质上是一种因误解而导致的假象。

13.1　引言

　　宾语省略是汉语省略研究中的一个重要话题，然而基于汉语语料事实和跨语言语料分析的基础，我们认为汉语的宾语成分省略很可能是一种假象。省略成分在宾语位置上是不能被省略的，而宾语位置出现的零形式其实是移位型的DP语迹，真正被省略的是移动到句子谓语动词前的DP。

13.2　研究问题

　　以往研究认为，现代汉语句子的宾语可以省略。例如：

　　（1）这个英文句子真难，我不懂，他也不懂。

　　Tsao（1979）认为这个例子的后两个小句省略了宾语"这个英文句子"，因此将其分析为例（2）的结构：

---

① 本章的部分内容发表在：《外语研究》2019 年第 2 期"自然焦点与现代汉语宾语省略的本质"（作者：张天伟、马秀杰）。

（2）这个英文句子$_i$真难，我不懂＿＿$\emptyset_i$＿①，他也不懂＿＿$\emptyset_i$＿＿。

根据Tsao（曹逢甫）的分析，例（2）中"这个英文句子"是整个"话题串"（Topic Chain）的话题，而这个话题既是"真难"的主语，又分别是"我不懂""他也不懂"中动词"懂"的宾语，只不过这种宾语由于话题串的作用被省略了。再如：

（3）她从手袋里的名片夹中取出一张名片，递给了对方。

以上例（3）是陈平（1987）的用例。其中的"递给了对方"显然缺省了一个施事（她）和一个受事（名片）。陈平（1987）的分析是：缺省的施事性成分"她"在"递"之前，而缺省的受事性成分"名片"在"对方"之后。也就是说，这两个位置都存在着零形式，即：

（4）她$_i$从手袋里的名片夹中取出一张名片$_j$，＿＿$\emptyset_i$＿递给了对方＿$\emptyset_j$＿。

例（1）、（3）中相关小句存在着宾语省略现象的说法，意味着我们必须假设预先存在着与例（2）、（4）相应的完整表达方式，如下所示：

（5）？这个英文句子$_i$真难，我不懂这个英文句子$_i$，他也不懂这个英文句子$_i$。

（6）a.？她$_i$从手袋里的名片夹中取出一张名片$_j$，她$_i$递给了对方一张名片$_j$。

　　b.？她$_i$从手袋里的名片夹中取出一张名片$_j$，她$_i$递给了对方那张名片/这张名片/它$_j$。

显然，这样的假设会带来两个问题，第一，所得到的例（5）、（6）这样的话题串或小句列（Clause Sequence）存在着可接受度问题。第二，抛开例（5）、（6）整体上缺乏可接受度不谈，仅就例（5）、（6）中下画线小句来说，其中加点成分占据的都是宾语位置，根据冯胜利（1997），这样的成分是

---

① 这里$\emptyset_i$等同于t_i。

句子的自然焦点。那么，真正的问题是，作为焦点成分[1]，这些加下画线的词语可以在原位省略吗？

总之，以上两位学者的分析都忽略了一个较为重要的问题：认定宾语省略或宾语位置存在省略成分，就必须预设在省略或体现为零形式之前，宾语位置是由显性词语占据的；而一旦预设显性宾语的存在就意味着该宾语因处于自然焦点位置而不具备省略的可能性。因此，省略成分的删除是不可能发生在宾语位置上的，唯一的可能就是移位至某个位置，然后删除。

我们认为现代汉语宾语位置上有论元（Argument），只不过在句法生成过程中，论元被移走了，形成了汉语宾语位置上的零形式。按照上述分析思路，我们对陈平（1987）的例子进行再分析，与"递给了对方"相应的句子就应当是例（7）：

（7）a. 她递给了对方（这/那张）名片。

　　　b. 她递给了对方一张名片。

可是，例（7b）的语用价值完全不同于例（3）中"递给了对方"：前者中的"一张名片"是不定指的，而后者中缺省了的"名片"回指上一句中的"一张名片"，是定指的。例（7a）也并不是一个十分妥帖的句子：它把"（这/那张）名片"放到了焦点位置，但焦点位置的成分能缺省吗？由此可见，从语用的角度看"对方"之后并没有缺省什么成分，真正缺省"（这/那张）名片"的是动词前的某个位置。请比较：

（8）a. 她$_i$……取出一张名片$_j$，她$_i$把那张名片$_j$递给了对方。

　　　b. 她$_i$……取出一张名片$_j$，那张名片$_j$她$_i$递给了对方。

如果"递给了对方"的结构话题承继的是整个句子的话题"她"，那么这个句段就与例（8a）相应；如果整个句子的话题是"（那张）名片"，那么与

---

[1]　温锁林（2005）探讨过焦点缺省的三种情况，但其所探讨的情况均发生在言语交际中，而本章的探讨局限于句法、语义和语篇层面。

"递给了对方"相应的就是例（8b）。我们觉得第二种分析更符合语篇构成的连贯性。

有鉴于此，下文我们将首先论证这样一个观点：省略成分并不是在宾语位置上被删除的，而是移位到句子谓语动词前的某个位置上，通常是话题的位置，然后被删除，省略成分移位后，宾语位置上表现为零形式的一种——移位型DP语迹。宾语位置上的成分不可以原位删除，但可以还原。此外，在此基础上我们还将就几个相关问题展开讨论，以期尽可能地澄清与汉语宾语省略相关的某些似是而非的观念。

13.3　"宾语省略"假象

13.3.1　对典型"宾语省略"句的分析

就英语和汉语这样的SVO型语言来说，句子的宾语在通常情况下即是句子的自然焦点所在。然而，"宾语省略"说的一个先验设定就是省略之前的宾语位置上本有一个显性论元成分。这带来一个值得思考的问题：既然宾语在大多数情况下是自然焦点成分，那么作为焦点成分的宾语就不可能被省略。为了验证上述观点，我们以SVO型语言宾语位置上可能存在的语言形式作为切入点进行探讨。我们认为SVO型语言宾语位置上可能存在的语言形式有三种：第一种是显性论元成分，第二种是隐性论元成分，第三种是无论元，即"空位"形式。

显性论元①指的是显性的词汇表现形式。例如：

（9）张三喜欢北京。

例（9）中宾语位置上的"北京"是显性论元成分。

隐性论元以零形式存在，一般表现为"空语类"或"省略"。关于"省

---

① 这里我们根据冯胜利（1997），将没有自然重音的一些轻读的代词排除在显性论元之外。

略"与"空语类"的区别，参见第一章的分析[①]。零形式多以DP语迹或变量形式出现。例如：

（10）张三看见了他的妈妈，（他的妈妈）ᵢ李四也看见了[*t*]ᵢ。（Su 2006：20）

（11）这本书ᵢ，我喜欢[*t*]ᵢ。

我们认为例（10）后行句的宾语位置上存在DP语迹。具体地说，例（10）中省略的成分"他的妈妈"或"妈妈"是从后行句的宾语位置移位到该分句的句首话题位置后才被删除的，"他的妈妈"或"妈妈"移位后在宾语位置上留下DP语迹，这个语迹就是我们所说的隐性论元。同理，例（11）后行句宾语位置上也存在着DP语迹。例（10）和例（11）中两个语迹的性质是一样的，都是DP移位后的语迹，不同的是，例（10）中移位后的DP被删除了，而例（11）中移位的DP没有删除。

当一个句子的论元位置不出现任何性质的论元时，我们说该位置属于真正的"空位"。宾语位置上出现的"空位"一般有两种情况[②]：一是位于不及物动词之后，二是成分缺失。例如：

（12）张三病了_。

（13）The chef-in-training chopped_ and diced_ all afternoon. （Erteschik-shir 2007）

例（12）中的"空位"出现在不及物动词"病了"之后；例（13）中的"空位"属于成分缺失（Missing Object），即部分及物动词当作不及物动词使用的现象。成分缺失是一种典型的无论元占据宾语位置的现象。

---

① 首先，省略和空语类虽然都有先行词，但省略的部分可以根据先行词恢复为显性的词语表达，而空语类不一定能够根据其先行词恢复；其次，两者的句法生成途径不同；再次，省略包含的结构比空语类复杂。

② 严格地说，"空位"的生成还有一种情况是基于语篇生成的，这种情况详见李大勤（2003a）、张天伟（2011）对"妈妈做了一件新衣服。"的探讨。限于篇幅，这里不再展开。

上文我们说过，"宾语省略"说的一个先验设定就是之前的宾语位置上有一个显性论元成分，而不可能是隐性论元成分或无论元。因为如果宾语位置上是隐性论元成分或无论元，其本质可能是零形式或空位，因而也就无所谓"省略"。下面，我们将就以往文献中出现频率较高的"宾语省略"用例展开分析，希望能借此把握所谓"宾语省略"的本质所在。先看一组用例：

（14）a. 张三看见了他的妈妈，李四也看见了。（Su 2006：20）

b. 约翰每天刷三遍牙，彼得也刷。（Xu 2003a）

c. 张三读了那篇文章，李四也读了。（刘丽萍 2006）

例（14a）是Huang（1991）探讨过的一个类似句子。Huang认为例（14a）后行句的动词"看见"从V的位置提升到Infl，经过谓语省略后，形成"伪装动词省略"（VP Ellipsis in disguise），即以例（14a）为代表的结构跟英语中的谓语省略完全一样，只不过汉语中因动词移位至Infl，在表面上只有宾语被省略。例（14b）是Xu（2003a）用于区别"伪装动词省略"和"典型的谓语省略"的用例，Xu认为例（14b）中的第二分句只能解释为"彼得也刷牙"，状语"每天三遍"在第二分句中无法还原，由此推论：例（14b）不是"伪装动词省略"，而是空宾语结构（Null Object Construction）。刘丽萍（2006）将（14c）认定为一个典型的宾语省略句，并对该句的推导过程进行了分析。

例（14a）的语义解读可以分为严格解读和宽泛解读两种。语义解读是英语和汉语谓语省略研究的重点之一，当有代词出现在省略部位时，英、汉语的谓语省略有严格解读和宽泛解读之分。对例（14a）的严格解读为：张三看见了张三的妈妈，李四也看见了张三的妈妈。由于语段的边界特征和"定指性一致核查"（张天伟 2014）等动因，例（14a）中，"张三的妈妈"是经过移位以后被删除的。"张三的妈妈"在其生成的初始位置移位后，在原位置上留下了一个DP语迹，即例（14a）后行句的宾语位置上表现为一个隐性论元。

对例（14a）的宽泛解读为：张三看见了张三的妈妈，李四看见了李四的妈妈。其句法生成机制，可以分为以下几个步骤^①：第一步，例（14a）基础生成的是"李四看见妈妈"。因为"妈妈"是一价名词，所以"妈妈"先找离其最近的"李四"为先行语。其次，因为"妈妈"作为类指指称，可以表达定指意义，所以根据"定指性一致核查"等动因，"妈妈"最终移位到小句首Spec-CP位置。再次，Spec-CP位置上的"妈妈"与前行句中"他的妈妈"，满足省略给定限制（Merchant 2001），换言之，满足语义同一性，因此Spec-CP位置上的"妈妈"被删除。第二步，Spec-TopicP位置上的"李四"是基础生成的，其成分统制Spec-CP位置上的"妈妈"，这说明李四看见的"妈妈"只可能是"李四的妈妈"。因为Spec-YeP位置上的"李四"与Spec-TopicP位置上的"李四"同形同指，根据"同形同指，在后删除"的原则，Spec-YeP位置上的"李四"被删除。经过上述步骤后，最终在PF层面，生成了"李四也看见了"这样的句子。值得注意的是，严格解读与宽泛解读的区别在于，严格解读中"张三的妈妈"整体移位，是个DP，不是类指指称，但就给定条件而言，其语义具有同一性，经过定指性一致核查后，该DP移位到句首后被删除；而宽泛解读中"妈妈"是类指指称，表定指意义，经过定指性一致核查后，"妈妈"移位到句首后被删除。

通过以上对比分析，我们发现，不管对例（14a）进行宽泛解读还是严格解读，其后行句的宾语位置上都有一个语迹，表现为一个隐性论元成分。"张三的妈妈"和"妈妈"都不是在宾语位置上直接被删除的，即不是在补足语位置上被删除的，而是经过移位到话题的位置后被删除的。因此例（14a）后行句中的宾语并没有省略，宾语位置上有零形式存在，属于隐性论元成分。上述分析可总结如下：

（15）张三看见了[他的妈妈]$_i$，[他的妈妈]$_i$李四也看见了[t_i]。

不管是严格解读，还是宽泛解读，例（15）后行句中"他的妈妈"都是移位到句首话题的位置后删除的，其移位后，在宾语位置上留下DP语迹。同理可

---

① 除了下述的两步外，其他的移位步骤参见张天伟（2014、2017）类似的分析，这里不再赘述。

以分析例（14b）和例（14c）。

13.3.2　从"空位宾语"角度看"宾语省略"

在现有的研究中，"空位宾语"的概念常与"宾语省略"联系在一起。Huang（1991）认为"宾语省略"是一种空宾语结构。刘丽萍（2006：25-26）也有类似的论述，她认为：英语一般不出现空宾语现象，其句子宾语也就谈不上省略问题；而汉语可以出现空宾语现象，其句子宾语省略也是自然的。韩景泉（1997）也对空语类理论与汉语空位宾语问题进行了探讨。他指出，英语中宾语空位有较严格的限制，若不发生移位就不允许宾语出现空位，这也是为什么英语中不存在宾语省略的原因之一。例如：

（16）*Mary saw [NPe]（韩景泉 1997）

即使在与语义和语用密切相关的话语交际中，充当宾语的代词所指十分明确，但要脱落也十分困难。例如：

（17）—Did John see Bill yesterday?（同上）

　　　—Yes. He saw him/*He saw [NPe]

和英语相比，汉语没有这样的限制。韩景泉（1997）认为汉语空位宾语一般出现在两种结构中，一种是非主题结构，在宾语不发生移位的非主题句中宾语可以为空位，例如（18）和（19）；一种是宾语主题结构，例如（20）和（21）：

（18）a.李小姐看见了[NPe]（韩景泉1997）

　　　b.张先生说李小姐看见了[NPe]

　　　c.——张先生昨天看见李小姐了吗？

　　　　——是的，他看见她了/他看见[NPe]了

（19）a.张先生喜欢[]（同上）

　　　b.小明知道老师会批评[]

（20）这本书，我喜欢[]。（同上）

（21）这件事，你知道他绝不会做[]。（同上）

我们认为，现有文献中对"空位宾语"的探讨，可能存在两个问题。第一，混淆了"空位宾语"和"零形式宾语"；第二，一般来说，除了"基于语篇生成的空位""位于不及物动词之后的空位"和"成分缺失"三种情况外，宾语位置上是不可能为"空"的。出现上述问题的重要原因是混淆了"空位"和"零形式"的区别。以往对于零形式的研究，大都是从句法语义关系角度来探讨一个结构位置上是否存在零形式，而且往往模糊空位与零形式之间的差别，其结果就是出现了"空位宾语"这种把"空位"与"零形式"混为一谈的提法。事实上，汉语的宾语位置上既可能出现"空位"，也可能出现"零形式"①。

Huang（1984a，1987）、Xu & Langendoen（1985）、Xu（1986）等曾围绕着主题结构与非主题结构两种句式对汉语空位宾语的性质做了深入的探讨，并产生不同的看法。Huang认为空位宾语的性质是变量，而Xu & Langendoen则认为空位宾语的性质是自由空语类②。我们认为，只要明确了"空位"与"零形式"之间的差别，那么，Huang、Xu & Langendoen和Xu关于汉语"空位宾语"性质的争论，实际上是基于各自对汉语"零形式宾语"性质的不同看法。

此外，通过对文献中所谓典型汉语"空位宾语"用例的分析，我们发现，非主题结构中的空位宾语，一般不出现在脱离交际语境（Communicative Context）的句法环境中。如对例（18a）、（18b）和例（19a）、（19b）的再分析，如果脱离一定的交际语境，语义就无法还原。可见，在无标记的情况下，作为句子的自然焦点所在的宾语成分是不能省略的。

对于主题结构中所提的"空位宾语"，我们认为大都是位于宾语位置上的显性论元经过移位后而留下的语迹。例（20）中，"喜欢"后面不是"空位"，而是显性论元移位后留下的DP语迹。"这本书"的移位历经以下几个步

---

① 空位与零形式之间的关系可参见张天伟（2011）和李大勤（2003a：22-23）的详细分析。

② 我们赞成Huang的看法，具体可参见韩景泉（1997）的论述。

骤：I. 基础生成位置Spec-v*P的移位；II. Spec-v*P-Spec-CP的移位。Spec-CP位置上的"这本书"是基础生成的。因为移位到Spec-CP位置上的"这本书"与Spec-CP位置上基础生成的"这本书"同形同指，根据"同形同指，在后删除"的原则，移位到Spec-CP位置的"这本书"被删除，在Spec-CP位置上不可拼读。例（20）中"这本书"的移位操作表明，"喜欢"后面不是"空位"，而是DP语迹，是"这本书"移位后形成的隐性论元成分。例（21）同理。上例分析中，我们在宾语位置上都能找到一个DP语迹，例（20）和例（21）的宾语位置上不是"空位"，而是零形式，属于隐性论元成分。

以上分析表明，现代汉语"空位宾语"的说法是值得商榷的。一般而言，除了"基于语篇生成的空位""不及物动词之后"和"成分缺失"三种情况外，汉语宾语位置上是不能为"空"的。文献中所说的"空位宾语"句在句法分析中都能在宾语位置上找到一个语迹，且该宾位语迹能在句中找到一个同指的显性变量论元或可恢复为显性变量的零形式论元。换言之，"空位宾语"句中宾语位置上的隐性论元成分，是该位置上的显性论元成分移位后形成的，而不是在宾语位置上直接删除显性论元成分造成的。从"空位宾语"角度去论证"宾语省略"的观点是值得商榷的。我们对"空位宾语"句的质疑，恰恰证明了汉语"宾语省略"假象。

13.3.3　自然焦点与"宾语省略"

焦点是指说话人最想让听话人注意的部分。焦点是句子中对信息的传达贡献最大的成分。"在汉语普通话中，焦点成分或者是句子的自然重音或逻辑重音、对比重音的着落点；或者是伴随着'是''连'等功能性的形式标记；还可能是调用特殊的格式来构成的一个强焦点成分"（李大勤 2003b：77）。范晓，胡裕树（1992）认为焦点是直陈句所传递新信息的核心、重点。刘丹青，徐烈炯（1998）根据背景和焦点的位置关系，采用[+/-突出]和[+/-对比]两对特征来描写焦点的功能："突出"是指焦点以本句其他内容为背景，焦点成为本句中最突出的信息；"对比"是指以句外成分为参照物和背景，相对于句外的参照点，焦点是被突出的信息。在此基础上刘、徐把焦点分为自然焦点、对比焦点和话题焦点三类。尽管以往研究中对焦点的分类很多（Gundel 1999；方梅 1995；张伯江，方梅 1996；李大勤 2003b；徐赳赳 2010），但是基本可以归纳为自然焦点和非自然焦点两类。我们主要依据自然焦点展开对"宾语省略"问题的探讨。

"自然焦点，又叫常规焦点、中性焦点、非对比性焦点，具有[+突出]、[-对比]的特征。对于句子信息的传递往往是从主位到述位，由句子的旧信息到句子的新信息，在信息传递过程中，越靠近句尾，信息程度越新。自然焦点没有专用的焦点标记，而跟语序关系密切，出现在某些位置的句法成分在没有对比焦点存在的前提下，会自然成为句子信息结构中重点突出的对象，同时往往是句子自然重音的所在"（刘丹青，徐烈炯 1998：82）。"自然焦点总是尽可能地着落在句末位置或靠近句末位置，且在口语中大都是句子的自然重音所在"（李大勤 2003b：77）。

在无标记的情况下，现代汉语的宾语一般位于句末位置，而句末位置又往往是传达新信息的焦点位置，因而在没有双重背景的条件下，只能是全句的自然焦点所在；同时在没有非自然重音的情况下，句子的自然重音也落在句末的非轻读音节上。李大勤（2003a：79）对自然焦点成分与省略的相关问题进行过论证，认为定指性的NP一般只有在充任自然焦点成分的时候才会出现在宾语位置上，然而一旦作为焦点成分，这样的NP就不能省略。Heim（1982）、Diesing（1992）也都认为新信息，也就是自然焦点，必须出现在宾语位置。受上述观点启发，我们认同Merchant（2001）、李大勤（2003a）的观点，即凡是作为自然焦点成分的宾语都不可能被省略掉，否则话语就没有任何意义，而与焦点相对应的背景信息，依据不同的语篇和语用情形，可以省略。这一点也可以间接解释为什么可被"省略"的宾语在频度上远远低于主语或主题这种比较常见的现象了。例如：

（22）李佳大学四年一直住在<u>宿舍</u>。

（23）张三吃了<u>一个苹果</u>。

在例（22）和例（23）中，没有任何对比的背景和信息，句末的画线部分是句子中要表达的重点和最主要的信息，是句子的自然焦点。自然焦点通常位于动词后的句末位置。例（22）中的"宿舍"、例（23）中的"一个苹果"都处于句子的宾语位置，属于显性论元成分，不能省略。以上分析表明，处于自然焦点位置的宾语是不能省略的。

上述分析，也能找到跨语言的证据，例如在科萨语①中，焦点信息，不管是宾语、主语，还是状语等，必须出现在紧跟动词的位置（the immediate after verb position）。

（24）a. Ndi-funda　　　isi-Xhosa　　　e-Kapa

　　　　1SG-study　　　NC7-Xhosa　LOC-Cape Town②

　　　　"I study Xhosa in Cape Town"（我在开普敦学习科萨语）

　　　b. Ndi-si-funda　　　　　e-Kapa　　　isi-Xhosa.

　　　　1SG-OM7-study　LOC-Cape Town　NC7-Xhosa

　　　　"I study Xhosa in CAPE TOWN"（我在开普敦学习科萨语）

（24a）宾语"isi-Xhosa"出现在动词之后位置，既可以是自然焦点，比如可以用来回答"你在开普敦学习什么"，也可以是对比焦点，比如，"我学习的是科萨语，不是祖鲁语"。当地点状语"e-Kapa"出现在动词之后时，地点状语变成焦点，（24b）可以用来回答"你在哪里学习科萨语"或者用来强调"我是在开普敦，不是在约翰内斯堡，学习科萨语"。在科萨语中，（24a）中紧跟在动词后的宾语"isi-Xhosa"、（24b）中的地点状语"e-Kapa"均不能省略。以上跨语言语料，也可以从类型学视角佐证我们的观点。

此外，在省略结构中，自然焦点位置上的不定指宾语移位删除受限的现象也可以佐证我们的观点。根据Heim（1982）的存在闭包理论（Existential Closure）、Diesing（1992）的映射假设理论（Mapping Hypothesis）、Tsai

---

① 科萨语属于尼日尔－刚果语系（Niger-Congo family）中的班图语族，在类型学上，是黏着语。

② 1SG：第一人称单数；NC：名词的类别（其后数字表示隶属第几类）；LOC：地点状语；SM：主语标记（其后数字与主语所属名词的类别一致）；OM：宾语标记（其后数字与宾语所属名词的类别一致）。

（1994）等的观点，不定指宾语必须位于谓词短语内部，定指宾语可以移至谓词短语外部，即不定指宾语不能移位至谓词短语以外，如句首等位置。张天伟（2014）也论证过汉语中的定指宾语可以省略，而不定指宾语则不能省略。总之，现代汉语中的不定指宾语，比如数量名词短语，不能原位省略。如例（25）中，"三本书"不能移位至句首或动词前的位置，所以也不能省略。有鉴于此，自然焦点位置上的不定指宾语是不能省略的。

（25）a. *三本书，张三读了 t。

b. *张三把三本书读了 t。

c. *李四读了三本书，张三也读了。

13.4　"宾语省略"的本质

13.4.1　英语的 wh- 移位

为了说明汉语宾语省略的本质，我们有必要预先介绍一下英语的wh-移位机制。题元理论将句子的结构位置分为A位置和A'位置，A位置一般来说是主语、宾语之类功能项所处的典型句法位置，A位置又可以分为补足语位置（PP、NP）和主语位置。A'位置是A位置以外的位置，A'位置又分为中心语位置（V、I等）和附加语位置（徐烈炯 2009a）。"关于NP语迹和wh语迹的约束问题，管约论认为NP语迹的先行词在A位置，而wh语迹的先行词在A'位置，为了区分两者，常把wh语迹的先行词称为算子（Operator），因为作为先行词的wh词语总是位于句首，在句子之外，相当于逻辑量词的位置，所以称为算子。而wh语迹相当于逻辑式中的变量（Variable），变量是处于A位置上，而为处于A'位置上的成分所约束的是空语类"（徐烈炯 2009a：271）。算子是逻辑学中的术语，它具有约束变量的特性。在生成语法中，算子被用以指称发生移位的疑问、否定以及量词成分，它们移位后所留下的成分为变量（韩景泉 2010：249）。如例（26）和例（27）所示：

（26）What did you eat t?

（27）Who was she dating t? （Radford 2009：184）

例（26）中的What具有[wh]疑问特征，该特征就像无格名词要找到格的位置一样，需要找到一个和它的[wh]特征匹配的位置，也就是具有[wh]特征的功能核心C的Spec位置。核心C和Spec-CP构成"一致性关系"，要求在Spec位置上出现带有[wh]特征的词项，和它的[wh]特征一致。所以在核心C一致性的驱动下，What移位到Spec-CP位置（宁春岩2011：116-117）。例（27）中C具有[wh]特征，在核心C一致性的驱动下，Who移位到Spec-CP位置；Was经过到核心的移位，从T到C位置，与空的词缀疑问标记词 [] 合并。（26）和（27）中wh疑问词移位后，在原位置留下一个语迹，wh疑问词和wh语迹是算子与变量的关系。

NP语迹必然要受A约束，而wh语迹是不受A约束的，但要受A'约束。比较徐烈炯（2009a）提到的两个例子：

（28）John$_i$ was killed t_i.

（29）[$_{s'}$ Who$_i$[$_s$ t_i wrote the book]]?

例（28）是NP语迹移位，t在管辖语域内受John约束；而例（29）是wh语迹移位，t受Who的A'约束，而不是A约束。

13.4.2　现代汉语"宾语省略"的本质

既然通常处于自然焦点位置上的宾语不能省略，那么肯定另有原因造成汉语中"宾语省略"假象。上文说过，除了宾语缺失是一种无论元占据宾语位置的现象外，现代汉语中宾语位置出现的零形式现象在绝大多数情况下都是宾位显性论元移位后导致的空语类现象。前文对例（14a）的两种语义解读中，"他的妈妈"或"妈妈"都是移位到Spec-CP位置，即话题化后被删除的。句中移位的只是宾语位置上的显性论元，显性论元移走后，在宾语位置上留下了一个语迹。这样一来，我们发现，汉语这种宾位显性论元的移位过程类似于英语中的wh-移位，移位后的显性论元与留在宾位的语迹或隐性论元恰好构成了算子与变量的关系，其宾位语迹都能在句中找到一个同指的显性变量论元或可恢复为显性变量的零形式论元成分。按照这种思路，再分析例（30）：

（30）张三买了那本书，李四也买了。

在例（30）的后行句中，宾语位置上的显性论元成分"那本书"移位到后行句句首，处于A'位置，并在宾语位置上留下DP语迹。移位后的显性论元与其留在宾位的语迹也是算子与变量的关系，其宾位语迹能在句中找到一个同指的显性变量论元或可恢复为显性变量的零形式论元成分，即例（30）可以恢复为（31）：

（31）张三买了那本书$_i$，[那本书]$_i$李四也买了t_i。

英语中wh-移位是由于在CP上有一个[+wh]特征，我们认为汉语中的CP具有一个[+Topic]特征，汉语DP省略成分大多具有这一特征，因此汉语中的名词性省略成分通常是移位到Spec-TopicP位置后删除的。

13.5　结语

综上所述，本章依据焦点及其相关理论就所谓的汉语"宾语省略"现象提出了质疑。通过对文献中典型"宾语省略"和"空位宾语"用例的分析，又辅以跨语言语料的佐证，我们得出以下结论：处于自然焦点位置的宾语不能原位省略，基础生成于宾位上的显性论元成分都是经过移位后被删除的；除了成分缺失是一种无论元占据宾语位置的现象外，汉语中宾语位置上出现的零形式现象在绝大多数情况下都是宾位显性论元移位后导致的。在明确了上述观点后，我们以最简方案为理论背景，就现代汉语句子生成过程中宾位显性论元的移位机制做进一步的探讨，从中发现：（一）汉语宾位显性论元的移位过程类似于英语中的wh-移位，移位后的显性论元与其留在宾位的语迹或隐性论元是算子与变量的关系；（二）文献所提及的典型的"宾语省略"现象，其宾位语迹都能在句中找到一个同指的显性变量论元或可恢复为显性变量的零形式论元成分。

第十四章 论省略结构和语言信息结构的互动关系：以英、汉、日三种省略结构为例

本章通过聚焦英、汉、日的动词省略、宾语省略和自动词省略结构[①]，从跨语言的角度考察省略结构和语言信息结构之间的互动关系，并说明省略除了满足语序限制条件外，也要遵循信息重要度原则。

14.1 引言

众所周知，汉语语法系统研究自1898年马建忠的《马氏文通》以来，长期受到印欧语法学思想的束缚。为了"摆脱印欧语的干扰，用朴素的眼光看汉语"（朱德熙 1984：1），汉语学界从"词组本位"语法观到"名动包含"语法观做了很多探索性研究（陆俭明 2017：2）。近年，陆俭明（2016，2017，2018）尝试从一种新的研究视角——汉语语言信息结构（Information Structure）切入来分析汉语语法，备受学界瞩目。其主要观点大致有二：① 语言最本质的功能是传递信息；② 语言本身是一个声音和意义相结合的具有层级性的复杂符号系统。在此基础上，陆俭明（2017，2018）进一步指出，语言信息结构"是一个很有施展空间的研究领域"，但过去学界却不太关注。就具体如何从语言信息结构来分析语法，陆俭明（2016，2017，2018）分析了汉语的"把字句""存在句"和准双宾、易位句等现象，陈平（2004）分析了汉语双项名

[①] 日语中的自动词指的就是不带宾语的不及物动词。

词句，毕罗莎、潘海华（2019）分析了信息结构理论与汉语双宾结构的内部差异，但上述研究均未提及省略现象。我们认为，省略现象亦能从语言信息结构视角加以分析和阐释。

省略其本质是语音和意义的不一致性（a mismatch between sound and meaning），主要体现为成分在形式上的缺失不影响意义的解读，也不影响语言最本质的功能——信息的传递。国内对省略结构的研究已有不少，然而从跨语言角度进行的对比研究还是不多。程莉（2016）以及韩涛、张天伟（2019）在以往研究基础上聚焦英、汉、日省略结构，通过跨语言对比发现，动词省略结构（Gapping）存在两种省略类型——英、汉等SVO语序的语言采用顺向省略（即右向省略），日语等SOV语序的语言采用逆向省略（即左向省略）。与逆向省略相比，顺向省略由于保留第一并列小句中的动词，省略第二并列小句中的动词，符合认知机制，是一种自然的、基于体验的省略类型。与此相对，逆向省略由于省略的是第一并列小句中的动词，有悖于认知机制。因此，与英、汉不同，日语的动词省略并不受认知机制制约，而是受到句法机制的制约。句法机制与认知机制是两套平行的机制，它们之间互不干涉，前文第八章已经论述。

之前的研究虽然讨论了语序和句法对跨语言省略现象的制约作用，但对于语言信息结构在跨语言省略中的作用却未做讨论。陆俭明（2018）指出，"各个语言的句法都会受语言信息结构一定的制约。"既然省略结构也是一种句法结构，那么它一定程度上也会受语言信息结构的制约。然而，管见所及，对于省略结构和语言信息结构之间的关系，目前学界尚鲜有讨论（陆俭明 2016：5）。有鉴于此，本章拟聚焦：① 英、汉、日的动词省略结构，② 宾语省略结构，③ 自动词（Intransitive Verb）省略结构，详细讨论它们和语言信息结构之间的互动关系。

14.2 何谓"语言信息结构"

何谓"语言信息结构"？国外很多学者都进行过深入探究，如 Chafe

（1974，1976，1994）、Gundel（1974，1988，2004）、Prince（1981）、Halliday（1994）、Lambrechet（1994）、Lapolla（1995，2009）、陈平（2004）等。Li & Thompson（1976）、Chafe（1976）等从语言类型学的角度，根据对话题和主语的偏重不同，将人类语言分为以下四类：主语突出的语言、话题突出的语言、话题和主语都突出的语言、话题和主语都不突出的语言，汉语一般被认为是话题突出型语言。关于汉语的特点，学界一般认为汉语是"话题—说明"语言（Chafe 1976；Lambrecht 1994；LaPolla 1995，2009；沈家煊 2016），从信息包装（Information Packaging）的角度看，影响信息传递的重要因素是语序。陈平（2004）指出，通常情况下语言信息结构表现在两个主要方面，一是事物的指称形式，二是句子的语法组织形式。由此可见语序等语法形式对信息结构的重要影响。在此基础上，陆俭明（2017：6）指出"语言信息结构，粗略地说，就是凭借语言符号这一载体传递信息所形成的信息结构"。他进一步对语言信息结构的定义进行了完善，"语言信息结构是指，在人与人之间进行言语交际时，凭借语言这一载体传递信息所形成的、由不在一个层面上的种种信息元素所组合成的、以信息流形态呈现的一种结构。"比如，现代汉语要传递存在事件信息，就必须遵守"存在处所—链接—存在物"这样一个信息流。请看：

（1）a. 沙发上　有　一只猫。

　　b. 沙发上　放着　几粒糖。

（2）a. 张三前天刚从王府井买的床上　有　一个发着高烧的病人。

　　b. 张三前天刚从王府井买的床上　躺着　一个发着高烧的病人。

　　（例［1］、［2］引自陆俭明 2017）

例（1）和例（2）虽然长短不同，但都传递着"存在"事件这个信息流。从信息长度上看，虽然（2）比（1）长很多，但从语言信息结构上看，仍然保持"存在处所—链接—存在物"这样一个词语链。（2）中标记"有"和"躺着"之前的部分仍可以打包为"存在处所"，标记之后的部分可打包为"存在物"。因此信息接受者在获取这样一长串的信息后仍可按"存在"事件进行解码理解。陆俭明（2017：3）指出，这种传递"存在"事件的方式，符合汉人的民族心理，即"要传递一个存在事件的信息，习惯于将存在处所作为话题，将存在物作为传递他人的主要信息，也就是一般所说的'信息焦点'"。

然而，不同的语言在句子结构和与之相对应的语言信息结构上是否具有共性和差异呢？陆俭明（2017，2018）通过汉英对比指出，"在一般情况下，话题传递的是已知信息，评述传递的是未知的新信息"，并且"已知信息在前，未知信息在后"。同时，各个语言在句子结构与语言信息结构之间也会存在差异。对此，陆俭明（2017）认为，"汉语的句子结构受句子信息结构的影响跟印欧语（如英语）的句子结构受句子信息结构的影响可能是有差别的"。比如，要传递"那窗户玻璃打破了，打破那窗户玻璃的人是汪萍"这样一个事件信息，汉语一般会说成（3a），而英语会是（3b）。

（3）a. 那窗户玻璃（被／给）汪萍打破了。

    b. The windowpane was broken by Wang Ping.（陆俭明 2017）

（3a）的"那窗户玻璃"是话题，位居信息流的最前端；"打破了"是说话人要传递的最主要的未知信息，是信息焦点，位居信息流的最末端；"汪萍"是专有名词，虽也属于未知信息，但未知信息量大大小于"打破了"，所以居于"打破了"之前。换言之，汉语的这种表达方式完全遵照语言信息结构，即话题部分"那窗户玻璃"居于句首，作为信息焦点的"打破了"居于句末，"汪萍"居于中间。虽然英语也会将作为话题的"the windowpane"居于句首，但根据英语句法规则——前置词结构得置于谓语动词的后面，居于句末的是"by Wang Ping"，而非"break"。对于造成这种差异的根源，陆俭明（2018：167）认为，"在句子平面上，英语更多受句法规则的制约，而汉语更多受信息传递的影响。这是因为英语属于形态语言，汉语属于非形态语言"。

14.3　省略结构和语言信息结构、信息重要度

省略结构是一种句法结构，虽然形式上存在成分缺失，但仍承载、传递着一定信息。省略结构在不同语言中有两种常见的省略类型——顺向省略和逆向省略。请看：

（4）（法语）A mange du riz et B ⌀ des légumes.

A　吃　米饭　和 B　　　沙拉

（A吃米饭，B吃沙拉）

（5）（意大利语）A mangia il riso e B ⌀ l'insalata.

A　吃　　米饭　和 B　　　沙拉

（A吃米饭，B吃沙拉）

（6）（韩语）A 는　쌀밥　을　⌀, B 는　샐러드　를　먹다.

A 助词 米饭 助词　　B 助词 沙拉 助词　吃

（A吃米饭，B吃沙拉）

（7）（土耳其语）A pilav ⌀ , B salata yiyor.

A 米饭　　B　沙拉　吃

（A吃米饭，B吃沙拉）

顺向省略即右向省略，如（4）、（5）所示，法语和意大利语分别保留了第一并列小句中的动词，而省略了第二并列小句中的动词；逆向省略即左向省略，如（6）、（7）所示，韩语和土耳其语分别省略了第一并列小句中的动词，而保留了第二并列小句中的动词。由于传递信息是语言最本质的功能，因此，顺向省略结构和逆向省略结构也承载着传递信息的功能，可看成是两种不同类型的语言信息结构。需要注意的是，在同一个语言信息结构中，每个成分的信息重要度并不相同：有的成分信息重要度高，有的成分信息重要度低。通常情况下，信息重要度较低的信息（Less Important Information）相对于信息重要度较高（More Important Information）的信息更容易接受省略（神尾、高见1998：122）。

要谈论省略结构和语言信息结构之间的关系，必然会涉及新旧（或已知未知）信息（New/Given Information）和信息重要度。这里我们首先区别这两组概念之间的不同。屈承熹（2018a：6）认为，"在语境中找得到的，或者是说话者认为存在于听话者意识中的"为旧信息，而"无法在语境中找到的，或者是说话者认为不存在于听话者意识中的"为新信息。换言之，信息的新旧（或已知、未知）取决于听者（或读者）是否知道该信息。这种分类虽然简洁明了，但它基于二分法，因此也存在一些问题。请看：

（8）我父亲是军人。

（9）我父亲是军人，（他）生活很严肃。

（10）我父亲是军人，（他）生活很严肃，（他）对子女管教也很严格。

（例［8］至［10］引自屈承熹，2018a）

（8）的"我父亲"一般视为话题，带旧信息；"是军人"一般视为述评，带新信息。用新旧信息来分析此句并无大碍。（9）是对（8）的扩展，在例（9）中，"他"可有可无。一般认为，只有旧信息才能省略。因为"他"指代"我父亲"，带旧信息，因此可以省略。在"他"被省略的结构中，第二小句中的"生活"被视为话题，带旧信息；"很严肃"被视为评述，带新信息。这样分析也一目了然。但如果"他"不被省略，分析起来就会遇到麻烦。此时，"他"无疑是话题，带旧信息，但其后的"生活"是否是话题，则很难确认（屈承熹 2018a：4）。同样，当（9）进一步扩展为（10）时，问题也随之而来。因为第二小句中的"生活"和第三小句中的"子女"，分别指"我父亲的生活"和"我父亲的子女"，因此通常情况下，带"旧信息"。但它们出现在述评中，而述评应该带新信息。因此，"这就产生了一个棘手的难题：此处的'生活'和'子女'变成了'新信息中的旧信息'或者'旧信息新用'。这样的说法，不但自相矛盾，而且在理论上也颇为纠结"（郑丽娜 2015：395）。

对此，我们认为，若不采用新旧（或已知未知）信息分析方式，改为采用信息重要度这一概念，就可以避免上述"尴尬"。从信息重要度的等级看，

（10）的"生活"和"子女"的信息重要度要高于"我父亲"，但低于"很严肃"和"管教很严格"，即"很严肃"和"管教很严格" > "生活"和"子女" > "我父亲"（ > 表示左边的信息重要度大于右边）。因此，信息重要度最低的（指代"我父亲"的）"他"最容易被省略。屈承熹（2018a）指出，"如果第二、第三小句中的'他'不被省略，则句子的可接受度低。"这也正好印证了我们认为信息重要度比新旧（或已知未知）信息在解释力上更加有效的主张。

以下，我们聚焦英、汉、日中的动词省略、宾语省略、自动词省略这三种省略结构，详细讨论语序和句法规则对语言信息结构的影响以及语言信息结构在跨语言省略中的制约作用。

14.3.1　英、汉、日动词省略结构

动词省略一直是国内外省略研究的热点之一，代表性研究有神尾、高见（1998）、Merchant（2001）、Kato（2006）、Repp（2009）、张天伟、杜芳（2012）、张天伟、曹永姝（2012）、Gengel（2013）、张翼（2018）、Citko（2018）等。韩涛、张天伟（2019）通过英、汉、日对比，指出英汉的动词省略为顺向省略，日语的动词省略为逆向省略，如例（11）至（13）。

（11）a. John ate rice, and Mary ate salad.

　　　b. John ate rice, and Mary ∅ salad.

（12）我吃了面条，他 ∅ 米饭。

　　　甲：你们俩中午吃了什么？

　　　乙：我吃了面条，他 ∅ 米饭。（转引自王竹 2017）

（13）a. 太郎はご飯を食べ、花子は野菜を食べた。

　　　b. 太郎はご飯を ∅ 、花子は野菜を食べた。

从语言信息结构视角看，由于英、汉和日语的不同基本语序造成了两种不同类型的信息结构。在顺向省略中，如（12）所示，存在一个对比话题和一

个对比焦点——"我"和"他"、"面条"和"米饭",而第一并列小句和第二并列小句的动词都是"吃了"。因此,第二并列小句中的动词属于重复信息(重复包括形式上的重复和语义上的重复,这里的重复信息既是形式上的重复,又是语义上的重复),其信息重要度低于第一并列小句。根据信息传递的重要度原则——被省成分一定在信息重要度上低于对应成分,因此第二并列小句中的动词部分可以省略。也就是说,这种省略类型符合信息重要度原则。与此相对,在逆向省略中,如(13b)所示,由于日语是SOV语序,属于"动词居后语言"(Verb-Final Languages),此时位于句末的对应成分(「食べた」)并不属于第二并列小句,而是整个句子的核心,是整个句子信息结构的自然焦点,信息重要度最高,因此只能省略信息重要度相对较低的第一并列小句中的动词。换言之,日语虽不同于英、汉,采用逆向省略,但仍不违背信息重要度原则。

14.3.2 英、汉、日宾语省略结构

以往的省略研究大多关注动词省略,对宾语省略研究较少。然而,从跨语言对比视角看,动词省略与宾语省略密切相关。比如,神尾、高见(1998)通过英、日对比发现,英、日的动词省略和宾语省略在省略类型上形成互补。即动词省略时,英语采用顺向省略,而日语采用逆向省略;宾语省略时,英语转为逆向省略,而日语转为顺向省略。请看:

(14) a. John respected the movie star, and Mary criticized the movie star.

b. *John respected the movie star, and Mary criticized ∅ .

c. John respected ∅ , and Mary criticized the movie star. (神尾、高见 1998)

(15) a. 太郎はその映画俳優を尊敬し、花子はその映画俳優を批判した。

b. 太郎はその映画俳優を尊敬し、花子は ∅ 批判した。

c. *太郎は ∅ 尊敬し、花子はその映画俳優を批判した。

如（14c）所示，当英语两个并列小句中的宾语相同时，其宾语省略必须是逆向省略。这种省略也被称为右节点提升（Right Node Raising）。而与此相对的，日语的宾语省略则必须是顺向省略，如（15b）。

那么，汉语的宾语省略采用哪种省略类型呢？通过英、汉、日对比发现，汉语在宾语省略时，同英语一样也采用逆向省略，如（16b）。而且，如（17b）所示，汉语否定句中的宾语省略也是逆向省略[①]。

（16）a. 爸爸批评了小李，妈妈表扬了小李。

　　　b. 爸爸批评了 ∅ ，妈妈表扬了小李。

　　　c. *爸爸批评了小李，妈妈表扬了 ∅ 。

（17）a. 爸爸没批评小李，妈妈没表扬小李。

　　　b. 爸爸没批评 ∅ ，妈妈没表扬小李。

　　　c. *爸爸没批评小李，妈妈没表扬 ∅ 。

综上所述，我们在韩涛、张天伟（2019）的基础上，用表14.1归纳出英、汉、日动词省略和宾语省略时在省略类型和语言信息结构上的异同。

表14.1　英、汉、日三语在动词省略、宾语省略类型和语言信息结构上的异同

	基本语序	动词省略类型和信息结构	宾语省略类型和信息结构
英	SVO	顺向省略（对比话题—对比焦点）	逆向省略（句末自然焦点）
汉	SVO	顺向省略（对比话题—对比焦点）	逆向省略（句末自然焦点）
日	SOV	逆向省略（句末自然焦点）	顺向省略（对比话题—对比焦点）

从表14.1中不难看出英、汉、日在动词省略和宾语省略的省略类型上的差异。首先，英汉为SVO语序，其动词省略均为顺向省略，而日语为SOV语序，其动词省略是逆向省略；其次，英汉语的宾语省略均为逆向省略，而日语为顺

---

① 汉语中的宾语省略情况比较复杂。在主语相同的情况下，常采用逆向省略形式。如：i 我们尊重，我们爱护自己的军队，绝不容许人随意诋毁。ii 我不是，我没有这个意思。但主语不同的话，不同的人由于语感不同，采取的省略形式并不统一。这一点我们还需在更多语料的基础上做进一步研究。

向省略。换言之，英汉和日语的动词省略和宾语省略在省略类型上构成一种互补。但值得注意的是，虽然英、汉、日在动词省略和宾语省略上形成互补，但这种句法结构的互补可以从信息结构的视角得到统一解释。也就是说，凡是对应成分（如英、汉宾语省略时的宾语或日语动词省略时的动词）位于句末时，在句法上该成分并不属于第二并列小句，而是整个句子的核心，在信息结构上构成一个自然焦点，信息重要度最高。因此，虽然是逆向省略，却仍然符合信息重要度原则。凡是省略成分位于句中时（如英、汉动词省略时的动词和日语宾语省略时的宾语），在句法上构成两个并列小句，在信息结构上形成对比话题—对比焦点结构，此时第二并列小句中省略成分（动词或宾语）的信息和第一并列小句中对应成分信息完全相同（属于重复信息），信息重要度相对较低。因此，在句法结构上保留了信息重要度较高的第一并列小句中的成分，省略了第二并列小句中信息重要度较低的成分，也符合信息重要度原则。

上述分析显示了省略结构和语言信息结构之间的互动关系，即语序不仅对句法结构产生影响，对句子的信息结构也会产生影响，而一个省略结构中省略哪个成分，保留哪个成分，又受到语言信息重要度的制约。

14.3.3　英、汉、日自动词省略结构

动词一般分为可带宾语的动词和不带宾语的动词两类，本章将自动词的省略与其他动词进行对比研究，因而下文中的动词一般指的是可带宾语的动词。自动词一般不带宾语，但也有带宾语的情况，这种情况英、汉、日都存在。如"In the sky appeared a rainbow."（郑丽娜 2015：395）、"王冕死了父亲"（胡建华 2008）、"美しさをわかる"（懂得美）（于康 2018：32）。如（18）、（19）所示，英语的这两类动词都具有省略结构。

（18）John read a book, and Mary ∅ a magazine.

（19）Yesterday, John ∅ , and today, Mary cried. （神尾、高见 1998）

以往的省略研究大多关注动词的省略情况，对自动词的省略情况以及自动词省略的跨语言研究较少问津，但这并不意味着自动词的省略结构缺少研究价

值。相反，通过跨语言对比研究可以发现，英、汉、日的动词省略与自动词省略不仅在省略类型上不同，其语言信息结构也有差异。

如表14.1所示，英、汉、日的动词省略与语序密切相关，英、汉的基本语序为SVO语序，采用顺向省略，日语基本语序为SOV语序，采用逆向省略。但如（20）至（22）所示，英、汉、日的自动词省略似乎并不受语序影响，因为它们均采用逆向省略，而非顺向省略。请看：

（20）a. Yesterday, John ∅ , and today, Mary cried.

　　　b. *Yesterday, John cried , and today, Mary ∅ .

（21）a. 昨天，小张 ∅ ，今天，小李哭了。

　　　b. *昨天，小张 哭了，今天，小李 ∅ 。

（22）a. 昨日太郎が 　∅ 　、 今日次郎が泣いた。

　　　b. *昨日太郎が泣いた、今日次郎が 　∅ 　 。

为何英、汉、日基本语序不同，却采用相同的省略类型呢？神尾、高见（1998）将制约英、日自动词省略的句法机制描述为"SV，SV → [S，S]V"。如（21a）所示，这一句法机制也适用于汉语，即"昨天，小张哭了，今天，小李哭了。→ [昨天小张，今天小李]哭了"。也就是说，在英、汉、日自动词省略结构中，第二并列小句里的残余动词"哭了"，事实上已经上升为整个句子层面上的动词，既统制第一并列小句，又统制第二并列小句。不仅如此，语音层面也有佐证，"小李"之后可以稍作停顿。而且，由于是自动词省略，因此也不存在违背英、汉句末必须出现宾语的句法规则的情况。从信息结构的视角看，虽然英、汉、日的基本语序不同，但由于受到句法规则的制约——动词为自动词且不带宾语，因此均可视作相同语序——SV语序。这样一来，在英、汉、日的自动词省略中，第二并列小句中的对应成分（自动词）位于句末，且在句法上不属于第二并列小句，而是整个句子的核心，在信息结构上形成了一个自然焦点，信息重要度最高。因此，只能省略第一并列小句中信息重要度相对较低的自动词。由此可知，无论是英、汉、日动词省略，还是英、汉、日自动词省略，虽然其省略类型有所不同，但都符合信息重要度原则。

通过上述分析不难发现，从语言信息结构的角度看，虽然省略结构在传递一个信息流时，缺失了一部分信息（句法成分），但所缺失的信息在信息重要度上一定低于对应成分。因此，成分的缺失不妨碍受话人对句子的理解，受话人依然可以从信息流中获取信息。从跨语言的视角看，语序与省略结构的类型密不可分，英、汉属于SVO语言，日语属于SOV语言，所以英汉动词省略和日语宾语省略采用了顺向省略，而英、汉宾语省略和日语动词省略采用逆向省略；而当动词为不带宾语的自动词时，英、汉、日事实上成为动词居后的SV语序，因此都采用逆向省略。从句子结构和语言信息结构互动的视角看，顺向省略结构包含一个对比话题和一个对比焦点，所省成分属于重复信息，符合信息重要度原则。而在逆向省略结构中，句末成分是整个信息结构的自然焦点，信息重要度最高，因此省略第一并列小句中的对应成分，也符合信息重要度原则。我们认为英、汉、日三种省略结构不同的原因主要是核心与依附语在短语里的不同位置造成的，即语序造成的。核心在依附语前面的语言为"核心居首语言"（Head-Initial Language），核心出现在依附语后面的语言为"核心居尾语言"（Head-Final Language）。英语是典型的核心居首语言，日语是典型的核心居尾语言。但汉语目前还没有定论（张伯江 2013：83），语序与汉语核心位置的关系还有待于今后进一步探讨。

14.4 结语

陆俭明（2018）特别强调了语言信息结构视角对语法研究的重要性，"要重视语言信息结构的研究，特别是汉语语言信息结构的研究，是因为我们认定研究语法，特别是研究汉语语法，需要这一研究视角"。本章从这一立场出发，通过聚焦英、汉、日的动词省略、宾语省略、自动词省略这三种省略结构，在跨语言考察的基础上明确了省略结构和语言信息结构之间的互动关系——语序和句法规则不仅对省略结构产生影响，对句子的信息结构也会产生影响，而一个省略结构中省略哪个成分，保留哪个成分，又受到信息重要度原则的制约，即被省成分一定在信息重要度上低于残余成分。虽然陆俭明（2016）已经提出来了相关准则——"在句（子）信息结构中，已知信息成分可以省去，但未知信息成分不能省去"，但我们认为，本章所依据的信息重要度原则，较其更加严密。

具体来说，英、汉和日语的动词省略和宾语省略在省略类型上构成一种互补，这是由英、汉、日的基本语序不同造成的。语序的不同形成了两种类型不同的省略结构——顺向省略和逆向省略，但无论是顺向省略还是逆向省略均遵循信息重要度原则。而英、汉、日的自动词省略结构，由于动词为自动词且不带宾语，形成了一种SV结构—— 事实上的"动词居后"（Verb-Final），这是由句法规则造成的。因此，即便采用逆向省略，也符合信息重要度原则。如前所述，陆俭明（2017，2018）指出了各语言结构系统跟其相对应的语言信息结构系统之间的四点共性。在此基础上，我们认为，"跨语言省略结构受语言信息结构的制约的同时，语言信息结构又受到语序和各种句法规则的影响"也可视为一种跨语言共性。

第十五章 结论和今后的研究方向

15.1 本研究的初步结论

与以往大多数学者对省略的分析思路不同的是，本研究所持的是句法与语义相结合的分析观念。这一观念海内外学者已经有所提倡，但我们的分析在重视省略结构句法—语义基础的同时，更为强调对其句法—语义接口的研究。为了揭示现代汉语省略的限制条件及其规律，我们对汉语谓语省略、截省、DP省略、空缺句（动词省略）和假空缺句等省略结构进行了前后一致的观察、描写和生成机制分析，以此为基础，我们先后提出并探讨了制约省略发生的省略的指称限制、移位限制、允准限制、给定限制和语序限制等省略限制条件假设，并将这些省略限制假设应用到汉语主要省略结构的生成机制分析之中，以检验其普遍效力。初步的研究表明，立足于上述省略限制假设可以对汉语省略结构的生成机制做出较为充分、统一而又有效的分析和解释。现总结如下：

15.1.1 概念辨析

本书廓清了与省略相近和相关的一些概念。长期以来，国内外很多学者从不同角度对各种省略现象进行了比较深入的研究。然而"省略"的概念很容易与一些相近的概念，如"零形式""成分缺失""空语类"相混淆，此外与"省略"相关的一些概念，如"空位"也经常与"空语类"相混淆。我们在本研究引论部分结合英语和现代汉语语料，探讨了上述概念间的区别与联系，旨在廓清概念的基础上，进一步明晰本研究的研究对象，详见第一章的具体论述。

15.1.2　理论假设

省略的允准和还原机制是国外理论语言学研究的重要内容。本书从省略句法语义限制条件的角度探讨省略现象，具体对指称、移位、允准、给定、语序等省略限制条件进行了细化研究。表现为：

① 对指称限制条件的研究

现代汉语省略结构中的指称问题是以往省略研究中常常被忽视的问题，而指称限制是制约省略发生的重要条件之一。我们通过分析体词性词语和省略结构中的定指性问题以及现代汉语DP省略的句法生成机制来揭示省略的指称限制规律，提出省略的指称限制假设。该假设认为，只有表定指的体词性词语才能省略，而表不定指的体词性词语不能省略；定指性一致核查是促进体词性词语移位的主要动因；在句法上满足定指性"一致"操作并符合其他省略限制的体词性词语才能省略。

② 对移位限制条件的研究

我们在语段理论框架下探讨现代汉语省略结构的移位限制条件，从焦点自身的性质要求、定指性 DP 移位和汉语 T（Tense）的特征和性质等三个方面研究与之相关的语言现象，并提出省略的移位限制假设。该假设认为：一般来说，T之前的成分可以省略，T之后的则不然；处于T之后的成分若要省略，必须移位到 T 之前。基于焦点投射的分析模式，我们试图将省略移位限制假设应用到现代汉语谓语省略、截省等主要省略结构的生成机制分析之中，以检验该假设所发挥的普遍效力。

初步的研究结果表明，立足于省略移位限制假设可以对汉语省略结构的生成机制做出较为统一而又有效的分析和解释。例如，本书的个案研究从谓词短语入手，在英汉对比的视角下，检验汉语谓词短语内部能省略的和不能省略的成分。通过跨语言语料比较，发现汉语谓词短语内部成分须移位至句首才能省略，不能移位的成分则不能省略，因此话题化移位是谓词短语内部成分省略的限制条件。汉语动词后面是自然焦点，该成分不能原位省略，只有移位至句首后才能省略。但并非所有移位成分都能省略，若移位成分具有［+突出］或［+

对比〕特征，也不能省略。

③ 对指称和移位限制条件的互动研究

在指称限制条件的假设下，本书重点对现代汉语名词性结构省略的指称限制条件进行了研究。指称限制条件和移位限制条件是互动的。研究对现代汉语后行句中名词性结构的省略句式进行句法语义分析，着重对类似"张三读了一本书，李四也读了"的句子进行了分析，提出定指性和话题化移位是名词性结构省略的必要条件，省略成分是移位后产生的句外话题。本研究的分析得到了理论和实证上的支持，印证了Johnson（2001）对英语语料分析的观点，说明省略结构中的话题化移位具有跨语言、跨不同省略结构的特性。

④ 对语序限制条件的研究

本书在英、汉对比的视角下，对语序限制条件进行了分析。以往有关省略结构的研究较少关注语序这一要素，本书通过英、汉、日动词省略和谓语省略对比研究发现，英、汉、日在省略结构上的差异与语序密切相关。语序的不同直接导致句法结构的差异，并由此产生了两种省略类型——顺向省略和逆向省略。在区分认知机制和句法机制的前提下，就日语而言，虽然顺向省略符合认知机制，但当句法条件满足时，其省略结构会由顺向省略转向逆向省略。在跨语言验证的基础上，我们认为语序是跨语言省略研究的重要因素，是省略的句法语义限制条件之一。

15.1.3 理论假设的应用分析

本书在对汉语谓语省略、截省句、DP省略和假空缺句等省略结构进行观察、描写和生成机制分析的基础上，将省略句法语义系列限制条件应用到具体的省略现象分析中，如对"宾语省略""伪装式动词短语省略""汉语空缺句"等省略相关现象进行了分析。

本书依据自然焦点及其相关理论就所谓的汉语"宾语省略"现象提出了质疑。通过对文献中典型"宾语省略"和"空位宾语"用例的分析，发现处于自然焦点位置的宾语不能原位省略，基础生成于宾位上的显性论元成分都是经过移位后被删除的。除了成分缺失这种无论元占据宾语位置的现象外，汉语中宾语位置上出现的零形式现象在绝大多数情况下都是宾位显性论元移位后导致的。现代汉语宾位显性论元的移位类似于英语中的 wh-移位，移位后的显性论元与其留在宾位位置的语迹是算子与变量的关系。文献所提及的典型的"宾语省略"现象，其宾位语迹都能在句中找到一个同指的显性变量论元或可恢复为显性变量的零形式论元成分。

现代汉语中是否存在"伪装式动词短语省略"，一直存在争议。该现象通常表现为动词在省略发生前移位至动词短语外部，当动词短语省略时，表面上只有宾语被删除。本书通过对汉语动词短语内部成分及其在句法结构中位置的分析，发现动词短语内部成分，包括方式副词、频率/时长补语、结果补语和不定指宾语等都不能省略，由此得出汉语不存在"伪装式动词短语省略"的判断。在此基础上，我们进一步探究缺失宾语产生的句法机制，认为动词后的位置通常是自然焦点所在位置，不能直接删除，因此省略成分必须移至句首话题位置才能删除，并在原位置上留下一个语迹，该语迹内部存在句法结构。

现代汉语中是否存在空缺句，一直存在争议。本书基于信息结构理论，通过语料可接受度对比测试，认为汉语中也有一些结构具有英语空缺句的某些特征，可称为广义上的非典型空缺句，语境有助于提高其可接受度。汉语空缺句是话题—评述结构，借助对比话题和对比焦点传达对比信息。焦点判定和对比信息强弱是影响空缺句可接受度的主要因素。数量词、指示词和祈使语气可加强对比信息，提高可接受度；而副词、否定词和释因类句式会影响焦点判定，降低可接受度。

传递信息是语言最本质的功能。我们聚焦英、汉、日三种不同语料，对比动词省略、宾语省略、自动词省略三种省略结构，在跨语言考察的基础上明确了省略结构和语言信息结构之间的互动关系，即语序和句法规则不仅对省略结构产生影响，也会对语言信息结构产生影响。一个省略结构中省略哪个成分，保留哪个成分，受到信息重要度原则的制约，即被省成分一定在信息重要度上低于对应成分。

本书通过对省略限制条件及其相关问题的句法、语义研究，进一步揭示了省略的句法生成机制，为现有的汉语省略研究拓宽了研究视野，也为今后的相关研究提供了新的思路。当然，我们的研究只是对省略进行全方位、多角度研究中的一个方面，文中一些观点和思路可能有些瑕疵，但我们希望本研究能起到抛砖引玉的作用，除了为现有的省略研究做一点点补充，同时也期待为今后的省略研究带来一点点新的突破视角。

15.2　今后的研究方向

限于学力和时间，本书关于省略的研究工作还有很多可改进之处，如国家社科基金项目结项评审专家指出：本书试图在跨语言视角下探讨英汉省略限制条件，但语言选取的数量和类型与类型学研究相比还有一定的差距；运用语料库对省略结构进行研究的特色在成果中显示得并不充分，部分语料是已有研究的单个例证，因此在具体论证分析方面并没有充分体现语料库的优势；也有专家认为该课题对各类省略结构的分类较为具体详实，具有跨语言比较研究的价值，但其中汉语对应句的可接受度还是需要更多的理论和实证依据，有些观点也还值得深入商榷，比如句法既然是基础，那么语义因素和语用条件是如何围绕句法结构发挥作用的，如能从界面或接口的视角加以分析则更有说服力。这些问题和建议，本人在今后的研究中将深入思考，在跨语言事实的基础上，结合理论语言学的进展，不断完善本书提出的观点和假设。

有鉴于此，在后续工作和学习中，本人准备在以下几个方面做进一步的拓展：

第一，本书的分析从某种程度上只是一个粗框架式的探索，汉语省略的研究还有很多领域可以进一步拓展细化。本研究只探讨了汉语中的DP省略、谓语省略、截省、空缺句和假空缺句等主要省略结构，没有涉猎汉语中的片语现象（Fragment）和比较省略（Comparative Ellipsis）。片语一般只出现在语篇的开头（Discourse-Initial），而且没有显性先行语，通常也被称为零碎话语（Subsententials）。片语多出现在言语交际中，通过单词或短语来表达一定的命题。日常交际中常出现这样的言语现象：一个同学看见老师走进了教室，然后对另一个正在玩iPad的同学说："英语老师！"或者某人遇到了穿着新款跑步鞋的同学，指着鞋子说："新布鲁克斯！"。片语的解读往往涉及语境、语用充实（Pragmatic Enrichment）和认知等层面，目前对汉语片语现象的研究还不多。

比较省略是指比较结构中的省略，通常出现在比较句后半句中，省略成分可以是形容词、副词、名词短语等，同一句子可能有不同的省略形式，比如：

（1）a. 他年轻时写的武侠小说比我年轻时写的有意思。

b. 他年轻时写的武侠小说比我写的有意思。

c. 他年轻时写的武侠小说比我的有意思。

（2）约翰的小说比我想的更有趣。

（3）约翰考试考得比我预计的要差。

（4）他说的比做的好。

英语中比较省略的研究已有较长的历史，也相对比较成熟，但关于汉语比较省略的研究还较少。比较结构中的省略是如何产生的？省略部位与先行结构之间有什么关系？比较句中的省略到底是结构上的省略还是语义上的省略？这些都需要深入研究。

关于极性小品词（Polarity Particles）的省略解释，英语中已有相关的研究，Kramer & Rawlins（2009）已在这方面做出了开拓性贡献，该研究也为我们今后的研究指明了方向。例如：

（5）A: Is Alfonso coming to the party?

B: Yes./No.

例（5）中Yes和No是英语中的极性小品词，（Kramer & Rawlins 2009）试图用一个统一的分析模式，分别从肯定问题—肯定回答、否定问题—肯定回答、否定问题—否定回答、肯定问题—否定回答四个方面对（5）进行分析。以肯定问题、肯定回答为例，如图15.1所示：

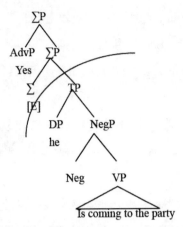

图15.1　英语极性小品词省略的句法分析（转引自Kramer & Rawlins 2009：4）

图15.1中的∑[1]具有省略特征，可以允准TP的省略。汉语中是否有类似的情况，如例（6）：

（6）A：你昨天逛街了吗？

　　B：是的。/没有。

如何解释（6）中"是的"和"没有"的句法生成机制，将是本研究今后要探讨的问题。

第二，本研究只探讨了五个省略限制条件，是否还有其他的省略限制条件？能否沿着本研究提供的省略限制假设的分析思路，对现代汉语省略语料进行更加深入细致的分析，从而对现有的省略限制研究进一步细化，也是值得思考的问题。

第三，本研究主要探讨了现代汉语的省略限制问题并提出了五个限制假设，那么我们提出的省略限制假说是否适用于除汉语外的其他语言（外语和少数民族语言）？此外，对汉语方言的解释力，也是我们今年的研究方向。该假说是否具有解释语言的普遍效力？这些问题仍需在今后的研究中继续探讨，我们期望通过跨语言语料，进一步验证省略限制假说的解释力。

第四，省略结构是国外理论语言学研究的一个重要话题，不同语言、不同

---

① 对∑的具体解释，请参见 Kramer & Rawlins（2009）。

省略结构的允准机制和允准核心既有差异又有共性，在跨语言视角下研究不同省略结构允准机制的普遍性和变异性问题仍是今后研究的重点。

第五，省略的句法、语义研究只是省略研究的一部分，省略现象还涉及语篇、语用和认知等多方面因素，后续的研究还需要对现代汉语省略现象展开全方位、多角度的探讨，以弥补句法和语义研究的不足。例如，如果将省略的句法—语义研究延伸到认知语义学层面，可以从概念转喻的视角去解读省略。对省略的认知转喻解读既可以进一步验证焦点在省略研究中所起的重要作用，也有助于证明概念转喻是识解省略现象的认知机制之一。具体来说，从与概念转喻框架密切相关的认知参照点、隐转喻、事态场境和脚本理论等视角出发都可以阐释省略现象的认知转喻机制。此外，在日常会话中有大量的省略现象，如果将汉语省略研究延伸到交际语境层面，从语用充实、认知语境等角度探讨，将会进一步丰富会话省略的语用解读。

第六，关于省略研究的一个重要问题是省略部位与先行结构之间的关系，即不同省略结构中的省略部位是否必须有显性的先行结构；省略部位是否必须与先行结构完全一致；省略部位与先行结构的同一性是语义上的（Identity of Meaning），还是结构上的（Identity of Structure）；省略部位是如何通过先行结构得以还原的，这些问题都需要深入探究，以更好地理解省略的本质。

第七，目前关于汉语省略部位的特点的研究也还远远不够。在英语中，当省略部位包含代词时，代词所指可与先行结构中对应成分一致（严格解读），也可与所在分句的主语一致（宽泛解读），如：

（7）John saw his parents, and Peter knew that Mary did [e] too.

例（7）目标句中的宾语可以指John的父母（严格解读），也可以指Mary的父母（宽泛解读），但由于局部效应，不能指Peter的父母。May（1985）认为，严格解读的语义还原是由于代词的指代造成的，而宽泛解读的语义还原则是由省略部位与先行结构间的平行关系造成的，如（8）所示：

（8）a. X saw X's parents and Z knew Y saw X's parents.（严格解读）

　　b. X saw X's parents and Z knew Y saw Y's parents.（宽泛解读）

汉语中的省略部位包含代词时，也可进行严格解读和宽泛解读，宽泛解读遵守局部效应，如（9）：

（9）张三见到他的父母了，小王知道李四也见到[e]了。

例（9）中被省略的成分可以指张三的父母（严格解读），也可以指李四的父母（宽泛解读），但不可以指小王的父母。黄正德（Huang 1991）认为宽泛解读和局部效应是省略，而不是空语类的重要标记，而徐烈炯（Xu 2003a）反驳了黄正德关于宽泛解读的分析，认为汉语零形式宾语的宽泛解读，与英语动词短语省略结构中的宽泛解读并不相同。例（9）目标句中的零形式宾语，除了指张三的父母和李四的父母外，还可以指代其他人。徐强调，这三种解释的可能性是由语境中的话题决定的，与结构无关。由此可见，关于汉语省略部位特点的研究还需要进一步加强。

第八，省略与信息结构之间存在着密切的关系。一般来说，省略的成分不能是焦点，焦点信息必须具有显性的语音形式，但从信息结构角度出发对省略进行的研究还远远不够，比如，信息结构在省略的生成机制中是如何起作用的？是省略的必要条件还是充分条件？我们希望在未来能对此进行深入探究。

第九，省略具有修复（Repair）功能。英语中孤岛里的成分不可以移出孤岛，也就是文献中通常说的孤岛效应，但当孤岛出现在省略部位时，孤岛中的成分可以从省略部位移出，如下所示：

（10）a. *She kissed a man who bit one of my friends, but Tom does not realize [which one of my friends]$_i$ she kissed a man who bit t_i.

b. She kissed a man who bit one of my friends, but Tom does not realize [which one of my friends]$_i$. （Ross 1969：276）

（11）a. *Ben will be mad if Abby talks to one of the teachers, but she couldn't remember [which （of the teachers）]$_i$ Ben will be mad if she talks to t_i.

b. Ben will be mad if Abby talks to one of the teachers, but she couldn't remember [which （of the teachers）]$_i$. （Merchant 2001：88）

例（10a）和（11a）中由于孤岛效应，"which one of my friends"和"which (of the teachers)"的移出是不合法的，在（10b）和（11b）中孤岛被删除，"which one of my friends"可以从孤岛中移出。

省略的修复对我们探究省略部位的特点和充分理解省略产生机制具有重要意义，汉语中的省略是否有类似的修复作用，有待我们进一步探究。

此外，还有一些与省略现象相关的问题，也是我们今后研究的重点，如粘着宾语的省略问题、汉语一些特殊句式的省略问题等。

省略是国外理论语言学研究比较关注的一个话题，反映了形式与意义的映射关系。在省略结构中，形式与意义并不对称，是典型的有意无形现象，因此吸引了句法语义界面领域研究的关注。主要的省略结构包括谓语省略、截省、名词短语省略、空缺句、假空缺句、剥落句、片语等，其中谓语省略和截省是文献中探讨最多的两个结构。省略结构中，特定成分的选择和子语类属性能够帮助我们识别缺省的成分。现有省略研究主要聚焦于三大问题，分别是结构、同一和允准问题。结构问题主要指在省略结构中，是否存在没有语音形式的句法结构？同一问题指在省略结构中，被省略部分（Elided Material）与先行词的关系是什么？是否具有统一性，这种同一性是句法的，还是语义的，还是两者兼具？允准问题指什么样的核心、位置或结构可以允许省略？上述结构和省略部位之间的局部性条件是什么？由此可见，省略研究是以问题研究为导向的，例如：省略句法研究的路径以问题研究为导向，即在省略部位中是否存在不发音的句法结构？据此，可以分为两个路径，一是不存在结构路径，二是存在结构路径。在结构路径中，依据省略部位中不发音的句法结构是否经过完整的句法推导，又可以分为LF复制和PF删除两个路径。

有鉴于此，跨语言视角下的省略研究需要在真实语料对比分析的基础上，遵循"语料（data）——理论（theory）——分析（analysis）"的研究思路。以问题研究为导向，"摆事实、讲道理""立足中国、放眼世界"，深入挖掘汉语方言和少数民族语言语料，为探究省略现象的普遍性和变异性问题做出贡献。

参考文献

Abney, S. P. 1987. The English Noun Phrase in its Sentential Aspect [D]. Ph. D. Dissertation. MIT.

Aelbrecht, L. 2008. Dutch modal complement ellipsis and English VPE [R]. Talk Presented at CGSW 23.

Aelbrecht, L. 2010. *The Syntactic Licensing of Ellipsis* [M]. Amsterdam: John Benjamins.

Aelbrecht, L. & L. Haegeman. 2012. VP-ellipsis is not licensed by VP-topicalization [J]. *Linguistic Inquiry* 43 (4): 591-614.

Aelbrecht, L. & W. Harwood. 2018. Predicate Ellipsis [A]. In J. van Craenenbroeck & T. Temmerman (eds.). *The Oxford Handbook of Ellipsis* [C]. Oxford: Oxford University Press. 503-525.

Agbayani, B. & E. Zoerner. 2004. Gapping, pseudogapping and sideward movement [J]. *Studia Linguistica* 58: 185-211.

Ai, R. R. 2005a. Gapping in Chinese: A functional approach [A]. In B. Jeffrey, N. Andrew & G. Yaroslav (eds.). *Harvard working papers in linguistics 11*. [C]. Cambridge, MA.: Harvard University, Department of Linguistics. 1–33.

Ai, R. R. 2005b. Gapping as Focus Movement [R]. Ms., Harvard University.

Ai, R. R. 2006. Elliptical Predicate Constructions in Mandarin [D]. Ph. D. Dissertation. Harvard University.

Ai, R. R. 2014. Topic-comment structure, focus movement, and gapping formation [J].

Linguistic Inquiry 45 (1): 125-145.

Alexiadou, A. & K. Gengel. 2008. NP-ellipsis without focus movement/projection: The x role of classifiers [R]. Handout presented at the Workshop on Interface-Based Approaches to x Information Structure, University College London, September 2008.

Algryani, A. 2012. The Syntax of Ellipsis in Libyan Arabic: A Generative Analysis of Sluicing, VP Ellipsis, Stripping and Negative Contrast [D]. Ph. D. Dissertation. University of Newcastle.

Authier, J.-Marc. 2011. A movement analysis of French modal ellipsis [J]. *Probus* 23 (2): 175-216.

Beavers, J. & I. Sag. 2004. Coordinate Ellipsis and Apparent Non-Constituent Coordination [R]. *In Proceedings of the HPSG04 Conference*, Stefan Muller (ed.). Stanford CA: CSLI. 48-69.

Bernstein, J. 1993. The syntactic role of word markers in null nominal constructions [J]. *Probus* 5: 5-38.

Borer, H. 2005. *In Name Only* [M]. Oxford: Oxford University Press.

Bresnan, J. 1976. On the form and functioning of transformations [J]. *Linguistic Inquiry* 7 (1): 3-40.

Chafe, W. 1974. Language and consciousness [J]. *Language* 50:111-133.

Chafe, W. 1976. Giveness, contrastiveness, definiteness, subjects, topics and point of view [A]. In C. Li (ed.). *Subject and Topic* [C]. New York: Academic Press. 25-55.

Chafe, W. 1994. *Discourse, Consciousness, and Time: The flow and Displacement of Conscious Experience in Speaking and Writing* [M]. Chicago: Chicago University Press.

Chao, W. 1987. On Ellipsis [D]. Ph. D. Dissertation. University of Massachusetts, Amherst.

Chao, Y. R. 1968. *A Grammar of Spoken Chinese* [M]. Berkeley, Los Angeles: University of California Press.

Cheng, L.-S. Lisa & R. Sybesma. 1999. Bare and not-so-bare nouns and the structure of NP [J]. *Linguistic Inquiry* 30 (4): 509-542.

Cheng, R. 1983. Focus devices in Mandarin Chinese [A]. In T. Tang, R. Cheng & Y.-C. Li (eds.). *Studies in Chinese Syntax and Semantics* [C]. Taipei: Student Book.

Chierchia, G. 1998. Reference to kinds across languages [J]. *Natural Language Semantics* 6: 339-405.

Chomsky, N. 1981. *Lectures on Government and Binding* [M]. Dordrecht: Foris Publications.

Chomsky, N. 1982. *Some Concepts and Consequences of the Theory of Government and Binding* [M]. Cambridge, MA.: The MIT Press.

Chomsky, N. 1995. *The Minimalist Program* [M]. Cambridge, MA.: The MIT Press.

Chomsky, N. 2000. Minimalist inquiries: The framework. [A]. In R. Martin, D. Michaels & J. Uriagereka (eds.). *Step by Step. Essays on Minimalist Syntax in Honour of Howard Lasnik* [C]. Cambridge MA.: The MIT Press. 89-155.

Chomsky, N. 2001. Derivation by phase [A]. In M. Kenstowicz (ed.). *Ken Hale: A Life in Language* [C]. Cambridge, MA.: The MIT Press. 1-52.

Chomsky, N. 2004. Beyond explanatory adequacy [A]. In A. Belleti (ed.). *Structures and Beyond* [C]. Oxford: Oxford University Press. 104-131.

Chomsky, N. 2007. Approaching UG from below [A]. In U. Sauerland & H.-M. Gartner (eds.). *Interfaces + Recursion = Language?: Chomsky's Minimalism and the View from Syntax-Semantics* [C]. Berlin: Mouton de Gruyter. 1-29.

Chomsky, N. 2008. On phases [A]. In R. Freidin, C. P. Otero, & M. L. Zubizarreta (eds.). *Functional Issues in Linguistic Theory: Essays in Honor of Jean-Roger Vergnaud* [C]. Cambridge, MA.: The MIT Press. 133-166.

Chung, S., W. A. Ladusaw & J. McCloskey. 1995. Sluicing and logical form [J].

Natural Language Semantics 3 (3): 239-282.

Citko, B. 2018. On the relationship between forward and backward gapping [J]. *Syntax* 21(1): 1-36.

Coon, J. 2010. VOS as predicate-fronting in Chol (Mayan) [J]. *Lingua* 120: 354-378.

Corver, N. & M. van Koppen. 2009. Let's focus on noun phrase ellipsis [J]. *Groninger Arbeiten zur Germanistischen Linguistik* 48: 3-26.

Corver, N. & M. van Koppen. 2011. NP-ellipsis with adjectival remnants: A micro-comparative perspective [J]. *Natural Language and Linguistic Theory* 29: 371-421.

van Craenenbroeck, J. 2010. *The Syntax of Ellipsis: Evidence from Dutch Dialects* [M]. New York, NY: Oxford University Press.

van Craenenbroeck, J. & T. Temmerman (eds.). 2018. *The Oxford Handbook of Ellipsis* [C]. Oxford: Oxford University Press.

Culicover, P. W. 1997. *Principle and Parameters: An Introduction to Syntactic Theory* [M]. Oxford: Oxford University Press.

Culicover. P. W. 2009. *Natural Language Syntax* [M]. Oxford: Oxford University Press.

Culicover. P. W. & R. Jackendoff. 2005. *Simpler Syntax* [M]. Oxford: Oxford University Press.

Dagnac, A. 2010. Modal ellipsis in French, Spanish and Italian evidence for a TP deletion analysis [A]. In K. Arregi, Z. Fagyal, S. A. Montrul & A. Tremblay (eds.). *Romance Linguistics 2008: Interactions in Romance: Selected Papers from the 38th Linguistic Symposium on Romance Languages (LSRL)* [C]. Amsterdam: John Benjamins. 157-170.

Depiante, M. 2000. The Syntax of Deep and Surface Anaphora: A Study of Null Complement Anaphora and Stripping/Bare Argument Ellipsis [D]. Ph. D. Dissertation, University of Connecticut, Storrs.

Diesing, M. 1992. *Indefinites* [M]. Cambridge, MA.: The MIT Press.

Doron, E. 1990. VP Ellipsis in Hebrew [R]. Ms., Jerusalem: The Hebrew University.

Doron, E. 1998. V-movement and VP-ellipsis [A]. In L. Shalom & E. Benmamouneds (eds.). *Fragments: Studies on Ellipsis and Gapping* [C]. Oxford: Oxford University Press. 124–140.

Du Plessis, A. J. & M. W. Visser. 1992. *Xhosa Syntax* [M]. Cape Town: Via Africa.

Ernst, T. 2001. *The Syntax of Adjuncts* [M]. Cambridge: Cambridge University Press.

Ernst, T. & C. C. Wang. 1995. Object preposing in Mandarin Chinese [J]. *Journal of East Asian Linguistics* 4: 235-260.

Erteschik-shir, N. 2007. *Information Structure* [M]. Oxford: Oxford University Press.

Fauconnier, G. 1994. *Mental Spaces: Aspects of Meaning Construction in Natural Language* [M]. Cambridge: Cambridge University Press.

Fiengo, R. & R. May. 1994. *Indices and Identity* [M]. Cambridge MA: The MIT Press.

Fortin, C. 2007. Indonesian Sluicing and Verb Phrase Ellipsis: Description and Explanation in a Minimalist Framework [D]. Ph. D. Dissertation, University of Michigan, Ann Arbor.

Fox, D. & H. Lasnik. 2003. Successive-cyclic movement and island repair: The difference between sluicing and VP-ellipsis [J]. *Linguistic Inquiry* 34 (1): 143-154.

Frazier, L. 2018. Ellipsis and Psycholinguistics [A]. In J. van Craenenbroeck & T. Temmerman (eds.). *The Oxford Handbook of Ellipsis* [C]. Oxford: Oxford University Press. 252–275.

Gabelentz, G. von der. 1901. *Die Sprachwissenschaft: Ihre Aufgaben, Methoden, und bisherigen Ergebnisse* [M]. Übingen: Gunter Narr Verlag.

Gasde, H. 1999. Are there "topic-prominence" and "subject-prominence" along the lines of Li & Thompson (1976)? [R]. Paper presented at the Workshop on Adding and Omitting, University of Konstanz，Konstanz，Germany, February.

Gasde, H. & W. Paul. 1996. Functional categories, topic prominence, and complex sentences in Mandarin Chinese [J]. *Linguistics* 34: 263-294.

Gengel, K. 2007a. Phases and ellipsis [R]. In E. Efner & M. Walkow (eds.). *Proceedings of the 37th meeting of the North East Linguistic Society.* Amherst MA.: GLSA.

Gengel, K. 2007b. Focus and Ellipsis: A Generative Analysis of Pseudogapping and other Elliptical Structures [D]. Ph. D. Dissertation. University of Stuttgart.

Gengel, K. 2013. *Pseudogapping and Ellipsis* [M]. Oxford: Oxford University Press.

Gergel, R. 2006. Interpretable features in VP-ellipsis: On the licensing head [R]. In S. Blaho, E. Schoorlemmer & L. Vicente (eds.). *Proceedings of Console XIV.* 165-188.

Gergel, R. 2009. *Modality and Ellipsis: Diachronic and Synchronic Evidence* [M]. Berlin/New York: Mouton de Gruyter.

Giannakidou, A. & J. Merchant. 1996. On the interpretation of null indefinite objects in Greek [J]. *Studies in Greek Linguistics* 18: 290-304.

Giannakidou, A. & M. Stavrou. 1999. Nominalization and ellipsis in the Greek DP [J]. *The Linguistic Review* 16: 295-331.

Goldberg, A. 2001. Patient arguments of causative verbs can be omitted: The role of information structure in argument distribution [J]. *Language Sciences* 23 (4-5): 503-24.

Goldberg, A. & Perek, F. 2018. Ellipsis in Construction Grammar [A]. In J. van Craenenbroeck & T. Temmerman (eds.). *The Oxford Handbook of Ellipsis* [C]. Oxford: Oxford University Press. 187-204.

Goldberg, M. 2005. Verb-Stranding VP Ellipsis: A Cross-Linguistic Study [D]. Ph. D. Dissertation. McGill University.

Gribanova, V. 2013. Verb-stranding verb phrase ellipsis and the structure of the Russian verbal complex [J]. *Natural Language and Linguistic Theory* 31 (1): 91-136.

Grinder, J. & P.M. Postal. 1971. Missing antecedents [J]. *Linguistic Inquiry*: 269-312.

Gundel, J. K. 1974. The Role of Topic and Comment in Linguistic Theory [D]. Ph.D. Dissertation, University of Texas at Austin. (Published by Garland, 1989.)

Gundel, J. K. 1985. "Shared knowledge" and topicality [J]. *Journal of Pragmatics* 9: 83-107.

Gundel, J. K. 1988. Universals of topic-comment structure [A]. In M. Hammond *et al.* (eds.). *Studies in Syntactic Typology* [C]. Amsterdam: John Benjamins Publishing Company. 209-239.

Gundel, J. K. 1999. On different kinds of focus [A]. In P. Bosch & R. van der Sandt (eds.). *Focus: Linguistic, Cognitive, and Computational Perspectives* [C]. Cambridge and New York: Cambridge University Press. 293-305.

Gundel, J. K. & T. Fretheim. 2004. Topic and focus [A]. In L. R. Horn & G. Ward (eds.). *The Handbook of Pragmatics* [C]. Oxford: Blackwell Publishing. 175-196.

Haegeman, L. 2000. Inversion, non-adjacent inversion and adjuncts in CP [J]. *Transactions of Philological Society* 98: 121-160.

Halliday, M.A.K. 1967. Notes on transitivity and theme in English. Part II [J]. *Journal of Linguistics* 3: 199-244.

Halliday, M.A.K. 1994. *An Introduction to Functional Grammar* [M]. London: Edward Arnold.

Halliday, M.A.K. & R. Hasan. 1976. *Cohesion in English* [M]. London: Longman.

Hankamer, J. & I. Sag. 1976. Deep and surface anaphora [J]. *Linguistic Inquiry* 7 (3): 391-428.

Hardt, D. 1993. Verb Phrase Ellipsis: Form, Meaning and Processing [D]. Ph. D. Dissertation. University of Pennsylvania.

Hardt, D. 1999. Dynamic interpretation of verb phrase ellipsis [J]. *Linguistics and Philosophy* 22: 187-221.

Hartmann, K. 2000. *Right Node Raising and Gapping: Interface Conditions On*

Prosodic Deletion [M]. Philadelphia: John Benjamins.

Heim, I. 1982. The Semantics of Definite and Indefinite Noun Phrases [D]. Ph. D. Dissertation. University of Massachusetts, Amherst.

Hiraiwa & Ishihara. 2001. Missing links: cleft, sluicing, and "no da" construction in Japanese [J]. *MIT Working Papers in Linguistics* 43: 35-54.

Hockett, C. 1958. *A Course in Modern Linguistics* [M]. New York: MacMillian.

Hoji, H. 1998. Null object and sloppy identity in Japanese [J]. *Linguistic Inquiry* 29 (1): 127-152.

Holmberg, A. 1999. Yes and no in Finnish: ellipsis and cyclic spell-out [J]. *MIT Working Papers in Linguistics* 33: 83–110.

Holmberg, A. 2001. The syntax of yes and no in Finnish [J]. *Studia Linguistica* 55 (2): 141-175.

Hornstein, N. 2005. *Understanding Minimalism* [M]. Cambridge: Cambridge University Press.

Hu, J. H., H. H. Pan & L. J. Xu. 2001. Is there a finite vs. nonfinite distinction in Chinese? [J]. *Linguistics* 39 (6): 1117-1148.

Huang, A. J. & H.-T. Lee. 2009. Quantification and individuation in the acquisition of Chinese classifiers [A]. In Y. Otsu (ed.). *Proceedings of the Tenth Tokyo Conference on Psycholinguistics* [C]. Tokyp: Hituzi Syobo. 117-141.

Huang, C.-T. James. 1982/1998. Logical Relations in Chinese and the Theory of Grammar [D]. Ph. D. Dissertation. MIT.

Huang, C.-T. James. 1984a. On the distribution and reference of empty pronouns [J]. *Linguistic Inquiry* 15: 531-574.

Huang, C.-T. James. 1984b. Phrase structure, lexical integrity and Chinese compounds [J]. *Journal of Chinese language Teachers' Association* 19 (2): 53-78.

Huang, C.-T. James. 1987. Remarks on empty categories in Chinese [J]. *Linguistic Inquiry* 18 (2): 321-337.

Huang, C.-T. James. 1988a. Comments on Hasegawa's paper [A]. In T. Wako & M. Nakayama (eds.). *Proceedings of Japanese Syntax Workshop: Issues on Empty Categories* [C]. Imprint: New London, Connecticut College. 77-93.

Huang, C.-T. James. 1988b. Verb-second in German and some AUX phenomena in Chinese [A]. In O. Jaeggli & K. Safir (eds.). *The Null Subject Parameter* [C]. Dordrecht: Kluwer Academic Publishers. 185-214.

Huang, C.-T. James. 1989. Pro-drop in Chinese: A generalized control theory [A]. In O. Jaeggli & K. Safir (eds.). *The Null Subject Parameter* [C]. Dordrecht: Kluwer Academic Publishers. 185-214.

Huang, C.-T. James. 1991. Remarks on the status of the null object [A]. In R. Freidin (ed.). *Principles and Parameters in Comparative Grammar* [C]. Cambridge, MA.: The MIT Press. 56-76.

Huang, C.-T. James. 1992. Complex predicates in control [A]. In R. Larson *et al.* (eds.). *Control and Grammar* [C]. Dordrecht: Kluwer Academic Publishers. 109-147.

Huang, C.-T. James. 1993. Reconstruction and the structure of VP: Some theoretical consequences [J]. *Linguistic Inquiry*: 103–138.

Huang, C.-T. James. 1994. Verb movement and some syntax-semantics mismatches in Chinese [J]. *Chinese Languages and Linguistic*s 2: 587-613.

Huang, C.-T. James. 1997. On Lexical Structure and Syntactic Projection [J]. *Chinese Languages and Linguistics* 3: 45-89.

Huang, C.-T. James, Y.-H. Audrey Li, & Y. F. Li. 2009. *The Syntax of Chinese* [M]. Cambridge: Cambridge University Press.

Jackendoff, R. 1971. Gapping and related rules [J]. *Linguistic Inquiry* 2 (1): 21-35.

Jackendoff, R. 1972. *Semantic Interpretation in Generative Grammar* [M]. Cambridge, MA.: The MIT Press.

Jackendoff, R. 1977. *X-bar Syntax: A Study of Phrase Structure* [M]. Cambridge,

MA.: The MIT Press.

Johnson, K. 1994. Bridging the Gap [R]. Ms., University of Massachusetts.

Johnson, K. 2001. What VP-Ellipsis can do, and what it can't, but not why [A]. In M. Baltin & C. Collins (eds.). *The Handbook of Contemporary Syntactic Theory* [C]. Oxford: Blackwell. 439-479.

Johnson, K. (ed.). 2008. *Topics in Ellipsis* [M]. Cambridge: Cambridge University Press.

Johnson, K. 2009. Gapping is not (VP-) ellipsis [J]. *Linguistic Inquiry* 40 (2): 289-328.

Kann, E., F. Wijnen & T. Y. Swaab. 2004. Gapping: electrophysiological evidence for immediate processing of "missing" verbs in sentence comprehension [J]. *Brain and Language* 89: 584-592.

Kato, K. 2006. Japanese Gapping in Minimalist Syntax [D]. Ph. D. Dissertation. University of Washington.

Kayne, R. S. 2005. *Movement and Silence* [M]. Oxford: Oxford University Press.

Kennedy, C. 2003. Ellipsis and syntactic representation [A]. In S. Winkler & K. Schwabe (eds.). *The Syntax Semantics Interface: Interpreting (omitted) Structure* [C]. Amsterdam: John Benjamins. 29–53.

Kester, E.-P. 1992. Adjectival inflection and dummy affixation in Germanic and Romance languages [A]. In A. Holmberg (ed.). *Papers from the Workshop on the Scandinavian Noun Phrase: DGL-UUM-R-32* [C]. Umea: Acta Universitatis Umensis. 72-87.

Kester, E.-P. 1996. The Nature of Adjectival Inflection [D]. Ph. D. Dissertation. University of Utrecht.

Kim, J.-B. 2001. Negation, VP ellipsis and VP fronting in English: A construction HPSG analysis [A]. In *Proceedings of the 15th Pacific Asia Conference on Language, Information and Computation* [C]. Hong Kong: City University of

Hong Kong. 271-282.

Kim, J.-S. 1997. Syntactic Focus Movement and Ellipsis: A Minimalist Approach [D]. Ph. D. Dissertation. University of Connecticut.

Kim, S. 1999. Sloppy/strict Identity, Empty Objects, and NP Ellipsis [J]. *Journal of East Asian Linguistics* 8 (4): 255–284.

Kramer, R. & K. Rawlins. 2009. Polarity particles: An ellipsis account [OL]. http:// ling.auf.net/lingBuzz/001366 (accessed 06/06/2011).

Krifka, M., F. Pelletier, G. Carlson, A. ter Meulen, G. Chierchia & G. Link. 1995. Genericity: An introduction [A]. In G. Carlson & F. Pelletier (eds.). *The Generic Book* [C]. Chicago: The University of Chicago Press. 1-125.

Kuno, S. 1995. Null elements in parallel structures in Japanese [A]. In R. Mazuka & N. Nagai (eds.). *Japanese Sentence Processing* [C]. 209-233.

Lambrecht, K. 1994. *Information Structure and Sentence Form: Topic, Focus, And the Mental Representation of Discourse Referents* [M]. Cambridge: Cambridge University.

Langacker, R. W. 2012a. Access, activation, and overlap: Focusing on the differential [J]. *Journal of Foreign Languages* 35: 2-25.

Langacker, R. W. 2012b. Elliptic coordination [J]. *Cognitive Linguistics* 23: 555-599.

Langacker, R. W. 2016. Baseline and elaboration [J]. *Cognitive Linguisitcs* 27: 405-439.

LaPolla, R, J. 1995. Pragmatic relations and word order in Chinese [A]. In Downing, Pamela and M. Noonan (eds.). *Word Order in Discourse* [C]. Amsterdam/ Philadelphia: John Benjamins Publishing Company. 297-329.

LaPolla, R. J. 2009. Chinese as a topic-comment (not topic-prominent and not SVO) language [A]. In J. Xing (ed.). *Studies of Chinese Linguistics Functional Approaches* [C]. Hong Kong: Hong Kong University. 9-22.

LaPolla, R. J. 2017. Topic and Comment [A]. In R. Sybesma. *et al.* (eds.).

Encyclopedia of Chinese Language and Linguistics [C]. Leiden: Koninklijke Brill NV.

Lasnik, H. 1999. On feature strength: three minimalist approaches to overt movement [J]. *Linguistic Inquiry* 30 (2): 197-217.

Lechner, W. 2004. *Ellipsis in Comparatives* [M]. Berlin/New York: Mouton de Gruyter.

Lee, W. 2007. Focus and Pseudogapping [J]. *Language and Information Society* 8: 79-96.

Levin, N. 1986, *Main-verb Ellipsis in Spoken English* [M]. New York: Garland Publishing Press.

Li, C. N. & S. A. Thompson. 1976. Subject and topic: A new typology of languages [A]. In C. N. Li (ed.). *Subject and Topic* [C]. New York: Academic Press. 459-489.

Li, C. N. & S. A. Thompson. 1981. *Mandarin Chinese: A Functional Reference Grammar* [M]. Berkeley and Los Angeles: University of California Press.

Li, H.-J. Grace. 1998. Null object and VP ellipsis in Chinese [A]. In L. Hua (ed.). *Proceeding of the 9th North American Conference on Chinese Linguistics* [C]. Los Angeles: University of Southern California, GSIL. 151-172.

Li, H.-J. Grace. 2002. Ellipsis Constructions in Chinese [D]. Ph. D. Dissertation. University of Southern California.

Li. M. D. 1988. *Anaphoric Structures of Chinese* [M]. Taipei: Student Book.

Li, Y.-H. Audrey. 1990. *Order and Constituency in Mandarin Chinese* [M]. Dordrecht: Kluwer Academic Publishers.

Li. Y.-H. Audrey. 1997. Structures and Interpretations of Nominal Expressions [R]. Ms., University of Southern California.

Li. Y.-H. Audrey. 1998. Argument determiner and number phrases [J]. *Linguistic Inquiry* 29: 693-702.

Li. Y.-H. Audrey. 1999. Plurality in a classifier language [J]. *Journal of East Asian Linguistics* 8: 75-99.

Li, Y.-H. Audrey. 2014. Born empty [J]. *Lingua* 151: 43-68.

Lobeck, A. 1991. The Phrase Structure of Ellipsis [A]. In S. D. Rothstein (ed.). *Perspectives on Phrase Structure: Heads and Licensing* [C]. San Diego: Academic Press. 81-103.

Lobeck, A. 1993. Strong agreement and identification: Evidence from ellipsis in English [J]. *Linguistics* 31: 777-811.

Lobeck, A. 1995. *Ellipsis: Functional Heads, Licensing, and Identification* [M]. Oxford: Oxford University Press.

Lobeck, A. 1999. VP ellipsis and the minimalist program: Some speculations and proposals [A]. In S. Lappin & E. Benmamoun (eds.). *Fragments: Studies in Ellipsis and Gapping* [C]. New York: Oxford University Press. 98-123.

Lobeck, A. 2005. Ellipsis in DP [A]. In M. Everaert & H. van Riemsdijk (eds.). *The Blackwell Companion to Syntax* [C]. Malden, MA.: Blackwell Publishing. 145-173.

Longobardi, G. 1994. Reference and proper names: A theory of N-movement in syntax and logical form [J]. *Linguistic Inquiry* 25: 609–665.

Lopez, L. 1995. Polarity and predicate anaphora [D]. Ph. D. Dissertation. Cornell University.

May, R. 1985. *Logical Form: Its Structure and Derivation* [M]. Cambridge, Mass.: The MIT press.

McCloskey, J. 1991. Clause structure, ellipsis and proper government in Irish [J]. *Lingua* 85 (2-3): 259-302.

McCloskey, J. 1996. On the scope of verb movement in Irish [J]. *Natural Language and Linguistic Theory* 14 (1): 47-104.

McShane, M. J. 2000. Verbal ellipsis in Russian, Polish and Czech [J]. *The Slavic and*

East European Journal 44 (2): 195–233.

McShane, M. J. 2005. *A Theory of Ellipsis* [M]. Oxford: Oxford University Press.

Merchant, J. 2001. *The Syntax of Silence: Sluicing, Islands, and the Theory of Ellipsis* [M]. Oxford: Oxford University Press.

Merchant, J. 2003. Subject-auxiliary inversion in comparatives and PF output constraints [A]. In K. Schwabe & S. Winkler (eds.). *The Interfaces: Deriving and Interpreting Omitted Structures* [C]. Amsterdam/Philadelphia: John Benjamins. 55-77.

Merchant, J. 2004. Fragments and ellipsis [J]. *Linguistics and Philosophy* 27: 661-738.

Merchant, J. 2008. Variable island repair under ellipsis [A]. In K. Johnson (ed.). *Topics in Ellipsis* [C]. Cambridge: Cambridge University Press. 132-153.

Merchant, J. 2013. Voice and ellipsis [J]. *Linguistic Inquiry* 44 (1): 77-108.

Merchant, J. 2018. Ellipsis: A survey of analytical approaches [A]. In J. van Craenenbroeck & T. Temmerman (eds.). *The Oxford Handbook of Ellipsis* [C]. Oxford: Oxford University Press. 19-53.

Neijt, A. H. 1979. *Gapping: A Contribution to Sentence Grammar (Second Edition)* [M]. Dordrecht: Floris.

Oosthuysen, J. C. 2016. *The Grammar of isiXhosa* [M]. Stellenbosch: SUN MeDIA.

Otani, K. & J. Whitman. 1991. V-raising and VP-ellipsis [J]. *Linguistic Inquiry* 22: 345-358.

Pan, H. H. 1998. Null object constructions, VP-ellipsis, and sentence interpretation [R]. Ms., City University of Hong Kong.

Pan, H. H & J. H. Hu. 2008. A semantic-pragmatic interface account of (dangling) topics in Mandarin Chinese [J]. *Journal of Pragmatics* 40: 1966-1981.

Panagiotidis, P. 2003. Empty nouns [J]. *Natural Language and Linguistic Theory* 21: 381-432.

Partee, B. H. 1973. Some transformational extensions of Montague grammar [J]. *Journal of Philosophical Logic* 2: 509-534.

Paul, W. 1999. Verb gapping in Chinese: A case of verb raising [J]. *Lingua* 107: 207-226.

Paul, W. 2002. Sentence-internal topics in Mandarin Chinese: The case of object proposing [J]. *Language and Linguistics* 3: 695-714.

Paul, W. 2015. *New Perspectives on Chinese Syntax* [M]. Berlin: Mouton de Gruyter.

Petra G. 2003. Omission impossible? Topic and focus in focal ellipsis [A]. In K. Schwabe & S. Winkler (eds.). *The Interfaces: Deriving and Interpreting Omitted Structures* [C]. Amsterdam/Philadelphia: John Benjamins. 341-365.

Phillips, C. & D. Parker. 2014. The psycholinguistics of ellipsis [J]. *Lingua* 151: 78–95.

Pollock, J.-Y. 1989. Verb movement, universal grammar and the structure of IP [J]. *Linguistic Inquiry* 20: 365-424.

Prince, E. 1981. Toward a taxonomy of given-new information [A]. In P. Cole (ed.). *Radical Pragmatics* [C]. New York: Academic Press.

Radford, A. 2009. *Analyzing English Sentences: A Minimalist Approach* [M]. Cambridge: Cambridge University Press.

Radford. A. 2016. *Analyzing English Sentences (Second Edition)* [M]. Cambridge: Cambridge University Press.

Reinhart, Tanya. 1983. Coreference and bound anaphora: A restatement of the anaphora questions [J]. *Linguistics and Philosophy* 6 (1): 47-88.

Repp, S. 2009. *Negation in Gapping* [M]. Oxford: Oxford University Press.

Rizzi, L. 1990. *Relativized Minimality* [M]. Cambridge, Mass.: The MIT Press.

Rizzi, L. 1997. The fine structure of the left periphery [A]. In L. Haegeman (ed.). *Elements of Grammar* [C]. Dordrecht: Kluwer Academic Publishers. 281-337.

Rooth, M. 1992. A theory of focus interpretation [J]. *Natural Language Semantics* 1:

75-116.

Ross, J. R. 1967. Constraints on Variables in Syntax [D]. Ph. D. Dissertation. MIT.

Ross, J. R. 1969. Guess who? [A]. In R. Binnick, A. Davison, G. Green & J. Morgan (eds.). *Papers from the Fifth Regional Meeting of the Chicago Linguistic Society* [C]. Chicago: Chicago Linguistic Society. 252-286.

Ross, J. R. 1970. Gapping and the order of constituents [A]. In M. Bierwisch & K. E. Heidolph (eds.). *Progress in Linguistics* [C]. New York: Mouton. 249-259.

Sag, I. 1976. Deletion and Logical Form [D]. Ph. D. Dissertation. MIT.

Sag, I. & J. Hankamer. 1984. Toward a theory of anaphoric processing [J]. *Linguistics and Philosophy* 7: 325-345.

Saito, M. & K. Murasugi. 1990. N'-deletion in Japanese [J]. *University of Connecticut Working Papers in Linguistics* 3: 80-107.

Saito, M., T.-H. Jonah Lin & K. Murasugi & K. Gengel. 2006. N'-ellipsis and the structure of noun phrases in Chinese and Japanese [R]. Handout presented at the International Conference on East Asian Linguistics, University of Toronto, November 10-12.

Santos, A. L. 2009. *Minimal Answers：Ellipsis, Syntax and Discourse in the Acquisition of European Portuguese* [M]. Amsterdam/Philadelphia: John Benjamins.

Schwarzschild, R. 1999. Givenness, avoidF, and other constraints on the placement of accent [J]. *Natural Language Semantics* 7: 141-177.

Shopen, T. 1972. A Generative Theory of Ellipsis [D]. Ph.D. Dissertation, UCLA.

Siegel, M. 1984. Gapping and interpretation [J]. *Linguistic Inquiry* 15 (3): 523-530.

Sperber. D. & D. Wilson. 1986/2001. *Relevance: Communication and Cognition*《关联性：交际与认知》[M]. 北京：外语教学与研究出版社, 2001.

Su, C.-C. 2006. VP Ellipsis in Mandarin Chinese: A Minimalist Approach [D]. Master Thesis. National Tsing Hua University.

Su, C.-C. 2008. VP ellipsis correlatives in Mandarin Chinese [R]. *UST Working Papers in Linguistics, Graduate Institute of Linguistics* 4. Hsinchu: TsingHua University.

Tai, J. H. 1969. Coordination Reduction [D]. Ph. D. Dissertation. Indiana University.

Tang, C.-C. J. 1990. Chinese Phrase Structure and the Extended X'-Theory [D]. Ph. D. Dissertation. Cornell University.

Tang, S.-W. 2001. The (non-) existence of gapping in Chinese and its implications for the theory of gapping [J]. *Journal of East Asian Linguistics* 10: 201-224.

Tang, T. C. 2000. Finite and nonfinite clauses in Chinese [J]. *Language and Linguistics* 1 (1): 191–214.

Thoms, G. 2010a. Verb floating and VP-ellipsis: Towards a movement account of ellipsis licensing [J]. *Linguistic Variation Yearbook* 10: 252-297.

Thoms, G. 2010b. Verb movement-ellipsis interaction: Not PF movement but PF conditions [R]. Ms., University of Strathclyde.

Thoms, G. 2011. Reviews of *The Syntactic Licensing of Ellipsis* [J]. *Journal of Linguistics* 47: 219-225.

Tsai, W.-T. D. 1994. On Economizing the Theory of A-bar Dependencies [D]. Ph. D. Dissertation. MIT.

Tsai, W.-T. D. 2000. Object fronting and focus placement in Chinese [R]. Paper presented at the International Symposium on Topic and Focus in Chinese, Hong Kong Polytechnic University, Hong Kong.

Tsao, F.-F. 1979. *A Functional Study of Topic in Chinese: The First-Step toward Discourse Analysis* [M]. Taipei: Student Book.

Van Valin, R. D., Jr. 2005. *Exploring the syntax-semantics interface* [M]. Cambridge: Cambridge University Press.

van Valin, R. D., Jr. & R. J. LaPolla. 1997. *Syntax: Structure, meaning and function* [M]. Cambridge: Cambridge University Press.

Vennemann, T. 1973. *Topics, Sentence Accent, Ellipsis: A Proposal for Their Formal Treatment* [M]. Trier：Linguistic Agency University of Trier.

Wang, C. A. 2002. On Sluicing in Mandarin Chinese [R]. Ms., Tsing Hua University, Taiwan.

Wang, C. A. & H. I. Wu. 2006. Sluicing and focus movement in wh-in-situ languages [J]. *Pennsylvania Working Papers in Linguistics* 12 (1): 375-387.

Wasow, T. 1972. Anaphoric Relations in English [D]. Ph. D. Dissertation. MIT.

Wei T. C. 2004. Predication and Sluicing in Mandarin Chinese [D]. Ph. D. Dissertation. National Kaohsiung Normal University, Kaohsiung.

Wei, T. C. 2006. Mandarin VP-deletion, Focus Particles, and E-type Pro [R]. Ms., Tsing Hua University, Taiwan.

Wei, T. C. 2010. A movement and resumption approach to VP-Ellipsis in mandarin Chinese [J]. *Qinghua Xuebao* 40 (1): 113–158.

Wei T. C. 2011. Subordinate Gaps in Mandarin Chinese [J]. *Taiwan Journal of Linguistics* 9 (1): 51-88.

Wilder, C. 1997. Some properties of ellipsis in coordination [A]. *In Studies in Universal Grammar and Typological Variation* [Linguistik Aktuell-Linguistics Today 13][C]. A. Alexiadou & T. Alan Hall (eds.). Amsterdam: John Benjamins. 59-107.

Williams, E. 1977. Discourse and logical form [J]. *Linguistic Inquiry* 8 (1): 101-139.

Winkler, S. & S. Kerstin. (eds.). 2003. *The Interfaces*：*Deriving and Interpreting Omitted Structures* [C]. Amsterdam/Philadelphia: John Benjamins.

Wu, H. H. I. 2002a. Ellipsis and Focus [R]. Unpublished manuscript. Tsing Hua University, Taiwan.

Wu, H. H. I. 2002b. Gapping in Classical and Modern Chinese [R]. Unpublished manuscript. Tsing Hua University, Taiwan.

Wu, H. H. I. 2002c. On Ellipsis and Gapping in Mandarin Chinese [R]. Ms., Tsing

Hua University, Taiwan.

Wu, H. H. I. 2016. On the (non)-existence of verb-stranding ellipsis in Chinese [J]. *International Journal of Chinese Linguistics* (3) 1: 79-100.

Xu, L. J. 1986. Free empty category [J]. *Linguistic Inquiry* 17: 75-93.

Xu, L. J. 1990. Are they parasitic gaps [A]. In J. Mascaro & M. Nespor (eds.). *Grammar in Progress: Glow Essays for Henk van Riemsdijk* [C]. Dordrecht: Foris. 455-461.

Xu, L. J. 2003a. Remarks on VP-ellipsis in disguise [J]. *Linguistic Inquiry* 34: 163-171.

Xu, L. J. 2003b. Choice between the overt and the covert [J]. *Transactions of the Philological Society* 101 (1): 81-107.

Xu, L. J. 2006. Topicalization in Asian languages [A]. In M. Everaert & H. V. Riemsdijk (eds.). *Blackwell Companion to Syntax* [C]. Oxford: Blackwell. 137-174.

Xu, L. J. & D. T. Langendoen. 1985. Topic structures in Chinese [J]. *Language* 61 (1): 1-27.

Zagona, K. 1982. Government and Proper Government of Verbal Projections [D]. Ph. D. Dissertation. University of Washington.

Zagona, K. 1988a. Proper government of antecedentless VPs in English and Spanish [J]. *Natural Language and Linguistic Theory* 6 (1): 95-128.

Zagona, K. 1988b. *Verbal Phrase Syntax: A Parametric Study of English and Spanish* [M]. Dordrecht: Kluwer Academic Publishers.

Zhang, N. 1997. Syntactic Dependencies in Mandarin Chinese [D]. Ph. D. Dissertation. University of Toronto.

安丰存、程工，2014，生成语法视角下汉语量词句法功能研究 [J]，《解放军外国语学院学报》（3）：51-58。

毕罗莎、潘海华，2019，信息结构理论与汉语双宾语结构的内部差异 [J]，《外国语》（1）：39-49。

曹逢甫，1995，主题在汉语中的功能研究[M]，谢天蔚译。北京：语文出版社。

曹广顺，1986，《祖堂集》中的"底"（地）、"却"（了）、"着" [J]，《中国语文》（3）：115-122。

陈　平，1987，汉语零形回指的话语分析 [J]，《中国语文》（5）：363-378。

陈　平，1987/1991，话语分析说略 [A]，选自现代语言学研究编辑部编《理论方法与事实论文集》[C]。重庆：重庆出版社。55-72。

陈　平（徐赳赳译），1996，汉语中结构话题的语用解释和关系化 [J]，《国外语言学》（4）：27-36。

陈　平，2004，汉语双项名词句与话题—陈述结构 [J]，《中国语文》（6）：493-507。

陈伟英，2009，《现代汉语主语省略的认知语用研究》[M]，浙江：浙江大学出版社。

戴维·克里斯特尔，2000，《现代语言学词典》[Z]，沈家煊译。北京：商务印书馆。

邓思颖，2000，自然语言的词序和短语结构理论 [J]，《当代语言学》（3）：138-154。

邓思颖，2002，经济原则和汉语没有动词的句子 [J]，《现代外语》（1）：1-13。

邓思颖，2003，数量词主语的指称和情态 [A]，选自《语法研究与探索（十二）》[C]。北京：商务印书馆。292-308。

邓思颖，2009，阶段式的句法推导 [J]，《当代语言学》（3）：207-215。

邓思颖，2010，《形式汉语句法学》[M]。上海：上海教育出版社。

董秀芳，2008，现代汉语中存在的一种语序变异——以"大学没有毕业"和"没有大学毕业"为例 [J]，《汉语学习》（3）：30-36。

杜道流，2000，会话省略中的焦点控制及句法语义影响 [J]，《语言教学与研究》（4）：32-37。

范继淹，1984，多项NP句 [J]，《中国语文》（1）：28-34。

范继淹，1985，无定NP主语句 [J]，《中国语文》（5）：321-328。

范开泰，1990，省略、隐含、暗示 [J]，《语言教学与研究》（2）：20-32。

范开泰，1992，与汉语名词项的有定性有关的几个问题 [A]，载《语法研究与探索（六）》[C]。北京：语文出版社。104-114。

范　晓，2013，论语序对句式的影响 [J]，《汉语学报》（1）：2-11。

范　晓、胡裕树，1992，有关语法研究三个平面的几个问题 [J]，《中国语文》（4）：272-278。

方经民，1994，有关汉语句子信息结构分析的一些问题 [J]，《语文研究》（2）：39-44。

方　梅，1995，汉语对比焦点的句法表现手段 [J]，《中国语文》（4）：279-288。

冯胜利，1997，《汉语的韵律、词法与句法》[M]。北京：北京大学出版社。

傅　玉，2010，最简句法框架下的谓词省略研究 [J]，《外语教学与研究》（4）：253-260。

傅　玉，2012，现代汉语中存在动词空缺句吗？[J]，《外国语》（5）：24-34。

傅　玉，2014，"小句左缘理论"框架下的英汉截省句对比研究 [J]，《外语教学与研究》（1）：3-18。

傅　玉，2017，现代汉语名词短语省略的形式句法研究 [J]，《外国语》（1）：13-23。

桂诗春、宁春岩，1997，《语言学方法论》[M]。北京：外语教学与研究出版社。

韩景泉，1997，空语类与汉语空位宾语 [J]，《国外语言学》（4）：1-14。

韩景泉，2010，英语否定倒装结构的句法分析 [J]，《外语教学与研究》（4）：243-252。

韩　涛、张天伟，2019，英汉日省略结构的语序限制条件对比研究 [J]，《外语教学理论与实践》（2）：29-35。

贺川生，2007，动词空缺、左边界省略及英汉语主语位置 [J]，《现代外语》
（2）：124-134。

何元建，2011，《现代汉语生成语法》[M]。北京：北京大学出版社。

胡建华，2008，现代汉语的自动词的论元和宾语：从抽象动词"有"到句法–信
息结构接口 [J]，《中国语文》（5）：396-409。

胡建华，2010，《更简句法》导读 [A]。载Culicover, P.W. & R. Jackendoff.
Simpler Syntax（影印版）[M]。北京：世界图书出版公司。13-25。

胡裕树，1995，《现代汉语（重订本）》[M]。上海：上海教育出版社。

胡裕树、范晓，1994，动词形容词的"名物化"和"名词化" [J]，《中国语
文》（2）：81-85。

胡壮麟，1994，《语篇的衔接与连贯》[M]。上海：上海外语教育出版社。

黄德诚，1998，浅析日语句子的几种省略现象 [J]，《日语学习与研究》
（4）：66-68。

黄南松，1995，论省略 [J]，《汉语学习》（6）：37-41。

黄南松，1996，现代汉语叙事体语篇中的成分省略 [J]，《中国人民大学学报》
（5）：75-80。

黄南松，1997，省略和语篇 [J]，《语文研究》（1）：9-16。

姜　红，2008，《陈述、指称与现代汉语语法现象研究》[M]。合肥：安徽大学
出版社。

姜望琪，2004，"省略"与语篇的衔接、连贯 [J]，《外国语言文学研究》
（1）：53-61。

李大勤，2003a，《"Vs前多项NP句"及汉语句子的语用构型分析》[M]。北
京：语文出版社。

李大勤，2003b，《"XP（的）VP"及相关问题研究》[M]。北京：语文出
版社。

李　欢，2008，宾语省略的认知分析 [D]。湖南大学硕士学位论文。

黎锦熙，1924/2007，《新著国语文法》[M]。长沙：湖南教育出版社。

李临定，1985，"工具"格和"目的"格[A]。载《语法研究与探索（三）》[C]。北京：北京大学出版社。23-43。

李亚非，2009，从并列结构的句法条件看边缘语料的理论意义 [J]，《当代语言学》（4）：289-298。

李艳惠，2005，省略与成分缺失 [J]，《语言科学》（2）：3-19。

李英哲（陆俭明译），1976（1983），汉语语义的排列次序 [J]，《国外语言学》：33-39。

廖秋忠，1984/2005，现代汉语中动词的支配成分的省略 [A]，载《二十世纪现代汉语语法论文精选》[C]。北京：商务印书馆。

刘丹青，2002，汉语类指成分的语义属性和句法属性 [J]，《中国语文》（5）：411-422。

刘丹青，2010，汉语是一种动词型语言——试说动词型语言和名词型语言的类型差异 [J]，《世界汉语教学》（1）：3-17。

刘丹青，2018，制约话题结构的诸参项——谓语类型、判断类型及指称和角色 [J]，《当代语言学》（1）：1-18。

刘丹青、徐烈炯，1998，焦点与背景、话题及汉语"连"字句 [J]，《中国语文》（4）：243-252。

刘海咏，2017，汉语和英语动词的宾语省略比较 [J]，《励耘语言学刊》（2）：157-169。

刘丽萍，2006，汉语截省句 [D]。北京语言大学博士学位论文。

刘丽萍，2015，原位疑问词语言截省句研究 [J]，《解放军外国语学院学报》（2）：1-7。

刘丽萍、方立，2009，LF 复制途径与汉语截省句的意义重建 [A]。载程工、刘丹青（编），《汉语的形式与功能研究》[C]。北京：商务印书馆。133-146。

刘丽萍、韩巍峰，2015，汉语并列空动词句的语用特征 [J]，《世界汉语教学》

（1）：45-54。

刘　顺，2003，《现代汉语名词的多视角研究》[M]。上海：学林出版社。

刘月华等，1983，《实用现代汉语语法》[M]。北京：外语教学与研究出版社。

陆俭明，2005，《现代汉语语法研究教程（第三版）》[M]。北京：北京大学出版社。

陆俭明，2016，从语言信息结构视角重新认识"把"字句 [J]，《语言教学与研究》（1）：1-13。

陆俭明，2017，重视语言信息结构研究——开拓语言研究的新视野 [J]，《当代修辞学》（4）：1-17。

陆俭明，2018，再谈语言信息结构理论 [J]，《外语教学与研究》（2）：163-172。

吕叔湘，1979，《汉语语法分析问题》[M]。北京：商务印书馆。

吕叔湘，1986，汉语句法的灵活性 [J]，《中国语文》（1）：1-9。

马建忠，1898/1983，《马氏文通（1983年版）》[M]。北京：商务印书馆。

马秀杰、张天伟，2020，跨语言视角下汉语谓词短语成分省略的话题化移位限制条件研究 [J]，《解放军外国语学院学报》（1）：100-108。

毛　颖，2010，现代汉语粘宾动词研究 [D]。上海师范大学硕士学位论文。

宁春岩，2011，《什么是生成语法》[M]。上海：上海外语教育出版社。

祁　峰，2014，《现代汉语焦点研究》[M]。北京：中西书局。

齐沪扬，2010，带处所宾语的"把"字句中处所宾语省略与移位的制约因素的认知解释[J]，《华文教学与研究》（1）：52-61。

邱雪玫，2011，现代汉语话题语——说明语结构研究 [D]。南京师范大学博士学位论文。

屈承熹，1998/2006，《汉语篇章语法》[M]，潘文国等译。北京：北京语言大学出版社。

屈承熹，2018a，信息结构的基本概念及其在现代汉语中的表达形式 [J]，《汉语学习》（2）：3-14。

屈承熹，2018b，汉语篇章句及其灵活性——从话题链说起 [J]，《当代修辞学》（2）：1-22。

荣　晶，1989，汉语省略、隐含和空语类的区分 [J]，《新疆大学学报（哲学·人文社会科学版）》（4）：81-87。

沈家煊，2010，总序 [A]。选自邓思颖，《形式汉语句法学》[M]。上海：上海教育出版社。1-2。

沈家煊，2016，《名词和动词》[M]。北京：商务印书馆。

沈家煊，2017，汉语有没有"主谓结构" [J]，《现代外语》（1）：1-13。

沈家煊，2018，比附"主谓结构"引起的问题 [J]，《外国语》（6）：2-15。

沈　阳，1994，《现代汉语空语类研究》[M]。济南：山东教育出版社。

石定栩，2011，《名词和名词性成分》[M]。北京：北京大学出版社。

石毓智，2010，《汉语语法》[M]。北京：商务印书馆。

施其生，1996，论"有"字句 [J]，《语言研究》（1）：28-33。

汤廷池，1981，国语疑问句研究 [J]，《台湾师范大学学报》（26）：219-276。

王　还，1987，"把"字句中"把"的宾语 [A]，选自《门外偶得集》[C]。北京：北京语言学院出版社。15-22。

王红旗，2001，指称论 [D]。南开大学博士学位论文。

王红旗，2004，功能语法指称分类之我见 [J]，《世界汉语教学》（2）：16-24。

王　力，1958，《汉语史稿（1980年版）》[M]。北京：中华书局。

王　力，1985，《中国现代语法（新1版）》[M]。北京：商务印书馆。

王维贤，1997，《现代汉语语法理论研究》[M]。北京：语文出版社。

王　竹，2017，基于信息结构理论的现代汉语空缺句研究[D]。北京外国语大学硕士学位论文。

魏廷冀，2008，从英汉对比分析谈汉语空缺结构之类型 [J]，《华语文教学研究》（1）：67-85。

魏廷冀，2010，汉语的动词删略句和英汉对比分析 [J]，《台湾华语教学研究》

（1）：81-108。

魏子淇，2011，汉语截省句中"是"字隐现问题的研究 [D]。徐州师范大学硕士学位论文。

温宾利、田启林，2011，基于语段的领有话题结构分析 [J]，《现代外语》（4）：331-338。

温锁林，2005，焦点的缺省及其修辞作用 [J]，《修辞学习》（6）：17-19。

吴迪龙、赵艳，2010，ICM视域下语义省略的认知解读 [J]，《外语电化教学》（5）：70-73。

吴福祥，1998，重谈"动+了+宾"格式的来源和完成体助词"了"的产生 [J]，《中国语文》（6）：452-462。

夏日光，2010，省略的认知语言学研究与翻译教学 [D]。西南大学博士学位论文。

邢　欣，2004，《现代汉语兼语式》[M]。北京：北京广播学院出版社。

徐　杰，2001，《普遍语法原则与汉语语法现象》[M]。北京：北京大学出版社。

徐赳赳，2010，《现代汉语篇章语言学》[M]。北京：商务印书馆。

徐烈炯，1995，《语义学（修订版）》[M]。北京：语文出版社。

徐烈炯，2009a，《生成语法理论：标准理论到最简方案》[M]。上海：上海教育出版社。

徐烈炯，2009b，《指称、语序和语义解释——徐烈炯语言学论文选译》[C]。北京：商务印书馆。

徐烈炯、刘丹青，1998，《话题的结构与功能》[M]。上海：上海教育出版社。

杨成凯，2003，关于指称的反思 [A]，载《语法研究和探索（十二）》[C]。北京：商务印书馆。1-16。

尹世超，1991，试论粘着动词 [J]，《中国语文》（6）：401-410。

于　康，2018，不及物动词的作格化与及物性 [J]，《东北亚外语研究》（2）：32-38。

张伯江，1997，汉语名词怎样表现无指成分 [A]，载中国语文编辑部（编），《庆祝中国社会科学院语言研究所建所45周年学术论文集》[C]。北京：商务印书馆。192-199。

张伯江，2013，《什么是句法学》[M]。上海：上海外语教育出版社。

张伯江，2018，汉语句法中的框—棂关系 [J]，《当代语言学》（2）：231-242。

张伯江、方梅，1996，《汉语功能语法研究》[M]。南昌：江西教育出版社。

张德禄等译，2007，《英语的衔接（中译本）》[M]。北京：外语教学与研究出版社。

张国宪，1993，谈隐含 [J]，《中国语文》（2）：126-133。

张全生，2009，现代汉语焦点结构研究 [D]。南开大学博士学位论文。

张天伟，2011，省略的定义和研究路径：理论与应用 [J]，《外语研究》（6）：1-9。

张天伟，2012，允准理论：省略句法研究的新进展 [J]，《北京第二外国语学院学报》（6）：15-53。

张天伟，2013，省略结构辨析及其对外语教学与研究的启示 [J]，《外语电化教学》（3）：20-25。

张天伟，2014，现代汉语省略的指称限制条件研究 [J]，《外语学刊》（5）：47-53。

张天伟，2017，现代汉语省略的移位限制条件研究 [J]，《外语学刊》（3）：67-73。

张天伟，2019，现代汉语名词性结构省略的句法语义限制条件研究 [J]，《外语教学与研究》（6）：901-913。

张天伟、曹永姝，2012，汉英省略的给定限制条件 [J]，《河北大学学报（哲学社会科学版）》（6）：141-148。

张天伟、杜芳，2012，现代汉语假空缺句及其限制研究 [J]，《外语研究》（6）：1-10。

张天伟、李大勤，2011，《省略的句法允准》述评 [J]，《现代外语》（4）：427-429。

张天伟、卢卫中，2012，省略的认知转喻解读 [J]，《天津外国语大学学报》（2）：25-30。

张天伟、马秀杰，2019a，自然焦点与现代汉语宾语省略的本质 [J]，《外语研究》（2）：52-58.

张天伟、马秀杰，2019b，现代汉语"伪装式动词短语省略"现象研究 [J]，《外国语》（4）：46-57.

张　翼，2018，英语省略结构的构式语义研究："基线/加工"模式的解释 [J]，《外语研究》（3）：6-10。

张谊生，2003，统括副词前光杆名词的指称特征 [A]，载《语法研究和探索（十二）》[C]。北京：商务印书馆。174-195。

赵元任，1968/1979，《汉语口语语法》[M]，吕叔湘译。北京：商务印书馆。

郑丽娜，2015，英语背景学习者汉语自动词带宾语结构习得研究 [J]，《世界汉语教学》（3）：393-404。

周士宏，2016，《汉语句子的信息结构研究》[M]。北京：北京师范大学出版社。

周　永、杨亦鸣，2015，现代汉语谓语省略中的焦点关联性及其允准限制研究 [J]，《现代外语》（3）：314-326。

朱德熙，1982，《语法讲义》[M]。北京：商务印书馆。

朱德熙，1984，《语法答问》日译本序 [J]，《语文研究》（4）：1。

朱立霞，2014，认知语言学视角下日汉小说中的省略对比研究 [J]，《外语教学》（2）：25-30。

朱晓农，2008，《方法：语言学的灵魂》[M]。北京：北京大学出版社。

奥津敬一郎，1978，「ボクハ　ウナギダ」の文法[M]。東京：くろしお出版。

奥津敬一郎，2001，「うなぎ文という幻想」の幻想——野田尚史氏への反論 [J]，国文学解釈と教材の研究（7）：122-128。

陈访泽，1997，日本語の分裂文とうなぎ文の形成について[J]，《世界の日本語教育》（7）：251-267。

程　莉，2016，中国語の並列構文における省略について：日本語と英語との対照から [J]，『現代中国語研究』（1）：45-53。

大野仁美，2014，「NPダ」をめぐって[J]，言語と文明（12）：153-159。

金田一春彦，1955，日本語の種々相[M]。東京：大月書店。

金子輝美，2005，メトニミーとしてのコピュラ文[A]，愛知学院大学語研紀要[C]。121-142。

久野暲，1978，談話の文法[M]。東京：大修館書店。

山本幸一，2006，「ウナギ文」の分析：連結メトニミーとして[J]，言葉と文化（7）：121-139。

山口律子，2003，日本語の省略現象とコミュニケーションにおける問題[J]，多摩大学研究紀要（7）：83-87。

神尾昭雄、高見健一，1998，談話と情報構造[M]。東京：研究社出版。

野田尚史，2001，うなぎ文という幻想：省略と「だ」の新しい研究を目指して [J]，国文学 解釈と教材の研究（2）：51-57。

佐藤雄一，1992，うなぎ文の構造[J]，語文論叢（20）：57-73 。

参考文献（工具书）：

现代汉语词典（2016年第七版），北京：商务印书馆。

麦克米伦高阶英汉双解词典（2005），北京：外语教学与研究出版社。

附录一

汉语谓语省略

I. 也+是结构

（1）张三看见了<u>他的妈妈</u>，李四也是[]^①。（Wu 2002a）

（2）明很喜欢你给<u>他的礼物</u>，汉也是[]。（李艳惠 2005）

（3）张三吃<u>苹果</u>，李四也是[]。（Wei 2010）

II. 否定结构

（4）张三看见了<u>他的妈妈</u>，李四没有[]。（Wu 2002a）

（5）张三没有去打篮球，李四也没有。

（6）张三不会去<u>美国</u>，李四也不会[]。（Wei 2010）

III. 也+助动词

（7）张三会/可以说<u>法语</u>，李四也会/可以[]。（Wu 2002a）

（8）我会买那本书给明、汉念，他们也会/不会[]。（李艳惠 2005）

（9）我要探望<u>他三次</u>，他们也要[]。（李艳惠 2005）

IV. 也+动词

（10）张三看见了<u>他的妈妈</u>，李四也看见了[]。（Wu 2002a）

（11）张三读了<u>那篇文章</u>，李四也读了[]。（刘丽萍 2006）

（12）张三喜欢<u>这本书</u>，李四也喜欢[]。（刘丽萍 2006）

（13）明很喜欢你给<u>他的礼物</u>，汉也很喜欢[]。（李艳惠 2005）

---

① 括号内为省略部位。

（14）我买了那本书给明、汉念，他们也买了/他们没买[]。（李艳惠 2005）

（15）他（念）那本书念的很快，我也念了/我没念[]。（李艳惠 2005）

（16）约翰每天刷三遍牙，彼得也刷[]。（Xu 2003a）

V. 却+助动词

（17）张三要去美国，但是李四（却）不要[]。（Wei 2010）

（18）张三不要去美国，但是李四（却）要[]。（Wei 2010）

VI. 却+否定

（19）张三看见了他的妈妈，李四却没有。

英语谓语省略（VP Ellipsis）

（20）Jasmin can draw **an elephant**, but Ryan **can't** [draw an elephant]. （［20］- ［25］选自Aelbrecht 2010：166-167）

（21）I have never travelled to America. **Have** you [ever travelled to America]?

（22）Uriel was drinking **coffee** and Aviad **was** [drinking coffee] too.

（23）I hadn't been thinking about that.-Well, you **should** have been [thinking about that]!

（24）Bettina couldn't make it, but she really wanted **to** [make it].

（25）Ed doesn't like **cats and dogs**, but Chris **does** [like cats and dogs].

（26）Because Pavarotti couldn't [], they asked Domingo to sing the part. （［26］-［34］选自Lobeck 1995）

（27）John talked to Bill on Tuesday but Mary didn't [] until Wednesday.

（28）Mary met Bill at Berkeley and Sue did [] too.

（29）Charlie thinks that Mary met Bill at Berkeley, but Sarah knows that Sue didn't [].

（30）Because she shouldn't [],Mary doesn't smoke them.

（31）Dennis rarely plays his violin, but Susan often does [].

（32）Pete isn't signing <u>the petition</u> even though most of his friends are [].

（33）Even though she shouldn't [], Mary will visit <u>John</u> tomorrow.

（34）Mary isn't bringing <u>wine to the office party</u> because John is [].

附录二

名词短语省略（Noun Phrase Ellipsis）

（1）Although John's friends were late to the rally, <u>Mary's</u> [] arrived on time.（［1］－

［15］选自Lobeck 1995）

（2）John calls on these students because he is irritated with <u>those</u> [].

（3）We tasted many wines, and I thought that <u>some</u> [] were extremely dry.

（4）Because the professor is irritated with <u>those</u> [], she will only call on these

students.

（5）Even though Lee thought that <u>most</u> [] were extremely dry, we bought the Italian

wines anyway.

（6）Mary likes those books but I like <u>these</u> [].

（7）The books were new, and <u>all</u> [] were on syntax.

（8）Mary bought some new books, and I like <u>these</u> six [] the best.

（9）The books were new, and <u>all</u> six [] were on syntax.

（10）Mary likes Chomsky's book but Bill likes <u>Halle's</u> [].

（11）My sister's two boys are wild, but <u>John's</u> two [] are quite well-behaved.

（12）Because <u>her</u> two [] were sick, Melissa didn't take the children to swimming

lessons that week.

（13）The students attended the play but <u>many/few/six</u> [] left disappointed.

（14）<u>Those</u> one [] would certainly be nice, a vacation at this time is unthinkable.

（15）The women came in and <u>each</u> [] sat down.

（16）小王的脾气比<u>小张的</u>[]好。（［16］–［19］选自刘顺 2003）

（17）我的裤子比<u>他的</u>[]多。

（18）<u>张三</u>[]高，<u>李四</u>[]矮。

（19）<u>三班的</u>[]都很聪明。

（20）约翰每天刷<u>三遍</u>牙，彼得也刷。（Xu 2003a）

附录三①

A 无定NP居句首

　a. NP中只有数量词是修饰语

　　（1）一位医生向我介绍，他们在门诊中接触了一位雄辩症病人。

　　（2）一位旅客说："坐飞机到过多少机场，没见过秩序这样乱的，也没见过工作人员态度这样坏的。"

　　（3）两名少先队员向许海峰和王义夫献了鲜花和红领巾。

　b. NP中还有其他修饰语

　　（4）一位中年妇女匆匆走来。她也是专程来给14号投票的。

　　（5）六十多位近几年从国外回国定居的专家，最近同他们的家属一起，在风景秀丽的烟台海滨度过了两个星期的夏季休假生活。

　　（6）近万名青年劳动大军散步在全长十二华里的河岸上。

　　（7）南京某大学一位学生说，几年来，一直在书摊中寻找自己的价值，找来找去找不到，感到迷惘和苦恼。

　　（8）贵阳市郊区一名学生家长反映："我家娃读了五个一年级，连家里人的名字都不会写。"

　　（9）英国建造的一艘远洋货运快速帆船，将于今年三月开始使用……

B. 无定NP在其他成分之后

　a. NP中只有数量词是修饰语

　　（10）突然，一阵雷声把我惊醒。

---

① 本附录中的部分语料源自范继淹（1985）。

（11）去年早春，<u>一条新闻</u>风似地在南京大学的校园内传开了。

（12）除夕的前一天晚上，湘西山区雨雪交加，<u>一辆吉普车</u>翻到河里。

b. NP中还有其他修饰语

（13）联欢会开始前，<u>一群年轻人</u>舞着狮子到大厅，带来了庆功的气氛。

（14）第二天的英语课，<u>一个二十岁出头的男老师</u>拿着一个崭新的教案夹，咚咚咚地走了进来。

（15）不久前，海外<u>一家报纸</u>刊出一篇读者报道……

C. 连续使用无定NP句的例子

（16）五月三十日傍晚，<u>一辆急救车</u>鸣着喇叭，飞快地驶进北京积水潭医院，<u>八名严重烧伤病人</u>，被送进急诊室。

（17）敌人的<u>一个卫兵</u>拄着枪在打盹，<u>一个战士</u>上去，一匕首结果了他。

附录四

（1）盟的繁华中心叫做锡林浩特，是个有新兴气象的小城市，（**却**）也有着悠长的历史。（冯骥才《铺花的歧路》）

（2）那是一条可以说相当顺遂，（**却**）也堪称艰辛的路途。（刘心武《人面鱼》）

（3）那一天，龙蛋子正在河边给花满枝掰脚，突然看见几十丈外的柳棵子地刮起旋风，虽没有飞沙走石，（**却**）也是尘烟弥漫，惊鸟飞叫四散，一片天昏地暗。（刘绍棠《水边人的哀乐故事》）

（4）龙蛋子虽没有割地赔款，（**却**）也是忍辱屈从，丢尽了脸面。（刘绍棠《水边人的哀乐故事》）

（5）拴贼扣儿牵扯了龙蛋子，虽没有撞着张老砧子，（**却**）也吓了他一跳。（刘绍棠《水边人的哀乐故事》）

（6）谷秸怒喝一声，"你给我出去！"金宝库虽不是抱头鼠窜，（**却**）也是夹起尾巴溜走。（刘绍棠《孤村》）

（7）郝大嘴岔子虽不会说话，（**却**）也有些夸大其词。（刘绍棠《孤村》）

（8）殷公馆本是前清县太爷的官邸，虽不是侯门深似海，（**却**）也是高墙大院。（刘绍棠《狼烟》）

（9）我和令俊有五十年的交谊，虽然时亲时疏，（**却**）也非常了解他的为人。（施蛰存《怀孔令俊》）

（10）我在三百年后，居然还有幸能来瞻仰这些雄伟庄严的塑像艺术，（**却**）也得感谢这些胼手胝足的劳动人民。（施蛰存《旅晋五记》）

附录五

一、"也是"：

（1）风雨雷电没有国境线，文化**也是**。（《人民日报海外版》2001年4月4日）

（2）这一年，中国很努力，世界**也是**。（《人民日报海外版》2015年12月23日）

（3）"在景区一路走来，都可以使用微信和支付宝，就连门票**也是**。"她还想多走走多看看，感受内地的风土人情和发展水平。（《人民日报海外版》2017年8月8日）

（4）俄罗斯外长拉夫罗夫对此反唇相讥，"俄罗斯行事像个成年人，希望美国**也是**。"（《人民日报海外版》2013年8月15日）

（5）他们是世界的一部分，我们**也是**。（《人民日报海外版》2016年8月29日）

（6）台风在不断变化，预报**也是**。（《人民日报》2017年9月23日）

（7）经济学家比尔·切尼指出，"衰退是温和的，复苏**也是**。不会有暴跌，也不会暴涨。"（《人民日报》2002年4月30日）

（8）厨师已经在船上了，水手**也是**。（扬·马特尔《少年Pi的奇幻漂流》）

（9）我和佩珠都很快活，亚丹**也是**。（巴金《电》）

（10）他要我告诉你，应当记住：你妈妈是一个爱国者，你舅舅**也是**。（王火《战争和人》）

（11）苏格拉底很可能也会这样说，笛卡尔**也是**。（乔斯坦·贾德《苏菲的世界》）

（12）动物园就在附近，大学**也是**。（卡勒德·胡赛尼《灿烂千阳》）

（13）贝仑多中尉是个非常虔诚的天主教徒。伏击者**也是**。（海明威《丧钟为谁而鸣》）

（14）至于吻手礼如何做，男人比女人知道得更清楚，阿布当然**也是**。（赫塔·米勒《今天我不愿面对自己》）

（15）长老会的教师是印度人，传教士**也是**。（维·苏·奈保尔《芽中有虫》）

（16）邦菲耳，我仰仗你的助力，我的同事们**也是**。（彼得·梅尔《有求必应》）

（17）不仅仅是四月份的时候卢旺达总统的飞机被打下来了，还有别的许多飞机**也是**。（特雷西·基德尔《生命如歌》）

（18）瞧，德国人运用密码传递消息，我们**也是**。（约翰·康诺利《失物之书》）

二、"也能"：

（19）笔者近年来在参加联合国开发计划署讨论《人类发展报告》的有关会议时，对此深有体会，特别是中国的发展为广大发展中国家做出了表率，具有激励意义，他们说："13亿人口的中国能，我们**也能**。"（《人民日报海外版》2015年07月28日）

（20）红山能建水电站，我们**也能**。（《人民日报》1969年12月20日）

（21）侗家姑娘杨文英第一个要求拿起枪杆，她说：男子能当民兵，女子**也能**。（《人民日报》1958年10月19日）

（22）我也是党员，老书记能舍弃的，我**也能**。（《人民日报》1991年08月05日）

（23）罗辑问，他第一次这样称呼她，心想既然大史能这么叫她，我**也能**。（刘慈欣《三体2：黑暗森林》）

（24）它能熬夜，我**也能**。（海明威《老人与海》）

三、其他

（25）孩子想进去玩，当大人的也想。（《人民日报》2016年05月18日）

（26）她没有走近他，他也没有。（亦舒《红尘》）

（27）我喜欢昆曲、民乐，他也喜欢。（《作家文摘》1994）

（28）伽利略写过一些谜语，莎士比亚、塞万提斯也写过。（《读书》72期）

（29）多数领导去了市防疫站，一些其他报社记者也去了。（《1994年报刊精选》）

（30）小家伙在想更有趣的事，卡尔松大概也在想。（林格伦《小飞人三部曲》任溶溶译）

（31）我母亲很早知道那个人就是我，我的孩子们也知道。（《读者（合订本）》）

（32）我心想就是嘛，他自己干不了的事硬要我来干。

（33）龙二摸牌把沈先生赢了之后，青楼里没人敢和他摸牌了，我也不敢。
（[32]-[33]出自余华《活着》）

（34）那是老人的梦，他也常做。

（35）他是准备亲自去报到，不需我代表——他也许知道我不能代表。

（36）我没吃晚饭，也忘了做。阿姨买来大块嫩牛肉，阿圆会烤，我不会。

（37）我热了些肉汤让阿圆先点点饥，自己也喝了两口。

（38）钟书是在发烧，阿圆也是在发烧，我确实知道的就这一点。

（39）钱瑗的病，她本人不知道，驿道上的爹妈当然也不知道。现在，他们也无从通知我们。

（40）你叫她回自己家里去，她回到她自己家里去了。

（41）钟书很诧异地看着我，他说："你也看见她了?"

（42）我说："你也看见了。你叫我对她说，叫她回去。"

（43）师长总在他们家里请吃午后茶，同学在学院的宿舍里请。

（44）司徒亚是我家常客，另一位常客是向达。

（45）成了家的人一般都盼个孩子，我们也不例外。

（46）她舍不得自己的孩子受这等训练。我也舍不得。

（47）不抽烟的只钟书一个，钟书的两个弟弟都抽。

（48）钟书虽然一路上想念女儿，女儿好像还不懂得想念。（[34]-[48]出自杨绛《我们仨》）

附录六：国外前沿文献述评

《假空缺句和省略》述评 ①

Pseudogapping and Ellipsis（《假空缺句和省略》）是牛津大学出版社出版的理论语言学系列丛书中的一本。该丛书聚焦于句法和语义、句法和形态学、语音学和音系学等界面研究。

省略现象非常复杂，与语义省略和省略结构有着不同的内涵和外延。就省略结构而言，小句（Clause）中的省略涉及不同的句法和语义属性，迄今为止还没有一个统一的解释。该书在生成语法框架下，将基于焦点驱动的移位（Focus-Motivated Movement）和"焦点与删除"（Focus and Deletion）关系的新理论结合起来，对省略结构研究提出了一个统一的解释框架。

1 内容简介

全书共分为4部分。第一部分是引言，包括第1—3章，旨在为后续章节中移位、焦点和删除的整合研究提供实证（Empirical）和理论基础。第1章是导论，该章提出4个研究问题并总览全书。第2章对与假空缺句相关的省略结构进行了探讨，目的是澄清假空缺句的内涵和外延，明晰研究对象。该章主要探究了假空缺句与谓语省略（VP Ellipsis）、空缺句（Gapping）的区别与联系，还在术语辨析的基础上，从跨语言视角对假空缺句进行了比较，涵盖挪威语、丹麦语、冰岛语、葡萄牙语和法语等不同语种语料。本文的重点是对与假空缺句相

---

① 本节内容发表在：《外文研究》2017 年第 2 期 "《假空缺句和省略》述评"（作者：张天伟）。

关的概念进行辨析。

假空缺句通常被视为谓语省略或空缺句的一种。基于这两个研究路向，第3章对与假空缺句研究相关的文献进行了综述。在第一种研究路向中，主要涉及3个理论，分别是宾语移动理论（Object Shift）、重名词短语移动理论（Heavy Noun Phrase Shift）和焦点移位假设（Focus Movement）。上述理论的共同点在于它们都涉及宾语的移位，具体表现为论元移位（A-Movement）和非论元移位（A-Bar-Movement），前者包括显性宾语移动，后者包括重名词短语移动和焦点移位。在第二种研究路向中，主要涉及两个理论，分别是跨界移位路径（Across-the-Board Movement Approach）和边缘移位路径（Sidewards Movement Approach）。

第二部分是关于移位的探讨，包括第4章和第5章。（该部分试图回答如下问题：假空缺句中剩余成分移位的本质是什么？在移位过程中，被删除动词的状态是什么？）第4章探讨了空缺句中的论元移位。EPP（Extended Projection Principle）特征通常被认为是触发宾语移位的动因。作者认为基于EPP特征的移位动因，不仅涉及假空缺句，还涉及例外格标记结构（Exceptional Case Marking）和助词（Particle）移动，但这一动因不能解释和推导上述结构与假空缺句在信息结构方面的区别。基于EPP动因，剩余成分可以移位到标志语（Specifier）位置，而在假空缺句中，该移位可以被以焦点特征为基础的移位解释路径取代。随后，作者在前人研究的基础上，再次探讨了假空缺句中的约束效果（Binding Effects）、衍生空位（Parasitic Gap）和控制现象（Control）等。

第5章探讨了空缺句中的非论元移位，如重名词短语移动和句法焦点移位（Syntactic Focus Movement）等。作者主要分析了句法焦点移位的解释路径，并依据希伯来语、意大利语、匈牙利语、马来语、朝鲜语和英语等语料，从跨语言视角进行了讨论。本章开篇对第4章探讨过的假空缺句中的约束效果进行了再思考，认为与Baltin的分析相反，约束效果也适用于非论元移位理论。本章重点对句法焦点移位的动因进行了讨论，用跨语言语料证明焦点移位的位置是在vP之上。作者从焦点效果、着陆部位（Landing Site）、直接宾语剩余成分和介词短语推导、间接宾语剩余成分推导四个方面对英语假空缺句的句法焦点移位进行了分析。作者认为，受焦点特征触发，英语假空缺句也包含焦点移位。

第三部分是关于删除的探讨，包括第6章和第7章。该部分重点探讨在假空缺句的推导过程中，焦点和省略是如何互动的，并分析了焦点和省略的语义特征以及省略结构的删除过程等。作者考察了焦点特征的语义背景，分析了焦点特征与省略的互动关系。关于删除的允准（Licensing），作者在Merchant（2001）省略给定（e-GIVENness）研究的基础上，对省略特征（E-Feature）进行了修补，提出了新的省略焦点条件，并将其应用到句法推导过程中，试图在焦点和删除之间建立一个更直接的互动。第6章关注焦点和省略的语义学探讨。该章首先评述了以Rooth为代表的选项语义学维度（Alternative Semantic）下的焦点研究，具体包括选项是如何被焦点引出的以及对比（Contrast）是如何通过算子（Operator）的方式来实施的等问题，然后讨论了以此路径进行省略研究所面临的挑战。本章还评述了省略的语义允准（Semantic Licensing）问题和省略给定条件的主要理论观点及其面临的挑战。前者探讨焦点标引（F-Indexing）是如何应用到句法结构中的，目的是允准关于剩余部分的删除或焦点；后者关注省略部分与先行词之间的相互蕴含关系。在梳理和评述上述研究的基础上，作者提出了新的省略焦点条件，这一条件将算子引入到省略焦点的解释中，可以更显性地解释删除与对比的关系，如（1）所示：

（1）省略的焦点条件

省略短语（XPE）中成分α可以被删除，当且仅当有一个先行词短语（XPA），且

（i）‖XPA‖o或者是或者隐含‖XPE‖f的一个成分，同时

（ii）‖XPE‖o或者是或者隐含‖XPA‖f的一个成分。

第7章主要从省略特征的定义、位置以及与焦点特征的关系等几方面展开，探讨删除的过程（Deletion Process）。删除和对比的互动关系可以通过省略特征和焦点特征的互动，更清晰地展示出来。对比和省略的显性联系（Explicit

Link）为句法中省略特征和焦点特征的互动奠定了基础。省略特征触发删除操作，而焦点特征作用下的句法焦点是如何从删除部位中移出的。假空缺句删除操作的主要特征是省略特征，移位操作又受对比特征[+contrastive]和焦点特征的驱动。作者认为假空缺句中的相关移位是3个特征共同作用的结果。在Lasnik分析的基础上，作者认为与动词相关的动词提升（Verb Raising）和省略特征具有互补关系。

第四部分是应用研究，包括第8章和第9章。第8章针对移位和删除，提出了一个省略的统一解释框架，即省略特征和焦点特征的互动导致删除和基于焦点驱动移位的整合。作者进而将第二、三部分对假空缺句的分析与语段推导相结合，并应用到谓语省略、截省（Sluicing）、片语（Fragment answers）、空缺句和名词短语省略等省略结构中去。假空缺句的推导要经历两个步骤，一是焦点剩余成分从VP中移出，二是核心v的省略特征触发补足语（Complement），即VP的删除。谓语省略和假空缺句一样，都涉及VP的删除，V自身的省略特征阻止了动词由V到v的移位。截省和片语都是基于焦点驱动的移位，最后删除TP。空缺句相对复杂一些，作者认为空缺句是一个对比性的话题——对比焦点结构（Contrastive Topic-Contrastive Focus Structure），删除的部位是TP。空缺句的信息结构也可以通过特征理论来解释，如空缺句主语的对比话题特征触发C域内的成分向话题位置移位。同理，通过讨论DP的焦点投射和DP层面基于语段的删除，也可以解释名词短语省略。

第9章总结全书，对本书基本观点进行了梳理和总结，指出了书中的不足之处，并对将来的研究进行了展望。

2　简要评论

全书的特点主要体现在以下3个方面：

第一，丰富了省略研究的理论假设，提出了一个对不同省略结构的统一解释框架。省略是典型的句法和语义互动的语言现象，焦点凸显是其重要特征。省略研究主要围绕两个问题展开：①省略部位是否存在句法？②同一性

（Identity）是句法性的还是语义性的？（Merchant 2018），本书恰好解答了上述问题。本书最主要的亮点是基于省略结构中句法和语义的互动关系，提出了一个适用于不同理论结的理论框架。具体而言，这一框架是将焦点移位与删除操作结合起来，将省略特征和焦点特征结合起来。省略特征和焦点特征都是既涉及句法属性也涉及语义属性。省略特征为语音删除（PF Deletion）限定了（Specify）一个特殊的句法位置。焦点特征通过焦点移位来推导假空缺句的移位和删除分析。只有将对比成分移出限定删除（Specified for Deletion）短语的时候，焦点移位才能发生。作者提出的统一解释框架的适用性体现在，这一框架既解释了假空缺句、谓语省略、截省、片语、空缺句和名词省略等不同的省略结构，又分析了不同的跨语言语料，为汉语不同省略结构的句法允准机制研究提供了新的启示。生成语法学界对省略的研究主要有语音形式删除和逻辑形式复制（LP Copy）两种路径，本书提出的理论假设是在语音形式删除路径上的又一重要探索。

第二，对与假空缺句相关的概念进行了区分。谓语省略、空缺句和假空缺句的概念往往容易混淆，学界也有不同的观点，例如假空缺句通常被视为谓语省略的一种或空缺句的一种。基于对大量语料的分析，作者先分析了谓语省略、假空缺句和空缺句的句法特征，然后在述评以往文献的基础上，从小句中第一个并连语（Conjunct）是否被允准、移位范围、对代词宽泛解读（Sloppy Reading）的限制程度等方面区别了假空缺句与谓语省略；进而又从嵌入成分和否定范围等方面区别了假空缺句和空缺句，认为空缺句比假空缺句所受的句法限制条件更为严格。上述相关例句如（2）—（4）所示。

（2）This should make you laugh – it did me!（Pseudogapping）

（3）Mary met Bill at Berkeley and Sue did too.（VP Ellipsis）

（4）Claire read a book, and Heather a magazine.（Gapping）

（转引自Gengel 2013：3）

第三，注重跨语言对比分析，为假空缺句的类型学研究提供了佐证。书中分析的假空缺句语料以英语为主，但还包括挪威语、丹麦语、冰岛语、欧洲葡萄牙语、巴西葡萄牙语、法语、希伯来语、意大利语、匈牙利语、马来语和朝鲜语等十余种语言，涉及的句法结构类型包括介词补语（Prepositional Complement）、与格结构（Dative Construction）和分裂结构（Cleft Construction）等。书中还重点结合跨语言语料对句法焦点移位进行了讨论，体现了"摆事实、讲道理"的语言学研究传统。

诚然，书中也有不足之处，一是本书应用统一的解释框架，从跨语言视角分析了不同的省略结构，试图彰显理论假设的普遍适用性，但每个省略结构内部还可以分为不同的类别，如英语谓语省略就可以分为以have、be、不定式标记语to和情态动词等为代表的助动词类别，或以do为代表的虚助词（dummy do）类别，上述类别之间的句法和语义特征都有差异，应用同一个理论假设解释上述差异，会出现普遍性与变异性问题，但文中没有进行区别性探讨。二是省略研究中的一些关键性问题，书中的分析要么没有涉及，要么未做深入探讨，如局部效应（Locality Effects）、介词分离（P-Stranding）、格匹配（Case Matching）、标句词（Complementizer）删除和一致关系触发语（Agreement trigger）等。三是对于一些细节问题，如截省句和谓语省略的岛效应问题（Island Effects）、假空缺句的允准机制（即焦点特征、省略特征与允准核心和一致操作的关系是什么等）以及省略的焦点条件与允准理论（Aelbrecht 2010）的区别与联系等，书中没有提及，或缺乏详细讨论。此外，书中对假空缺句的研究只有共时研究，没有历时思考，有些历时研究的观点虽然提到，但没有展开论述。

焦点也是汉语省略研究的核心之一，本书对汉语研究的启示与思考最为重要，但作者多关注于印欧语系的语料，书中的语料并未涉及汉语。汉语中是否存在假空缺句？如果存在，汉语假空缺句与空缺句、谓语省略的关系是什么？其允准机制是什么？这些问题都悬而未决。汉语空缺结构①比较复杂，后行句中

---

① 在现代汉语研究中，假空缺句与空缺句和谓语省略的区别目前还没有定论，本附录暂统称为空缺结构。

剩余部分涉及光杆名词、数量宾语、频度补语、持续补语、指示词、领属结构和句式等不同类别，这些不同类别间的普遍性与变异性是什么？书中提出的统一解释模式是否适用于汉语的空缺结构？这些问题都需要深入探讨。张天伟、杜芳（2012）曾探讨过相关问题，认为以往文献中所谓的"汉语空缺句"的性质，大多是一种类似于英语的假空缺结构。具体而言，一是假空缺句中存在焦点投射；二是"是"在现代汉语假空缺句中起了重要作用，类似于英语假空缺句中的"Do-支撑"（Do-support）。以数量宾语类空缺句为例，如（5）—（7）所示：

（5）张三吃了四个樱桃，李四五个荔枝。

（6）张三吃了四个樱桃，李四是五个荔枝。

（7）甲问：张三和李四刚才茶歇吃了什么？

乙答：张三四个樱桃，李四五个荔枝。

例（5）是典型的后行句中剩余部分为数量宾语类空缺句。例（6）后行句中"五个荔枝"是对比焦点，后行句中可以插入"是"，作为焦点标记，起强调作用。而在一定的语境中，前行句中的动词也可以省去，成为并列空动词句，如例（7）所示。如何从本书提出的理论假设解释上述汉语空缺结构的实际问题，都需要进一步探究。从信息结构的角度上看，我们初步判定，汉语的空缺结构多是一种话题——述评结构，是句法、语义和语用等因素共同作用的结果，其中语用因素起了重要作用。此观点是否正确，还需要我们结合大规模语料进行深入研究。

《截省：跨语言视角》评介 [①]

Jason Merchant & Andrew Simpson.2012. *Sluicing: Cross-Linguistic Perspective.* Oxford: Oxford University Press. xiii +289pp. ISBN 978-0-19-964577-0（Hbk）.

省略是国外句法学研究的重要课题之一，而截省（Sluicing）又是国外省略研究的重点。美国芝加哥大学语言学教授Jason Merchant和南加州大学语言学教授Andrew Simpson主编的《截省：跨语言视角》体现了目前国际上从跨语言视角对截省研究的最新成果。截省是世界上大多数语言中常见的一种省略结构，其典型特征是疑问句中的句子部分消失，而仅以遗留的疑问词或疑问短语来代替整个疑问句，例如：Someone met him, but I don't know **who**. 这种世界上大多数语言普遍存在的语言现象，本身就是一个句法语义互动的典型案例，自然也引起了句法学、语义学、形态学和韵律学等方向学者的关注，涌现了许多交叉研究的成果。该书汇聚了国际上截省研究的前沿学者从英语、荷兰语、弗里斯兰语、德语、罗马尼亚语、马达加斯加语、汉语、日语、印地语、土耳其语等多语种的跨语言视角进行研究的成果，从句法学的视角为语言类型学的研究做出了贡献，为研究人类语言语法结构的共性问题提供了佐证和启示。

1　内容简介

全书共11章。第1章为绪论。Merchant和Simpson对截省研究的历史、现状和问题进行了梳理，对各章节进行了简要介绍，并阐述了本书的意义。第2章列出了截省研究的始源文献，Ross于1969年在"Guess Who？"一文中首次探讨了截省现象，认为截省一定有转换规则，即把疑问性S'放到wh疑问词移位后的标句词位置，并在wh移位发生后，删除最高的S节点。

第3章到第11章为该书的主体部分，其中第3—7章首先进行了理论探讨。第3章van Craenenbroeck分析了CP分解假说与截省句法的互动关系问题，作者注意到当wh移位以低层级CP（Low CP-Layer）为目标时，TP被删除，如匈牙利

---

① 本节部分内容发表在：《当代外语研究》2014年第4期"《截省：跨语言视角》评介"（作者：张天伟）。

语；当以高层级CP（High CP-Layer）为目标时，TP或者低CP投射被删除。基于此，作者创新性假设了简单wh短语（如who）和复杂wh短语（如which man）在C范围（C-Domain）内基础位置和移位的区别，即简单wh短语从IP内题元位置（IP-Internal Theta Position）起，实现SpecCP$_2$到SpecCP$_1$移位；而复杂wh短语则基础生成于高层级SpecCP$_1$位置。作者认为复杂wh短语截省句中CP$_2$被删除，而简单wh短语截省句中TP被删除。随后作者将上述观点应用到截省句的混合结构（Spading）和附带结构（Swiping）中，并得到了验证。第4章Stjepanovic提出和阐释了塞尔维亚-克罗地亚语截省中关于违反修复（Violation Repair）条件的两个特例，一个是只发生在截省句中的介词脱落（P-Drop）现象；一个是属格量化（Genitive of Quantification）现象，即关于反向固有格过滤（Inverse Inherent Case Filter）的违反修复，IICF要求固有格在形态上必须实现，然而在截省句中却不必遵守。上述两个特例对Merchant的介词分离（Preposition Stranding）概括和省略修复分类提出了挑战。第5章Hoyt和Teodorescu依据罗马尼亚语、英语和日语的wh移位特点，就截省的类型和动因进行了比较分析和语言类型学探讨。通过分析，作者认为三种语言中的截省类型可归为两类：一类是显性wh移位到左边界后的IP或TP省略，如英语和罗马尼亚语；另一类是在分裂结构下的CP省略，如日语。章节最后指出截省的类型学是建立在两个变异参数的基础上，截省并不是一个单一的句法结构，而是在省略构型（Configuration）中相互联系，其形式在不同语言中有不同的语法表现。第6章和第7章聚焦于日语截省句，并与英语截省句进行比较研究。第6章Nakamura分析了日语和英语中格允准推导和结构岛修复现象，重点探讨了日语截省句中格标记的NP与非格标记的PP的不同。作者认为日语的NP是被形态学中的后定型（Post-Spell-Out）机制所允准的，日语和英语的不同主要是两种语言中格允准的不同方式造成的。第7章Fukaya考查了日语截省句中不同类型的岛敏感性（Island-Sensitivity）现象，如日语格标记截省句对关系小句和附加语的句法岛条件非常敏感。作者综合应用已有的省略复制理论（Copy Theory）和局部移位（Local Movement）理论，对格标记截省句进行了分析，认为其具有岛敏感性；而后作者讨论了非格标记截省句，认为其不具有岛敏感性。作者认为日语截省句的岛敏感性讨论和分类对英语也有同样的启示。

第8章至第11章为该书的具体现象应用分析部分。第8章Paul和Potsdam探讨了马达加斯加语中的似截省结构（Sluicing-Like Constructions）。马达加斯加语是VOS语序和疑问词在原位（wh-in-situ）语言，作者认为马语中的SLC结构是经过谓语前置（Predicate-Fronting）操作后，删除TP，且wh疑问词位于从句首的现象，wh短语是假分裂结构中的谓语剩余部分。而后作者将马语与日语、汉语、爪哇语和英语进行类型学比较时，认为不同语言中表面上相似的SLC或截省结构，其实有着不同的底层句法生成机制。第9章Bhattacharya和Simpson探讨了南亚语言孟加拉语和印地语截省句的wh-移位及和移位相关的优先性（Spperiority）和岛限制条件。第10章Adams和Tomioka在前人研究的基础上，探讨并分析了汉语截省句是一种假截省（Pseudo-Sluicing）结构，该结构包括Pro主语、系词"是"和wh疑问词。Pro分析方法可以解释移位和删除法难以恰当解释的一些问题，如："是"出现问题、论元—附加语不对称现象、对汉语截省句中"怎么样"的解释、岛条件敏感性问题等。而后，作者探讨了Pro分析法面临的挑战：截省句宽泛（Sloppy）解读的有效性和多重wh剩余成分的可能性。章节最后将汉语截省句的焦点移位解释、削减分裂句分析（Reduced-Cleft analysis）与Pro分析法进行比较，并指出前两者在解释汉语截省结构特点时面临的问题。第10章Ince认为土耳其语的似截省结构同英语一样，是经过移位和删除TP的方式生成的，然而与英语不同的是，wh短语到左边界的移位是基于焦点特征驱动，而不是基于wh特征驱动。该章还探讨了土耳其语截省结构的格不匹配（Case Mismatch）问题。

2 简要评论

该书主编之一Merchant教授，现任芝加哥大学语言学系冠名教授，是国外省略研究文献中引用率较高的学者之一，其2001年在牛津大学出版社出版的专著《沉默的句法：截省、岛条件与［省略理论》是省略理论研究的重要著作之一。该书是他与Simpson教授合作，最新推出的力作。截省源自wh-移位和省略的互动研究，为句法结构的语义和语音解读是如何相互作用的，也提供了验证语料。以往的大多数研究往往局限于少数代表性语言，而该书第一次从跨语言视角对截省进行了最新的理论分析探讨和实证现象（Empirical Phenomena）考据，体现了"摆事实、讲道理"的理论与实践相结合的研究思路。全书有以下鲜明特点：

（1）为语言类型学研究提供了佐证，也给国内汉语研究带来了启示。语言类型学注重对语言共性的跨语言和跨方言研究，包括对语音、形态、句法、语义等不同语法领域和专题话题的研究。该书无疑从截省的跨语言视角为语言类型学的研究做出了贡献。正如该书主编在绪论中所言："截省不是句法类型学家所关注的典型研究对象"，截省句语料丰富了类型学研究的视野，因此该书也为截省的语言类型学的后续和深入研究做了铺垫。该书涉及的主要研究语言有十余种，包括鲜有人研究的塞尔维亚—克罗地亚语、孟加拉语、匈牙利语等。如该书第5章通过对三种语言单一和多重截省的比较研究，从类型学高度总结了截省的不同类型：罗马尼亚语的省略类型是IP，省略条件是弱省略；日语的省略类型是CP，省略条件也是弱省略；英语的省略类型是IP和CP，省略条件是强省略；第10章专注于对汉语的假截省句进行研究，章节最后引出了对没有pro脱落的wh-移位语言英语与同是wh在原位且pro脱落的汉语和日语间异同和动因的思考，也为截省的类型学研究提供了新的切入点；该书对方言研究也有所涉及，第3章的重要语料依据就是荷兰语的不同方言。这种在一定语料基础上的跨语言和跨方言研究有益于发现截省中存在的普遍规则并形成新的理论假设。此外，书中多个章节中对汉语有所涉猎，为汉语研究带来了新的启示：读者可以发现汉语并不是一种特殊的语言，不需要用特殊的方法去研究。借助当今国外语言学理论最新进展，借鉴其他语言研究的成果，"跳出汉语来看汉语"，从语言共性和类型角度来深入分析汉语特点，不断发现和解决新问题，是汉语研究的必由之路。正如沈家煊（2010）先生所言："共性在个性之中，又比个性层次高，忽视和放弃语言共性的研究使我们无法与西方人站在同一起跑线上，也使我们无法真正了解汉语的个性。"

（2）为其他省略结构的研究提供了研究范式和新思路。省略是较复杂的有义无音的语言现象，常见的省略结构，除截省外，还有名词短语省略、谓语省略、空缺句、剥落句、片语、假空缺句、假截省句等；就截省内部而言，还可以分为若干子类，如混合结构和附带结构等。从省略的整体研究思路来说，由于不同省略结构间的共性大于个性，因而现有研究大都局限于无结构研究路向、空代词解释和PF删除三种研究路向；就具体分析方法而言，主要有焦点移位分析、削减分裂句分析等。该书对不同语言截省的解释涉及上述各种研究路向和方法，指出各自优势和不足，这些都为其他省略结构的研究提供了可借鉴之处。该书的研究内容，如CP分解假说与复杂wh短语删除的互动关系、格形态与结构岛修复条件、假截省句分析等对谓语省略、假空缺句等研究同样具有启示意义。此外，谓语省略和截省是国外省略研究中涉及最多的两种语言，该书的出版，将为谓语省略的跨语言研究提供范式，让我们拭目以待。

（3）为句法语义界面研究提供了进一步佐证和启示，并为其他界面研究拓宽了思路和方法。句法语义界面研究是国外理论语言学研究的热点之一，其主要内容包括句法结构、词汇表达和语义角色、信息结构、句法关系和格标记、简单句和复杂句中的句法和语义表达及其互动关系等内容（van Valin 2005）。受国外研究影响，国内近年来也逐渐关注句法语义界面研究，如近几年国家社科基金项目课题指南中，都将"句法和语义的互动关系研究"列入语言学学科的课题指南，突显了这一研究领域的重要性。截省研究与两种语言现象的交叉研究有关：wh-移位结构和省略，前者涉及"结构岛条件"，后者涉及句法表达的完整意义与语音符号缺失的映射（Mapping）问题。传统的生成语法研究认为省略中映射是由不发音的句法表达式来调节的，即意义的同一性/一致性（Identity）指陈（Indicate）句法表达（Syntactic Representation）的同一性，所以省略成分与某一句法先行词是同一的，省略是被句法同一条件所允准（License）的。然而当前的省略研究却对其传统研究提出了挑战：一是很多句法语义的接口研究反对意义同一性蕴含句法表达同一性的假设，反而认为意义同一性是从解读（Interpretive）体系的特征中推导出来的；二是一些语料表明省略的同一性是建立在意义之上，而不是建立在句法表达之上。在上述背景下，该书以截省研究为切入点，对传统句法研究的优缺点和单一意义解释研究路向的问题，进行了细致的探讨和思考，指出了句法语义界面研究面临的挑战，以期深化读者对句法语义界面研究的认识。该研究也对音系学、形态学、句法学、语义学、语用学等不同学科的交叉界面研究提供了新的分析思路和跨语言研究视角。

3 本书不足

当然该书也有一些地方值得商榷。首先，该书的总体分析思路还是以生成语法为理论依据，研究方法以内省分析为主，语料选取随意性强。虽然编者在绪论中希望该书能引起句法类型学研究的注意，但就语料而言，相比语言类型学的跨语言调查、占据相当规模语料、语言样本的选取与制作和平衡不同语系中的语料选择等还差距甚远。其次，截省研究中的一些细节问题还悬而未决，没有定论。就跨语言而言，有不同语言截省中结构岛修复、形态格标记和wh移位的普遍性与变异性问题等；就具体语言而言，有汉语截省句中"是"的句法地位、"是"的隐现问题、"是"在截省和谓语省略中的异同及其动因问题等。最后，有些章节的断言还过于片面，如第8章结论中将马达加斯加语与爪哇语、汉语和日语进行比较时，认为汉语在截省推导过程中没有移位，有以偏概全之嫌。

然而，瑕不掩瑜，该书为我们展现了省略句法语义研究的最新进展，拓宽了国内句法研究乃至汉语研究的视野和思路，值得相关学者一读。

《省略的句法允准》述介 [①]

Aelbrecht Lobke 2010. *The Syntactic Licensing of Ellipsis.* Amsterdam: John Benjamins. Xii+230 pp. ISBN 978 90 272 8865 3.

The Syntactic Licensing of Ellipsis（《省略的句法允准》）是比利时根特大学（Ghent University）Aelbrecht撰写的一部专题探讨省略现象的著作，由John Benjamins出版社于2010年出版。该书是作者在自己的博士论文（You have the right to remain silent: The syntactic licensing conditions on ellipsis, 2009, Catholic University of Brussels）基础上修改而成的。全书共5章，书前有术语表，书后有详尽的索引。其中第1到第4章是正文部分，既有对宏观问题的探讨和综述，也有结合实例对具体问题的细致分析。第5章总结全书并交待了一些值得进一步展开研究的课题。全书在表述上兼得专业性和可读性之长，不仅适于关注省略研究的专业研究者阅读，也可作为生成语法前沿课题研究的一个重要参考资料。

1 内容简介

第1章，什么是省略。本章就省略的性质、研究现状及限制条件进行了综述，章末交代了全书的结构布局。在本章中，作者首先概述了省略的三种研究思路，即：无结构研究路向、有结构研究路向之一、有结构研究路向之二。所谓的"结构"有无，指的是在省略研究中是否承认省略部位（Ellipsis Site）存在着没有发出音来的句法结构。无结构路向研究否认省略部位内存在着句法结构。比如，Culicover & Jackendoff（2005）提出的更简句法假设（Simpler Syntax Hypothesis）就认为，在我们说出来的句子中，句法与音系是完全匹配的，既不存在被删除掉了的部分（No Deleted Parts），也不存在任何意义上的空成分（No Null Elements）。当然，本书作者认为，SSH设定省略中没有句法结构，就意味着，在对与省略相关的语法现象的分析中不得不设置内容更为复杂的句法和语义界面来做出相应的解释，这显然与"更简"的思路背道而驰。

[①] 本节部分内容发表在：《现代外语》2011年第4期"《省略的句法允准》述评"（作者：张天伟、李大勤）。

有结构路向之一的研究者认为，在省略句的省略部位上存在着词汇性的空代词（Null Proform）成分。Wasow（1972）、Shopen（1972）、Hardt（1993，1999）、Lobeck（1995）、Depiante（2000）等认为，这样的空代词类似于显性代词，可以通过纯语义的手段来加以解释。而另一部分学者则认为，可以通过在LF层面把先行词复制到省略部位来为空代词提供恰当的解释，如Fiengo & May（1994）、Chung *et al.*（1995）、Wilder（1997）、Beavers & Sag（2004）以及Fortin（2007）等。

有结构路向之二的学者则主张把句法和语义匹配起来，认为省略部位像非省略成分一样，都具有完整的句法结构。省略部位与非省略部位的区别就在于前者的部分结构在PF层面上没有语音表达，但其语义却可以通过PF删除理论来加以解释。

本书作者自然是支持有结构路向之二的。为此，书中简述了Merchant（2001，2004）提出的三种有利于PF删除的证据，即介词滞留（Preposition Stranding）、形态格标记（Morphological Case-Marking）和省略部位的成分提取（Extraction）。以此为基础，作者进而探讨了限制省略的两个条件：还原（Recoverability）和允准（Licensing）。所谓"还原"，指的是丢失成分的意义可以从语境中重新找回。Merchant（2001）提出的e-GIVENness观念就是实施"还原"操作的方式之一。所谓"允准"，是指并非所有的句法构型都允许省略，任何省略都受制于特定的句法环境。如本书书名所示，"允准"才是作者讨论的重点。作者认为，句法环境对于省略的发生起了至关重要的作用，有些语言现象虽然可以根据e-GIVENness做出解释，但却不能省略。为此，作者提出了自己的省略允准理论，即：

（1）省略被允准是通过省略特征和省略允准核心的一致关系来实现的；

（2）允准核心一旦被合并，省略就发生在推导中，此时对于任何进一步的句法操作都不可及，在PF层面上的词汇插入也被阻止了。

在后续章节中，作者试图将省略的上述允准理论应用到具体的省略现象分析之中，以便在进一步强化省略部位包含句法结构这一观念的前提下将该理论提升为省略的一般性理论。

第2章，荷兰语情态补语省略。本章探讨了与谓语省略（VP ellipsis）不同的荷兰语情态补语省略现象。分为两大部分，第一部分考察了荷兰语中情态补语的情况，第二部分则分析了荷兰语情态补语省略的特点。

在本章的第一部分，作者首先区分了三种不同的情态："认识的"（Epistemic）、"道义的"（Deontic）和"动力的"（Dynamic）。传统观点认为，"道义"和"认识"是根情态（Root Modal），属于控制动词，而epistemic情态属于提升动词。作者在语料验证的基础上指出，"认识"和"道义"情态在荷兰语中属于提升动词，其主语基础生成在情态之下（base-generated below the modal），然后提升到表层主语位置，并在不定式补语位置上留下一个拷贝（Copy）；而"动力"情态则属于控制动词，它们的主语基础生成的位置较高，但其不定式内的主语位置上含有一个与主语同下标的PRO。此外，作者还探讨了荷兰语的情态和补语的语类地位。通过对荷兰语语料的验证以及与英语的对比分析，作者认为，在该语言中，情态动词的不定式补语是一个TP。这是因为：（1）情态动词的不定式补语要包括一个支配vP（Dominate vP）的体（Aspect）层面，甚至于还要包含时态（T）；（2）由于情态补语没有标句词，也不允许外置或成分的移出（Extrapose），所以不是一个完整的CP（a whole CP）。可见，与英语的情态动词不同，荷兰语情态动词在语类地位上既不是屈折核心，也不是体助词。这就意味着，荷兰语情态动词本身就一个情态核心。

本章第二部分重点分析了荷兰语情态补语省略（MCE）的特点，以便为第3章讨论省略的允准机制提供语言事实基础。作者指出，第一，与英语不同是，荷兰语的体助词和时间助词的补语是不能省略的，而且在荷兰语中MCE也只适用于根情态。第二，MCE的作用对象是一个完整的结构成分，换言之，MCE删除的不单是不定式动词，还包括与动词有关的内论元、体投射和语态

（Voice）投射。第三，MCE省略部位的成分提取受到严格限制。比如，主语是可提取的，哪怕是被提取的主语不是基础生成于省略部位；宾语的提取则是不允许的：不论是wh-宾语提取、宾语爬升（Object Scrambling）还是话题化，都是MCE所不允许的；附加语也不能提取，因为低于TP位置的附加语才处于省略的范围内，而该范围内的附加语不能外移（obligatorily included in the ellipsis）。第四，MCE适用于There结构。第五，MCE阻止（blocks）了IPP（Infinitivus Pro Participio）效应。第六，对先行词的位置并无限制，如话语片断的界限（Utterance Boundaries）、嵌入（Embedding）和回指照应（Backward anaphora）等均不适用于MCE。第七，本部分还讨论了先行词与省略部位的不一致性，指出：荷兰语MCE并不要求被省略成分与先行词在句法上完全一致。

第3章，省略允准。本章的内容是全书的重点。共分为五个主要部分。分别是：一致关系下的省略、推导性省略、MEC分析、对MEC特性的解释、对一致关系的局部性限制，最后还有个小结3.6。

在第一部分，作者详细地论证了本书的核心观点之一：省略是通过省略（[E]）特征和省略允准核心的一致关系才被允准的。在评述Merchant（2001）省略允准观点后，作者在语料验证的基础上，提出了自己的如下看法：（1）每种语言都为列举在词库中的每种省略现象准备了一个省略特征，即[E]特征；（2）[E]特征非强制性地出现在能够选择省略部位的核心成分之上；（3）[E]具有不可解释的特征，即[uF]，这种不可解释的特征恰好对应于允准特定省略结构的核心的语类特征；（4）不可解释的特征通过与允准成分之间的一致关系得到核查并激活其[E]特征，从而激发该核心的补语删略，并将被删略的补语发送到PF部分作相应的音系处理（不发音）。

本章的第二部分论证了作者的第二个核心观点：省略是发生在推导过程中，而不是在推导完成之后。作者指出，在推导过程中，一旦允准核心被合并，省略特征即得到核查。而对进一步的狭义句法操作而言，省略特征一旦得到核查，省略部位就变得不可及（accessible），词项插入被阻止。因此，从省略部位提取成分只可能发生在省略之前，即被提取的成分要在省略部位和允准词之间寻找一个着陆点，提取才能够实现。而后，作者以英语do结构为例，认为LF移位对于省略的解释是有限的。此外，在本部分，作者还讨论推导过程中省略的发生与循环拼读（Cyclic Spell-Out）或语段之间的联系。有学者（如Gengel 2007a）认为，省略与语段联系密切，省略允准词即是语段核心。针对这一看法，作者首先从四个方面分析了省略与语段存在着的显著差别，而后又立足于有、无嵌入语段核心（Intervening Phase Head）两个方面对省略与语段之间的互动关系进行了阐释。作者认为，在省略部位和允准词之间嵌入语段核心，目的是为进行下一步的句法操作提供了一个安全出口（Escape Hatch）；如果两者间不存在语段核心，省略部位内的成分提取就会受到更为严格的限制。

本章的第三和第四部分尝试将第一、二部分提出的省略允准条件应用于荷兰语的MCE分析之中。作者首先确认了MCE的三个要素，即：（1）MCE的允准核心是根形态动词，（2）受到MCE影响的是T的补语成分，（3）T才是负载省略特征的核心。而后，作者根据省略允准理论对MCE的特点展开了深入细致的分析讨论，涉及成分提取、There结构和阻止IPP效应等问题。在此基础上，作者指出，宾语和附加语之所以不能从MCE省略部位提取，而主语却不受限制，是因为在省略部位和允准情态之间有个安全出口，即[Spec, TP]位置。这个位置在省略部位之外，优先于根情态的合并；一旦该出口为外移主语的语迹占据，宾语也就失去了外移的中间通道。

本章的第五部分探讨了一致关系的局部性限制问题。作者认为省略中的一致关系受到局部性的限制，即相关的句法操作应服膺于Chomsky（2000，2001）提出的"语段不可渗透条件"（Phase Impenetrability Condition）。换言之，根情态核查其补语TP之核心T的省略特征，而任何低于该位置的T核心均不在根情态的核查范围之内。总之，允准词只能在同一个语段域建立起省略特征的一致关系，任何跨越一个语段核心的省略特征核查都是违背局部性限制的。

第4章，把省略允准分析扩展到其他省略现象。在本章中，作者尝试把前三章提出并论证过的省略允准理论应用到诸如截省、谓语省略、假空缺句和英语do结构的分析之中，目的是将基于荷兰语MCE提出的省略允准理论提升为一种可以涵盖各种省略现象的一般性理论。

关于截省，作者首先明确了这种省略的两个要点，即其省略的允准核心是具有疑问特征的C核心，其省略部位则是TP。而后作者指出：与荷兰语MCE不同的是，截省不仅允许提取主语，还可以从省略部位提取其他成分；这是因为，在截省中允准词与省略部位之间存在语段边缘（Phase Edge）这个位置，为其他成分的提取提供了安全出口。

关于谓语省略，作者指出：首先，英语的谓语省略只能被T核心允准，即需要为被定式助词（have、be、do）、情态动词或不定式标记语to所允准；而且，不论这些词是基础生成的还是移位生成的，它们都具有T特征。其次，英语谓语省略的部位是vP，即以删略vP为目标，而不是以VP为目标。第三，谓语省略是由语态（Voice）上的省略特征所允准的，而语态上的省略特征则是通过一致关系为核心T所核查，并留下没有被核查的体和被动助词核心。此外，作者还运用省略允准理论解释了谓语省略提取现象，认为：（1）从句内的语段核心是轻动词，而不是语态；（2）位于[Spec, VoiceP]位置的语段边缘吸引某一句法成分外移出省略部位，以便于执行下一步的句法操作；（3）由于语段边缘在省略部位外部，并且低于允准核心T，即处于省略部位与允准词之间，因此省略并不影响提取。这样一来，谓语省略句中的成分提取就和非省略句的提取没有什么区别了。

准动词省略句的核心是定式T，省略部位是VP。因此，如同谓语省略一样，准动词省略句的语态核心承载着省略特征。传统的准动词省略句研究认为，省略部位之外的移位残余成分（Remnant Constitute）是由重名词词组漂移（Heavy NP Shift）或宾语漂移（Object Shift）造成的。作者则依据Gengel（2007b）的观点，提出准动词省略是由焦点移位造成的。也就是说，存在一个位于VP之上的从句内部焦点投射，以便把准动词省略句的残余成分外移到标记语（Specifier）的位置，其结果就是移到从句内部焦点位置的残余成分形成对动词短语的支配关系。可见，与MCE不同的是，由于在省略部位和允准核心之间插入了"语态"这一语段核心，准动词省略句对提取也没有限制。

英语do结构中的允准核心是do本身，省略部位不包括体核心；删略部位则是VP，即主动词和内论元，但不删除v核心。轻动词v作为核心则词汇化为带有省略特征的do，所以一旦do词汇化轻动词后，省略必然要发生。英语do结构的成分提取与荷兰语的情况是一样的：宾语不可以提取，而主语可以提取。原因在于语态是从句内的语段核心，在省略部位和允准词之间没有一个位置可以作为宾语的出口，因此必然要连同整个补语一起被删略掉。而主语要么基础生成于不在省略部位的[Spec, VP]位置，要么先于省略移到这个位置之上。最后，作者强调指出，省略允准理论之所以能够解释MCE和do结构、截省和谓语省略在提取方面存在的差异，其关键在于该理论提出的如下观念：省略不是通过核心—补语一致关系被允准，而是通过一致关系被允准。

第5章，结语及有待于进一步研究的课题。本章总结了全书的主要内容并提出了以下一些有待于进一步研究的课题：（1）提取诊断的单向性问题。有些省略部位是允许成分提取的，这说明该部位必定包含着句法结构；即使存在着不允许成分提取的省略部位，也并不意味着该部位不存在句法结构。（2）决定核心之为允准语的关键因素问题。为什么在荷兰语中根情态允许MCE而认知情态核心就不能？为何在英语、葡萄牙语、丹麦语、希伯来语和爱尔兰语等语言中能够存在VPE，而在德语、荷兰语、法语、西班牙语以及意大利语等语言就不可以？还有，何以荷兰语的MCE不允许宾语提取，而法语的类似结构中却可以？这些问题都涉及是什么因素决定着一个核心能否成为允准语的问题。（3）其他与省略间接相关的理论问题。比如：荷兰语等语言中情态动词及其他重构动词（Restructuring Verb）如何分析的问题，非定式小句及非定式标记的位置等问题，（宾语）爬升的问题，等等。

2 简评

自Ross（1967）以来，生成语法学界对省略现象的研究主要有语音形式删除（PF Deletion）和逻辑形式复制（LF Copy）两种路径。前者倾向于句法解释，后者则倾向于语义解释。前一路径假定被省略的部分在显性句法阶段有完整的表达式，只不过该表达式因某种允准条件而在音系层面被删除，其结果就生成了以语音缺省为特征的省略结构。后一研究路径后者则假定语音空缺的部分在显性句法层面即为空位，这一空位在LF层面借助先行语予以恢复，从而获得语义解释（刘丽萍 2006）。显然，本书作者所持的是句法解释观，认为省略部位存在完整的句法表达，其语音形式在PF部分得以删除。

语音形式删除路径的直接证据来自论元的投射原则。省略允准理论的创新点在于允准核心和省略部位并不需要处于核心——补语关系，省略的允准是通过一致关系实现的；省略发生在派生过程中，与语段既相互区别又相互联系。该理论对区分荷兰语MCE和多种英语省略结构的提取问题有很强的解释力。

该书在省略研究方面的尝试具有开创性。全书以理论创新为基础，立足实证分析，理论探讨与应用研究并举，书中既有自己的理论假设，又有经验验证，并借助语言事实，对省略研究的一些前沿理论做出修补，体现理论与实践相结合的研究思路。该书体例完整、结构合理、层次分明、逻辑严密、图标丰富，每一章节有引言和小结，相互呼应。另外，书中的参考文献也十分丰富。该书既是省略的句法研究的一部创新之作，也是一本不可多得的理论语言学优秀读本。阅读该书，有助于我们进一步了解省略的句法研究的现状和发展趋势，从而推动英、汉省略对比研究和汉语省略的研究。

当然该书仍有一些地方可以商榷。首先，省略允准的一致关系是否具有普遍性？省略允准是否还需要其他条件？省略允准理论还需要更多的证据支持。我们认为省略还要涉及话题、焦点等语用和认知因素；核心一旦被激活，必然要激活标记语的位置，核心是不能省略的，能省略的是标记语；"宾语省略"很可能是一种假象。其次，本书的实证性研究相对贫乏，语料选取有以偏概全之嫌。本书的语料主要是荷兰语MCE和部分英语省略结构，对英语这样的SVO型语言而言，具有一定的解释力，如果对日语这样的SOV型语言呢？再次，该书的分析只涉及了部分省略结构，而动词省略、剥落句、片语、N-删略（N-deletion）和并列删除结构等未做分析，这些结构与作者已探讨过的结构有没有内在的一致性？平行性条件或等同条件在省略研究中起着重要作用，但这两个相互联系的条件是否适用于所有的省略结构，即省略研究的普遍性与变异性问题，作者均未展开探讨。而我们认为，若能采用语言类型学视角，则有助于深入探讨不同省略结构的句法生成机制。最后，书中关于"提取"观点的表述还不够成熟和完善，只有共时研究，没有历时思考；有些观点虽然提到，但没有展开论述。此外，书中对省略的概念还没有完全廓清，特别是省略与"空语类""零形式""空位"等概念的区别与联系。然而，瑕不掩瑜，该书有助于我们进一步了解省略句法研究的现状和发展趋势，从而推动英汉省略对比研究和汉语省略研究向前发展。

后 记

从我完成博士论文到本书出版，七年的时间已经过去。在此期间，我以博士论文为基础，申请了国家社科基金项目，发表了多篇期刊论文，但是始终不能下定决心将书稿付梓，也不愿提笔写下这篇后记，原因有二：一是书稿本身尚有不足，一直在反复修改，自认为难以画上一个圆满的句号；二是在书稿的写作过程中，有太多的人需要感谢，后记的篇幅不足以承载我所有的感激之情。

首先，我最想也最应该感谢的是我的博士生导师——中国传媒大学李大勤教授。2009年7月，我有幸进入李老师门下，成为他的博士生开山弟子。虽然我不是千里马，李老师却是我人生中的伯乐。读博期间，李老师门下学术氛围宽容、民主，师生交流亦师亦友，同学讨论激情澎湃。而老师本身学识渊博、思维敏捷，看问题高屋建瓴，每当我学习、研究遇到瓶颈之时，他的点拨与启发都能使我茅塞顿开。这种轻松的学术氛围和亲密的师生情谊，为我当年博士论文的写作和今后从事的学术研究打下了坚实的基础。时至今日，即使我已毕业多年，仍能从老师处不时得到谆谆教诲。本书的写作过程中，李老师也给出了诸多意见，并不辞辛劳为我作序，感激之情，铭记在心。

其次，我要感谢北京外国语大学文秋芳教授、中国传媒大学李佐文教授、南京师范大学张辉教授、中国传媒大学邢欣教授、教育部语言文字应用研究所冯志伟研究员和奥克兰大学黄衍教授。在我的学术研究道路上，能遇到这么多的良师，他们或指引，或提携，或帮助，对我的学术发展和人生成长都有巨大的影响。

我要感谢我在芝加哥大学的博士后合作导师Jason Merchant教授，Jason教授是国际句法学学界的前沿学者，也是国际省略研究的权威，在他指导下，我对省略研究有了更深入的认识。芝加哥大学语言学系的向明副教授也给了我许多帮助，并为本书作序，在此一并致谢！

我要感谢我在省略研究中的合作者马秀杰博士、韩涛博士、博士生王竹等，特别是秀杰博士，她毕业于南非罗德斯大学，博士论文探讨"汉语和科萨语动词短语内部的省略"，与我的研究方向一致。我们成为同事后，志同道合，相互探讨和学习，她的研究对本书书稿多有启发。陈练文博士在百忙中帮我做了书稿的校对工作，并提出很多建设性修改意见。在此，我表示深深的谢意。

我要感谢我的工作单位——教育部人文社科重点研究基地北京外国语大学中国外语与教育研究中心，以及中心的刘润清教授、吴一安教授、王文斌教授、王克非教授、陈国华教授、韩宝成教授、何伟教授、许家金教授、戴曼纯教授、熊文新教授等，在和这些老师接触和学习的过程中，我的专业视野大大拓展，学术空间不断扩大。本书得以最终出版，我还要感谢北京大学出版社刘文静老师所做的各种工作和无私帮助。

最后，由于本人的学识能力和学术视野有限，书中若有任何纰漏之处，敬请各位专家学者批评指正！